dtv

Sie ist nur Königin für eine Nacht. Am Morgen nach der Wahl wird die fränkische Weinkönigin tot in einer Würzburger Disko aufgefunden – gestorben an einer Drogenüberdosis. Ein Unfall, Selbstmord oder Mord? Nicolas Hollmann hat sich seinen Urlaub in Franken eigentlich anders vorgestellt. Mit seiner Familie auf Verwandtenbesuch in Würzburg, will er, Besitzer eines Weinguts am Rio Douro, während seines Urlaubs mehr über Weißwein und dessen Anbau erfahren. Doch nun wird er von verschiedenen Seiten bedrängt, bei seinen Winzerbesuchen Hintergründe des Falls zu recherchieren. Und tatsächlich stößt er auf alte Feindschaften …

Paul Grote, geboren 1946, berichtete fünfzehn Jahre lang als Reporter für Presse und Rundfunk aus Südamerika, wo er die professionelle Seite des Weinbaus kennenlernte. Seit 2003 lebt er als freier Autor in Berlin. Sein Gespür für Wein, sein Wissen und seine Erfahrungen spiegeln sich in allen seinen Krimis wider. Mehr unter: www.paul-grote.de

Paul Grote

Königin bis zum Morgengrauen

Kriminalroman

Deutscher Taschenbuch Verlag

Von Paul Grote
sind im Deutschen Taschenbuch Verlag u. a. erschienen:
Rioja für den Matador (20930)
Der Portwein-Erbe (21082)
Sein letzter Burgunder (21391)
Tödlicher Steilhang (21464)

**Ausführliche Informationen über
unsere Autoren und Bücher
finden Sie auf unserer Website
www.dtv.de**

MIX
Papier aus verantwortungsvollen Quellen
FSC® C019821

Originalausgabe 2014

Umschlagkonzept: Balk & Brumshagen
Umschlagfotos: mauritius images/Manfred Mehlig,
plainpicture/Mato und Fränkischer Weinbauverband e. V.
Gesetzt aus der Minion 10/12·
Gesamtherstellung: Druckerei C.H.Beck, Nördlingen
Gedruckt auf säurefreiem, chlorfrei gebleichtem Papier
Printed in Germany · ISBN 978-3-423-21535-0

Dieser Roman ist allen jüdischen
Weinhändlern aus Kitzingen gewidmet

»Alle Geschöpfe töten – Ausnahmen scheint es nicht zu geben; aber auf der Liste ist der Mensch der Einzige, der zum Vergnügen tötet; er ist der Einzige, der aus Bosheit tötet, der Einzige, der aus Rache tötet. Also – auf der ganzen Linie ist er das einzige Geschöpf, das eine niedere Gesinnung hat.«

Mark Twain

Kapitel 1

So konnten sie unmöglich weitermachen. Er hatte sich das alles ganz anders vorgestellt – obwohl Rita ihn gewarnt hatte. Aber anscheinend musste er ihre Familie selbst erleben, um zu verstehen, was sie aus Würzburg vertrieben hatte. Nicolas hatte versucht, sie zu besänftigen, er hatte vermitteln und die Parteien auseinanderhalten wollen, was auf ganzer Linie gescheitert war. Rita hatte seine Vermittlung in ihrer Wut als gegen sie gerichtet empfunden, als wolle er ihr in den Rücken fallen, statt bedingungslos Partei für sie zu ergreifen. Aber genau das hatte sie von ihm erwartet, nicht mehr und nicht weniger – ja, sogar verlangt.

»Du stehst auf ihrer Seite!« Rot vor Zorn war sie gestern geworden, messerscharf waren die Worte gekommen, er hätte sich verletzt zurückziehen können, aber verletzt war sie, das hatte er in diesem Moment begriffen, nichts von den alten Konflikten war geklärt.

Vor der Reise war ihm das Ausmaß des Zerwürfnisses nicht klar gewesen. Dass da etwas schwelte, dass auch nach zehn Jahren Abstand noch Glut unter der Asche war, das wusste er, Rita hatte nie einen Hehl aus dem miserablen Verhältnis zu »ihren Leuten«, wie sie die Familie nannte, gemacht. Dass jedoch ein Windhauch genügte, um die Glut in prasselnden Flammen aufgehen zu lassen, hatte er nicht geahnt. Hätte er das schon vorher begriffen, wäre er nie und nimmer hergekommen, er hätte die Reise nach Würzburg niemals angetreten. Er hätte wie immer seine Kunden besucht und wäre wieder nach Hause geflogen.

Rita war eine durch und durch selbstständige Frau, und das schätzte er an ihr. Sie traf ihre Entscheidungen ruhig und überlegt, sie holte seinen Rat ein und auch den anderer, in Bezug auf die Beurteilung von Menschen besonders den von Otelo. Ihr *provador*, eine Art Weinmeister und die Nase seiner Quinta, war für sie zu einem Mischwesen aus Vater und Großvater geworden, und so hatte sie ihre kleine Agentur für Weinreisen durch Portugal innerhalb von fünf Jahren Schritt für Schritt aufgebaut und auf stabile Beine gestellt, seit einiger Zeit mithilfe seines Freundes Happe. Jetzt begannen beide, ihren Wirkungsbereich mithilfe von Henry Meyenbeeker nach Spanien auszudehnen. Der Journalist kannte so ziemlich jede gute Kellerei auf der Iberischen Halbinsel. Er war eine große Hilfe für Rita.

Sie konnte Argumente abwägen, sie schätzte Widerspruch – aber nicht den ihrer Eltern! Bei Ulrike und Hans Berthold schwang bei jedem Wort ein Vorwurf mit, etwas Beleidigtes, Gekränktes, weil ihre Tochter anders geworden war als sie, das Gegenteil von dem, was sie sich gewünscht hatten. Aber was hatten sie sich gewünscht? Und auch er, der Schwiegersohn, war alles andere als ein Wunschkandidat. Unter finanziellen Gesichtspunkten schien er der lange ersehnte Glücksfall zu sein, aber da sich seine Einstellungen mit denen ihrer Tochter deckten, spürte er hinter der aufgesetzten Freundlichkeit eine tiefe Missbilligung und jene Überheblichkeit, die er als die Verbitterung der Zukurzgekommenen interpretierte. Offene Verachtung hatte Ritas Vater ihm nur gezeigt, als ihm klar wurde, dass man mit ihm nicht einen einzigen Satz über Fußball wechseln konnte, nicht einmal über den FC Bayern München, geschweige denn über den FC Porto. Und Wein war für Berthold kein Thema.

»Ich bin aus Ulm – und da trinkt man Bier!« Irgendein Stolz und der bayerische Akzent schwangen mit.

Nicolas Hollmann wälzte sich auf die linke Seite, vergrub den Kopf im Kissen, legte eine Hand über das freie Ohr, um die zankenden Stimmen, die von unten heraufschallten, nicht hören zu müssen. Aber die Hand rutschte herunter, und er hatte wieder die spitzen Stimmen der beiden Frauen in seinem Kopf. Mutter und Tochter. Er sah sie vor sich, unten am Küchentisch, beide einen Kaffee in der Hand, beide im Morgenmantel, und es vergingen keine zehn Minuten, bis sie sich wieder in der Wolle hatten. Rebecca hatte es nicht ausgehalten, war sofort wieder raufgekommen und zu ihm ins Bett gekrochen. Auch ihr war diese Situation unmöglich zuzumuten, zumal die Frau, die von ihr »Oma« genannt werden wollte, eine völlig fremde Person war, deren Zärtlichkeiten – für sie Zudringlichkeiten – sie sich konsequent entzog. Frau Berthold begriff das nicht und war natürlich beleidigt, sie war es eigentlich immer. Vier Tage kannte sie das kleine Mädchen persönlich und erwartete kindliche Liebe, oder das, was sie dafür hielt. Und er sollte sie »Mutter« nennen? Dabei waren Ritas Eltern nicht einmal zu Rebeccas Geburt auf ihrem Weingut am Rio Douro erschienen, obwohl sie ihnen die Flugtickets hatten spendieren wollen. Die Begründung war, natürlich durch die Blume, dass Rita und er weder standesamtlich noch kirchlich verheiratet seien und das Kind nicht von einem Priester taufen lassen wollten.

Wahrscheinlich streiten sie wieder mal über dieses Thema, dachte Nicolas und konnte sich nicht erinnern, wann er zuletzt mit einer derart üblen Laune den Tag begonnen hatte. Nicht einmal Dauerregen zur Weinlese deprimierte ihn so sehr. Er spürte plötzlich, wie Rebecca seine Hand vom Ohr wegzog und ihn anpustete. Er mochte es nicht, es kitzelte, sie liebte es, zumal er heftig reagierte, und sie lachte ihn an.

»Holst du mir Kakao?«

»Hast du dir die Zähne geputzt?«

Rebecca kletterte aus dem Bett und rannte ins Badezimmer. Nicolas brauchte etwas länger, um sich in dem kleinen Raum den Bademantel überzuziehen. Die Enge dieses Einfamilienhauses war der räumliche Ausdruck der hier herrschenden geistigen Verhältnisse. Doch solche Gedanken behielt er tunlichst für sich, er wollte die Gastgeber nicht beleidigen und Rita nicht zusätzlich verletzen. Aber war man selbst nicht immer der Maßstab seiner Welt? Rita und er lebten mit ihrem Kind hoch auf dem Berg, traten morgens auf die Terrasse ihres Hauses und hatten den Himmel über sich, den Fluss unter sich, die Weinberge um sich, und unweigerlich zog ein Lächeln auf seine Lippen, wenn seine Tochter auf die Brüstung kletterte und sich an ihm festhielt. So erlebten sie den Sonnenaufgang, wenn dort, wo der Fluss herkam, die Sonne über den Horizont stieg und ihr Feuer über die gewaltigen Berge und die Rebstöcke schüttete. Wie ihm das fehlte, merkte er hier bereits nach wenigen grauen Tagen, obwohl es in dieser Jahreszeit auch in Portugal nicht besonders warm war, aber zumindest war es wärmer als hier im kalten Nieselregen.

Mit aufgesetztem Lächeln trat er in die Küche und legte Ritas Mutter freundschaftlich die Hand auf die Schulter, was ihm im Gegenzug ein kaltes Lächeln eintrug, das sofort wieder in sich zusammenfiel und Rita verblüfft dreinschauen ließ. Ein Augenzwinkern stellte alles klar.

»Ein Glas Kakao fürs liebe Kind«, sagte er und ging zum Kühlschrank.

Sofort sprang Frau Berthold auf. »Der muss aber warm gemacht werden. Kalte Getränke sind für Kinder ungesund!« Wieder stand ein Vorwurf im Raum. Sie riss ihm die Milchpackung aus der Hand.

»Aber sicher doch.« Was für ein beschissener Morgen, dachte Nicolas, lächelte weiter und beschwichtigte Rita, die bereits zur Entgegnung ansetzte, mit seinem Blick. Da sie ständig mit Reisegruppen von Weinenthusiasten unterwegs war, hatten Dona Firmina, ihre Haushälterin, und Otelo, sein Lehrmeister in den Dingen des Lebens, die Stelle der Großeltern übernommen und sich mehr um Rebecca kümmern können. Und wenn sie nicht im Kindergarten in Peso da Régua war, begleitete sie ihn, im Keller, im Weinberg oder im Büro. Rebecca. Während er auf das Ceranfeld mit dem Milchtopf starrte, erinnerte er sich an die erste Reaktion der Großeltern.

»Rebecca – ist das nicht ein jüdischer Name?« Der vorwurfsvolle Unterton war nicht zu überhören gewesen.

»Nein, alttestamentarisch«, hatte er geantwortet und hätte den Telefonhörer erwürgen können. Da waren ihm die Gleichgültigkeit seines Vaters und die aufgeregte Freude seiner selbstverliebten, seit zwanzig Jahren mit einem neuen Mann verheirateten Mutter lieber. Er wusste, dass er von beiden außer Geld nichts zu erwarten hatte. Immerhin etwas.

»Übrigens habe ich meine Beziehungen spielen lassen«, sagte Frau Berthold und reckte wichtigtuerisch den Kopf, drehte ihn leicht zur Seite, riss die Augen auf und machte mit ihren schmalen Lippen einen spitzen Mund. »Ich habe dir etwas verschafft, mein lieber Nicolas, was nicht einmal ich mir bisher geleistet habe: eine Einladung zur Wahl der Fränkischen Weinkönigin!« Jetzt nickte sie zur Selbstbestätigung zweimal langsam. »Du wirst zur Jury gehören! Ich hätte keine bekommen, da ich nichts von Wein verstehe, aber da du sozusagen mein … äh … Schwiegersohn bist und ein wichtiger ausländischer Weinproduzent, ist das was anderes.«

»Und ich?«, fragte Rita. »Für mich hast du keine Karte?«

»Kindchen, wieso sollte jemand wie *du* unsere Weinkönigin wählen?«

Rita hasste es, wenn sie »Kindchen« genannt wurde.

»Du hast ja nichts mit Wein zu tun, du bist ja nur Reiseleiterin. Aber Nicolas, der wird schon beurteilen können, was gut ist für unser Frankenland, wen er zu wählen hat, nicht wahr, Nicolas? Unsere Kandidatin ist Anneliese aus Escherndorf, Anneliese Fünfinger! Ich hoffe, du wählst richtig. Ich werde natürlich unter den Zuschauern sein. Ich habe mir eine Besucherkarte geleistet.« Jetzt heischte sie nach Dankbarkeit und nach einer Umarmung.

»Toll!« Nicolas gab ihr beides, der Kakao war heiß, und er konnte sich zurückziehen.

Sie konnten hier nicht bleiben, es käme über kurz oder lang zum Muttermord, davon war Nicolas überzeugt. Er selbst sah die Situation wesentlich gelassener. Ritas Eltern waren Fremde für ihn, ihr Verhalten nahm er als Teil der »Menschlichen Komödie«. Leider wurde es meistens langweilig, wenn man das Stück mehrmals gesehen hatte, noch dazu von schlechten Schauspielern aufgeführt. Rita hatte ihm viel über ihre Eltern erzählt, da oben, auf ihrem Berg, abends nach der Arbeit und nach Dona Firminas traumhaften Abendessen, die Beine auf der Brüstung, ein Glas Wein in der Hand. Mit zweieinhalbtausend Kilometer Abstand hatte sie frei über die Gründe sprechen können, weshalb sie nach Portugal gegangen war. Sie hatte sich dort sofort wohlgefühlt und war von ihrer Gastfamilie, bei der sie während ihres Studienjahres der Romanistik gewohnt hatte, gleich herzlich aufgenommen worden. Ihre guten Sprachkenntnisse hatten es ihr leicht gemacht, sich zu integrieren, und sie hatte die richtige Idee gehabt.

Er dagegen war vor einigen Jahren nach Portugal gekommen, um sein Erbe in Augenschein zu nehmen, ohne jedes Wissen um das Land und um den Wein. Dort wirklich angekommen war er erst, nachdem er sich quasi unter Lebensgefahr das Erbe seines Onkel Friedrich erkämpft hatte. Nicolas' Eindrücke von Portugal waren längst nicht so positiv wie die von Rita, ziemlich schrecklich sogar, aber war nicht das Leiden ein Anlass zur Erkenntnis und zur Veränderung?

Ritas Vater war wie immer früh zur Arbeit gegangen, ein Behördenangestellter des mittleren Dienstes ohne jede Ambition, aber mit Pensionsanspruch. Nicolas wusste nicht, worüber er sich mit ihm unterhalten konnte, der Vater wollte nichts Neues erfahren, und die mitgebrachten Fotos, die sie auf seinem Rechner am ersten Abend angeschaut hatten, langweilten ihn. Es grenzte an ein Wunder, dass dieser Mann Rita das Abitur ermöglicht hatte.

»Er hat es nicht meinetwegen gestattet, sondern um vor den Nachbarn damit anzugeben.« Immer wenn sie von ihren Eltern sprach, bekam sie ein hartes Kinn, und die Augen flackerten. »Aber ein Sprachstudium wäre zu viel des Guten gewesen.«

Die Lehre im Reisebüro war gut genug gewesen. Studiert hatte sie danach, Romanistik, auf eigene Kosten, den Kredit zahlte sie immer noch ab. Sie hatte intuitiv ein Studienfach gewählt, das geistig genauso weit von ihren Ursprüngen entfernt lag wie ihr neues Zuhause. Dann, das hatte sie besonders geärgert, war genau das eingetreten, was ihr Vater vorhergesagt hatte: Sie war arbeitslos. Romanisten waren nirgends zu gebrauchen, und fürs Lehramt fehlten ihr die Nerven. Doch bereits auf der ersten Tour als Reiseleiterin für ihre ehemalige Lehrfirma war ihr die Idee gekommen, sich selbstständig zu machen und Weinreisen zu veranstalten.

Seine Quinta do Amanhecer, das Weingut der Morgenröte, war schon unter Friedrich Hollmann ein internationales Haus, jetzt machten Nicolas und seine Mitarbeiter weiter Portwein. Seine wichtigsten Kunden waren in Holland, Großbritannien und Frankreich, deutsche Kunden kamen erst an vierter Stelle. So war es auch mit den Gästen, die sie am Rio Douro empfingen.

Sie geht zu hart mit ihren Eltern ins Gericht, dachte Nicolas, ihr fehlt die Gelassenheit, sie lässt alles zu nah an sich heran, sagte er sich, sie ist längst nicht fertig mit ihnen, und er ärgerte sich, dass er nicht wieder einschlafen konnte, aber die Stimmen von unten drangen durch die Wände, sie schwollen immer dann an, wenn seine Gedanken leiser wurden und verstummten. Ja, sie mussten hier weg, möglichst bald, für Rita war es in jedem Fall besser, und Rebecca fühlte sich bedrängt, ihre Großeltern machten ihr Angst, wenn sie ihr drohten – und das für eine angebrachte Erziehungsmethode hielten. Derartige Prinzipien hatten sie allem Anschein nach aus dem letzten Jahrhundert herübergerettet. Nur wohin sollten sie gehen, wo sollten sie bleiben?

Sechs, jetzt noch fünf Wochen im Hotel würden teuer. Zurück nach Portugal konnten sie vorerst nicht. Rita hatte Besuche bei diversen Reisebüros vereinbart, um ihr Projekt vorzustellen, sogar in Wien und Graz. Für ihn stand die Düsseldorfer Weinmesse auf dem Plan, um seine Weine zu präsentieren. Neben deutschen Händlern suchten Weinaufkäufer aus der ganzen Welt dort ihr Sortiment zu erweitern. Sie alle waren besonders jetzt, in der für Portugal so dramatischen Krise, wichtige Abnehmer. US-Einkäufer, die in Portwein verliebten Briten und Australier traf er auf der London International Wine and Spirits Fair Ende Mai. Außerdem gab es jede Menge Verabredungen mit Weinhändlern und eine abendliche Präsentation, sein Terminkalender war randvoll.

Wo verdammt sollten sie mit Rebecca bleiben? Es war falsch, sich auf Ritas Mutter verlassen zu wollen, die tagsüber auf das Kind achtgeben wollte. Nein, seine Tochter würde er der Frau nicht überlassen. Dieser Gedanke brachte Nicolas wieder auf die Beine.

Das Badezimmer, für zwei Personen ausgelegt, früher mal für vier, als Rita hier noch mit ihrer Schwester gelebt hatte, war eng und hätte dringend einer Renovierung bedurft. Und es roch nach einem längst aus der Mode gekommenen Aftershave, beinahe wie ein Desinfektionsmittel. Nicolas beeilte sich mit Duschen und Rasieren und saß fünfzehn Minuten später am Frühstückstisch, wenn man den so nennen konnte, mit Graubrot, Butter und Marmelade und dem schrecklichen Filterkaffee. Man hätte das bei gutem Willen als Unwissenheit abtun können, ihm, der im weitesten Sinne mit Geschmack und Düften arbeitete, der ständig auf der Suche danach war, sich zu verbessern, Derartiges vorzusetzen. Als er die Lebensmittel eingekauft hatte, die Rita und er schätzten, hatte Frau Berthold natürlich wieder die Beleidigte gespielt.

»Unser Essen ist euch wohl nicht gut genug?!«

Die Erklärung, dass ihr Frühstück deshalb so üppig sei, weil es bis abends vorhalten müsse, wurde nicht akzeptiert. Abends gab es eine fränkische Brotzeit.

Zum Original gehörten roter und weißer Presssack, dazu kam eine gute Leberwurst, ein mild geräucherter Schinken sowie ein Stück Göttinger, Pfefferbeißer und ein Ziebeleskäs. Leider hatte man sich bei den Bertholds auf Blutwurst kapriziert, die er verabscheute. Blut in der Speise war ihm zutiefst zuwider. Ritas Vater aß mittags im Amt, und ihre Mutter machte sich untertags »schnell etwas«.

»Wir werden zur Wahl allerdings nach Schweinfurt fahren müssen, Nicolas!« Ulrike Berthold kam übergangslos auf das Thema Weinkönigin zurück. »Nur eine halbe Stunde mit dem Zug. Es geht mittags los, abends sind wir wieder hier. Und zu essen und zu trinken gibt's da auch. Es beginnt mit einem Sektempfang!« Bei diesen Worten spreizte sie sich, wuchs um zehn Zentimeter und blickte Rita, die in ihren Kaffeebecher starrte, von oben herab an. »Morgen bekomme ich die Eintrittskarten. Die Plätze sind nummeriert.«

»Und wer wird da gewählt?« Nicolas war die Einladung unangenehm. Mit dem Thema Weinkönigin hatte er sich nie beschäftigt, hatte nie eine kennengelernt, kannte lediglich Fotos, auf denen die meist blond gelockten jungen Frauen oder Mädchen mit pausbackigen Gesichtern und strahlendem Lächeln im Dirndl in eine Kamera blickten, umgeben von wichtigen Männern, die mindestens dreißig Jahre älter und fünfzig Kilo schwerer waren. Er hielt das Ganze für eine längst überholte Angelegenheit, überflüssig im modernen Wein-Marketing, so wie er es verstand. Aber in Zeiten der Auflösung überkommener Werte wurde das längst Überholte aus dem Keller geholt und aufpoliert. Doch vertrocknete Rettungsringe aus Kork trugen nicht bei rauem Seegang.

»Es gibt drei Kandidatinnen …« Frau Berthold nannte ihre Namen und spulte die Lebensläufe ab. Sie plapperte los, während Rita mit Rebecca im Badezimmer verschwand. Er ließ den Redeschwall über sich ergehen und wusste danach nichts mehr vom Gesagten, lediglich dass er sich nächsten Dienstag im Schweinfurter Konferenzzentrum einfinden sollte, nebst hundertfünfzig anderen Juroren, alles namhafte Leute aus der deutschen Weinwelt. Das war das Einzige, was ihn mit dieser überfallartigen Einladung versöhnte.

Diesen Quasi-Urlaub hatte er sich etwas anders vorgestellt. Bei der Arbeit musste er sich nicht abschirmen, er konnte sein, wie er war, sagen, was er dachte, und tun, was getan werden musste und wie er es für richtig erachtete. Er und seine Mitarbeiter waren aufeinander angewiesen, eingespielt, und alle zogen gern am gleichen Strang. Außerdem hatte Onkel Friedrich, der das Weingut gegründet hatte, zusammen mit seinem Freund Otelo, ein System der Gewinnbeteiligung eingeführt und damit einen Ansporn geschaffen.

Als Veranstalterin von Weinreisen hatte Rita es längst nicht so leicht, aber ihr stand sein Freund Happe zur Seite, und auf den war Verlass. Sie empfand die Mehrheit ihrer Gäste als angenehm. Einige Spinner waren darunter, Aufschneider gab es immer, aber die waren eher amüsant, als dass sie penetrant wurden. Die Besserwisser, die ihm sagten, wie er seinen Wein zu machen hatte, empfand er als die unangenehmsten. Rita brachte ihre Gäste im Kleinbus auf seine Quinta, wenn es um Portweine und die starken Roten vom Rio Douro ging. Wenn ihn jemand nervte, brachte er ihn mit Fachfragen zum Schweigen, dazu reichten meistens drei, die dem Besserwisser vor Augen führten, dass es noch viel zu lernen gab. Und wer blamierte sich schon gern vor anderen?

Auf all diese Details hatten Ritas Eltern bisher mit gleichgültigem Achselzucken reagiert – und jetzt überbrachte ihre Mutter die Einladung zur Wahl der Weinkönigin. Wozu das? Was bezweckte sie? Wollte sie ihm gefallen? Hatte sie erzählen dürfen, dass ihr zukünftiger Schwiegersohn in Portugal ein Weingut von sechsunddreißig Hektar besaß? Die Zahl hatte sie mehrmals wiederholt, und auch der Vater hatte die Ohren gespitzt. Mehr Land bewirtschafteten hier nur die großen, bekannten Güter wie der Staatliche Hofkeller, das Bürger- und das Juliusspital. Die großen Drei standen in dieser Woche auf seiner Besuchsliste. Aber sechsunddreißig Hektar in Portugal hatten längst nicht die Bedeutung wie die neunzehn von einem bekannten Winzer wie Paul Fürst oder die siebzehn eines ebenso erfolgreichen Horst Sauer, beide ganz oben auf der hiesigen Bestenliste.

Eine halbe Stunde später saßen Rebecca, Rita und er in der Straßenbahn und fuhren ins Zentrum von Würzburg. Sie gingen erst einmal richtig frühstücken. Rita führte sie zum »Café Michel« neben dem Falkenhaus, dem berühmtesten Haus der Stadt. Gebaut am Anfang des 18. Jahrhunderts wohnte dort zuerst der Dompfarrer, wie Rita wusste, dann war es Gasthaus geworden, und nach dem Tod des Wirts hatte es die Witwe mit einer dreigiebeligen Fassade verkleiden lassen, einer der bedeutendsten im Stil des Rokoko in Deutschland. Später wurde es Konzert- und Theatersaal, bis es bei einem britischen Bombenangriff vollständig ausbrannte. Die Fassade war nach alten Fotografien rekonstruiert worden, Nicolas vermutete, dass man dabei das Dehio-Verzeichnis der kunsthistorisch bedeutendsten Denkmäler zu Rate gezogen hatte. Das Falkenhaus schön zu finden war Ansichtssache. Rokoko lag ihm nicht besonders, er hatte bereits vor seinem Architekturstudium den Barock für sich entdeckt und weiteren Zugang in Portugal gefunden, in Braga, Lissabon und Guimarães, aber ganz besonders in Brasilien, wo er das Schwülstige und alles Übertriebene verloren hatte und sich das Wesen seiner Verspieltheit schlicht offenbarte. Einmal im Jahr flog Nicolas über den Atlantik, um seine Weine in São Paulo anzubieten. Bei der ersten Reise hatte ihn ein Geschäftsfreund mit Ouro Preto bekannt gemacht, einer Stadt im brasilianischen Bergland, wo er sich ins 18. Jahrhundert zurückversetzt gefühlt und die Werke des durchaus mit Riemenschneider zu vergleichenden Bildhauers Aleijadinho zu schätzen gelernt hatte. Riemenschneider? Hatte der nicht in Würzburg gewirkt?

Seitdem ließ der Barock Nicolas lächeln, besonders die weichen, runden Formen, die ausgemalten Gewölbe, die dramatischen Himmel, weniger der Pomp, und er war auch kein Freund des architektonischen Pathos, egal, ob es neoklassizistisch oder postmodern daherkam.

Ritas Einsilbigkeit hielt sich hartnäckig, ihre Wut zeigte sich sogar in der Art, wie sie beim Frühstück ihr weich gekochtes Ei köpfte, was sie sonst nie tat. Ein Caffè Latte, knusprige Brötchen, »Wecken«, wie Rita verbesserte, und ein wunderbares Quittengelee versöhnten sie dann allmählich mit der Welt. Nicolas betrachtete seine Frau. Sie zeigte auf dieser Reise eine Seite, die er an ihr nicht kannte.

»Du hast mich bisher ja auch noch nie in dieser Situation erlebt.« Das reichte ihr als Erklärung.

Nicolas wunderte sich wieder einmal, wie jemand sich so weit aus dem eigenen Stall entfernen und so anders werden konnte als die Eltern.

»Ich habe mich schon früh von ihnen entfernt«, sagte Rita und strich die Butter auf die Kaisersemmel. »Das funktionierte, weil sie sich mehr für meine kleine Schwester interessierten und mich in Ruhe ließen. Mein Vater sprach damals bereits davon, wie schön das Leben erst wäre, wenn er in Rente käme. Was er dann machen wollte? Davon hat er nie gesprochen. Am liebsten nichts oder Sportschau glotzen. An seiner Arbeit hatte er nie das geringste Interesse, sich aber pausenlos über unfähige Vorgesetzte beklagt.« Jetzt strich sie das Quittengelee auf die Semmel.

»Du hast dich verrannt, Rita, du schaust gar nicht mehr richtig hin. Auch hier wird sich vieles verändert haben.«

»Du hast gut reden, Nic, du hast hier nicht an jeder Ecke eine Erinnerung rumstehen.«

»Mein Gomorrha, wie du weißt, heißt Frankfurt. Aber so schlimm kann es nicht gewesen sein, wenn es dich zu dem gemacht hat, was du heute bist.«

»Mich hat Freiburg gerettet und der Umstand, dass ich dort studiert habe.«

»Vergiss nicht das Reisebüro hier in Würzburg, wo du die Lehre gemacht hast, das war dein Tor zur Welt, nach Spanien, Italien und schließlich Portugal …«

Nur unwillig stimmte sie zu: »… und Freiburgs Nähe zu Frankreich.«

»Und wenn sie dich zur Weinkönigin gemacht hätten?«

»Bist du von Sinnen? Nur über meine Leiche …«

Nach dem Frühstück machten sich Mutter und Tochter auf den Weg zu Ritas ehemals bester Freundin. Sie hatten sich im Haus einer anderen ehemaligen Klassenkameradin verabredet. Er hingegen war neugierig auf die Silvaner vom Würzburger Stein und darauf, was die großen Drei daraus machten, wie sie sich unterschieden. Es würde nicht nur ein Gang durch die Qualitäten werden, auch der durch Kellergänge und Geschichte stand ihm bevor. Um seinen Kopf freizubekommen, schlenderte er durch die Innenstadt und blieb kurz am Rathaus stehen, wo eine lange offene Flucht vom Dom am Rathaus vorbei auf die alte Brücke über den Main zuführte. Hoch darüber lag die Festung Marienberg mit einem Hauch von Schnee an den mit Reben bestockten Hängen und den Turmspitzen fast in den Wolken, und als er sich die Wollmütze fröstelnd über die Ohren zog, dachte er daran, dass sie am Tag nach der Ankunft ein Vermögen für warme Kleidung hatten ausgeben müssen. Auf einen so späten Winter waren sie nicht eingestellt. Aber es war besser, dass die Fröste sich jetzt austobten und nicht beim Austrieb der Weinstöcke.

Er wäre gern auf die alte Mainbrücke gegangen, um sich einen Eindruck von der Flusslandschaft, der Stadt und dem sie beherrschenden Stein zu verschaffen, aber der Wind war schneidend kalt. Er würde bei gutem Wetter wiederkommen, später, wenn es denn bei den häuslichen Spannungen überhaupt zu einem Später kommen würde.

An der Wahl dieser Weinkönigin teilzunehmen würde bedeuten, Ritas Eltern zumindest noch bis zur nächsten Woche ertragen zu müssen – oder sie suchten sich doch eine andere Bleibe. Das würde zumindest mit der Mutter Krach geben. Ein Auszug würde das Zerwürfnis vertiefen. Sie mussten sich eine Ausrede einfallen lassen, die ihren Auszug plausibel machte. Dem Vater wäre es gleichgültig, der wollte nur seine Ruhe.

Nicolas fand sich am Rande einer Parkanlage wieder, wo er sich linker Hand in die Büsche schlug. Soweit er wusste, gehörte sie zum englischen Teil des Hofgartens, und er folgte einem gewundenen Weg durch immergrünes Gehölz, bis sich der mathematische Teil des Gartens öffnete, der im Barock die Unterwerfung der Natur durch den Menschen darstellen und wohl auch Sinnbild des fürstbischöflichen Absolutismus sein sollte. Heute war er zweifelsohne ein Ausdruck jener Einstellung, dass Natur sich zähmen ließ. Der Mensch wohl auch? Doch die Krone der Schöpfung war weder durch die Einführung von Messer und Gabel noch durch Religion klüger oder friedfertiger geworden. Ein Garten als Denkmal des Sieges über die Natur! Herrschaft statt Kooperation. Nicolas folgte einer anderen Denkweise, er lernte von seinen Weingärten und betrachtete sich ihnen keineswegs als überlegen, sondern als der Teil, der profitierte und dankbar war.

Noch in der Blüte barocker Gartengestaltung war diese

kritisiert und der Übergang zu einer unregelmäßigen Gestaltung gefordert worden, die im Englischen Garten ihren Ausdruck fand. Aber wie verhielt es sich heute, wenn man etwa an die plantagenhafte Organisation der Landwirtschaft dachte, wozu Nicolas auch den Weinbau zählte? Wenn er die mächtigen Rebberge und die durchorganisierte Terrassenlandschaft des Rio Douro vor sich sah, spürte er immer seine Sympathie für die *mortorios*, die aufgegebenen Weinberge, wild und zerklüftet und sehr lebendig, die sich die Natur zurückholte, mit Brombeergestrüpp, krüppligen Bäumen und alle Trockenmauern zum Einsturz bringendem Ginster.

Aber auch dieses Ensemble hier, das ihn zum Panorama der Fürstbischöflichen Residenz hinlenkte, gefiel als historisch erdacht und durchkonstruiert, als eine von vielen möglichen Ansichten mit gestutzten Hecken, Rabatten und zu Kegeln gestutzten Bäumen, Brunnen, Skulpturen und Laubengärten als Verstecken der Putten, die sich auch bei dieser Kälte nur mit einem zarten weißen Schleier bedeckten. Die großen, von Blättern entkleideten Bäume und der neblige Dunst, der es nicht richtig Tag werden ließ und jedes Geräusch dämpfte, die Stadt fern werden ließ, vermehrten den morbiden Charme der Anlage – mit ihm als einzigem Besucher. Anders als die ihm bekannten Barockgärten, der bürgerliche Het Loo im holländischen Apeldoorn und das absolutistische Versailles oder – ähnlich – Hannover Herrenhausen, war der Hofgarten von der alten Bastion begrenzt, zu der breite Treppen hinaufführten, und lief nicht im Waldland oder Jagdgebiet des Fürsten aus.

Ein Satz ging ihm bei der Betrachtung der abgezirkelten Karrees durch den Kopf, den er im Studium häufig gehört hatte. Sein Freund Happe war glühender Verfechter dieser Ansicht: »Symmetrie ist die Architektur der Einfallslosen.«

Nicolas lächelte, Happe würde es hier nicht gefallen. Einfälle zu haben musste im Zeitalter des Absolutismus gefährlich gewesen sein. Ob es heute noch so in Bayern war, wusste er nicht, aber Franken war nicht Bayern. Auf diese Feststellung legten die Einheimischen besonders viel Wert. Nicht ein einziges Mal hatte er bisher irgendeinen positiven Bezug auf Bayern vernommen.

Fröstelnd passierte Nicolas die mächtige Quer- und Rückenfront der Residenz und verließ den Garten durch ein wunderbar gearbeitetes schmiedeeisernes Tor, mehr Rokoko als Barock, überquerte die Straße und fand sich vor der Vinothek des Staatlichen Hofkellers und schaute auf die Treppenstufe, um nicht zu stolpern – und stutzte.

Er brauchte einen Moment, bis er begriff, dass nicht einfach ein Sprung im hellen Boden mit einem Metallstreifen ausgefüllt war. Vielmehr war hier in einem Band aus Edelstahl der Verlauf des Mains nachgezeichnet: wie er von Osten aus dem Fichtelgebirge und der Fränkischen Alb kommend das Frankenland durchquerte, nach Süden abknickte, wieder nach Norden schwenkte, in die alte Richtung zurückkehrte und doch wieder nach Süden weiterfloss und die Hauptrichtung einnahm, bis er es sich noch mal anders überlegte oder von einem Gebirge in Richtung Frankfurt zu einem weiteren Umweg gezwungen wurde. Dort floss der Main, den er kannte, aber der Fluss hatte ihm in seiner Jugend nie etwas bedeutet. Er war ein Verkehrshindernis gewesen, ein Grund zum Brückenbau, eine Schneise durch Frankfurt, die flüssige Trasse für Lastkähne. Was ein Fluss für den Weinbau bedeutete, hatte er erst am Rio Douro begriffen, der unterhalb seines Weingutes in Ruhe und Erhabenheit vorbeifloss. Erst seit dieser Erfahrung konnte Nicolas auch dem Main etwas von seiner Wertschätzung abgeben.

Das Beharrungsvermögen von Vorurteilen war sprichwörtlich. In Kombination mit schlechten Erfahrungen oder unguten Erinnerungen hielten sie sich ein Leben lang. Eines musste Nicolas beim Betreten der Vinothek sofort aufgeben. Er kannte zwar die Fotos von modernen fränkischen Kelleranlagen, doch insgeheim hatte er es nicht geglaubt und immer noch das Altfränkische vor Augen, die Enge, das Dunkle und Stickige, wo frischer Wind fehlte, weil die Fenster zur Welt geschlossen blieben.

Die Vinothek hingegen, mochte sie auch in der Tradition der absolutistischen Fürstbischöfe stehen, war offen, großzügig und klar. Für einen Moment spürte Nicolas die Leere, die das schwindende Vorurteil hinterließ. Er klammerte sich an den Gedanken, dass es ein Marketingtrick war und hier sicherlich nicht viele Kellereien den Schritt ins Licht gewagt hatten. Die Symbolik in der Gestaltung dieses lang gestreckten hellen Raums ließ ihn zögern. Drei gewaltige, knapp hüfthohe Steinblöcke hintereinander im Raum stellten die unterschiedlichen Böden dar, auf denen die Reben des Hofkellers wuchsen: roter Buntsandstein, grauer Muschelkalk, wie am Boden im Eingang, und ein etwas anders ziselierter und hellerer Keuper.

Das war eine geologische Klaviatur, auf der ein Winzer spielen konnte, wenn er es denn verstand. Die entsprechenden Klangbilder standen in Form von Bocksbeuteln und Bordeauxflaschen auf den jeweiligen Steinen. Aus der Decke wuchsen goldene Röhren nach unten, ähnlich den Stalaktiten. Wie die Dame am Tresen ihm erklärte, symbolisierten sie die Sonnenstrahlen. Dann wandte sie sich wieder einer älteren Dame an dem langen Tresen zu, groß, schlank, gut angezogen und in ihrem Auftreten mehr als selbstbewusst. Die Art, wie sie den Wein in ihrem Glas betrachtete und probierte, wies sie als Kennerin aus.

»... niemals, die gewinnt niemals«, hörte Nicolas sie mit herber Stimme sagen.

»Sie ist die Beste, glaub mir«, sagte die Dame hinter dem Tresen.

»Du wirst es sehen, die gewinnt nicht, die kann gar nicht gewinnen. Die Wahl machen die großen Genossenschaften unter sich aus, Sommerach und Nordheim, so ist es immer.«

»Was du sagst, stimmt nicht. Sieh dir einfach die Liste an. Die jetzige stammt aus Erlenbach.«

»Das hat nichts zu sagen.«

»Man kann dir sagen, was man will, Helen, bei dir nutzt kein Argument etwas. Wieso bist du nur so verbohrt?«

»Weil es nicht darauf ankommt, was eine kann, sondern wen sie kennt, mit wem sie bekannt ist und mit wem der Vater seine Geschäfte macht.«

Die Dame hinter dem Tresen schüttelte entnervt den Kopf. »Die haben ihren eigenen Coach, wenn du weißt, was das ist. Die müssen lernen, die werden trainiert, die eine, ich glaube, sie heißt Henriette Müller, macht eine Lehre als Winzerin und will später in Geisenheim studieren. Sie kommt aus Nordheim ...«

»Siehst du, da steckt bestimmt die Winzergenossenschaft dahinter!«

»Dir ist wirklich nicht zu helfen, Helen. Da kommen hundertfünfzig Juroren zur Wahl, die kann man nicht alle manipulieren oder bestechen, viele sind von auswärts ...«

Nicolas starrte in die Preisliste, um sich das Lachen zu verbeißen, und tat, als suche er Wein aus, den er gleich probieren wollte, dabei hörte er amüsiert zu. »Von auswärts« – damit war er gemeint.

»Heute wird alles manipuliert!«

»Sei doch nicht so beschränkt!«

»Beschränkt findest du mich?« Die Dame vor dem Tresen schien beinahe erfreut darüber zu sein, wieder etwas gefunden zu haben, wogegen sie opponieren konnte.

»Die Wahl ist elektronisch ...«

Empört spitzte die Widerborstige den Mund und richtete sich auf. »Siehst du? Da blickt kein Mensch durch, die können machen, was sie wollen, diese Computerleute. Wer will da etwas nachprüfen?«

Entnervt den Kopf schüttelnd wandte sich die Dame hinter dem Tresen Nicolas zu und entschuldigte sich. »Das Thema bewegt uns alle. Jede Kandidatin hat ihre Fangemeinde. Die Orte rivalisieren, jeder will gewinnen, die Leute sind stolz darauf, wenn eine von ihnen gewählt wird und unsere Weine weltweit repräsentiert.«

»Weltweit?«, fragte Nicolas ungläubig. Er hatte davon auf den internationalen Messen bislang wenig bemerkt. Allerdings hatte er auch kaum Augen für das, was in Deutschland geschah, wenn es nicht seine Weine und Geschäfte betraf.

»Ja, sogar in Asien ist die letzte Weinkönigin gewesen, in China oder Singapur, irgendwo da. Das ist eine tolle Chance für die Mädchen. Wer kommt sonst schon nach Singapur?«

»Das ist wahr«, sagte er und tat uninteressiert. Dabei begann ihn die Wahl zu interessieren, wenn sich bereits im Vorfeld die weiblichen Gemüter erhitzten und sogar Freundinnen mit ihren unterschiedlichen Meinungen aufeinanderprallten.

»Welche Weine möchten Sie probieren?«

Diese Frage riss Nicolas aus seinen Gedanken. »Silvaner, in erster Linie Silvaner, und zwar die vom Würzburger Stein.«

»Da haben wir einige. Können Sie es nicht genauer sagen? Am Stein haben wir etwa dreißig Hektar. Und Müller-Thurgau, Weißer Burgunder, Chardonnay, Traminer und Blauer Spätburgunder.«

»Nein, einfach nur Silvaner.«

Kapitel 2

»Einfach nur Silvaner.«

Die Dame zog eine Schublade im Tresen auf und ließ ihren Blick über die dort gekühlt stehenden Flaschen streichen. »Dann gebe ich Ihnen zuerst einen trockenen Kabinettwein und danach die Spätlese aus dem letzten Jahr. Ist zwar alles noch ein wenig jung, aber es sind trotzdem sehr schöne Weine.«

Der Preisliste entnahm Nicolas, dass die Stein-Weine im Vergleich zu anderen Lagen des Hofkellers teurer waren. Wenn er die Preise mit denen seiner Weine verglich, war er hier durchaus konkurrenzfähig. Aber Weißwein war nicht seine Stärke, lediglich Gouveio, Malvasia und Codega, Rebsorten, die er für seinen weißen Portwein brauchte. Ob Alvarinho bei ihnen auf dem Schiefer so gut gedieh wie an der portugiesischen Küste und als grandioser Albariño im spanischen Galizien, würde ihr Versuch ergeben, auf einem im vorletzten Jahre bepflanzten halben Hektar ihrer kühlsten, nach Norden ausgerichteten Lage. Dirk Niepoort, der bei ihnen in der Nähe sein Weingut betrieb, versuchte es mit Riesling.

Es wird Zeit, sich mehr auf die Weißweine zu konzentrieren, dachte Nicolas, in Franken könnte ich lernen, doch bei unserer brutalen Hitze und dem wenigen Regen sind die Bedingungen gänzlich anders. Aber ich werde es lernen, ich habe auch gelernt, Rotwein und Portwein zu machen. Sogar

Otelo, sein *provador*, über dreißig Jahre Kompagnon und bester Freund seines toten Onkels, hielt sich immer noch für einen Lernenden.

Nicolas betrachtete den riesigen Monolithen am Eingang, das wuchtige Urgestein dieses Planeten, schwer und gewaltig und auch geheimnisvoll, denn bei aller wissenschaftlichen Eitelkeit blieb er unergründlich. Als Nächstes folgte in erdgeschichtlicher Reihenfolge der mächtige Block aus rotem Buntsandstein, darauf, als Bühne und harter Gegensatz und doch harmonisch, die grünen Bocksbeutel, rund und zerbrechlich, deren Inhalt auf diesem Boden gewachsen war.

Die Blöcke waren seinerzeit in den Rohbau hineingewuchtet worden, als die Fenster noch nicht eingelassen waren. Auch den glatten, glänzenden Fußboden hatte es nicht gegeben, wie die Dame am Tresen erzählte, um das Streitgespräch mit ihrer Freundin zu unterbrechen. So war der Bodenbelag um die Monolithen herum verlegt worden.

Dem Buntsandstein folgte grauer Muschelkalk, ein Findling. Nicolas trat zu ihm und legte die Hand auf den Stein. Zweihundertfünfzig Millionen Jahre war er alt, hundertfünfzig Millionen Jahre jünger als »sein« Schiefer im Tal des Rio Douro, der durch die Ablagerungen von feinem Tonschlamm im Meer entstanden war. Aber anders als bei seiner Arbeit im Weinberg, wenn er meinte, den Boden, auf dem er stand, zu spüren, fühlte er hier nur die Kälte des Blocks. Die kühle, klare Umgebung lenkte ihn vom Wein ab. Ging es dem interessierten Gast anders, der sich in dieser kühlen und hochmodern gestalteten Vinothek ganz auf den Wein konzentrieren sollte?

Muschelkalk bestand aus abgestorbenen Meeresbewohnern, deren Schalen und Panzer zurückgeblieben waren, als die Urmeere sich zurückzogen und austrockneten, bis die Becken sich wieder füllten. Da lag er, der Block, das Ergebnis eines Jahrmillionen dauernden Prozesses. Das Salz, das der Weinkenner zu schmecken vermeinte, brachte im Wein die Mineralität dieser Böden zum Ausdruck, ein Stoff, der manchmal ein hauchfeines Kribbeln auf der Zunge hinterließ. Aus all dem bestand der Würzburger Stein, Deutschlands größte zusammenhängende Weinlage.

Bei ihrer Ankunft am Bahnhof hatte er einen Blick erhascht und sich erinnert, dass er hier schon im ICE vorbeigerauscht war. Achtlos war er damals gewesen, er hatte nicht einmal bemerkt, dass dort Reben wuchsen, obwohl es Sommer gewesen war. Jetzt lag noch Schnee. Ein Weinberg im Schnee – was für ein Anblick, fremdartiger konnte es kaum sein und unvorstellbar, dass die goldgelbe Flüssigkeit von diesem gewaltigen Hang stammte, der die Stadt beherrschte und den Main zum Abknicken zwang.

Eine schöne Farbe war da in seinem Glas, frisch im Geschmack und fast ein wenig zu lebendig, zu jung, wenige Monate auf der Flasche, Aromen gelber Früchte. Und beim Nachschmecken zeigte sich das, was er als Mineralität empfand. Die Spätlese war gehaltvoller, und Nicolas meinte, statt Apfel etwas wie reife Zitrone zu schmecken. Dabei empfand er es häufig als unnütz, den Wein geschmacklich in seine Bestandteile zu zerlegen. Andererseits spürte er bestimmten Aromen nach, konnte sich auf die Süße konzentrieren oder empfand den Wein als unharmonisch, weil die Säure zu stark war oder zu viel Zucker den Wein pappig wirken ließ. Aber dieser hier war elegant und schlank. Das Große Gewächs aus dem Jahr davor, ein Silvaner von alten Reben, zeigte ihm zum ersten Mal, wie Silvaner aus dieser Rebsorte sich mit der Zeit zum Besseren hin veränderte. Er verstand sowieso nicht, weshalb die Mehrheit der Weintrinker immer nach jungem Weißwein verlangte. Bei den gealterten Weinen waren die Fruchtaromen intensiver, wie auch die Restsüße des nicht vergorenen Zuckers, und es gab die typische Petrolnote. Was Nicolas jedoch irritierte, war die Flintnote, Feuerstein oder Rauch, wie auf vulkanischem Boden gewachsen.

»Sie ist typisch für den Würzburger Stein«, erklärte die

Dame hinter dem Tresen und kam mit der Legende, dass zu Zeiten der Dampflokomotiven die Gleise bereits am Stein vorbeigeführt hätten und der Rauch der Loks sich am Berghang niedergeschlagen habe. Doch in Wirklichkeit sei es das typische Aroma, das nur alte, tief im Muschelkalk wurzelnde Reben aus dem Boden mitbrächten.

Inzwischen hatten sich die über die Weinköniginnen streitenden Freundinnen wieder beruhigt, der Blutdruck hatte sich normalisiert. Da Nicolas anscheinend Expertinnen vor sich hatte, fragte er nach einer möglichen Favoritin.

»Claudia!«

»Nein, Henriette!«

»Geht das schon wieder los. Das ist doch typisch«, meinte die Kundin, beleidigt die Mundwinkel nach unten ziehend, »dass du die aus Nordheim vorziehst. Typisch, da steckt die Genossenschaft DIVINO dahinter.«

»Meine Liebe, du redest Unsinn«, sagte die Dame hinter dem Tresen und seufzte.

»Tue ich nicht! Claudia wird nur deshalb nicht gewinnen, weil sie aus Iphofen kommt. Dabei ist sie ein patentes Mädchen, sie kann auf Menschen zugehen und sie vom Wein begeistern, das ist wichtig. Genau das hat sie in der Gaststätte ihrer Eltern gelernt.«

»Woher weißt du denn das schon wieder?«

»Weil die Eltern in ihrem Restaurant unsere Weine anbieten. Wenn es um Wein geht und Claudia in der Nähe ist, dann wird sie gerufen, um die Gäste zu beraten. Außerdem war sie im letzten Jahr Weinprinzessin. Es macht ihr Spaß, Menschen von etwas zu überzeugen. Das ist insofern leicht, als Iphofen schöne Weine hat, oben vom Steigerwald, vom Julius-Echter-Berg und von Castell und aus Wiesenbronn. Außerdem hat der Onkel oder jedenfalls einer aus ihrer Familie ein Weingut …«

MC Five meldete sich, die beiden Damen schauten irritiert, zwei Takte der Rockband aus seinem Handy reichten

Nicolas, um ihn nach Portugal zu katapultieren. Einen derart abstrusen Klingelton hatte niemand, er hörte sich an, als zerschlüge jemand eine E-Gitarre. Die Band war längst Geschichte, alle Musiker der Chaostruppe waren entweder an einer Überdosis gestorben, betrunken bei Verkehrsunfällen umgekommen oder im Knast gelandet. Ihre Schallplatte hatte Nicolas in der Sammlung seines Onkels entdeckt. Die Musik, andere hielten es für elektronische Kurzschlüsse, erinnerte ihn immer daran, sich letztlich auf nichts wirklich einzulassen, dass alles relativ war und nichts so blieb, wie es war.

Es war Lourdes, die ihn anrief, seine rechte Hand in geschäftlichen Dingen. Sie gab ihm neue Besuchstermine durch und beruhigte ihn, »zu Hause« sei alles in Ordnung. Lourdes war eine junge, sehr bescheidene Frau, die nie etwas vergaß und die bei ihm genug Geld verdiente, um ihren arbeitslosen Lebensgefährten mit durchzubringen, der aus Lissabon aufs Land zurückgekehrt war, wie viele von hier – nein, von dort. Hier war jetzt Deutschland. Er kam durcheinander und schnell wieder ins Portugiesisch, Dona Verónica hatte ihm ihre Sprache gut beigebracht, trotzdem nahm er dann und wann noch Unterricht.

Er wusste aus dem Umgang der Deutschen mit Migranten, wie wichtig die Sprache war und auch die Arbeit am Akzent. Der galt gerade bei denen umso mehr als Makel, je schlechter ihr eigenes Deutsch war.

Dass Lourdes und seine Leute ihn *patrão* nannten, Patron, was mehr bedeutete als Chef, daran hatte er sich gewöhnen müssen. Aber den Vornamen zu benutzen wäre zu persönlich gewesen. Eine Grenze musste bleiben. Nicolão nannten ihn nur Otelo und sein Anwalt Pereira, der ihn in die Geheimnisse der portugiesischen Bürokratie und Vetternwirtschaft eingeweiht hatte, sofern er sie selbst verstand.

Des Streits müde und sich auch dessen Peinlichkeit bewusst, wandte sich die Dame hinter dem Tresen an Nicolas: »Wieso interessiert es Sie, ob wir eine Favoritin haben?«

Ein Lächeln, wie er es seinen Kunden gegenüber pflegte, machte es leichter, die Spannung aufzulösen. Nicolas polarisierte nicht gern, er vermittelte, ging lieber still seiner Wege und tat, was ihm beliebte, was nicht bedeutete, dass er den Weg des geringsten Widerstandes suchte.

»Unfreiwillig haben Sie mich zum Zeugen Ihrer Unterhaltung gemacht«, sagte er beiden zugewandt. »Ich bin zufällig einer der zukünftigen Juroren.« Auf einmal fand er Gefallen an der Idee, wobei er sich am Morgen noch gefragt hatte, was der Unsinn sollte, noch dazu in einer Demokratie. Königinnen – das war etwas für Rebeccas Märchenbücher.

»Und was sind Sie, wenn ich fragen darf, welche Kompetenz haben Sie, um da mitzumachen?« Die kritische Freundin brachte sich in Positur, um ihre Pfeile abzuschießen. »Sie sind nicht aus Franken!« Es klang wie ein Vorwurf. Streitlustig warf sie den Kopf in den Nacken.

»Kennen Sie den Rio Douro – der Fluss, an dessen Ufern der Portwein wächst?«

Sie kannte ihn nicht und schickte einen hilfesuchenden Blick zur Freundin hinter dem Tresen, in der Annahme, dass er sie jetzt gemeinsam auf den Arm nahm.

»Ich verstehe ein wenig von Wein, ein wenig vom Verkauf – von allem ein wenig, ich betreibe dort ein Weingut …«

»Und wieso sind Sie dann hier?«

Das Getrappel vieler Füße war bereits aus der Toreinfahrt zu hören gewesen, jetzt, als sich die Tür öffnete, kamen helle Stimmen dazu, und wie ein Schwarm von Staren in den Weinberg brach eine Gruppe Asiaten zur Tür herein, laut schwatzend und bestens gelaunt die Vinothek überschwemmend. Das war für Nicolas ein nicht unbekannter Anblick. Es waren Japaner, wie er rasch an der bunten, unkonventionellen Kleidung, den lockeren Umgangsformen und dem Alter der Besucher feststellte. Außerdem parierten sie ihrem Reiseleiter nicht mehr so schnell, wie es auf Linie gebrachte Chinesen in dunkelgrauen Anzügen taten.

Nicolas zog sich hinter ein Glas Spätburgunder mit dem für den Stein typischen Flintaroma zurück. Der Wein war erst vor einem Monat abgefüllt worden und daher noch im Stadium der »Selbstfindung«, der unausgegorenen Jugend, und wie man über Kinder in der Entwicklung kein Urteil fällte, so auch nicht über diesen Wein. Die Domina danach erinnerte ihn mit ihrer Würze an junge Franzosen von der Rhône, aber auch dieser Wein brauchte Zeit. Der Jahrgang davor zeigte besser, wohin die Reife führen konnte.

Die beiden Frauen hatten keine Zeit mehr zu streiten, die Freundin blieb still in einer Ecke und tat, als würde sie Nicolas übersehen. Die Dame hinter dem Tresen rief Kollegen zu Hilfe, um viele Gläser zu füllen. Über sein Glas hinweg hörte Nicolas dem Englisch sprechenden Reiseleiter zu.

Der erzählte vom Bau der Residenz, den um 1719 der Fürstbischof von Schönborn in Auftrag gegeben hatte, da er auf der Festung Marienberg zu weit vom politischen Alltag entfernt war, und dem es wohl auch lästig war, ständig in die Stadt hinunterzureiten, um dort die Messe zu lesen. Bis dato waren die Weine der Bischöfe oben auf der Festung Marienberg verarbeitet und gelagert worden, ebenso die der Pächter sowie die in Wein zu zahlenden Abgaben. Nicolas erinnerte sich, dass sich im Jahr 1719 die Preußen unter Friedrich Wilhelm I. Vorpommern geholt hatten, dass Karl VI. damals deutscher Kaiser aus dem Hause Habsburg war und das europäische Geistesleben unter französischem Einfluss stand. Was lag näher, als Versailles nachzuahmen? So trieb sicher auch die Eitelkeit die Kirchenfürsten zu diesem Bau. Die Residenz demonstrierte Macht und Einfluss, die Bedeutung der Kirche und des Katholizismus wurden unterstrichen. Ein Name, den Nicolas vom Studium her kannte, war Balthasar Neumann, ein Bauingenieur, der seine Karriere beim Militär begann und sie als Berühmtheit der Barock- und Rokoko-Architektur beschloss. Er hatte den Auftrag für die Residenz erhalten, deren Bau sich über Jahrzehnte erstreckte.

Ungefragt schloss sich Nicolas dem Kellerrundgang der asiatischen Besucher an, die ihn, sich freundlich lächelnd verbeugend, in ihrer Mitte aufnahmen. Zuerst wurden alle wie in früheren Zeiten mit dem Kellerrecht vertraut gemacht:

Das Zanken, Fluchen, Zotenreißen,
Mit großen Worten um sich schmeißen,
Das Kratzen, Schreiben an den Wänden
Das Klopfen an die Fass mit Händen
Fürwitz und ander Unbegier
Geziemet sich durchaus nicht hier.

Den ersten Heiterkeitssturm rief die Darstellung der entsprechenden Strafe hervor: Da wurde ein Mann, der sich nicht an das Klopfverbot gehalten hatte, über eine Bank gebeugt und durchgebläut.

Nicolas lachte nicht. Er erinnerte sich zu gut, wie er in seinem späteren Weinkeller den Betrug des Geschäftsführers aufgedeckt hatte, weil er gedankenlos gegen Fässer geklopft hatte. Aber die altfränkische Maßnahme hatte einen anderen Hintergrund: Je leerer das Fass war, desto mehr Wein war daraus verkauft worden, also musste das der beste Wein sein. Und das hatten die Käufer nicht wissen sollen.

Staunend betrat die Gruppe das von einer mächtigen Säule gestützte Gewölbe des Rondells. Statt in einem Kapitell lief sie in einem weiten runden Bogen aus, der das gewaltige Gewicht des darüberliegenden Prunkbaus auffangen musste. Rechter Hand ging es in den langen Stückfasskeller, in dem auf historischem Lager einhundert Stückfässer in zwei Reihen übereinanderlagen. Im spiegelbildlich liegenden Kammerkeller lagerten einst die besten Weine für die Bischöfe und deren illustre Gäste. Links, dem Grundriss des Gesamtkomplexes folgend, standen die drei gewaltigen »Beamtenweinfässer« von 1784. In ihnen wurde der flüssige Lohn aufbewahrt, den die Hofbediensteten erhielten, jeder die seinem Rang entsprechende Menge.

Die letzte Station in diesem Teil der Gewölbe war die Vinothek. Auch sie würde Nicolas Ideen für den anstehenden Umbau seines Weinguts liefern. In Farbe, Licht, Material und Form brach sie mit allen durch Neumann vorgegebenen Stilelementen, ähnelte mehr einer Cocktailbar, aber musste sich doch den Gegebenheiten des Raums anpassen. Nicht anders würde er bei seinem Umbau vorgehen müssen, wenn auch auf bescheidenem Niveau. Außerdem zahlte hier der bayerische Staat die Rechnung, bei ihm nicht einmal mehr die Europäische Union.

Ursprünglich waren die eben besichtigten Keller lediglich zur Lagerung des Weins benutzt worden. Die Verarbeitung war unter dem rechten Flügel der Residenz vollzogen worden, von der Traubenannahme über das Pressen bis zur Gärung. Danach hatte man den Wein in Bütten und Eimern hergebracht und in die riesigen Lagerfässer geschüttet. Die moderne Zeit verfügte über Pumpen und Schläuche, und in den sechziger Jahren war ein Verbindungsgang gegraben worden. Dort folgte man an einem Leuchtstreifen entlang dem Weg der Geschichte seit der Gründung der Bischöflichen Kellerei 1128 bis in die Gegenwart.

Hier wurde der legendäre Jahrgang 1540 gepriesen.

»Im Sommer so große Hitze, dass die Erde birst, und da man die vertrockneten Trauben beim Herbsten hängen ließ, füllten sie sich bei Regen erneut und ergaben sogar einen besseren Wein.«

Was man früher unter Qualität verstanden hatte, war Nicolas schleierhaft. Missernten, Kriege und Zwangsarbeit hatten die Winzer oder Häcker, wie die Arbeiter und Pächter der Weinberge genannt worden waren, niemals reich gemacht, nicht einmal wohlhabend. Zum Wetter waren außerdem drastische Abgaben, Gebühren und Steuern gekommen. Woher sonst hätten die Herrschenden das Geld für ihre Prachtbauten nehmen sollen? Nichts hatte sich geändert …

Als Nicolas auf die Straße trat, stellte er fest, dass sich auch das Wetter nicht geändert hatte, es war noch genauso miserabel wie vor zwei Stunden. Er überlegte, ob er Probeweine mitnehmen sollte, aber wohin damit auf dem Rückflug?

Nicolas betrachtete die imposante Fassade der Residenz mit Kuppeln und Säulen und stellte sich vor, wie einst hier die Kutschen vorgefahren waren und wie sich das Getrappel der Pferdehufe auf den Steinen angehört haben mochte. Er würde sich, obwohl die Japaner jetzt den oberirdischen Teil besichtigten, diesen Gang bis zum Barockfest aufheben, dann würde er mit Rita am Arm über Balthasar Neumanns Treppe unter den berühmten Fresken hinaufsteigen. Um wie Neumann zu arbeiten, musste man die Menschen kennen und ihren Wunsch, zu gefallen, einzuschüchtern, zu beeindrucken und sich aus der Mittelmäßigkeit der Masse herauszuheben. Und dann, in einer Bombennacht, war alles in fünfzehn Minuten zu Schutt und Asche geworden. Das hatten sich die Würzburger jener Zeit selbst zuzuschreiben.

Die Mütze tiefer in die Stirn ziehend, betrachtete er die breite Fassade dieses Weltkulturerbes, obwohl kalter Nieselregen eingesetzt hatte. Er versuchte nach wie vor, vieles zu begreifen, was sich jedoch dem Zugriff immer wieder entzog. War das, was er sah, wirklich schön, oder faszinierte das Bombastische? War sein Empfinden sein eigenes oder Ausdruck seiner Erziehung zum Architekten, nichts weiter als eine Übereinkunft, ein Abkommen, sich auf Werte zu verständigen, um miteinander zu leben, ohne sich ständig in die Haare zu geraten? Ritas Eltern waren nie in dem Gebäude gewesen, sie wollten anscheinend ihre Welt nicht kennenlernen. Er hatte sie gefragt, und sie hatten ihn nur verständnislos angeschaut.

»Es gibt Wichtigeres. Wir sehen das jeden Tag, dann interessiert einen so was nicht mehr. Außerdem haben wir keine Zeit dafür.« Wofür hatten sie sich stattdessen Zeit genommen? Rita hatte darauf keine Antwort gehabt.

Am Nachmittag wollte er das Juliusspital besuchen, den Weg durch die Geschichte fortsetzen. Es war gut, die Zeit in Würzburg damit zu verbringen, statt Rita zu beschwichtigen. *Sie* war ihm wichtig, nicht aber ihre Eltern, es berührte ihn kaum, dass es so wenige Berührungspunkte gab. Schade, dass es so war – mehr auch nicht. Rita war bei ihren Freundinnen besser aufgehoben, da wollte er die Frauen nicht stören. Es ging sicherlich um die Kleinen und darum, was diese oder jene Freundin trieb, wer mit wem verheiratet und wieder geschieden war, wer von den ehemaligen Lehrern noch unterrichtete, wer pensioniert oder bereits gestorben war. Diese Geschichten interessierten ihn nicht. Morgen würde er sich Rebecca schnappen, und sie würden auf ihre ganz spezielle Art die Stadt erkunden, so neugierig, wie sie mit ihren drei Jahren war. Sie sah Dinge, die er niemals gesehen hätte, so klein, wie sie waren, und sie machte ihn darauf aufmerksam. Sie würden zusammen durch die Weinberge zur Festung Marienberg hinauflaufen. Und wenn sie nicht mehr laufen wollte, würde er sie tragen.

Jetzt meldete sich sein Magen. Nicolas hatte, vielleicht aus der Urlaubslaune heraus, den Fehler gemacht, den Wein zu schlucken statt die Proben auszuspucken, und jetzt im Freien fühlte er sich ein wenig betrunken. Er schlug den Weg zum »Ratskeller« ein, an dem er vorhin vorbeigekommen war. Er wollte einfach nur essen, aber auch hier konnte er sich historischen Lektionen nicht entziehen. Wichtige Söhne und Töchter der Stadt belehrten ihn von den Wänden herab. Ein Max Dauthendey war ihm unbekannt, die Dame daneben, Gertraud Rostosky gleichermaßen. Eine Emy Roeder, war 1971 gestorben, da hatte er noch gar nicht gelebt. Der einzige Bekannte war Herr Röntgen. Wenigstens ein bekannter Name, dachte Nicolas und lächelte bei dem Gedanken, dass Röntgens Erfindung nicht auf systematischer Forschung beruhte.

Er hatte im Physikalischen Institut der Universität Würzburg mal wieder sein Labor nicht aufgeräumt. Als er dann seine Gasentladungsmaschine einschaltete, brachte er Kristalle zum Leuchten und bemerkte, dass Strahlen austraten, mit denen sich seine Hand durchleuchten ließ, sodass die Knochen sichtbar wurden.

Das gab Nicolas die Hoffnung, dass auch er es bei seinem unterentwickelten Ordnungssinn eines Tages noch mal zu etwas bringen würde. Nach Meinung seines Vaters würde er das von seinem Bruder geerbte Weingut ruinieren. Sein Vater mochte als Chef der Hollmann AG viel davon verstehen, städtische Baudezernenten zu bestechen, vom Wein aber kannte er nur die Preise.

Giovanni Battista Tiepolo, der von 1696 bis 1770 gelebt hatte, war bekannt und keineswegs Sohn der Stadt, sondern venezianischer Maler und Schöpfer der Fresken in der Residenz. Unter seinem Konterfei an der Wand bestellte Nicolas ein Menü mit Vorspeise, ein schmackhaftes Kresse-Rahmsüppchen, als Hauptgericht gab es die Brust vom »deutschen Landhuhn«, nein, beileibe kein portugiesisches Stadthuhn, das wäre zurzeit extrem schmalbrüstig, daraus ergäbe sich bei gutem Willen gerade mal ein dünnes Hühnersüppchen.

Mit den Weinen ging es ihm wie mit den Menschen. Er hätte sich an einen Bekannten halten können, an einen Silvaner vom Staatlichen Hofkeller. Aber so wie er gern neue Menschen kennenlernte, interessierten ihn auch immer neue Weine. Die Weingüter auf der Karte waren so unbekannt wie alle anderen auch. Mit einem Silvaner konnte er wenig falsch machen.

In einem Standardwerk seiner geerbten Weinbibliothek hatte er gelesen, Silvaner sei ein Massenträger für schlichte, ausdruckslose Weine. »Wenn ihr Ertrag begrenzt wird, ergibt sie (die Silvanertraube) jedoch volle, zartfruchtige, erdige Weine.«

Erdig war dieser nicht, aber voll und zart und fruchtig und zwischen Säure und Süße sehr ausgeglichen. Waren die Bücher seiner Bibliothek veraltet, hatten die Franken sich längst zu neuen Ufern aufgemacht? Diese Reise würde es zeigen. In seinem Weinführer waren jede Menge bester Weine aufgeführt, und auf ihn konnte er sich eigentlich verlassen. Ein Urteil darüber, ob die Nachspeise, die Weincreme, tatsächlich vom »fränkischen Silvaner« stammte oder von einem rheinhessischen Riesling, ließ sich jedoch beim besten Willen nicht fällen.

Sich mit vollem Magen auf die zugige Straße zu wagen war heute keine gute Idee, obgleich es zum Juliusspital nicht weit war. Doch ins Rathaus zurückzugehen, um das Ende des Schneeschauers abzuwarten, stellte sich als nicht viel bessere Idee heraus. Ohne Vorwarnung stand er in einem Raum vor dem Modell einer Ruinenanlage, und es dauerte einen Moment, bis er begriff, dass es sich nicht um eine historische arabische Stadtanlage oder Ausgrabung handelte, sondern um das Modell des im Zweiten Weltkrieg vollständig zerstörten Würzburg. »Vollständig« war ein unpassender Begriff für jenes Drama, »total« wäre besser, so total, wie es seinerzeit Tausende Berliner im Sportpalast von ihrem Joseph Goebbels gefordert hatten. Dumm nur, dass der Stein dann auf ihre Füße gefallen war.

Nicolas kannte ähnliche Modelle aus Berlin, Hannover und Köln, nur von Würzburg hatte er nicht gewusst, dass lediglich die ausgebrannten Fassaden übrig geblieben waren. Fünftausend starben in jener Bombennacht. Den einzig sicheren Bunker hatte sich Gauleiter Dr. Hellmuth in der Nähe seines Hauses errichten lassen. Wie war ein Volk beschaffen, fragte sich Nicolas, dem man den letzten Schuppen noch niederbrennen musste, bevor es begriff, dass es den Krieg verloren hatte, geschweige denn vom rechten Glauben abließ? Die Würzburger sprengten sogar am 31. März 1945 noch die alte Mainbrücke und kämpften bis zum 6. April weiter.

Ein anderer Besucher, der bei dem Anblick des Modells der Verwüstung still geworden war, erzählte nun, dass die Bücherverbrennungen auf dem Platz vor der Residenz stattgefunden hatten. Mit einem Schlag verlor der Prunkbau für Nicolas seine architektonische Unschuld und wurde lebendige Geschichte. Auch die Bücher seines Onkels wurden lebendig, genau wie Otelos Berichte aus dem Angolakrieg.

Die Weinköniginnen waren allerdings keine Erfindung der Nazis, obwohl die gern jede volksnahe Tradition mit dem Hakenkreuz übermalt hatten.

Versteckt unter der Mütze und hinter dem Mantelkragen trat Nicolas auf die Straße. Jetzt kam zu Kälte und Schneeregen auch noch die schlechte Laune über das Gesehene. Happe fehlte ihm, mit ihm konnte er über derartige Dinge reden, stundenlang. Sein bester Freund blieb zwar die Woche über meistens im Büro, das er sich mit Rita in Porto teilte. Manchmal kam er aber abends mit ihr rauf zur Quinta, immerhin waren es mehr als hundert Kilometer, wenn er nicht gerade mal wieder eine junge Portugiesin unglücklich machte. Lieber noch nahm Happe den Zug, und Nicolas und Rebecca holten ihn dann in Peso da Régua ab. Da war es meistens warm, Schneegriesel mit Graupelschauern und feucht-kalten Wind gab es dort nie.

Hier aber drückte Nicolas sich eilig an den Hauswänden der Domstraße entlang, vor sich die Doppeltürme des St. Kiliansdoms, eigentlich romanisch, aber mit den spitzen Türmen auch irgendwie anders. Mehr als ein kurzer Blick auf die rote Fassade des Neumünsters war bei diesem Wetter unmöglich. Nicolas hastete weiter die Schönbornstraße entlang, was ihn an ein Weingut gleichen Namens im Rheingau erinnerte, Schloss Schönborn. Es gab die Schönborns auch hier. Der Abend war dazu da, sich vor den Rechner zu setzen und alles im Internet nachzulesen, oder sollte er sich mit Prospekten eindecken, die er später wegwarf? Nein, er war des Weines wegen hier. Oder doch nicht? Er war Ritas wegen hier und wegen dieser kaum erträglichen Schwiegereltern, die nichts von ihm wissen wollten. Er könnte am Abend mit Happe ein halbes Stündchen skypen und sich erkundigen, ob zu Hause alles in Ordnung war, das war sicher angenehmer.

Erstaunt hob er den Kopf, als er unvermittelt vor der gigantischen Fassade des Juliusspitals stand und den Kopf drehen musste, um von einem Ende zum anderen zu schauen. Er fand einen Eingang und musste sich zur Vinothek durchfragen, denn er war links von dem Komplex ins Krankenhaus geraten.

Die Vinothek in der Zehntscheune lag im Gebäudeflügel genau gegenüber. Um dorthin zu gelangen, wurde Nicolas wieder nach draußen und zum Durchgang geschickt, der durch den Innenhof in den Park führte. Erst hier bemerkte er die prunkvolle Fassade, die sich zur Straßenseite hin wesentlich bescheidener zeigte. Im ehemaligen botanischen Garten blieb er am Vierströmebrunnen stehen und betrachtete die muskulösen Männer und kaum verhüllten Frauen mit tropfnassem Schnee auf nackter Schulter, an Füllhörner gelehnt und von Seeungeheuern begleitet. Der Gartenpavillon in Gelb und Weiß war wieder Barock, die Vinothek hingegen überraschend modern. Es gefiel Nicolas, und es verwirrte ihn. Das Alte und das Neue zu vermischen hätte ein formloser Brei werden können, doch hier existierte das eine neben dem anderen, es stand nebeneinander. Ob es gleichberechtigt war, würde sich zeigen, er war nie zuvor in Franken gewesen. Auf der Autobahn von Frankfurt nach München hatte er sich damals lediglich Gedanken darüber gemacht, ob er bei Marktheidenfeld wieder in einen Stau fuhr.

Anno 1576 hatte der Herzog und Fürstbischof Julius Echter von Mespelbrunn eine gemeinnützige Stiftung gegründet. Um sich zu finanzieren, wurden ihr Wälder, Felder und Weinberge übertragen, und diese machten mit hundertsiebzig Hektar das Juliusspital bis heute zum zweitgrößten Weingut Deutschlands und zum größten Silvaner-Weingut, wie ein Prospekt ihm erklärte. Weinberge in Randersacker und Lagen in Rödelsee gehörten dazu, ebenso in Iphofen und Escherndorf. An die beiden letzteren Namen erinnerte er sich. Waren sie am Vormittag in der Vinothek genannt worden, beim Streit der Freundinnen über die Kandidatinnen? Eine stammte wohl aus Nordheim, die andere aus Iphofen?

An erster Stelle der deutschen Weingüter, das wusste er als gebürtiger Frankfurter, standen die Hessischen Staatsweingüter in Eltville im Rheingau, unter anderem mit dem Kloster Eberbach.

War es von Bedeutung, dass er sich hier in dem größten Silvaner-Weingut der Welt befand? Größe war für ihn nie eine Qualität, höchstens für kleine Leute, die gern nach oben blickten. Es gab aber auch jene, die aus Größe etwas zu machen verstanden. Und oft war es schwer, ab einer gewissen Größe die Qualität zu erreichen und zu halten, denn mit kleinen Mengen, das wusste er aus Erfahrung, ließ sich leichter umgehen.

Unangemeldete Besucher wie er hätten eigentlich nur in der Vinothek des Gutes in der Koellikerstraße probieren dürfen, aber da sich just in diesem Augenblick zwei Weinhändler zu einer Probe einfanden, durfte er sich zu ihnen an den Tisch setzen. Sie wurden von einer älteren Dame begleitet, Besitzerin eines Weingutes in Escherndorf. Sie trug ein olivfarbenes Kostüm aus einem dicken Wollstoff, auffällig war die schwere goldene Kette über dem beigen Rollkragenpullover. Sie war recht groß und hager, ihr Haar war so weiß, dass es blaustichig wirkte wie Stahl. Hinter der rot geränderten Brille, die besser zu einer jungen Frau gepasst hätte, bewegten sich dunkle Pupillen wie Linsen einer Beobachtungskamera, die Nicolas kalt taxierten.

Die Weinhändler aus Frankfurt und Gießen fanden es hochinteressant, dass sie hier einen deutschen Winzer aus Portugal trafen. Sie wollten Nicolas immer wieder nach seinem Weingut befragen, was die Begleiterin zu verhindern verstand, indem sie das Gespräch auf die hiesigen Weine zurückbrachte. »Es geht heute ausschließlich um Silvaner und nicht um unbekannte portugiesische Reben!«

»Wir haben bei ihr unsere Orts- und Gutsweine gekauft und das, was wir in der Literflasche anbieten«, meinte der Frankfurter entschuldigend, als die Begleiterin aufstand, um mit einem der Mitarbeiter des Spitals einige Worte zu wechseln. »Bevor wir anderes ordern, die höheren Qualitäten, wollten wir hier probieren. Sie bestand leider darauf, dabei zu sein.«

»Sie sieht uns als ihre persönlichen Kunden an«, meinte schmunzelnd der zweite Weinhändler, der sich als Theo Fleck vorstellte, Weinfleck war dementsprechend der Name seines Geschäfts. »Eine äußerst resolute Person. Soweit wir erfahren haben, wird ihre Enkeltochter demnächst … oh, da kommt sie. Kommen Sie zur ProWein nach Düsseldorf, Herr Hollmann?«

Nicolas nickte kurz und empfahl den anderen zu schweigen, indem er die Lippen zusammenpresste.

Man wandte sich wieder der Probe zu, um die Dame nicht zu verärgern, die Nicolas offensichtlich als Störenfried empfand, der ihr durch seine bloße Gegenwart womöglich die Geschäfte durcheinanderbrachte. Er hatte sogar Verständnis dafür, schließlich waren es ihre Kunden, und jeder wollte seine Weine verkaufen.

Es wurde das durchgezogen, was Nicolas als »hartes Programm« bezeichnete. Es war ihm durchaus willkommen, man redete nicht viel, sondern konzentrierte sich auf den Wein. Sie begannen mit dem Ortswein, einer Silvaner-Cuvée diverser Lagen vom letzten Jahr, gerade erst abgefüllt, doch schon rebsortentypisch im Aroma vom grünen Apfel, etwas

Litschi, wer die Frucht kannte, sehr saftig und sogar vollmundig. Beim Silvaner der Ersten Lage vom Stein war noch etwas Hefe zu schmecken, Quittenaroma, auch ein wenig der Feuerstein-Note, die er vom Hofkeller kannte, aber längst nicht so dominant. Beim Wein der Würzburger Abtsleite, am Hang der Festung Marienberg gelegen, zeigte sich das Mineralische des Muschelkalks stärker, dazu kamen gelbe Früchte. Das Große Gewächs dann vom Stein, ein Jahr länger gereift, zeigte die Eigenart des Bodens noch deutlicher, aber auch stärkere Fruchtaromen.

Die Winzerin enthielt sich jeden Kommentars. Hätte sie mit der Qualität der hier verkosteten Weine mithalten können, hätten es die beiden Weinhändler längst erwähnt. Nicolas kannte diese Spezies, er hatte seit fünf Jahren mit ihnen zu tun, und je besser er sie kannte und auf sie eingehen konnte, desto besser verkauften sie später seine Weine. Er ließ sich dennoch eine Visitenkarte geben, die ihm die Winzerin eher widerwillig über den Tisch zuschob. Nach einem kurzen Blick darauf steckte er sie achtlos zu den anderen in die Brieftasche, was der Dame sichtlich missfiel. Sie verfolgte jede seiner Bewegungen mit ihren Kameraaugen, sogar die Bewegung des Stifts, mit dem er die Bemerkungen zu den Weinen in sein Notizbuch eintrug. Es war ein in Leder gebundenes Büchlein für sämtliche Proben.

Hier trug er auch seine Ansicht zu dem Wein ein, den sie jetzt in den Gläsern hatten: wieder ein Silvaner vom Stein, aber diesmal sieben Jahre alt – und grandios. Dieser Wein begeisterte Nicolas, er traf seinen Geschmack. Andere bezeichneten solche Weine als kompliziert. Was, bitte sehr, war daran kompliziert? Wer Weine mit Petrolnote liebte, wie bei einem gut gealterten Riesling aus dem Rheingau, konnte ihn nur als »umwerfend« empfinden.

So ging es weiter. Auch beim nächsten Wein enthielt sich die Winzerin jeder Bewertung. Jetzt war ein Weißer Burgunder vom Stein an der Reihe. Er war in der Nase verschlossen, es war nichts zu riechen, aber im Mund war er untypisch dicht und gehaltvoll. Es brauchte Zeit, damit auch der Duft sich zeigte. Für alles benötigte man Zeit.

In diesem Moment stellte der Mitarbeiter der Stiftung, besser des Gutes, einen Silvaner vom Escherndorfer Lump vor, einer berühmten und angeblich eindrucksvollen Lage. Nicolas wollte ihr einen Besuch abstatten, auch wenn die Weinstöcke in dieser Jahreszeit knorrig wie totes altes Holz aus der Erde ragten. Aber der Lump sollte gewaltig sein, wie er gehört hatte, und Weinberge anzuschauen machte ihm einfach Freude.

Beim Müller-Thurgau ging es ihm wie immer, er fand ihn zu blumig, zu viel Parfüm, vielleicht war er zu sehr ertragsreduziert. Es war eine schwierige Angelegenheit, dem Weinstock die je nach Bedarf richtige Menge abzufordern. Methoden gab es viele.

Ob er noch länger in Würzburg beziehungsweise in Franken bleibe, wollte Theo Fleck wissen, als der sie betreuende Mitarbeiter eine letzte Flasche holen ging. »Da könnte man das eine oder andere Weingut gemeinsam besuchen.«

Sein Kollege stimmte zu. »Es macht Spaß mit Ihnen, Sie haben ein gutes Urteilsvermögen. Ihre Weine müssen Sie uns unbedingt auf der ProWein zeigen.«

»Das tue ich gern, wenn Sie vorbeikommen.« Nicolas erklärte, dass er nur noch bis zur Wahl der Fränkischen Weinkönigin bleibe und noch nicht wisse, »wie es dann weitergeht und wo wir danach wohnen«.

»Wieso interessiert sich jemand wie Sie für die Wahl unserer Königin?« Noch immer vergrätzt darüber, dass die Aufmerksamkeit der beiden Weinhändler nicht ausschließlich ihr galt, sah die Winzerin Nicolas von oben herab an.

Er klärte sie in freundlichem Ton auf, dass er eine Einladung erhalten habe, neugierig sei und als Fremder sicher ein gerechtes und fachlich richtiges Urteil zu fällen imstande sei.

»Und was befähigt Sie dazu, ein solches *gerechtes* Urteil abzugeben?«

Die Weinhändler zeigten sich von der harschen Reaktion der Winzerin überrascht.

»Menschenkenntnis und Berufspraxis! Deshalb gefällt mir auch dieser Wein hier am besten.«

Er hatte die Silvaner-Cuvée Juliusspital BT gewählt, den Premier Grand Cru des Hauses. Zweifel war ausgeschlossen, aber das konnte die Winzerin nur mit grimmiger Miene zugeben. Nicolas schaute in die Preisliste: Fünfunddreißig Euro, er hatte den teuersten gewählt.

Kapitel 3

»Ach, bei Echter, dem Schlächter, warst du? Dem Hexenverbrenner?« Rita lachte, als hielte sie es für unmöglich, dass Nicolas von den Weinen des Juliusspitals begeistert sein konnte. Er kannte dieses befremdliche Lachen. So klang sie selten, und wenn, dann fühlte sie sich überlegen, wusste etwas, das ihm verborgen geblieben war oder er übersehen hatte, und er spürte einen leichten Unmut.

»Wieso ein Schlächter, ein Hexenverbrenner? Er hat das Spital gegründet, ein Hospiz, sich um die Armen gesorgt. Der Financial Times nach gehört das Juliusspital unter die hundert besten Weingüter der Welt.«

Rita bemühte sich offensichtlich, ihre Ablehnung nicht allzu deutlich werden zu lassen. »Das mag alles sein, das war zu Zeiten der Gegenreformation, die katholische Kirche musste was für ihr Image tun. Aber man muss wissen, wer Julius Echter wirklich war. Die karitative Ader zeigt nur die eine Seite dieser gespaltenen Persönlichkeit. Mehr als dreihundert Todesurteile gegen angebliche Hexen hat er in Würzburg als Fürstbischof abgesegnet.«

»Fühlst du dich etwa solidarisch, mit den Frauen von damals?« Die Frage war durchaus ernst gemeint.

»In gewissem Sinne ja. Ich erinnere mich leider zu gut, wie es mir damals ergangen ist, weil ich eine andere Auffassung von vielem hatte, weil ich wegwollte, weil ich es hier als bedrückend empfand.«

»Das ist zehn oder fünfzehn Jahre her, die Zeiten ändern sich, meine Liebe.«

»Ja, aber die Menschen nicht.«

»Lass dir nicht durch die Vergangenheit den Blick auf das Heute verstellen. Sogar Frank Zappa ist in Würzburg aufgetreten, und der war wahrlich nicht konventionell.«

»Der hat sich verirrt, er kam nämlich mit zwei Stunden Verspätung auf die Bühne. Um den geht es ja nicht, es geht um Echter und das richtige Andenken.«

Sie nahm Nicolas' Prospekte des Juliusstifts zur Hand und blätterte sie aufmerksam durch, wobei er sie besorgt beobachtete. Der Aufenthalt hier tat ihr nicht gut, er tat ihnen beiden nicht gut. Er schaute zu Rebecca hinüber, die friedlich in ihrem Bettchen schlief.

»Die Grafen von Castell sind viel offener mit ihrer Geschichte umgegangen«, fuhr Rita fort. »Die haben sich ihr gestellt, sogar die Castell'sche Bank den damaligen jüdischen Konteninhabern. Fahr hin, schau es dir an. Ich will damit nur sagen, dass es auch anders geht.« Rita hielt triumphierend den blauen Prospekt des Stifts hoch. »Nichts, nichts über ihn, kein Wort, was für ein Machtmensch er war, ein Asket, der Frauen verachtete und sie zu Tode foltern ließ. Wahrscheinlich bereitete ihm das sogar ein sexuelles Vergnügen, weil er mit seinen eigenen Trieben nicht klarkam. Das wird hier zu gerne übersehen. Seine Schwester Magdalena war die Mutter des sogenannten Fuchs von Dornheim, der hat genauso viele Todesurteile auf dem Gewissen und hat Bamberg zum schlimmsten Ort der Hexenverfolgung in Europa gemacht. In Deutschland wurden fünfundzwanzigtausend Hexen und Hexer umgebracht, in Spanien, wo man immer von der dunklen Seite der Inquisition redet, waren es nur dreihundert! Echter muss wahnsinnig gewesen sein. Er hat die Juden vertrieben und enteignet, sich ihr Vermögen angeeignet, genauso hat er es mit den wohlhabenden und intelligenten Protestanten gemacht ... Niemand war vor ihm sicher.«

»Alle Machthaber brauchen Gefolgsleute, nur dann haben sie Erfolg. Die Bevölkerung hat mitgemacht, hat sich wahrscheinlich an den Hinrichtungen ergötzt.«

»Genau das meine ich. Das war nicht in Hamburg oder Köln, das war hier.«

»Ja, sicher – vor mehr als vierhundert Jahren, Rita! Du redest, als wär es heute. Ressentiments vergiften den Boden und führen zu neuem Unfrieden. Und was hat das damit zu tun, dass ich die Weine vom Spital sehr gelungen finde?« Nicolas war über ihre heftige Reaktion erschrocken, sogar ein wenig eingeschüchtert.

»Ich will, dass du das hier richtig siehst, dass du die verschiedenen Facetten siehst, die beiden Gesichter dieser zwiespältigen Region ...«

»Meinst du, dass ich nicht richtig hinschaue?« Nicolas begann sich zu ärgern. »Außerdem – was können die Betreiber des Spitals dafür, was dieser Echter damals angerichtet hat? Das wäre so, als wolle man dich und mich dafür verantwortlich machen, dass Adolf Hitler an die Macht gekommen ist und mein Großvater an die Ostfront musste. Klar ist die Geschichte wichtig, aber egal, wohin du schaust, zieht sich die dicke Blutspur durch die menschliche Zivilisation. Dein geliebtes Portugal – die Kolonialkriege in Afrika sind gar nicht so lange her, und der Faschismus unter Salazar, Folter ...«

»Das bestreite ich gar nicht, Nic, daraus macht niemand einen Hehl. Hier aber wird all das verschwiegen.«

»Wer redet gern über Gräueltaten? Aber ...«, er machte eine längere Pause und sah sie eindringlich an, »worum geht es dir wirklich? Um Schuldzuweisungen, um offene Rechnungen? Du kannst abreisen, wenn es dir nicht passt.«

»Nein, mir geht's darum, dass so was nicht wieder passiert.« Sie sah Nicolas traurig an, und er fühlte sich unwohl unter ihrem Blick. Er hatte sich den Abend schöner vorgestellt.

Glücklicherweise klopfte es, und Ritas Mutter trat ein.

Jetzt konnte sie sich an ihr abarbeiten. Doch Rita war nicht gemeint, Frau Berthold kam auf ihn zu, eine aufgeschlagene Zeitung in der Hand.

»Das hier dürfte dich interessieren.« Sie hielt ihm das Blatt hin, dann fiel ihr Blick auf das schlafende Kind im Bettchen. Sie trat näher und strich Rebecca vorsichtig über die Wange. Ihr Gesicht war dabei zärtlich und traurig zugleich, so gefühlvoll hatte Nicolas sie bisher nicht erlebt.

»Braucht ihr noch was, soll ich euch einen Tee machen? Früchtetee habe ich da ...« Sie schaute Nicolas dabei an, dem Blick ihrer Tochter wich sie aus, und Rita starrte Löcher in die Luft. »Papa sieht fern«, meinte sie entschuldigend, als hätte auch sie keinen Platz, an den sie sich zurückziehen konnte, und die Tochter lud sie nicht zum Bleiben ein.

»Das mit dem Tee ist eine gute Idee«, antwortete Nicolas entgegenkommend und sah, dass im Main-Echo die drei Kandidatinnen vorgestellt wurden. »Und das mit der Zeitung war auch eine gute Idee.« Er erzählte von der Begegnung im Hofkeller und dem Streitgespräch. »Aber um welche von den dreien es ging, weiß ich nicht. Eine stammt angeblich aus Escherndorf, keine Ahnung, wo das liegt. Fünfinger heißt sie. Hattest du diesen Namen nicht auch schon erwähnt? Aber ein Weingut mit diesem Namen gibt's dort nicht.«

»Die Enkeltochter trägt bestimmt den Nachnamen der Eltern, und wenn die Großmutter eine Tochter hat, dann hat die den Namen des Ehemannes angenommen«, mutmaßte Rita. »Schau mal nach, wer für Escherndorf antritt.« Sie beugte sich mit über die Zeitung.

Unter den Kandidatinnen gab es eine Anneliese Fünfinger, die in Würzburg Lebensmittelchemie studierte. Und dann folgte der Verweis auf die starke Beziehung zum Wein und zum Weingut der Familie in Escherndorf, was der Lump für eine fantastische Lage sei und welche großartigen Weine der Berg hervorbringe. Wer in der Familie ein Weingut betrieb, blieb unerwähnt. Anneliese Fünfingers Farbe war Rot, jedenfalls war es die Bluse, die auf dem Foto zu sehen war. Das Rot passte zu ihrem Teint. Ihr Gesicht war fein und schmal, fast ein wenig verschlossen, distanziert, die Augen blickten versonnen. Dunkelblonde Locken fielen natürlich bis auf die Schultern. Ob sie groß oder klein war, ließ sich vom Foto her nicht beurteilen, jedenfalls war sie eher zart als derb. Vom Äußeren her gefiel sie Nicolas am besten.

»Da habt ihr ja endlich euer gemeinsames Thema«, zischte Rita, als ihre Mutter gegangen war, um den Tee zuzubereiten.

»Bei deiner Tochter bist du die Liebenswürdigkeit in Person. Für deine Mutter bleibt nicht ein einziges freundliches Wort?«

»Bitte, mein Liebster, verschone mich mit deiner Familientherapie. Ich würde gern dich und deinen Vater mal in natura erleben. Inzwischen weiß die gesamte Nachbarschaft, dass ihr Schwiegersohn, also du, als Juror zur Wahl eingeladen ist, auf ihr Betreiben hin. Alle wissen, dass du ein Weingut von sechsunddreißig Hektar besitzt und der Sohn der Hollmann AG bist! Mir kommt es vor, als ginge sie mit jeder Neuigkeit sofort von Tür zu Tür. Und wenn meine Firma nur ein Viertel so groß wäre, wie sie erzählt, bräuchtest du keine Flasche Wein mehr zu verkaufen.«

»Na, immerhin würdigt sie dich.« Nicolas war nicht bereit, sich die Laune verderben zu lassen. »Entweder arrangierst du dich mit ihr, oder du gehst, sie ändert sich garantiert nicht.« Er sagte es ohne jeden Vorwurf in der Stimme.

»Ich habe mich für Letzteres entschieden, aber manchmal muss man sich die Situation noch mal reinziehen, um sich zu bestätigen, dass die früher getroffenen Entscheidungen richtig waren.«

Das leuchtete Nicolas ein, und trotzdem schmeckte ihm der Früchtetee der Schwiegermutter, mit dem sie aus der Küche zurückgekehrt war. Er saß mit ihr auf der Bettkante, und gemeinsam erörterten sie die Wahlchancen der drei Kandidatinnen.

Claudia Voigt aus Iphofen arbeitete im elterlichen Restaurant, und wenn man dort eine gute Weinkarte hatte, konnte Claudia eine ganze Menge Wissen mitbringen und verfügte über entsprechende Umgangsformen. Auch lag Iphofen am Fuß des Steigerwaldes, der dortige Julius-Echter-Berg – schon wieder Echter! – sollte eine der besonderen Lagen sein. Das Foto zeigte ein sympathisches Mädchen mit dunklem Haar, mit einem freundlichen Lächeln, ernsthaft, nicht aufgedonnert, nicht zu bescheiden. Nicolas gefiel ihr Dirndl allerdings gar nicht, was Frau Berthold ganz anders sah.

»Das gehört nun mal zu uns, auch Rita hatte früher eins, ich hab's sogar aufgehoben.«

Rita verdrehte genervt die Augen. »*Eu o odiava*«, sagte sie auf Portugiesisch, was bedeutete, dass sie es gehasst hatte.

Nicolas ging darüber hinweg. Was hatte diese Claudia für eine Beziehung zum Wein? Angeblich war er schon immer ihr Lieblingsthema gewesen, ihre große Leidenschaft. Was hätte die Zeitung auch sonst schreiben sollen?

»Von Frauen im fränkischen Weinbau hat man hier nie gehört«, unkte Rita. Das war allerdings wahr.

Als Nächste wurde Henriette Müller aus Nordheim vorgestellt, geboren auf der Maininsel. Sie machte statt im elterlichen Betrieb eine Winzerlehre auf dem Weingut von Freunden, und »um den Horizont zu erweitern«, plane sie das Studium der Önologie im hessischen Geisenheim. Die junge Frau war um die geradlinige Ausbildung zu beneiden, anders als bei ihm, dem nur ein *training on the job* vergönnt gewesen war, als Unternehmer, als Winzer und Önologe, Personalchef, Bodenkundler, Kommunikationsfachmann, Verkäufer und Unterhaltungskünstler – und das alles gleichzeitig und immer die Gewinn- und Verlustrechnung im Krisenland Portugal im Nacken. Und jetzt musste der Betrieb umgebaut und modernisiert werden, da war der Architekt und Finanzexperte gefragt …

Franken stand für die Kandidatin Henriette Müller im Vordergrund. Das war keine große Überraschung. Hätte es denn Rheinhessen sein sollen oder die Pfalz? Was die Zeitungen so schrieben … Zugegeben, es war nicht leicht, sich ein klares und unverwechselbares Profil zu erstellen. Den meisten Menschen konnte er anmerken, wenn sie eine Rolle spielten, die nicht zu ihnen passte. Henriettes liebste weiße Rebsorte war Silvaner, bei den Roten war es Pinot Noir, und die Zukunft lag für sie im naturnahen und letztlich im biologischen Weinbau, vielleicht sogar mit Neuzüchtungen wie Cabernet Dorsa und anderen, pilzresistenten Reben, den Piwis.

Claudia war für die Dame im Staatlichen Hofkeller die Favoritin gewesen, Frau Berthold votierte eindeutig für Anneliese und beklagte sich, dass nur eine im Dirndl vorgestellt wurde.

»Die Dirndlpflicht für Weinköniginnen wurde 2007 abgeschafft, Mutter!« Der Triumph in Ritas Stimme war nicht zu überhören.

Er fand Henriette Müller sympathisch, besonders weil ihm ihre Ausbildung in Praxis und Theorie gefiel und sie ihm auf dem Foto im dunklen Kleid mit Prinzessinnenkrone wie eine selbstbewusste junge Frau vorkam, eher bodenständig als schick, jemand, der ohne falsche Bescheidenheit seine Arbeit macht. Er erinnerte sich daran, wie er während seines Architekturstudiums auf einer Baustelle malocht hatte. Nur der Bauleiter wusste damals, dass die ausführende Gesellschaft seinem Vater gehörte, und niemand hatte ihn geschont. Selten hatte er so viel gelernt – auch, sich gekonnt vor mieser Arbeit zu drücken.

»War das nun schlimm für dich?«, fragte Nicolas, als Frau Berthold dem Rufen ihres Mannes vor den Fernseher gefolgt war, nicht ohne noch einmal einen liebevollen Blick auf das Kind zu werfen.

Ein wenig gequält sah Rita schon aus. »Ich traue dem Frieden nicht.«

»Oder mir nicht? Glaube nicht, dass ich bleiben will, nur weil ich mit deiner Mutter plaudere.« Nicolas erklärte, dass morgen Freitag sei und er es für richtig halte, nach der Wahl am Dienstag zu verschwinden. »Vorher habe ich in Würzburg noch zwei Weingüter vor mir, das Weingut am Stein, da will ich unbedingt hin, wegen der Architektur, und zum Bürgerspital – oder hast du dazu auch 'ne Gruselstory parat?«

»Du nimmst mich nicht ernst«, schmollte Rita, aber längst nicht mehr so verbissen wie zu Beginn ihres Streits, denn Nicolas lächelte sie an.

»Ich stand vor Jahren auf einer Italienreise auf einem Hügel am Trasimenischen See«, erinnerte er sich. »Im Geschichtsunterricht hat man uns erzählt, dass zur Zeit der Römer an diesem See bei einer Schlacht dreiundzwanzigtausend Männer umkamen. Dreiundzwanzigtausend! An einem Tag! Was haben sie davon gehabt, dass sie aufeinander losgegangen sind? Der Mensch ist sowieso nicht ernst zu nehmen, er ist irrsinnig.«

Beide wussten, dass es noch etwas anderes in Nicolas' Leben gab, was ihn zu diesem Schluss hatte kommen lassen, und das lag weniger weit zurück.

Die Erinnerung daran ließ Nicolas nicht schlafen. Später setzte er sich ans Kinderbett und wachte über den Schlaf seiner Tochter und seiner Frau. Nach einer Weile griff er zu einem Buch über Rebsorten und las, was dort über Silvaner geschrieben war.

Ludwig Knoll war Geisenheimer, hatte dort studiert und war in der fünften Generation im Weinbau tätig. Bis 1980 hatte man im Stadtzentrum gearbeitet, unter beengten Verhältnissen, in der Bleicher Schulgasse, bis man auf den Stein ausgesiedelt war.

Hier am Hang des mächtigen Berges, von wo aus Nicolas

einen grandiosen Blick über Würzburg und das Maintal genoss, besaß der Vater anderthalb Hektar Rebland. Als Ludwig Knoll das Weingut übernahm, hatte er klare Vorstellungen und durch einen krankheitsbedingten Ausfall des Vaters die Möglichkeit, seine Ideen zu verwirklichen, in einem ganzheitlichen Konzept, in dem die Küche, der Wein, die Kultur und die Architektur zusammenspielen.

»Was ich von den Weinen will, war ausschlaggebend«, meinte Knoll mit klaren, einfachen Worten. »Das habe ich dem Architekten gesagt: Gut strukturiert will ich sie, ohne Schnörkel, nichts Verspieltes. Lebendig müssen sie sein, ich will Transparenz in meinem Handeln und meinen Weinen. Aber, das fragte ich mich seinerzeit, kann man das Moderne in eine konservative Stadt setzen?«

»Man kann, wenn man nicht darauf hört, was die Nachbarn sagen.«

Knoll setzte sein neues Weingut an den Rand der Stadt, beinahe obendrüber, oberhalb des Bahnhofs, mit Blick über die Dächer und die vielen Türme, das wellige Land. Der Main und die Schienenstränge am Fuß des Hangs versinnbildlichten den Bezug zur übrigen Welt, den die Berge verschlossen, zwischen denen Wasser und eiserne Schwellen ein abruptes Ende fanden.

Fluss und Eisenbahn, beides gab es auch am Rio Douro, daher fühlte Nicolas sich in seiner relativen Einsamkeit auch nie als von der Welt ausgeschlossen.

Der Kontrast zum neuen alten Würzburg konnte mit der gewählten Form des von außen sich verbergenden und sich von innen offen zeigenden Kubus des Weingutes nicht größer sein. Nur am Markt hatte Nicolas ein ähnliches Gebäude gesehen, von außen mit senkrechten verwitterten Eichenholzstäben verkleidet. Er musste an eine Weinflasche denken, die ihren Inhalt umschloss, ihn aufbewahrte, versteckte und gleichzeitig Lust machte, sie zu öffnen. Innen fühlte man sich aufgehoben, zwischen Senkrechten und Geraden, meist harten Linien und wusste doch stets, dass man sich im Weinland befand. Diese Lösung schuf von innen Distanz und gab gleichzeitig den Blick frei. Beton verlor seine Mächtigkeit durch gläserne Brüstungen, Glas im Geländer löste auch die Starrheit einer gegossenen Treppe und verband sie mit dem übrigen Raum.

Aus dem Umstand, dass Knoll ökologischen Weinbau betrieb und nach Demeter-Richtlinien arbeitete, machte er kein Aufheben. Wollte man naturnah handeln, musste man sich langfristig ausrichten, dieser Ansicht folgte Nicolas ohne Zweifel. Zu vieles wurde lediglich grün bemalt, auch die Flaschen mit dem Gift. Weinberge mussten lebendig sein, sie brauchten Begrünung und keinen Pflanzenschutz, denn der, so Knoll, zerstörte die Reben, statt sie zu schützen. Es ging ihm darum, die Pflanzen zu stärken. Sie entsprechend aufzubauen dauerte Jahre und führte fast automatisch zur Ertragsreduzierung und damit zu harmonischeren Weinen, »nicht unbedingt zu besseren!«.

Nicolas freute sich immer, wenn ein Versprechen auch eingehalten wurde, so wie hier. So hätte er es gern für sich, wenn er klarer sehen würde. Das Weingut am Stein versprach nichts, was es nicht hielt. Die Silvaner waren stark in der Frucht, deutlich in der Mineralität ihrer Herkunft, der Muschelkalk wurde für Nicolas eine feste geschmackliche Größe. Der hohe Alkoholgehalt unterstrich das Volumen dieser Weine. Nicolas' Favorit war das Große Gewächs aus dem Vorjahr mit vierzehn Prozent Alkohol, bei dem ein biologischer Säureabbau stattgefunden und den Wein geschmeidiger gemacht hatte. Er stammte von der Inneren Leiste am Marienberg unterhalb der Festung. Aber auch den vom Stettener Stein mit alten Reben, die tiefer in den Boden drangen und von dort »etwas« mit hinaufbrachten, empfand er als gleichauf. Die Scheurebe von derselben Lage begeisterte Nicolas ebenfalls, es war ein Wein, der ihn nachdenken ließ. Ob er der ideale Essensbegleiter für ostasiatische Küche war, wie empfohlen, würde er bei Gelegenheit ausprobieren. Genau das Gleiche würden sie auf der Quinta do Amanhecer nie zustande bringen, es würde immer anders sein, anders bleiben, aber er erkannte eine Linie, der jeder Winzer auf seine Art auf seinem Boden und bei seinem Klima folgen musste.

Nur der Meinung, dass der Rotweinboom vorbei sei, schloss er sich nicht an. Vielleicht, weil er es sich nicht wünschte? Sie pflanzten am Rio Douro lediglich auf zwei Hektar Weißweintrauben an. Aber er glaubte, dass er zu wenig experimentierte, er hatte zwar damit begonnen, aber es war nicht genug. Otelo würde ihn nicht daran hindern, ihn höchstens beraten, zuvor musste er sich finden. Dabei fühlte er sich in der Fülle der sogenannten Philosophien, Einstellungen, Anforderungen und mehr oder weniger energisch vorgetragenen Postulate der Weinideologen eher verloren. Wie sein Weinkonzept sich dann architektonisch entfalten würde, musste er mit Happe klären. Bei aller Verschiedenheit im Wesen sprachen sie architektonisch doch dieselbe Sprache. Es wäre gut, ihn hierzuhaben, dachte Nicolas mal wieder, zog die Mütze in die Stirn und machte sich zu Fuß auf den Weg ins Zentrum, wo er sich mit Rita und Rebecca zum Mittagessen traf.

Sie hatte nachgedacht, hatte ihr Gespräch von gestern und seine kleinen Anregungen ernst genommen und ihrer Mutter im Haushalt geholfen.

»Geh du auf sie zu, wenn sie es nicht kann«, hatte er am Morgen gesagt, bevor er das Haus verlassen hatte. »Dir bleibt nichts anderes übrig, wenn du jemals das Verhältnis ändern willst. Deinen Vater wirst du nicht umkrempeln, aber den Zugang zu deiner Mutter findest du über Rebecca. Sie will ihr Enkelkind lieben.«

»Weshalb schlägst du mir das vor?« Rita war noch immer nicht überzeugt.

»Weil ich lieber in Frieden gehe, wenn wir gehen. Dann

bleibt eine Tür offen. Du magst doch offene Türen, nicht wahr? Vielleicht kann deine Mutter über ihren Schatten springen?«

»Der ist zu breit, da kommt sie nicht rüber.«

Nicolas erinnerte sich, dass sie erzählt hatte, dass in ihrem Elternhaus immer alle Türen hermetisch hatten geschlossen werden müssen, als hätten sich dahinter geheime Dinge abgespielt.

An diesem Vormittag hatte ihre Mutter zuerst versucht, einem Gespräch auszuweichen, später, als Rita ihr Fragen zu ihrem Alltag gestellt hatte, hatte sie ihren Panzer zwar nicht abgelegt, doch zumindest die Schnallen an der Rüstung gelockert.

»Abends, wenn dein Vater heimkommt, zieht sie die Schnallen wieder fest?« Nicolas blieb skeptisch.

»So ähnlich hat sie sich ausgedrückt«, meinte Rita. »Sie muss mit ihm auskommen, mit ihm weiterleben, wenn wir weg sind, hat sie gesagt.«

»Siehst du, es geht«, meinte Nicolas.

»Bilde dir bloß nichts auf deine Menschenkenntnis ein, mein lieber Freud. Sieh lieber zu, dass deine Tochter sich bei Tisch anständig benimmt.« Rebecca hatte begonnen, alles auf ihrem Teller zu zermatschen, *pirão* nannte sie es, Püree, sie kannte es aus dem Kindergarten und liebte es. »Ich glaube, ich lasse euch zu oft allein.«

Es gab Wochen, in denen Rita nur zwei Tage zu Hause war und Nicolas die Tochter überließ.

»Was du sonst vernachlässigt hast, kannst du jetzt nachholen. Ich finde, unsere Tochter ist bestens erzogen.«

Mit diesen Worten holte Nicolas eine Karte vom Würzburger Stein hervor, um sich auf den Besuch am Nachmittag vorzubereiten. Die Welt ist vergeben, alles ist verteilt, jedes Stückchen Erde hat einen Eigentümer, dachte er, als er die Karte mit den Besitzverhältnissen betrachtete und Rebecca unbedingt alles erklärt haben wollte. Er hatte Glück gehabt, dass ihm ein Stückchen Erde in den Schoß gefallen war. Die Kleine auf seinem Schoß würde das mal erben. Ob sie Winzerin werden würde?

Der Würzburger Stein mit seinen fünfundachtzig Hektar hatte seit Jahrhunderten die gleichen Besitzer: Etwa gleiche Teile gehörten dem Staatlichen Hofkeller, dem Juliusspital und dem Bürgerspital, dem ältesten der hiesigen Spitäler, gegründet bereits lange vor Echters Sozialprojekt. Das Weingut Knoll besaß, obwohl es den Stein im Namen trug, nur ein winziges Flurstück.

Johannes und Mengardis von Steren, wohlhabende Patrizier, überließen um 1316 sowohl ein Anwesen in der Stadt zur Aufnahme pflegebedürftiger Menschen wie auch landwirtschaftliche Flächen einer Stiftung, die seit dem 16. Jahrhundert Bürgerspital genannt wird.

Statt im Bürgerspital gleich wie üblich zur Besichtigung in die historischen Keller geschickt zu werden, wo Nicolas letztlich doch nur die Arbeitsprozesse interessierten und nicht Hunderte von Stückfässern mit schön geschnitzten Böden, fuhr er mit Gutsdirektor Haller hinauf zum Stein, wo am Lindleinsberg, dem östlichen Teil, dem Bürgerspital die ersten Flächen übereignet worden waren.

Die Wolken rissen auf, und ein Hauch von Wärme strich über Nicolas' Gesicht, leicht wie der erste flüchtige Gedanke an den Frühling. Schnee lag nur noch an den schattigen Stellen und in den Senken. Bis Anfang Mai würde es mindestens noch dauern, bis sich an den Rebstöcken erste Blätter zeigten. Nicolas vermutete, dass es am Stein früher zum Austrieb kam als anderswo, denn durch die südliche Ausrichtung empfingen die Rebstöcke von morgens bis abends Sonne, so ließ sich auch der kräftige Alkoholgehalt der hiesigen Weine erklären.

Die Lage hatte noch einen weiteren Vorzug, denn der steile Hang mit dem schmalen Rücken, auf dem keine Ackerflächen lagen, von denen kalte Luft herunterströmen konnte, schützte vor Wind aus Nord und Ost und verhinderte auch, dass Westwinde die Wärme verwehten. Reben liebten es warm, möglichst bei Tag und auch bei Nacht.

Der Berg zu Nicolas' Füßen bestand aus Muschelkalk, wie auch die alte Mainbrücke tief unten und die Mauern des Juliusspitals. Bei dem frühlingshaften Licht, das jetzt die Stadt überschwemmte, kam auch das Rot des Buntsandsteins deutlich zur Geltung, besonders der Turm der Juristischen Fakultät. Würzburg, sonst eher geschlossen und verhalten, wirkte plötzlich leichter und mit seinen Türmen geradezu verspielt, und das Flusstal hielt den Weg ins Umland offen. Dieser Anblick führte Nicolas einmal mehr vor Augen, dass er in der Genussbranche tätig war, dass er zwar viel Arbeit hatte, sie aber unter freiem Himmel verrichtete, und dass er die Früchte seiner Arbeit anfassen und trinken konnte. Was für ein Privileg gegenüber Millionen anderer Menschen. Rita ging es ähnlich, sie war nur zwischen den Schönheiten Portugals unterwegs. Wieso ließ sie sich dann von der miesen Stimmung einzelner Menschen anstecken?

Wie Wellen bewegten sich die Berge unter dem Himmel im Licht, und er erinnerte sich an den Atlantik, erinnerte sich an den Weg am Saum des Wassers entlang, sein Blick in die Weite, Rebeccas auf den Boden gerichtet, immer auf der Suche nach einer noch schöneren Muschel. Muschelkalk. Das war der Boden, auf dem er stand. Das war der Boden, auf dem die Weine wuchsen. Oben auf dem Rücken des Steins kam Schieferton hinzu, geologische Schichten lagen selten waagerecht, am Hangfuß war der Boden auch hier fetter, mehr mit Humus, mit Sand durchmischt, und er führte sicher mehr Wasser. Durchschnittlich fielen hier sechshundert Millimeter pro Jahr, bei ihm war es ein Drittel weniger. Das führte automatisch zu einer Mengenbegrenzung, für die man hier mit der Schere nachhelfen musste.

Riesling wuchs auch auf diesem Berg, im Moment war davon wenig zu sehen, Nicolas erkannte an den Rebstöcken nicht, welche Rebsorte hier wuchs. Bei Blättern und Trauben hatte er es gelernt, indem er sie zeichnete, und dabei hatte er genau hinschauen müssen. So handhabte er es, wenn er etwas nicht verstand. Auch wenn er einen Menschen verstehen wollte, zeichnete er ihn. Diese Methode hatte ihn häufig vor Irrtümern und Schaden bewahrt.

Dass auch Blaufränkischer hier angepflanzt wurde, die österreichische Rebsorte, in Deutschland Lemberger genannt, zeigte einmal mehr den begünstigten Standort, denn später Frost hätte den früh austreibenden Weinstock gefährdet. Angeblich tat sich auch Riesling gut hier, doch um das zu beurteilen, musste probiert werden.

Wer zum VDP gehörte, zum Verband der Prädikatsweingüter, und noch dazu vom Weinführer Gault Millau drei Trauben erhielt, musste gute Weine machen. Es erschien Nicolas als Glücksfall, dass ihn, zurück in der Stadt, Kellermeister Elmer Nun bei der Probe begleitete und Fragen beantworten konnte. Die Beurteilung hingegen lag bei ihm, meistens gelang sie ihm schnell.

Das Urteil über den Gewürztraminer, vom VDP als Erste Lage klassifiziert, konnte nicht besser ausfallen, obwohl dieser Wein weniger vom Terroir geprägt war, als dass er aus sich heraus einen wunderbaren Strauß diskreter Aromen ausschüttete. Innerhalb des Steins gab es die eigens abgegrenzte Lage der Steinharfe, nach der Form des Instruments benannt. Erst als er die Proben beider Lagen hintereinander probierte, schmeckte er den Unterschied, wobei Letztere mehr Frucht und Fülle aufwies und ihm hier wieder die inzwischen bekannte Flintnote begegnete, die er nie vergessen würde.

Vom Silvaner Gutswein über den feinherben Kabinett von der Harfe bis zur Fassprobe aus dem Vorjahr und dem Müller-Thurgau war alles gut. Die rote Domina erinnerte ihn an

Weine des südlichen Europa, nicht aufdringlich, nicht dominierend, nicht ordinär. Sie zeigte feine Aromen mit Sauerkirsche und Schlehe. Der Spätburgunder, mehr fein als üppig, war ein guter Abschluss.

Im Hockerle, einem kleinen Raum zwischen Restaurant und Weinbar des Spitals, ließ sich Nicolas müde auf einer der an Chorgestühl erinnernden Sitzgelegenheiten nieder. Er mochte die düstere Herberge seiner Schwiegereltern noch nicht aufsuchen, zumal Rita spät kommen würde. Sie traf sich zu einem Frauenabend bei einer ihrer alten Freundinnen aus dem Reisebüro. Um sich die Zeit zu vertreiben, wozu er sonst nie Gelegenheit hatte, schaute er noch einmal in seine Notizen und ließ die Weine Revue passieren. Im Hockerle gab es etwas Schlichtes zu trinken, den Spital-Schoppen Weiß für 2,10 Euro und den Schoppen Riesling für 2,70 Euro. Für heute war es genug mit Weißweinen, deshalb entschied er sich für den Spital-Schoppen Rot, einen angenehm leichten und geschmackvollen Wein, von dem man, ohne etwas nebenbei zu essen, auch mehrere Gläser trinken konnte. Die Einheimischen ringsum wohnten sicher in der Stadt und kamen allem Anschein nach häufiger, um hier zu hocken, zu schwätzen und zu trinken.

Ein Herr hingegen fiel allein durch seine Kleidung auf, einen eleganten, anthrazitfarbenen Anzug und Krawatte, er führte das Wort, benahm sich allerdings genauso ungezwungen wie die anderen Gäste. Als er das Stichwort »Weinkönigin« aus dem Mund des Anzugträgers hörte, legte Nicolas den Terminkalender beiseite, in dem er sich Würzburger Hoteladressen notiert hatte. Dass er sich davor graulte, heimzugehen, war ein unbekanntes und auch beschämendes Gefühl.

»… ich finde, die Mädchen werden arg strapaziert«, meinte einer der Gäste, der ständig seinen mächtigen Schnurrbart zwirbelte.

Der Anzugträger wehrte das Argument ab. »Sie haben

lange genug Zeit, sich vorzubereiten, sie werden in ihren Dörfern geradezu trainiert, von Fachleuten in der LWG, sie reisen durch Franken und besuchen viele Kellereien. Dann wissen sie längst, welche Aufgaben ihre Vorgängerinnen hatten, wie sie diese erledigt haben, wo sie überall hinmussten und was von ihnen verlangt wurde.«

Ein Dritter, er war der Älteste in der Runde, mit grauen Fäden im Bart, mischte sich ein. »Man ist erst hinterher schlauer, erst danach weiß man wirklich, wie es geht. Ich finde, Weinkönigin ist ein total stressiger Job. Und dann die Neider …«

»Neiderinnen – meinst du wohl. Bei solchen Sachen sind Frauen gnadenlos, viel brutaler als wir.« Der Sprecher in der blauen Jack-Wolfskin-Jacke konnte sich des Beifalls sicher sein.

Der Anzugträger wartete, bis das verstehende Lachen abgeklungen war. »Ein Job ist das nicht.« Für den Anzugträger war es eine Aufgabe, ein würdevolles Amt, das ausgefüllt werden muss.

»Das musst du gerade sagen, gerade du!« Der mit dem Schnauzbart hob sein Glas und prostete dem Anzugträger zu. »Du verkaufst doch alles, wenn es sein muss: Waschmaschinen, Tennisbälle waren es zuletzt, wenn ich mich nicht irre …«

»Sportkleidung war's …«

»… und jetzt ist es Wein. Hauptsache, deine Provision stimmt.«

»Es dauert eben, bis man seine Berufung findet«, meinte die Wolfskin-Jacke, ironisch Verständnis heuchelnd. »Jetzt kriegt er seinen Wein zum Preis ab Keller.«

»Noch darunter.« Der Anzugträger winkte ab. »Ihr versteht die Bedeutung nicht. Für Würzburg ist es nicht so wichtig, aber für die Weindörfer. Man schafft eine Hoheit, eine Königin ist was Besonderes, sie steht über allen, jeder will mal berühmt sein. Die Königin ist es ein ganzes Jahr lang. Sie ist eine bedeutende Persönlichkeit, ihr Dorf ist stolz auf sie, auf sich selbst, und deshalb machen alle mit.«

»Vielleicht wird sie ja auch Deutsche Weinkönigin, wenn sie was draufhat«, sagte der Schnurrbartzwirbler.

Der Anzugträger hatte Bedenken, ähnliche hatte Nicolas im Staatlichen Hofkeller gehört. »Ich glaube, es kommt vielmehr darauf an, welches Weinbaugebiet sie vertritt, wie groß seine Bedeutung für den deutschen Wein ist.«

»So ein Quatsch!« Die Wolfskin-Jacke hob die Stimme. »Als ob es deutschen Wein gäbe. Den gibt's nicht. Es gibt fränkischen, und der ist mit seinen sechstausend Hektar nicht besonders wichtig, es gibt badischen Wein, den aus Rheinhessen und der Pfalz …«

»Lass mich mit Pfälzer Wein in Ruhe. Das werden wir denen in München noch abgewöhnen, die sollen verdammt noch mal unsere Weine trinken, wenn sie schon Franken annektiert haben.«

»Die sollen erst mal unser Frankenschwert zurückgeben, diese Bayern.«

Nicolas schmunzelte, das Gespräch gefiel ihm, er erfuhr eine Menge über die Menschen hier, über ihre Ansichten, und vielleicht verschaffte es ihm Einsichten.

»Seit 1803 haben sie es in der Münchner Residenz, als wenn es ihnen gehörte, und gnädig haben sie es uns zur Tausenddreihundert-Jahr-Feier überlassen. Es gehört hierher!«

»Ja, so sind die Bayern. Wir Franken sind international sowieso schlecht aufgestellt«, fügte Jack Wolfskin hinzu. »Da verkaufen wir kaum was, nur Japan scheint ein guter Markt zu werden. Da müsst ihr Verkäufer euch eben mehr anstrengen.«

»Und ihr müsst nicht so viel selber saufen, dann bleibt uns auch was zum Verkaufen.« Der im blauen Anzug hatte stets die Geschäfte vor Augen. »Genau dafür sind die Mädels mit den Krönchen da, die Königinnen und Prinzessinnen. Die Fränkische Weinkönigin ist national und international unterwegs. Wenn sie was daraus zu machen versteht, ist das ein gewaltiger Karrieresprung.«

»Mit einem Werbevertrag für die Sparkasse? Oder gar rein in die Partei – wie diese Klöckner in Rheinland-Pfalz? Mein Freund, du siehst alles nur noch durch die monetäre Brille. Hauptsache, es bringt was ein.« Der Mann mit dem Vollbart wollte sich anscheinend einige Illusionen erhalten.

»Was anderes gibt es heutzutage nicht mehr, außer für Romantiker wie dich. Alles wird in Wert umgesetzt, aus allem wird Profit geschlagen, alles heutzutage ist Markt.«

»Wer ist denn der da, der Schweiger?« Die Wolfskin-Jacke hatte Nicolas entdeckt. »Versteckt sich hier wie ein Spion? Wo kommen Sie denn her?«

Nicolas erklärte es ihm kurz. Mit den offenen Worten der vier war es nun wohl vorbei.

»Dann treffen wir uns ja in Schweinfurt wieder.« Erfreut schüttelte der mit dem blauen Anzug seine Hand und stellte sich als Hans Sachs vor, Mitglied der Nordheimer Genossenschaft. »Ich hoffe, Sie wählen die Richtige. Sie heißt Henriette Müller, merken Sie sich den Namen!«

»Seht ihr?« Jack Wolfskin schien schon etwas angetrunken. »Da haben wir es. Alle sind korrupt, keiner ist objektiv, jeder will nur seinen Ort nach vorn bringen – und seine Genossen.«

»Und welchen Ort sollte ich nach vorn bringen?« Die Richtige habe ich schon, sagte sich Nicolas im Stillen und dachte an Rita. Die Richtige für Franken würde er ohne Emotionen auswählen, aber nach allem, was er bisher zu hören bekommen hatte, würde es nicht unbedingt heiter werden. Hier wurde verbissen gekämpft.

Kapitel 4

Nicolas sah den Damen nach, die aufgeregt plaudernd und nach weiteren bekannten Gesichtern Ausschau haltend auf das Buffet zusteuerten. Gleich nach ihrer Ankunft hatte Frau Berthold zwei Bekannte getroffen, die zum Fanblock von Henriette Müller gehörten, und ihn voller Stolz als Schwiegersohn und Mitglied der Jury vorgestellt, nicht ohne ihre Rolle dabei in den Vordergrund zu stellen. Und auch Nicolas' sechsunddreißig Hektar wurden erwähnt, was ihm bewundernde oder neidvolle Blicke einbrachte.

»Sie werden natürlich unsere Kandidatin wählen«, meinte eine der Frauen versöhnlich, einen großen Stern aus Pappe mit dem Namen der Wunschkandidatin Frau Berthold ans schwarze Kleid heftend, was diese entschieden abwehrte.

»Ihr dürft ihn nicht beeinflussen, die Jury muss unabhängig bleiben«, gab sie wichtig zu bedenken. »Aber er wird wissen, was zu tun ist, nicht wahr, Nicolas?« Sie zwinkerte ihm zu, eine Vertraulichkeit vorführend, die es in Wirklichkeit nicht gab.

Obwohl er selbst niemanden unter den vielleicht hundertfünfzig Juroren und den sicher mehr als sechshundert Zuschauern kannte, war er erleichtert, dass ihre Wege sich trennten. Er griff am Buffet eher zaghaft zu, schenkte sich ein Glas Wein ein und lehnte sich am Rande des Foyers an einen Pfeiler, von wo aus er das Treiben der Besucher, der Funktionäre und der wichtig herumwuselnden Medienleute beobachten konnte. Es war nicht zu übersehen, dass nicht nur diese Anneliese Fünfinger aus Escherndorf mit riesigem Gefolge erschienen war, das sich mit roten Schals, der Farbe seiner Kandidatin, zu erkennen gab. Auch die Fans von Claudia hatten sich mit einem blau-grünen Tuch ausstaffiert, das den Aufdruck »Iphofen für Claudia« trug. »Henriette M« hingegen zierte die Pappsterne am Festtagsstaat der mit Bussen angereisten Anhänger von Henriette Müller.

Nicolas glaubte, in der aufgeregten Menge die Dame wiederzusehen, die ihm im Juliusspital begegnet war, doch er war sich nicht sicher. Es war weniger ihr Aussehen als ihr steifer Rücken, der ihm bekannt vorkam.

Ein Gong läutete den Beginn der Veranstaltung ein, und Nicolas schaute sich an den Tischen der Juroren um. Seinen Platz fand er schnell mithilfe des Namensschildchens. »Winzer« stand unter seinem Namen, eine Berufsbezeichnung, die ihm eigenartig fremd vorkam. Doch hätte dort Weingutmanager stehen sollen? Lernender in Sachen Wein oder gar Portwein-Erbe, was der Wahrheit am nächsten kam? Aber darüber war er hinaus. *Vinhateiro* war ihm weniger fremd, der portugiesische Begriff für Winzer. Da wäre Portweinproduzent passender gewesen – aber Winzer? Vielleicht fühlte er sich nicht so, weil er in Deutschland diesen Beruf nie ausgeübt hatte.

Neben ihm sollte ein Landtagsabgeordneter sitzen, so erklärte es das Namensschild rechts. Nicolas war gespannt, was für ein Kandidat sich da einfinden würde. Ob man ihm die Parteizugehörigkeit ansah? Gegenüber ließ sich ein Mann in seinem Alter nieder, das Namensschild klärte darüber auf, dass er in der Bayerischen Landesanstalt für Weinbau und Gartenbau tätig war.

»Ich bin Fachmann für Rebsorten«, meinte er kurz und begrüßte erfreut einen jungen Mann, der erst allen ringsum die Hand schüttelte und sich dann zu Nicolas an den Tisch setzte. Ein Politiker konnte das nicht sein. Er stellte sich als

Hans Kästner vor, »Winzer in Nordheim«, der Henriette Müller persönlich kannte.

»Aber allzu viele Chancen räume ich ihr nicht ein, obwohl sie fachlich ganz gut sein soll. Sie ist zu schüchtern, sie ist nicht eloquent genug für diesen Job.« Seine Wunschkandidatin war Claudia, die zwar kein Weingut im Rücken hatte, dafür aber mit Menschen umgehen konnte. »Sie ist redegewandt, im Restaurant ihrer Eltern, das bekannt ist für seine Weinkarte, bedient sie die Gäste. Dabei hat sie Erfahrung mit Wein gesammelt, und sie hat eine feine Nase. Ich kenne sie von einer Weinprobe her. Ich würde ihr sogar zu einer Ausbildung als Sommelier raten. Und was sie nicht weiß, das lernt sie schnell.«

Zwischen den Experten entspann sich eine Diskussion darüber, welche Anforderungen an eine Weinkönigin gestellt werden, wie stark sich das Leben verändert, dass es kaum noch etwas wie Privatleben gibt. »Mehr als vierhundert Termine sind im Jahr zu absolvieren«, meinte der Winzer. »Am schlimmsten stelle ich mir dabei vor, immer gut drauf zu sein, freundlich zu jedem, immer zu lächeln, sogar im Schlaf, und immer gut angezogen zu sein. Eigentlich ist man dabei niemals man selbst.«

»Außer man ist genau so, wie Sie das eben beschrieben haben«, sagte Nicolas und musste fast schreien, um auch auf der anderen Seite des Tisches verstanden zu werden. Die Stimmung im Saal stieg, die größte Aufregung kam von den Plätzen der Zuschauer. »Die Mädels machen den Job doch freiwillig, oder nicht? Geld kriegt man nicht?«

»Es kann ein Karrieresprungbrett sein, wenn sie sich geschickt anstellt.« Der Wissenschaftler von der LWG kannte sich aus. »Einige werden sicher auch gedrängt, von der Familie, von den Leuten im Ort oder einer ehrgeizigen Mutter. Es soll Frauen geben, die schicken ihre Säuglinge bereits auf Babymodenschauen. Und später stehen sie unten und halten weiter die Karriereleiter.«

Als Nicolas den Hals reckte, um endlich eine der Kandidatinnen zu Gesicht zu bekommen, ließ sich der Landtagsabgeordnete nieder, der war auf jener Leiter bereits ein Stück hinaufgeklettert. Ihm reichte ein kurzes, kühles »Guten Tag« für alle. An der Unterhaltung war er nicht interessiert, Wähler oder wichtige Leute schienen nicht in der Nähe zu sein. Er musste allerdings seine »tiefe persönliche Verbundenheit« mit dem fränkischen Weinbau demonstrieren.

An der Wand hinter der Bühne flimmerten Porträts über den riesigen Bildschirm, die Ehrengäste wurden vorgestellt, der Bürgermeister der Stadt, der Landtagspräsident sowie der des Bayerischen Bauernverbandes, Vertreter der Industrie und der Betreiber des Münchner »Ratskellers«.

»Eigentlich kenne ich alle Winzer in der Region, zumindest dem Namen nach«, rief Kästner mit Blick auf Nicolas' Tischkarte. »Aber ein Hollmann ist mir nie begegnet. Wo liegt Ihr Weingut?« Auf Nicolas' Erklärung reagierte er verdutzt. »Am Rio Douro?« Er rückte nervös auf seinem Stuhl herum, schaute zur Bühne, wo die Moderatoren erschienen. Er sah den Landtagsabgeordneten an, der starr zur Bühne blickte, um ja nicht angesprochen zu werden, dann sah er den Wissenschaftler bittend an, der verstand, und beide umrundeten den Tisch, um die Plätze zu tauschen. In dem Moment, als Kästner sich mit den Worten »und Sie machen wirklich Portwein?« zu Nicolas beugte, begann die Begrüßungsansprache.

»Später«, Nicolas winkte ab, »später.«

Der Präsident des Weinbauverbandes begrüßte die Ehrengäste, und dann sprach die vielleicht noch eine Stunde lang amtierende Königin über ihre Erfahrungen und die bewegenden Begegnungen aus ihrer Amtszeit mit der Kanzlerin, dem Präsidenten, weiteren Würdenträgern und mit wer weiß nicht wem noch. Danach stellte sie ihren Wein vor, einen Silvaner aus ihrem Heimatort am Main, den sie das ganze Jahr in seiner Entstehung begleitet hatte.

»Es ist ein Wein, in dem die Sonnenstrahlen eingefangen sind, mit fruchtigen Noten und der Mineralität, die unseren Silvaner ausmacht.«

Sie sprach frei und offen, immer strahlend, fast zu viel davon und von allem maßlos begeistert. Es musste ein Jahr wie ein wunderbarer Traum hinter ihr liegen. Ein wenig schien es Nicolas wie eine Märchenstunde, ein modernes Märchen, Hans im Glück, nur weiblich, im Zeitalter der Emanzipation. Immerhin gab sie eine gute Show.

»Die kam das ganze Jahr lang gut rüber«, flüsterte Kästner, »die kam bei allen gut an, ich habe sie einige Male erlebt. Man kann sie buchen, unser Nachbar hat das auch praktiziert zur Vorstellung seiner neuen Lese.«

»Und Sie, haben Sie dieses … äh … Marketinginstrument auch genutzt?« Nicolas hatte den Eindruck, als sei der Winzer nicht so ganz davon überzeugt.

»Jeder hat seinen eigenen Stil. Ich orientiere mich mehr an nationalen und internationalen Standards als an lokalen. Wir haben auch in den letzten beiden Jahren fast alles auf Burgunder- und Bordeauxflaschen umgestellt. Der Bocksbeutel ist für die mittlere Kategorie.«

»Die Gründe dafür erklären Sie mir?«

»Wenn das hier vorbei ist.«

Auf der Bühne folgte ein Rekurs auf den Mini Roadster, den ein Schweinfurter Autohaus der Weinkönigin zur Verfügung stellte.

»Der kommt noch häufiger heute Abend, schließlich nimmt hier niemand aus Menschenfreundlichkeit teil.«

»Aber würden Sie an der Wahl teilnehmen, wenn es bedeutungslos für Sie wäre?«

»Eigentlich ist ja mein Vater eingeladen, aber der fühlte sich nicht wohl, und ich bin neugierig, wie Henriette beurteilt wird. Wir haben in Nordheim die Genossenschaft DIVINO – ich bin nicht dabei, wir bleiben selbstständig –, aber DIVINO wird nachgesagt, großen Einfluss auf die Wahl zu haben, wie alle großen Genossenschaften, der GWF und auch der aus Sommerach. Das ist fünf Kilometer weiter. Ich kenne Henriette nicht besonders gut, aber ihre Eltern, man sieht sich halt. Sie ist mehr ein bescheidenes Mädchen, überhaupt nicht schlagfertig. Es wundert mich, dass sie sich beworben hat und sich vor tausend Leuten auf die Bühne stellt. Da wird sie jemand getrieben haben, Sie verstehen?«

Nicolas verstand nicht.

»Na, die ehrgeizigen Mütter – hatten Sie keine? Meine rahmt jede Urkunde ein, die wir bei einem Wettbewerb kriegen, und hängt sie im Probierraum auf. Die wollen für ihre Tochter eine gute Partie oder jemanden, der in ihren Laden passt und noch zehn Hektar bestes Rebland mitbringt oder zumindest Doktor ist, in Veitshöchheim, wie der da uns gegenüber – und vom Freistaat eine gute Pension bekommt.«

Der Angesprochene grinste, man kannte sich.

»Henriette kommt aus einer Winzerfamilie, von Wein versteht sie einiges, sie hat gerade ihre Lehre beendet. Was ich aus ihrem Betrieb probiert habe, war gut; soweit ich weiß, will sie später Kellerwirtschaft studieren.«

»Haben Sie das auch hinter sich gebracht?« Nicolas hoffte, dass niemand ihn nach seiner Ausbildung fragte. Er war zwar Architekt, hatte im In- und Ausland studiert, aber was er über Wein wusste, hatte er von seinen Mitarbeitern gelernt, sich angelesen, und das Probieren und Beurteilen der Weine hatte ihm Otelo beigebracht.

»Ich bin Weinbautechniker, ich habe meine Ausbildung in Veitshöchheim an der LWG genossen.« Hans Kästner wies grinsend auf den Mann gegenüber. »Da hat der noch überlegt, von wem er seine Dissertation abschreiben kann. »

»Dich hätte ich glatt durch die Prüfung fallen lassen«, sagte der Fachmann für Rebsorten, der nur Fetzen ihrer Unterhaltung mitbekommen hatte.

»Dann hätte ich einen Plagiatsjäger auf dich angesetzt.

Bist du nicht mit diesem Grafen oder Baron oder Freiherr von und zu Guttenberg verwandt?«

»Ich werde mal die Weinkontrolle zu euch auf den Hof schicken. Die finden garantiert was …«

»Untersteh dich!«

Nicolas wollte noch nach der Ausbildung zum Weintechniker fragen, als unter riesigem Beifall, Gejohle und Fahnenschwenken der angereisten Fans die erste Kandidatin die Bühne betrat. Anneliese Fünfinger aus Escherndorf im roten, schulterfreien Abendkleid nahm zwischen den Moderatoren Aufstellung.

Gott sei Dank nicht im Dirndl, dachte Nicolas. Den deutschtümelnden Bayern war vieles zuzutrauen, aber hier bewiesen sie Geschmack, der über ihre Landesgrenzen hinausreichte. Oder waren die Franken tatsächlich doch anders als die Bayern? Anneliese war größer als erwartet und bewegte sich gekonnt in dem Abendkleid, nur war die Entfernung zur Bühne zu groß, um in ihrem Gesicht etwas lesen zu können. Auf dem gewaltigen Monitor hinter ihr erschien das Gesicht zwar mehrfach überdimensioniert, doch die Technik verfälschte den Eindruck – oder war sie sehr verhalten in ihrer Begeisterung? Erfreut und doch distanziert hob sie den Arm und winkte in den Saal, begeistert oder entsetzt, dass so viele ihrer Fans erschienen waren? Dann rauschte eine Kette von Weinprinzessinnen in den Saal, Bocksbeutel in den Händen, und schenkte den von Anneliese ausgesuchten Wein ein. Ob er typisch für Müller-Thurgau war und typisch für die Lage Escherndorfer Fürstenberg, entzog sich sowohl Nicolas' Wissen wie seiner Erfahrung. Bei unbekannten Rebsorten und Gegenden konnte er lediglich sagen, wie ihm der Aspekt eines Weins gefiel, ob er offen oder verschlossen war, ein angenehmes Bukett zeigte, Fehltöne aufwies und wie er sich den Geschmackspapillen darbot, harmonisch und im Gleichgewicht. Dieser hier war ganz gut, doch er löste bei ihm längst nicht die Begeisterung aus wie das, was er in den Stein-Weingütern probiert hatte.

Anneliese stellte sich einstweilen den Fragen, sprach lobend über ihre fränkische Heimat, was stürmischen Beifall auslöste, und darüber, wie sie die repräsentieren würde. Hatte sie das zuvor mit ihrem Coach einstudiert? Es klang eher gezwungen und suggestiv als überzeugend. Sie sprach über das Weingut der Großmutter, der sie neben dem immensen Weinwissen so viel verdanke, auch das Klavierspiel, was alle Großmütter im Saal nur milde stimmen konnte. Ihr Studium der Lebensmittelchemie würde sie von Herzen gern für ein Jahr unterbrechen, um sich dann völlig ihrer Bestimmung hinzugeben.

»Hölzern«, sagte Nicolas vor sich hin, »einstudiert.« Es war die Art der Selbstdarstellung und nicht der Inhalt, der ihn von dieser Kandidatin Abstand nehmen ließ, obwohl sie ihm als Frau viel zu gut gefiel.

»Unnatürlich.« Das empfand auch Hans Kästner so. »Aber ich glaube, sie macht das Rennen. Meine Wunschkandidatin ist längst nicht so wortgewandt, obwohl sie über Wein sicherlich mehr draufhat.«

Der Fanclub aus Nordheim war größer als der aus Escherndorf. »Das Dorf ist auch größer«, meinte Nicolas' Nachbar, während sich der Landtagsabgeordnete mit seinem Nebenmann leise über den Länderfinanzausgleich unterhielt und forderte, den faulen Berlinern endlich den Geldhahn abzudrehen, die würden nur »Party machen«.

Die Nordheimer Kandidatin war in Blau erschienen, sie war größer und etwas fülliger, das Kleid stand ihr gut, Farbton und Haar harmonierten, aber das würde wenig ausschlaggebend sein, denn wie sich beim Test der Wahlgeräte herausgestellt hatte, erreichten die Frauen unter den Juroren nicht einmal dreißig Prozent. Urteilen Männer nun nach dem Aussehen oder danach, wer den Wein besser präsentieren konnte?

»Wir urteilen danach, wer den Job gut macht«, versicherte ihm Hans Kästner glaubhaft.

Henriette wirkte bei der Vorstellung ihres Weins längst nicht so hölzern wie die Vorgängerin. Je länger sie auf der Bühne stand, desto lockerer wurde sie, hob das Glas, lachte ins Publikum hinein, führte das Glas an die Nase und definierte gekonnt die Aromen der Scheurebe, die sie ausgewählt hatte: körperreich und aromatisch, deutlich im Aroma schwarzer Johannisbeere und mit ein wenig Restsüße.

Hans Kästner reagierte mit erstauntem Kopfschütteln. »So kenne ich sie gar nicht. Auf der Straße kriegt sie kaum ein Lächeln hin, und hier reißt sie den Saal mit. So locker habe ich sie noch nie erlebt.«

Auch Nicolas hatte den Eindruck, als blühe die junge Frau auf, je länger sie dort oben gekonnt die Fragen beantwortete. Wie ihre Konkurrentinnen darauf reagierten, war nicht zu sehen, sie saßen unten am Tisch des Verbandsvorstandes.

Die gute Laune der Kandidatin steckte sogar die Moderatoren an, denen das Fragen leichtfiel, sodass sich fast ein Gespräch zu dritt ergab. Und Henriette Müller aus Nordheim strahlte, als sei sie bereits gewählt.

»Die macht das großartig«, murmelte der Doktor aus Veitshöchheim und war sichtlich beeindruckt, »hätte ich gar nicht erwartet, außerdem sieht sie klasse aus.«

Hans Kästner stimmte gerne zu. »Ich kenne sie nur in Gummistiefeln im Keller oder auf dem Traktor, da hat sie ihr Haar mit einem Gummi zusammengehalten.«

»Da sieht man mal, was die Farbe ausmacht. Das ist beim Wein nicht anders.«

»Kommt darauf an, was ihr Chemiker da reinkippt, um ihn trinkbar zu machen.«

»Wenn alle derartige Puristen wären wie du, dann wäre die Branche längst pleite«, konterte der Doktor, und Nicolas hielt sich raus.

Als Letzte wurde Claudia Voigt vorgestellt. Das war nicht

vorteilhaft für sie, denn ihre Darstellung klang wie eine Wiederholung, obwohl es souverän vorgetragen war, und die junge Frau blieb sachlich und ernst – viel zu sachlich für den Geschmack der beiden anderen Männer. Die junge dunkelhaarige Frau aus Iphofen nahm in ihrer gradlinigen, unprätentiösen Art Nicolas jedoch für sich ein. Oder lag es daran, dass ihr das grüne, schulterfreie Abendkleid so gut stand und er ihren dunklen Typ mochte, der dem von Rita entsprach, nur dass Claudia zehn Jahre jünger war?

Ich werde objektiv wählen, sagte er sich, ich werde die wählen, die dieses Land Franken am besten repräsentiert. Aber wie ein Land sich präsentierte oder wie er meinte, wie es repräsentiert werden sollte, das waren zwei Paar Schuhe. Otelo und er machten Weine, wie sie es für richtig hielten und nicht wie Portugal es wollte. Aber wer war Portugal? Wer war Franken? Er wusste nichts über das Selbstverständnis dieses Völkchens. Hatten sie ein kollektives? Hatte jeder sein eigenes? Die Bayern jedenfalls hielten die Franken für verstockt. Aber das war falsch. Vielleicht waren sie das nur den Bayern gegenüber, hier jedenfalls kochte der Saal.

Zehn Minuten lang wurde Claudia befragt, zu ihrem Lebenslauf, zum Wein und ihrer Arbeit im Restaurant der Eltern und zu ihren Weinempfehlungen zu diversen Speisen. Je länger sie sprach, desto verzagter wurde sie, die Brillanz der ersten Minuten verblasste, und als sie erklärte, dass man bei trocken-fruchtigen Weinen wie einem Silvaner auf stark parfümierende Gewürze verzichten solle, klang es fast, als hielte eine Schülerin ein Referat. Wieso war sie als Favoritin gehandelt worden? Die Chancen für seine Kandidatin schwanden. Dabei war ihr Silvaner kraftvoll, eindeutig in der Rebsorte, schon ein kleiner Reifegrad zeigte sich, aber für ein großes Publikum, das »frische« Weine liebte, das Frische mit Säure verwechselte, war er zu kompliziert. Aber ihr Wein war der beste.

Dann blieben alle Kandidatinnen nebeneinander auf der

Bühne, die Abendroben in den drei starken Farben waren ein schöner Anblick. Vielleicht sollte man aus den dreien eine Mischung für die ideale Weinkönigin herstellen, flüsterte Nicolas seinem Nachbarn zu, aber der war versessen darauf zu erfahren, wie die Aspirantinnen auf die zuvor eingereichten Fachfragen reagieren würden. Claudia antwortete richtig, ruhig und sachlich, was Nicolas und die Fans aus Iphofen wieder hoffen ließ. Aber gegen Henriette verblasste sie, die zur Höchstform auflief, als würde sie die Energie des Publikums in sich aufsaugen und dem Saal zurückgeben.

»Bei der Power sollte sie Rocksängerin werden statt Weinkönigin«, flüsterte Nicolas Hans Kästner zu, aber der war über das Verhalten noch immer mehr verwundert als erfreut.

Anneliese aus Escherndorf fiel ein wenig ab, aber ihre Antworten waren sicher und klug vorgebracht, was aber von einem Publikum, das Heldinnen liebte, bestimmt nicht goutiert werden würde. Nur bei der Beantwortung der Frage, wie der Ausbau der fränkischen Weine verbessert werden könne, geriet sie ins Stammeln.

Nicolas hätte die Frage auch nicht beantworten können, sein Nachbar hingegen würde es wissen.

Dann kam die Abstimmung per Teledialog, und alle drückten eine Taste auf dem TED-Gerät, das an das Lesegerät von Schaffnern der Bahn erinnerte. Um die Spannung zu steigern, wurden erst einmal die Danksagungen an die Sponsoren sowie Einzelpersonen verlesen. Jetzt war Zeit, sich mit den Nachbarn zu unterhalten. Der Landtagsabgeordnete hatte nichts dafür übrig, aber Hans Kästner wollte alles über Portwein wissen. Es war unvermeidlich, dass sie auf die Gründe seines Aufenthalts hier zu sprechen kamen und die untragbare Wohnsituation.

»Das trifft sich doch bestens.« Kästner sah ihn erfreut an. »Wir haben im Februar unser Gästeapartment fertiggestellt und komplett eingerichtet. Wenn ihr Lust habt, deine Frau und du, dann könnt ihr es trocken wohnen.« Nicolas wusste, was mit »trocken wohnen« gemeint war, denn in Berlin hatte man zu Beginn des 20. Jahrhunderts arme Familien in Neubauten mietfrei wohnen lassen, bis die Räume trocken waren, dann wurden die Armen ausquartiert und die zahlenden Mieter zogen ein.

»Hoffentlich kriegen wir alles schnell trocken, denn wir reisen viel, wir sind hier, um unsere Kunden zu besuchen. Und der, der bleibt, ist für Rebecca da.«

Hans meinte, dass sich das gut treffe, denn seine Frau sei Lehrerin in Volkach am Gymnasium. »Ich nenne ihren Job immer meine Hagelversicherung.« Kästners Lachen verbarg nicht eine gewisse Besorgnis. Der Klimawandel und die zunehmend extremen Wetterphänomene bereiteten dem Weinbau Sorge. In Bordeaux waren im letzten Sommer nahezu siebentausend Hektar Rebland zerschlagen worden.

»So schlimm ist es bei uns nicht, wir haben in Franken sowieso nur sechstausend Hektar, und die sind großflächig verteilt.« Hans Kästner griff nach einem Kugelschreiber und kritzelte etwas aufs Papier vor sich. »Wir nehmen den Preis der Vorsaison – und davon die Hälfte wegen der Erstbelegung. Nein, ich will nichts haben, nur euer Gästezimmer im Tausch, wenn wir an den Rio Douro kommen. Habe ich dir schon gesagt, dass ich einen Sohn habe? Stephan ist gerade mal ein Jahr älter als deine Tochter, also hat Rebecca dann auch jemanden zum Spielen, oder sie geht mit – als Gast in unseren Kindergarten.«

»Ist der katholisch? Sie ist nicht getauft.« Schon wieder tauchte das Problem mit der Konfession auf.

»Wir haben auch evangelische Gemeinden hier, und die Hexenverbrennungen und Ketzervertreibungen haben wir hinter uns. Lange schon, lange bevor man sich die Juden vorgenommen hat.«

Nicolas erschrak. Für rechtsradikal hatte er Hans Kästner nicht gehalten, und sofort schoss ihm durch den Kopf, dass er sich aus dieser Affäre elegant zurückziehen und eine Ausrede erfinden musste.

»Versteh mich nicht falsch, das war zynisch gemeint. Du lässt dich ja schnell verunsichern … aber nur wer Vorurteilen anhängt, reagiert so.«

In diesem Augenblick wurde das Ergebnis der Wahl verkündet und auf dem Orwell'schen Bildschirm des Großen Bruders über der Bühne zeigte sich das Bild von Henriette Müller.

Nordheim jubelte! Franken jubelte! Man hatte eine neue Königin. Die bisherige tupfte sich die Tränen der Rührung weg. Sie war jetzt nur noch eine der vielen Ehemaligen. Fahnen wurden im Saal geschwenkt, Spruchbänder in die Höhe gereckt, Frauen umarmten sich und tanzten entzückt. Die Menge war auf den Beinen und applaudierte frenetisch, während sich Henriette, der die Medien im Vorfeld kaum Chancen eingeräumt hatten, fassungslos und doch glücklich die Hände vor den Mund hielt.

Nicolas suchte nach seiner Kandidatin. Claudia war die Erste, die Henriette gratulierte und sie umarmte. Anneliese Fünfinger stand kühl lächelnd daneben, sie wirkte fast ein wenig erleichtert; ihr Blick, so schien es, strich durch den Saal, als suche sie jemanden. Nicolas stand ebenfalls auf, um Beifall zu spenden. Nein, jetzt sah er es deutlich, Annelieses Blick war nicht auf die Juroren gerichtet, er ging über ihre Köpfe hinweg weit in den Saal, dorthin, wo die Zuschauer saßen – und sicherlich auch seine Schwiegermutter. Anneliese war, wenn er sich recht erinnerte, ihre Kandidatin gewesen. Um sich auf dem Heimweg nicht ihr Lamento über das Ergebnis anhören zu müssen, würde er einen späten Zug zurück nach Würzburg nehmen.

Claudia Voigts Augen glitzerten. Waren es Tränen der Rührung, oder hatte sie fest mit ihrem Sieg gerechnet? Hans

Kästner interessierte das wenig, er war zufrieden. Der Volksvertreter zu Nicolas' Linken schüttelte reihum wieder Hände, wünschte einen »schönen Tag noch« und schwirrte ab.

Der MdL interessierte Hans wenig. »Egal, welche Partei, die sind doch alle gleich. Mich bewegt viel mehr, wie sich die Mädels präsentiert haben. Ich habe natürlich für Henriette gestimmt, sie hat die anderen klar in den Schatten gestellt, obwohl diese Claudia die erklärte Favoritin war. Ich habe ein Interview mit ihr gesehen, als Weinprinzessin, die waren übrigens alle vorher Weinprinzessin. Keine von ihnen ist ein Neuling im Business, die standen alle schon auf der Bühne, und das nicht nur einmal. Claudia hatte auf alles eine Antwort, aber heute wirkte sie wie gelähmt, als hätte sie ein Beruhigungsmittel genommen. Und Anneliese Fünfinger wirkt hölzern auf mich, sie sprach mit so wenig Enthusiasmus oder Überzeugung. So gewinnt man keine Wahl.«

Der Doktor aus Veitshöchheim wirkte fassungslos, er war mit dem Ausgang der Wahl nicht zufrieden. Seiner Meinung nach stimmte irgendetwas nicht. »Ich freue mich natürlich riesig für Henriette, aber eigentlich ist sie mehr der stille Typ. So aufgedreht wie heute habe ich sie nie erlebt. Na, das wird eine Freude in Nordheim werden, sie werden sie mit ziemlichem Tamtam empfangen.«

Während auf der Bühne das Blitzlichtgewitter über die neue Königin hereinbrach, brachen die ersten Juroren auf. Es war längst Abend geworden und alle, die nicht mehr nach Hause fuhren, suchten nebenan das Hotel auf. Hans und Nicolas schlossen sich ihnen an, um an der Bar einen Kaffee zu trinken. Nicolas beeilte sich, hinüberzukommen, um seiner Schwiegermutter auszuweichen. So konnte er den unangenehmen Moment, wo er ihr den Quartierwechsel erklären musste, hinauszögern. Am liebsten wäre er sofort nach Nordheim übergesiedelt, ihre wenigen Siebensachen waren rasch gepackt, den Bertholds konnte alles mit beruflichen Notwendigkeiten erklärt werden. Was sie davon hielten? Ihm war es gleichgültig.

Als sie den Kaffee vor sich hatten, erzählte Hans Kästner. Er führte das Weingut seit vier Jahren, seit sein Vater, von dem er es übernommen hatte, sich aus der Verantwortung zurückgezogen hatte. Der lebte nach dem Tod seiner Frau mehr im Weinberg und im Garten, er ertrug keine Keller mehr, die Dunkelheit unten machte ihn depressiv, er brauchte so viel Licht wie die Weinstöcke.

»Mein Vater liefert mir das beste Traubenmaterial, das du dir vorstellen kannst, ich rede ihm da nicht rein, ich sage ihm lediglich, welche Art Wein ich mir vorstelle, und er bringt die Trauben, die ich brauche. Aber in den Keller geht er ums Verrecken nicht. Bei zweifelhaften Fassproben bringen wir ihm die Gläser rauf in unsere Weinstube, wo er neben den Gästen probiert.«

»Was heißt ›wir‹?«

»Mein jüngerer Bruder Roger und ich. Er macht seit eineinhalb Jahren wieder mit. Er war mehr als vier Jahre lang bei der Polizei, als Kommissar, dann hat er aufgegeben und ist zurückgekommen. Sein Demokratisierungsversuch, wie er es nennt, ist gescheitert. Er macht sich gut, wenn du zu uns kommst, wirst du ihn kennenlernen.«

»Musst du ihn nicht fragen, ob wir bei euch wohnen können?«

»Marion, meine Frau, ist da wichtiger. Sie freut sich bestimmt, wenn ihr kommt und unser Sohn jemanden zum Spielen hat. Und Roger erklärt dir bestimmt gern die Welt. Er ist ungeheuer akkurat und gewissenhaft, so wie unser Vater es war, der weiß sogar, in welcher Richtung der Schraubenzieher im Werkzeugkasten liegt, und kennt sämtliche Einträge im Kellerbuch. Nach dem Tod meiner Mutter haben wir Vaters wegen vieles umgebaut, wie gesagt, er braucht Licht, sonst verkümmert er. Der schlimmste Monat für ihn ist der November. Aber vor einem halben Jahr ist er ausgezogen, er ertrug es nicht, auf dem Weingut zu leben und nichts mehr entscheiden zu dürfen. Ich jedenfalls bin total gespannt, was du aus Portugal zu berichten hast.«

»Das ist nicht so viel«, meinte Nicolas, er war viel mehr daran interessiert, was hier geschah, besonders in Bezug auf Weißwein. Der Stein hatte ihn auf den Geschmack gebracht, Silvaner war eine vielversprechende Rebsorte. Und Nordheim war nicht nur Silvanerland. Endlich ein Lichtblick.

Rita zog ihn zu sich aufs Bett, als er müde und von den vielen Worten verwirrt gegen Mitternacht das Zimmer betrat. Vom Bahnhof hatte er sich ein Taxi genommen.

»Ich habe tolle Neuigkeiten.« Rita brannte darauf, sie loszuwerden. »Wir hätten ab morgen ein super Quartier, und gar nicht teuer. Wir können also ausziehen. Ich halte es auch nicht mehr aus. Ich bin heute extra spät gekommen, da haben sie mit mir Krach angefangen, weil ich mich nicht richtig um Rebecca kümmern würde, ich hielt sie schlafend im Arm, als ich ankam. Das neue Quartier wird dir gefallen, Nic, wir können auf einem Weingut wohnen, das ist dir bestimmt am liebsten.«

Das traf zu, aber Nicolas hatte sich bereits darauf eingestellt, morgen nach Nordheim überzusiedeln. Es war ihm unangenehm, Hans Kästner eine Absage zu erteilen. Sie sollten sich am besten beide Quartiere ansehen und dann entscheiden. Wichtig war der Kindergarten und ein möglicher Spielgefährte für Rebecca.

»Und wo ist – dein Quartier?«

»Auf dem Weingut Kästner in Nordheim. Das liegt in der Mainschleife, sozusagen auf einer Insel.«

»Hans Kästner?«

»Marion Kästner, ja, woher weißt du …?« Rita war perplex und wieder hellwach.

»Weil ich bei der Wahl neben ihm gesessen habe, und bis

vorhin haben wir in der Bar über alles Mögliche geredet, er hat mich dann in Schweinfurt zum Bahnhof gefahren. Sie stellen uns ihre Ferienwohnung zur Verfügung.«

»Zwei kleine Zimmer, Küche, Bad, ist doch ideal, oder?«

»Und wie bist du da rangekommen?«

»Eine Schulfreundin, die ich völlig aus den Augen verloren hatte, war heute auf dem Ehemaligentreff dabei. Sie hat diesen Hans Kästner geheiratet. Irgendwie kam das Thema auf Mütter, da habe ich von unserer Situation gesprochen. Marion hat den Vorschlag gemacht. Dreißig Euro pro Tag, das geht doch, oder?«

»Hans meinte, wir sollten die Wohnung trocken wohnen, er wollte gar nichts nehmen.«

»Ja, so sind wir Frauen eben, wir denken immer ans Geschäft.«

»Hätte deine Mutter mich nicht zur Wahl geschickt, hätten wir dieses Quartier nicht in Aussicht. Ich hoffe, es ist einigermaßen wohnlich.«

Das konnte Rita so nicht stehen lassen. »Meine Mutter hat damit nichts zu tun. Ich wäre sowieso zu dem Frauentreffen gegangen, und da hätte ich Marion getroffen …«

Nicolas ließ es dabei bewenden. Wenn er sich die Lage Nordheims vor Augen führte, waren sie dort zwar etwas weit vom Schuss, aber mitten im Weinland. Wichtige Weingüter waren in kurzer Zeit zu erreichen, und mit dem Auto waren sie in zwanzig Minuten an der Autobahn und in einer halben Stunde in Würzburg am Bahnhof. Aber das Wichtigste war Nicolas die Nähe zu den Winzerkollegen und dass Rebecca Gesellschaft bekam.

»Und wie war die Wahl?«

Ritas Frage hörte sich an, als sei sie aus Höflichkeit gestellt; er wusste, wie wenig sie davon hielt.

»Eine tolle Veranstaltung, bestens organisiert, gut angezogene Leute, was in Deutschland selten ist. Eine tolle Stimmung, aber irgendwie komisch. Das haben auch andere so empfunden. Bei der Wahl war alles anders als erwartet. Die Favoritin hat am schlechtesten abgeschnitten, und die, von der es am wenigsten erwartet wurde, hat gewonnen.

»Und wie war das Ergebnis?«

»52 zu 32 zu 15. Die aus Nordheim hat gewonnen.«

»Na wie schön, das passt ja, wenn wir dorthin umziehen. Dann kriege ich sie auch mal zu Gesicht. Da werden die Nordheimer heute Nacht völlig aus dem Häuschen geraten und einen Riesenrummel veranstalten, mit Fanfaren, Fackelzug und Feuerwehr.«

»Hat das so viel Bedeutung?«

»Sie ist immerhin Königin!«

»Ich hatte nie mit so was zu tun. Als ich in Frankfurt lebte, hat mich eine hessische Weinkönigin nie interessiert, ich wusste nicht einmal, dass es eine gibt.«

»Dazu waren deine Kreise auch zu vornehm.«

Nicolas ärgerte sich über Ritas Einwurf. Sie wusste genau, wie er darüber dachte. Er hatte früh gelernt, seine eigenen Wege zu gehen. Rita war auch ihre eigenen Wege gegangen, und auf diesen eigenen Wegen hatten sie sich getroffen. Neidete sie ihm, dass er es im bisherigen Leben leichter gehabt hatte? Das glaubte er nicht, aber hier, im Hause ihrer Eltern, benahm sie sich sowieso anders als sonst, war aggressiv, verstand vieles falsch, legte alles anders und negativ aus und war stets auf der Hut, als wolle ihr jemand ans Leder (womit sie nicht unbedingt falsch lag). Überall vermutete sie Fallen und nahm jedes Wort krumm. Er brachte das Thema schnell wieder auf die Weinkönigin.

»In Portugal gibt es sie in dieser Form nicht, die wählen zwar ihre *Rainha das Vindimas*, aber das ist mehr ein Schönheitswettbewerb. Den hättest du sicher gewonnen.«

»Schleimer! Ist nur fraglich, ob sie mich zugelassen hätten als Ausländerin, aber so fühle ich mich hier fast auch schon.«

»In Nordheim wird es besser, wir sind eben Winzer gewohnt, das ist unsere Szene.«

»Mehr deine als meine – übrigens ist meine Mutter ziemlich sauer auf dich. Sie kreuzte mit übler Laune hier auf. Ich dachte eigentlich, dass sie bei der Wahl ihren Spaß gehabt hätte, aber erstens wurde ihre Kandidatin nicht gewählt, und zum anderen meinte sie, dass sie dich überall gesucht hätte, um mit dir zurückzufahren. Hast du dich heimlich verdrückt? Du bist konfliktscheu, mein lieber Nic…«

»Mir reichen die Konflikte mit dir«, sagte er lachend und verschwand im Badezimmer.

»Ich habe auf dich gewartet, Nicolas, ich habe dich überall gesucht.« Frau Berthold, im Morgenmantel am Frühstückstisch, fauchte und war gleichzeitig beleidigt. »Wo hast du gesteckt?« Auf dem Küchentisch lag ausgebreitet die Zeitung mit der Farb-Sonderseite von der Wahl. Auf dem größten Bild setzte die ehemalige Königin der neuen die Krone auf.

»Tut mir leid, ich hatte geschäftlich zu tun, ich habe einen Kunden getroffen.« Er ließ seine Augen über die Seite streichen.

»Das war so wichtig, dass du deine Schwiegermutter sitzen lässt?«

Nicolas erinnerte sich nicht daran, dass man sich zur gemeinsamen Heimfahrt verabredet hatte. Mittlerweile empfand auch er die Situation im Haus der Bertholds als unerträglich. Ihnen den Auszug plausibel zu machen, ohne sie zu beleidigen, schien ausgeschlossen. Wie er seine Worte auch setzte, was er sagte, immer unterstellte sie inzwischen auch ihm, dass er sie nicht achtete.

»Ihr habt euch gar nicht für die Rückfahrt verabredet«, warf Rita ein.

»Woher willst du das denn wissen, Kindchen?« Frau Berthold sagte es, als hätte sie eine Zwölfjährige vor sich. »Was mischst du dich ein?«

»Ich werde wohl sagen dürfen, was ich weiß!«

»Nichts weißt du, du warst gar nicht dabei, hast wieder mit deinen Freundinnen Kaffee getrunken.«

Was der Vorwurf sollte, war auch Nicolas nicht klar. Verständnislos sah er Rita an.

»Wir haben nun eben mal nicht so eine … elegante Kaffeemaschine wie deine … Freundinnen!«

Rita nahm einen Schluck Tee, und als wolle sie den Streit auf die Spitze treiben, schaute sie auf das Etikett am Fädchen des Teebeutels und verzog das Gesicht, dabei lächelte sie innerlich. Nicolas war erleichtert. Wenn sie so reagierte, war das Schlimmste überstanden.

Ihre Mutter wurde bissig. »Dir passt wohl gar nichts mehr hier. Was wollt ihr dann eigentlich noch bei uns? Weil es billiger ist? Du bist einfach … einfach … undankbar. Wir haben uns deine Ausbildung vom Munde abgespart – und was ist der Dank? Nichts ist dir gut genug, wir sind dir anscheinend nicht fein genug, bist was Besseres, als Unternehmerin, selbstständig – und dabei lebst du im Armenhaus Europas.« Sie schien stolz darauf, dass ihr dieser Begriff eingefallen war. »Deine Schwester ist ganz anders, die ist dankbar für jede Aufmerksamkeit. Auf die kann man stolz sein. Aber du? Wenn es euch hier nicht passt, warum geht ihr nicht ins Hotel? Das hat Papa auch gesagt. Dein … dein … Lebensgefährte wird ja wohl über das entsprechende Kleingeld verfügen.«

Das haben wir, dachte Nicolas, glücklicherweise. Er war für diese vertrackte Situation verantwortlich, Rita hatte sich von vornherein ein anderes Quartier gewünscht.

»Wenn euch Portugal so gut gefällt, warum bleibt ihr nicht ganz da?«

Wollte Frau Berthold das Gegenteil hören, dass hier alles wunderbar sei, wie nett sie aufgenommen worden seien und was für großartige Eltern Rita habe?

»Bildet euch ja nicht ein, dass man da versessen auf euch

ist – nur als Touristen, denen sich Geld abknöpfen lässt. Und wir sollen euren Portwein kaufen?«

»Brauchst du nicht«, wandte Nicolas beschwichtigend ein, »ich lasse dir gern eine Kiste schicken.« Und er dachte daran, dass es nach diesem Auftritt gar keinen Grund zum Bleiben gab. Er brauchte nicht einmal mehr einen Vorwand für den Auszug.

Doch Frau Bertholds Schimpfkanonade war nicht vorbei. Sie reagierte ihre Unzufriedenheit mit dem eigenen Leben an Rita ab. »Du warst immer schon ein Quertreiber, nichts war dir recht hier, nie hast du dich gefügt, nie hast du uns Freude gemacht und immer nur Widerworte gefunden.«

Rita betrachtete ihre Mutter wie einen fremden Menschen, die Entfernung zwischen Frau Berthold und ihrer Tochter konnte kaum größer werden.

Jetzt kam Nicolas an die Reihe. »Deinen ausländischen Kram, den braucht hier niemand. Wir haben unsern Müller-Thurgau und unsere Domina und sind damit zufrieden, unsere schönen Silvaner und die Scheurebe, wie gestern bei der Wahl unserer Königin. Aber du hast ja sicher die Falsche gewählt. Welche hast du gewählt?« Ihre Neugier konnte sie kaum zurückhalten.

»Die Richtige«, sagte er mit seinem charmantesten Lächeln und sah Rita an, die ihn verstand und sich entspannte.

Rebecca hatte einen Klecks Marmelade auf einem Teller gefunden. Sie tippte immer wieder ihren Finger hinein, leckte ihn genüsslich ab und betrachtete ihre Großmutter wie eine Eidechse im Terrarium.

»Die Richtige, das war Anneliese aus Escherndorf, aber du bist bestimmt dieser Henriette aus Nordheim auf den Leim gegangen, wie alle anderen. Die ist so blond, wie sie eingebildet ist.«

»Nein, ich habe Claudia gewählt.«

»Die hat ja nur den letzten Platz erreicht«, sagte Frau Berthold von oben herab.

»Na, dann gehen wir mal packen«, sagte Nicolas erleichtert. »Kommt ihr?« Gemeint waren Rebecca und Rita, die das Kind an die Hand nahm.

»Damit du überall rumerzählen kannst, wie herzlos ihre Großmutter ist?«, rief ihr Frau Berthold nach.

Sie hatten mehr zu packen als bei der Abreise aus Portugal. Pullover, Schals und Mäntel waren hinzugekommen. Vorsorglich hatte Rita eine weitere Reisetasche gekauft. Nicolas gab sich beim Zusammenlegen nicht viel Mühe, sie würden in zwei Stunden alles wieder auspacken, aber für Rita war es ein Ritual und für Rebecca ein Spaß.

Plötzlich hörten sie Frau Berthold unten an der Treppe triumphierend rufen. »Ich hab's gewusst. Sie war die Falsche!«

Rita ging zur Treppe. »Was ist los? Wer war die Falsche?«

»Die neue Königin. Jetzt ist sie tot. Es kam eben im Radio. Sie haben sie gefunden, auf dem Damenklo – im ›Last Chance‹ in Dettelbach.«

Kapitel 5

Auf der Fahrt nach Nordheim suchten sie im Autoradio vergeblich nach einem Sender, um mehr zu erfahren. Rita war sicher, dass längst alles mit entsprechenden Kommentaren im Internet oder bei Facebook zu finden war, nur konnte Nicolas, der mit Rebecca hinten in ihrem geliehenen Wagen saß, mit seinem Smartphone keine Verbindung ins Internet herstellen.

»Deine Mutter wird da etwas falsch verstanden haben«, vermutete er und steckte das Gerät in die Jackentasche. »Tot? Was für einen Unsinn sich die Leute immer zusammenreimen. Ein Skandal würde ihr wohl gefallen, dann gäb's was zu schwätzen, sie konnte die Siegerin sowieso nicht leiden. Ich habe sie zwar auch nicht gewählt, aber die war gestern Abend quicklebendig und total glücklich mit ihrer Krone. Die werden die Nacht durchgefeiert haben, da ist man am nächsten Tag so gut wie tot.«

Rita stimmte ihm zu. »Meine Mutter versteht manches gern so, wie es ihr in den Kram passt. Wenn ich mich recht erinnere, geht die Show gleich heute mit Interviews weiter, Radio, Fernsehen, Zeitungen und Fotografen, wahrscheinlich hat sie sich heute Morgen wie tot gefühlt und das gesagt. Wenn sie eine gute Visagistin hat, kriegt sie das mit dem entsprechenden Make-up wieder hin. Es ist keine Kunst, jemanden wieder aufzubrezeln. Ihre Mutter steht bestimmt parat, die Frisur wieder herzurichten. Außerdem, mein Lieber, belebt Erfolg ungemein.« Sie lächelte Nicolas im Rückspiegel an und winkte Rebecca zu. »Du kannst dir kaum vorstellen, wie stolz diese Mädchen sind. Da bleibt man wach, Erfolg ist wie eine Droge.«

»Als Mädchen bezeichnest du sie?« Nicolas wunderte sich über diesen Ausdruck, denn normalerweise reagierte Rita auf jede Diskriminierung allergisch. »Die haben eine Ausbildung, die haben Berufe, eine studiert Lebensmittelchemie, eine ist gelernte Winzerin, dumm sind die alle nicht und genauso wenig kindlich, geschweige denn naiv.«

»Hast du dich einwickeln lassen? Ich glaube schon, dass sie naiv sind, die wissen gar nicht, was auf sie zukommt, was für ein Stress sich da zusammenbraut.«

»Die vom letzten Jahr schien mir gar nicht gestresst, die hatte eine tolle Bühnenpräsenz und war sehr zufrieden mit dem letzten Jahr.«

»Jetzt bist du naiv, Nic. Was soll denn jemand vor tausend Leuten sonst erzählen? Lachen ist ihr Job. Vierhundert oder mehr Termine an dreihundertfünfundsechzig Tagen, die Mädels pesen von einer Veranstaltung zur nächsten, von der Eröffnung des Autohauses zum Weinfest und stellen dann die neue Kollektion irgendeiner Glashütte vor und eröffnen am Abend eine Vinothek. Später kommt der Feuerwehrball, das Fest im Bierzelt, auf der ProWein wirst du sie sehen und auf der Grünen Woche in Berlin …«

»In Singapur war sie auch und in New York«, wandte Nicolas ein. »Die sehen was von der Welt.«

»Flughäfen, Hotelzimmer, Sternerestaurants und Weinstände – nichts anderes als du auf deinen Reisen. Da müssen sie dicken, alten Männern, die zu viel trinken, die Hände schütteln, und die Kerle glotzen ihnen dabei in den Ausschnitt und erinnern sich, dass sie auch mal jung waren. In deren Alter zählt nur wahre Liebe oder Geld.«

»Du bist böse, Rita, du redest wie Happe, ihr hockt zu viel zusammen.«

»Mag sein, dass seine Meinung abfärbt. Nein, ich bin nur realistisch. Die Mädels wissen genau, was sie tun, und sind gleichzeitig naiv. Mit zwanzig ist man naiv, das war ich auch.«

»Wird heutzutage nicht jede Chance für die Karriere genutzt?«

»Schließt du dich ein? Das würde mich wundern.« Wieder wanderte ihr Blick in den Rückspiegel. »Du zahlst mehr Lohn als die anderen, du kümmerst dich um die Mitarbeiter, hockst sogar bei ihnen zu Hause, wie bei unserem Adão …«

»Der hat mir oder uns mal sehr geholfen.«

»Du stundest manchen Kunden längst fällige Zahlungen, legst sogar beim Beladen der LKWs Hand an und bringst deine Kaffeetasse in die Küche. Welcher Chef tut das?«

Nicolas starrte in die Landschaft. »Es ist mir völlig egal, was andere für richtig halten.«

Es war wieder Winter. Er konnte sich nicht erinnern, jemals eine Weinlandschaft im Schnee gesehen zu haben. Obwohl die Weinberge rings um seine Quinta bis auf sechshundert Meter anstiegen, lag dort niemals Schnee. Hier hingegen breitete sich ein weißes Tuch über die wellige Landschaft, die kahlen Bäume glichen in den Boden gesteckten Reisern, bizarr, verwachsen, vor dem welligen weichen Hintergrund der Hügel unter dem grauen Himmel erstarrt. Der Schnee war jung, erst einen Tag alt. War es auch der letzte für dieses Jahr? Es herrschte nicht mehr die Düsternis des Novembers, wie er sie aus Frankfurt kannte, eine Düsternis, die einen in den Süden trieb und den Wunsch nach Wärme entstehen ließ und Lust auf einen weichen, fülligen Rotwein machte. Jetzt hingegen ahnte man die Sonne bereits bei ihrem Bemühen, ja, er hoffte, dass sie in Kürze durch die Wolken dringen würde.

In gleichmäßigen, beruhigenden Reihen zogen sich die kurz geschnittenen Weinstöcke über die Hügel, aufsteigend, absteigend, bis sie im nächsten Tal verschwanden, um an anderer Stelle die unterbrochene Linie fortzusetzen, gerade

Linien von Wellen gemäßigt. Quer dazu brachen andere Reihen die Akkuratesse der Kontraste auf. Schwarz kämpfte gegen Weiß, wobei die Schwärze des Bodens und des scheinbar toten Holzes gewinnen würden. Das Holz blieb, der Schnee würde schmelzen.

Bald würde das Leben in die Erde und die Reben zurückkehren und ihre Wartezeit beenden. Im März wurde andernorts bereits gepflügt. Nicolas hielt seinen Kopf nah an den von Rebecca, und sie begannen das Spiel, bei dem sie sich flüsternd erzählten, was sie sahen. Rebecca sah wie immer die kleinen Dinge, er die großen.

Für ihre Fahrt hatten sie nicht den direkten, den kürzesten Weg gewählt, sie wollten die wiedergewonnene Dreisamkeit genießen. Sie waren ein Stück in Richtung Schweinfurt gefahren und in einem Ort namens Werneck abgebogen, um dann auf der Uferstraße entlang dem Main zur Maininsel zu kommen. Sie hatten Zeit. Nicolas hatte mit Hans Kästner telefoniert, der den ganzen Tag über im Haus oder im Keller sein würde und sie zusammen mit seiner Frau erwartete. Marion Kästner wollte einheizen, damit sie es in ihren Räumen warm hätten, sie sollten sich Zeit lassen, man erwarte sie erst zum Abendessen.

In einem Landgasthof aßen sie zu Mittag. Rita bestellte sich Blaue Zipfel, Bratwürste auf Sauerkraut, was Rebecca, von Dona Firminas Küche verwöhnt, mit angewidert verzogenem Gesicht verschmähte. Nicolas probierte ein Schäufele – er probierte gern, was er nicht kannte –, und es war vorzüglich, nur zu viel, eine Portion für zwei. Rebecca, die entzückt von seinem Teller mitaß, war keine große Hilfe dabei, die hauchzart gebratene Schweineschulter und den riesigen Kartoffelkloß in einer würzigen, leicht nach Kümmel duftenden Soße zu bewältigen.

Ihre Tochter war es, die später bei Untereisenheim das Weingut von Hundertwasser entdeckte, ein sonderbarer Farbkleks in Gelb, Orange und Terrakotta in der weißen, friedlichen Weite. Nicolas hielt kurz vor dem flachen Gebäude an der Landstraße, gemeinsam stiegen sie aus, nur um festzustellen, dass dieses »Weinparadies«, wie über den Rundbogen des Eingangs geschrieben stand, geschlossen war und die Weine nur nach Vereinbarung probiert werden konnten. Es wäre spannend festzustellen, ob die Hundertwasserfarben und die schwingenden Linien sich auch im Wein fanden, ob diese anders ausfielen als die Weine, die von Winzern in Fachwerkhäusern gemacht wurden.

Die Anspannung der vergangenen Tage löste sich, sie lebten wieder wie immer zu dritt, man konnte reden, ohne jedes Wort auf die Goldwaage legen zu müssen. Vielleicht fehlte Otelo, vielleicht Happe, sein Architektenfreund Carlos, Lourdes in ihrer freundlichen bescheidenen Art und ganz sicher auch Dona Firmina, Rebeccas Großmutterersatz. Aber Nicolas war neugierig auf Marion, Ritas alte Freundin, und Rita fragte sich, was für einen Typ von Mann die Freundin geheiratet haben mochte, kirchlich, versteht sich. Ein Plus war, dass er sich mit Nicolas sofort verstanden hatte und die Einladung von beiden ausgesprochen worden war. Dann war auch sonst Einigkeit zu erwarten. Würden sich die Kinder vertragen? Rebecca war in sozialer Hinsicht pflegeleicht und durch den Kindergarten an verschiedenste Charaktere gewöhnt, doch sie ging auch gern ihrer eigenen Wege.

Rita fuhr heute ganz gegen ihre Gewohnheit langsam, während sie sonst von einem Termin zum nächsten durch Portugal hetzte.

»Was meinte deine Mutter eigentlich damit, dass ich ›die Falsche‹ gewählt habe?«, fragte Nicolas in das Schweigen hinein. Rebecca war eingeschlafen, ihr Kopf lehnte an seiner Schulter, der Griff ihrer kleinen Hand um seinen Daumen hatte sich gelockert.

»Es ist eines ihrer Lieblingswörter, falsch und richtig, dazwischen gibt es nichts. Alles muss für sie eindeutig sein, sonst macht es ihr Angst. Etwas, das so ist, kann nicht anders sein, es ist grün oder rot, aber bis zu hellrot reicht ihr Universum nicht. Für sie leben wir in Sünde, und unser Kind ist ein … Bastard?«

»Und was sollten dann ihre Annäherungsversuche? Weshalb wollte sie, dass wir bei ihr wohnen?«

»Das ist wegen der Nachbarn, du bist jemand zum Vorzeigen, nicht du als Mensch, sondern als Weingutsbesitzer. Sie wertet sich damit selbst auf. Und sie versteht es als persönliche Abwertung, dass du dich für eine andere Kandidatin entschieden hast.«

»Begreift sie alles als gegen sich gerichtet?«

»Darin erschöpft sich ihre Beziehung zur Welt, gut oder schlecht für sie, falsch oder richtig.«

»Und die Beziehung zu deinem Vater?«

Rita stöhnte. »Willst du mir unbedingt die Laune verderben? Ich bin heilfroh, dass wir endlich wieder unter uns sind.«

Bei Volkach überquerten sie den Main, der still war und so schwarz wie die dunkel stehenden Säume der Wälder. Sie fuhren auf der Hauptstraße durch das Städtchen, dessen Baugeschichte im 14. Jahrhundert begann und bis in die Gegenwart reichte, ein Ensemble aus Mittelalter über Barock zur Renaissance und zum Rokoko. Am wenigsten hatte die Gegenwart zu bieten, lediglich das Einkaufszentrum an der Landstraße, wo sie das Nötigste einkauften, denn ab heute waren sie Selbstversorger. Je weiter sie sich von Würzburg entfernten, desto leichter wurde Rita ums Herz, sie taute auf, ihre Starre löste sich in dem Maß, wie ihre Laune sich besserte.

Wenn Nicolas Volkach als geschlossen empfand, zum Teil umgeben von einer Mauer, so lag Nordheim offen da, dem Land gegenüber und am linken Ufer des Flusses. Menschen zeigten sich nirgends. Lag es an der Mittagszeit? Lag es an der Kälte? Es war kein Wetter, um sich draußen aufzuhalten, jede warme Stube war angenehmer als die Straße, obwohl es inzwischen nach Tauwetter roch. Das Wetter wechselte täglich. Der Winterschnitt war erledigt, jetzt wurde der Austrieb erwartet. Anhand der Zahl der Augen einer Fruchtrute konnte er erkennen, ob ein Winzer Wert auf geringe Erträge oder große Mengen legte. Es wurde Zeit für ihn, nach dem langen Winter endlich rauszukommen und wieder unter freiem Himmel zu arbeiten. Früher hatte die Natur ihm selten gefehlt, doch seit er Winzer geworden war, streifte er täglich durch die Rebzeilen, früher mit Perúss an seiner Seite, das Kind im Tragetuch vor der Brust oder neuerdings im Gestell auf dem Rücken. Ob Rebecca mal Winzerin werden würde? Weintrauben liebte sie bereits …

Das Weingut von Hans Kästner lag in der Ortsmitte, eingerahmt von anderen Gebäuden, nicht weit von der Kirche, wie Hans gesagt hatte. Rechts hinter dem breiten Tor der Einfahrt führten drei Stufen zum Probierraum, und wieder einmal war Nicolas erstaunt, dass die alten Gebäude – er schätzte den Hof mit seinen barocken Elementen auf dreihundert Jahre – hochmodern eingerichtet waren, sowohl in Bezug auf die Formen wie auch auf die verwendeten Materialien. Hinzu kamen warme, weiche Holztöne und Glas. Da hatte jemand nachgedacht. Der Winzer – oder sein Innenarchitekt?

Die Begrüßung der Frauen war herzlich, nach der ersten Umarmung war das Kind an der Reihe und wurde so lange gehätschelt, bis Rebecca sich zu Nicolas flüchtete.

»Sie ist ganz Papas Tochter.« Rita sagte es ohne Eifersucht. »Wenn sie zu Hause ist, dann wieselt sie nur ihm um die Beine.«

»Du bist auch viel unterwegs, wie du sagtest. Bei uns ist es umgekehrt. Der Junge ist mehr bei mir als bei Hans.«

Der wurde jetzt von Rita diskret in Augenschein genommen, ähnlich verfuhr Marion mit Nicolas. Sie waren natürlich auf die jeweiligen Partner neugierig. Sein Foto aus Ritas

Portemonnaie kannte sie sicher. Die Kästners waren etwa im gleichen Alter, Marion bestand gleich darauf, dass man sich duzte.

»Von der Katastrophe habt ihr sicherlich gehört?« Mit einem Schlag war sie ernst geworden, und auch Hans, ihr Mann, nickte mehrmals bestätigend und seufzte. »Wirklich, es ist eine Katastrophe!«

Nicolas sah Rita fragend an. Wieso schwante ihm, worum es ging. Hatte ihre Mutter sich doch nicht verhört?

»Nein«, sagte Rita, als erwarte jemand, dass sie sich für ihre Unwissenheit entschuldigte. »Ich weiß von nichts, vielmehr – wir wissen von nichts.« Mit hängenden Armen stand sie zwischen Probierstube und dem angrenzenden Büro und sah Nicolas an, als erwarte sie von ihm eine Antwort. Dann dämmerte es ihr. »Es geht doch nicht etwa um die …?«

»Doch, leider, genau darum geht es. Henriette ist tot.«

Nicolas sah Bedauern und Bestürzung in Hans' blauen Augen und wartete auf eine Erklärung.

»Und wieso?«, fragte er schließlich, als die ausblieb. »Ein Unfall?«

»Das könnte man vielleicht so sagen.« Marion verzog schmerzhaft das Gesicht. »Drogen!«

Hans hob abwehrend die Hände. »Man weiß es nicht genau, man nimmt es an.« Er sah sich zu einer Erklärung genötigt, obwohl er nicht darüber sprechen mochte. »Es gibt widersprüchliche Meldungen, und hier in Nordheim geht die stille Post um. Keiner weiß was Genaues, im Radio hieß es, dass man sie im Morgengrauen auf der Toilette vom ›Last Chance‹ tot aufgefunden habe.«

»Es kann aber auch ein Schwächeanfall gewesen sein«, versuchte Marion zu beschwichtigen. »Hier wurde die ganze Nacht gefeiert, alle waren unterwegs, man hat sie mit einem Fackelzug empfangen. Ganz Nordheim war auf den Beinen, es ist eine große Ehre, dass Nordheim für ein Jahr die Königin stellt – und jetzt diese Katastrophe. Das fällt auf alle zurück, man wird sich immer daran erinnern. Hier vergisst man nicht!«

Und verzeiht nicht. Nicolas dachte an Rita und diesen Julius Echter.

»Dass sie tot ist, daran besteht jedenfalls kein Zweifel, aber woran sie gestorben ist …«

»Was ist denn das ›Last Chance‹?«

»Das ist der größte Disko-Club in unserer Gegend. Angeblich soll sie mit einer Clique nach dem offiziellen Empfang dorthin gefahren sein, und dann hat man sie gefunden, im Morgengrauen, als der Club geschlossen wurde. Mehr wissen wir auch nicht.«

»Man wird sie obduzieren müssen, um das rauszukriegen«, sagte Nicolas und zog eine Grimasse. Er stellte es sich grauenhaft vor, die schöne junge Frau aufzuschneiden. Sie war fast noch ein Mädchen gewesen, als sie da gestern auf der Bühne die Mehrheit davon überzeugte, dem fränkischen Wein für ein Jahr ihr Gesicht zu geben. Wie alle kannte er lediglich die Szenen der TV-Krimis, wenn ein Weißkittel neben dem Seziertisch stand, auf dem ein blass geschminkter Schauspieler einen Toten mimte. Mussten die Darsteller der Leichen die Luft anhalten, und der Kameramann sagte, wann sie weiteratmen durften? Er sah immer genau hin, ob sich unter dem weißen Tuch die Brust bewegte. Wie konnte jemand Pathologe werden? Träumten die nachts von ihren Leichen? Was träumten die Metzger, was die Chirurgen?

»An dem Verdacht mit den Drogen könnte was dran sein«, meinte Marion. Ihr ging der Tod der Weinkönigin anscheinend sehr nahe. »Hans hat beim Heimkommen erzählt, wie sprühend lebhaft und aufgedreht sie war, dabei war sie eher ein ruhiger Typ. Irgendwie muss sie die Menge begeistert haben, sonst wäre sie nicht gewählt worden. Möglich, dass sie vorher was eingeworfen hat gegen die Angst, Amphetamin, Speed? Heute dopen sich doch alle, sogar meine Schüler vor ’ner Klassenarbeit.«

Nicolas wandte sich an Hans. »War das dein Eindruck, hat sie auf dich high gewirkt? Ihr kanntet sie persönlich. Ich nicht.«

Der junge Winzer war mit seinem Urteil vorsichtiger als seine Frau, er blieb nachdenklich. »Sie kam mir in ihrer Begeisterung allerdings fremd vor, bei ihrem Enthusiasmus für die Sache Frankens, ein wenig schien es wie ein Rausch. Aber was soll ich sagen, ich habe nie da oben auf der Bühne gestanden.«

»Das mit einer Probierrunde kriegt er gerade mal hin«, ergänzte Marion, »ab zehn Personen versagt ihm die Stimme.«

Bei Nicolas waren es dreißig, auch wenn er sich mittlerweile zu den professionellen Abendunterhaltern zählte und in Restaurants beim Essen für seine Rubys, für Tawnys, für Late Bottled oder Vintage Port und damit auch für sich selbst warb.

»Ihr spekuliert doch nur.« Rita klang ärgerlich. »Wir alle wissen nicht das Geringste. Da stirbt eine junge Frau auf der Toilette einer Disko – eigentlich ist das doch schrecklich, grauenhaft, so ein Tod, oder etwa nicht?« Das hörte sich bereits nach einer Anklage an. »Wieso reden wir darüber? Aus Mitgefühl oder aus Sensationslust? Meine Mutter hat heute Morgen bereits davon erzählt, nur haben wir das nicht verstanden, wir dachten, sie hätte sich verhört. Sie war gestern mit im Publikum. Henriette Müller war nicht ihre Kandidatin, sie ist für die Kandidatin aus Escherndorf gewesen …«

»… das liegt gleich hier drüben auf der anderen Mainseite.« Marion wies mit der Hand hin.

»… und weil meine Mutter ihr Urteil nie anzweifelt, meinte sie, dass es auch kein Wunder sei, dass sie umgekommen ist. Wenn ich mich recht erinnere, klang da sogar Häme durch.« Rita wollte noch etwas sagen, verbiss sich aber die Worte. Auf Marions Einwurf ging sie nicht ein, sie ließ sich, wenn sie über ihre Mutter sprach, nur ungern unterbrechen.

»Jemand, den sie ablehnt, kann nicht Weinkönigin sein, dann wäre ihr Urteil falsch. Und wenn ihr Urteil falsch wäre, dann läge auch sie falsch. Und das darf nicht sein.«

Jeder baut den Tod gleich in seine Welt ein, dachte Nicolas und fragte sich, wie er dazu stand. War er wirklich nur verwundert, erstaunt und stand mal wieder seinen Zweifeln gegenüber? Er fürchtete sich vor schnellen Urteilen, er empfand sie als anmaßend und respektlos. Drogen? Er rauchte auch schon mal mit Happe nachts auf der Terrasse einen Joint, sein Freund brachte das Gras aus Porto mit, und dann tranken sie ein Gläschen Portwein, seinen besten, und erfreuten sich an Schokoladenkuchen oder Dona Firminas Mandelplätzchen, redeten dummes Zeug über Architektur und bauten Schlösser in den Nachthimmel. Aber zu den Mandelplätzchen musste es ein Tawny sein, einer von den zwanzig Jahre alten, aus der Zeit seines Onkels, und sie gedachten seiner und schütteten immer ein Gläschen für ihn auf die Erde. Und Friedrichs Bild hing im Büro, damit er nie vergaß, wem er sein Glück und auch die bisher schlimmste Katastrophe seines Lebens zu verdanken hatte. Und weil er das tat, war er sehr vorsichtig mit Urteilen über Drogen, denn der Wein war schließlich auch eine.

Rita beschäftigte sich in letzter Zeit viel mit der gesundheitlichen Seite des Alkoholgenusses und des Missbrauchs. Grundsätzlich hielt Nicolas es für möglich, dass Henriette Müller tatsächlich etwas eingeworfen hatte, etwas gegen die Angst vor den tausend Menschen im Saal, etwas, das ihr Halt gab, etwas gegen die Angst, nicht gewählt zu werden und dann als Verliererin ins Dorf zurückzukehren. Jetzt aber kehrte sie als Tote zurück.

»Falls Henriette Müller etwas gegen ihr Lampenfieber genommen hat, dann ist sie nicht zu verurteilen«, sagte Nicolas, besonders weil er es hasste, wenn in der Geschwindigkeit, in der andere eine Feder aufhoben, Urteile über andere gefällt wurden. Die anderen sahen ihn verständnislos an. »Außerdem ist es egal, was wir dazu sagen. Wir wissen nichts, wir haben nichts damit zu tun und sollten verdammt noch mal den Mund halten. Alles Weitere ist Sache der Polizei.«

Rita verstand vor dem Hintergrund ihrer gemeinsamen Geschichte, wieso Nicolas so harsch reagierte.

»Die Polizei hätten wir sogar im Haus.« Auf Ritas befremdeten Blick hin erklärte Hans es ihr. »Ich meine das in Bezug auf meinen jüngeren Bruder. Der war einige Jahre bei der Polizei, als Kommissar. Er wollte den Apparat verändern, was gegen die schleichende Entdemokratisierung tun, wie er es nannte, aber dann merkte er, wie der Apparat ihn veränderte. Glücklicherweise, deshalb hat er sich letzten Endes für den Weinbau entschieden – und für die Überwachung unserer Geschäfte.« Hans grinste, der erste Schock über den Tod der Weinkönigin hatte bereits nachgelassen.

»Roger schmeißt unser Büro und den Verkauf und ist der Beste, wenn es um Zusammenstellungen von Cuvées geht.«

Marion unterstellte ihm, dass er schlafwandelte und nachts heimlich im Labor experimentierte. »Wenn es keiner sieht, testet er die Mischungsverhältnisse vorher im Reagenzglas, um uns später zu verblüffen. Ihr werdet ihn beim Abendessen kennenlernen. Er wohnt auch hier, hinten im Anbau, in der Einsiedlerwohung, wie wir sie nennen.«

»Am besten richtet ihr euch zuerst häuslich ein«, schlug Hans vor, »und wenn unser Junge aus dem Kindergarten kommt, mache ich die Kinder miteinander bekannt. Hoffentlich verträgt sich Stephan mit Rebecca.«

Rebecca hatte in einer Ecke einen schwarzen Stoffhund entdeckt, der Aussichten hatte, ihre große Liebe zu werden. »Perúss«, sagte sie leise und hielt Nicolas traurig das Tier hin.

»So hieß unser Hund, er ist letztes Jahr kläglich eingegangen. Es war schlimm für uns alle, am meisten für mich. Wir haben viel zusammen durchgemacht.« Er sah Marions fragenden Blick zu Rita eilen, doch sie nickte ernst und kehrte zu den Kindern zurück.

»Da bin ich gespannt, wie Stephan damit umgeht, ob er ihr den Hund überlässt, zumindest leihweise.«

Sie fuhren mit dem Wagen in den Hof und hielten vor dem Lager. Am Ende des zweistöckigen Gebäudes führte links eine Treppe in den ersten Stock zu ihrem neuen Domizil. Große Fenster öffneten sich nach Westen zum Katzenkopf, der sacht ansteigenden Erhebung in der Mitte der Mainschleife, die durch einen Kanal zur Insel gemacht worden war. Stellenweise lag auch dort noch ein wenig Schnee. Von hier oben hatte Nicolas auch einen guten Blick nach unten in den Hof und auf die kleine Halle, in der er die Kelter vermutete. Zur Betriebsführung würde Hans ihn sicher später einladen. Obwohl er bestimmt mehr als fünfzig derartiger Führungen hinter sich hatte, gab es immer irgendein neues Detail, es gab immer etwas zu lernen, etwas zum Mitnehmen. Nur aus den großen Weinfabriken brachte er nie etwas mit, das er zu Hause umsetzen konnte.

Zentraler Blickfang ihres neuen Domizils waren ein mit Naturstein verblendeter Kamin und zwei alte Sessel mit brüchigem Leder, der ideale Platz für lange Gespräche mit einem Glas Wein in der Hand. Dieses Ensemble machte sogar kalte Winterabende erträglich. In einer Ecke stand ein Tisch zum Briefeschreiben oder um den Laptop aufzustellen. Die Küche war offen, an der Außenseite des Tresens befand sich eine Bank mit Polstern, davor stand der Esstisch. Das hier verarbeitete Holz war alt, Balken waren aus Ruinen herausgerissen und wieder verarbeitet worden. Alter und Rissigkeit gaben dem lackierten Holz ein wundervolles Aussehen. So werde ich es machen, sagte sich Nicolas, so baue ich meine Quinta um. Ich werde das Alte und das Neue verbinden, Ruinen und aufgelassene Höfe gibt es am Rio Douro genug, wo ich mich mit alten Steinen, Holz und Kacheln eindecken kann.

Auf der Bank lag eine Sammlung von Stofftieren, auf die sich Rebecca mit Inbrunst stürzte. Erst jetzt bemerkte Nicolas, dass sie den schwarzen Hund unter die Jacke gesteckt hatte. Da zeichnete sich ein ernstes Problem ab. Rebecca würde ihn nicht rausrücken wollen, auch weil sie wusste, dass ihr Vater ihr den Hund nicht wegnehmen würde, das tat er nur, wenn sie nach einem gefährlichen Objekt griff. Aber dann nahm er sich die Zeit, ihr den Umgang damit beizubringen. Die einzige Chance war der Verlust an Interesse, aber dazu brauchte es einen lebendigen Hund oder eine Katze – oder sie würde durch eine gnädige Geste den kleinen Stephan für sich gewinnen wollen. Die Bilderbücher neben den Stofftieren waren bei Weitem nicht so spannend.

Rita war derweil ins Schlafzimmer getreten. Sie hatten bislang gemeinsam nur in Hotelzimmern logiert, aber nie in einer Ferienwohnung. Und da sie sich auf ihren Reisen ständig in Hotels aufhielt, war sie zu Hause am glücklichsten. Hier aber gefiel es ihr, wohl auch wegen des großen Unterschieds zu ihrem ehemaligen Mädchenzimmer, das sie fünfzehn Jahre mit der Schwester geteilt hatte.

Froh umarmte sie Nicolas und zog ihn auf das große, bequeme Bett, unendlich erleichtert, der Spannung des elterlichen Hauses entronnen zu sein. »Ich finde es großartig, dass du nicht quergeschossen hast.«

»Hättest du etwas anderes erwartet?«, fragte Nicolas. Auch er war mit dem neuen Quartier vollauf zufrieden, ihm ging es aber mehr um die Gastgeber. »Hier werden wir uns wohlfühlen.«

Ihn hatte es sehr beeindruckt, wie beide unabhängig voneinander die Entscheidung getroffen hatten, sie aufzunehmen. Rita konnte sich entspannen, niemand würde Salz in ihre offenen Wunden streuen, und sie würde mal die positive Seite Frankens erleben. Das hier war zwar Franken, aber es war auch bloß ein Stück Weinland dieser Welt mit Menschen, die ihre Erde und ihre Weinstöcke lieben mussten, sonst könnten sie keine derart schönen Weine machen, wie er sie bislang probiert hatte. Wenn Hans Kästners Weine ähnlich waren, stand ihnen eine gute Zeit bevor.

Mit der Ruhe war es rasch vorbei. Nicolas erschien zur verabredeten Weingutsbesichtigung, doch er musste warten, denn ein benachbarter Weinbauer war gekommen, der unbedingt über das Debakel der Wahl reden wollte. Er war Mitglied der lokalen Kooperative, Genossenschaft, wie sie in Deutschland genannt wurde.

»Da werden sich die Escherndorfer die Hände reiben, dass sie jetzt die Königin stellen«, vermutete der Weinbauer, »die feiern jetzt schon.«

»Was gibt es zu feiern, wenn eine junge Frau gestorben ist?« Nicolas war über die Reaktion mehr als verwundert.

Hans Kästner sah sich zu einer Vermittlung genötigt. »Man muss wissen, dass zwischen beiden Orten eine historische Rivalität besteht. Früher haben die Escherndorfer die Nordheimer für sich arbeiten lassen. Die Escherndorfer haben sich immer als was Besseres gefühlt, dabei können sie nichts dafür, dass der Escherndorfer Lump, diese berühmte Lage, auf ihrer Seite des Mains liegt. Auch ich habe ein Stückchen davon«, grinste er. »Ach, ich vergaß, meinen Gast vorzustellen.« Er erklärte dem Weinbauern, woher Nicolas komme und dass er bei der Wahl mitgestimmt habe.

»Aus Portugal? Da soll es ziemlich mies aussehen, Schulden über alle Ohren. Wo ihr das ganze Geld verjuxt habt, müssen wir jetzt eure Zeche zahlen! Und ihr legt euch in die Sonne.«

»Das stimmt, wir liegen den ganzen Tag in der Sonne.« Nicolas merkte, wie ihm heiß wurde, heiß vor Zorn. Er wusste um die Hintergründe der Krise, die die Armen im Land noch ärmer machte und der Oberschicht nutzte, der er keineswegs angehörte, obwohl er als wohlhabend galt. Würde der Mann ihm gegenüber die Ironie verstehen? »Alle Portugiesen sind faul, schlecht ausgebildet, korrupt, fast hätte ich vergessen, dass nichts bei uns funktioniert. Wir sitzen nur an der Atlantikküste und angeln Thunfisch und Ölsardinen.«

Der Weinbauer machte ein angesäuertes Gesicht, er fühlte sich nicht ernst genommen – wie auch? – und zog sich verunsichert auf sicheres Gebiet zurück.

Seine Meinung, davon war Nicolas überzeugt, würden auch die stichhaltigsten Argumente nicht ankratzen.

»Und – wen haben Sie gewählt?«

Es war Nicolas klar, dass der Weinbauer nur die Nordheimerin meinen konnte. »Ich habe mich für die junge Dame aus Iphofen entschieden.«

»Iphofen? Da ist ja nur Keuper, da wächst nichts Anständiges. Die aus Iphofen hat ja nun gar nichts gebracht. Meine Frau war da, sie gehörte zu Henriettes Unterstützern, zum Fanclub, wie das heute heißt. Jetzt sitzt sie zu Hause und ist stinksauer. Betrogen hat sie uns, die gute Henriette, reingelegt, alle hat sie betrogen. Die hat wahrscheinlich schon am Nachmittag Drogen genommen, sagt meine Frau, die hat alle anderen überstrahlt, so wie die geglänzt hat.«

»Man kann es auch so sehen, dass sich alle, wenn es denn so war, haben blenden lassen.« Nicolas blieb vorsichtig und bändigte seinen Zorn. Er wusste, wie Gerüchte in Dörfern die Runde machten, sich bei jeder Runde beschleunigten und veränderten.

»Die wird schon immer Drogen genommen haben.« Das stand für den Weinbauern fest, und er blieb grimmig. »Meine Frau sagt das auch, die weiß mehr darüber, die liest alle Zeitungen und sieht jeden Abend fern.«

Nicolas konnte sich gerade noch verbeißen zu sagen, dass sie dann ja vorzüglich gebildet sei, und klappte den Mund wieder zu, was Hans dankend bemerkte.

»Es ist ja nicht nur so, dass sie sich selbst geschädigt hat …«

»… aber das empfinde ich am schlimmsten«, sagte Hans vorsichtig und traf damit Nicolas' Einstellung.

»Sie hat Schande über uns gebracht, über den ganzen Ort.« Der Bauer war ehrlich wütend. »Jetzt meint das ganze Frankenland, wir in Nordheim würden Drogen nehmen. Das ist Wasser auf die Mühlen der Bayern, die uns sowieso nur von oben herab betrachten.«

Nicolas beschloss, sich in Zukunft ganz aus der Angelegenheit herauszuhalten. Was hier geschah, konnte er als Ortsfremder nicht durchschauen und schon gar nicht verstehen; man trat schnell in Fettnäpfchen und bekam ein Image angehängt, das mit der Wirklichkeit nichts zu tun hatte. Es ging den meisten Menschen nicht um Aufklärung oder ums Abwägen, die Bestätigung des eigenen Urteils war entscheidend. Und das war längst über Henriette Müller gefällt. Der Stab war gebrochen.

»Alles, was nicht ins eigene Weltbild passt, wird von manchen Menschen sofort ausgegrenzt.« Hans Kästner hatte den Nachbarn zum Tor begleitet, er hatte sich ein Werkzeug ausleihen wollen und zockelte damit nach Hause. »Entweder – oder, Freund oder Feind, heiß oder kalt, dazwischen ist wenig Platz.«

Nicolas vermutete, der Grund dafür könnte sein, dass die großen Zentren der Entwicklung in Deutschland, technologisch wie sozial und kulturell, weit entfernt lagen. »Neulich erst habe ich hier gehört, dass man den Berlinern den Geldhahn zudrehen sollte, weil der Bürgermeister so viel feiert und der Flughafen nicht fertig wird! Sollte man das Münchner Oktoberfest meiden, weil bei den ICE-Zügen von Siemens die Klimaanlage ausfällt? Dümmer geht es nicht.«

»Man muss die Menschen verstehen, sonst kann man hier nicht leben, das ist überall so.«

»Sag das mal meiner Frau.«

»Ich habe schon gemerkt, dass sie ein gespanntes Verhältnis zu Franken hat. Marion hat mir erzählt, dass sie damals mit kaum jemandem noch ein Wort gewechselt hat und im Zorn weggegangen ist. Die Leute hier wollen, dass alles in

Ordnung ist, sauber, gefegt, aber wenn es das nicht ist, dann ist es auch in Ordnung. Das hat nichts mit ›mal ein Auge zudrücken‹ zu tun. Dahinter steht mehr die Haltung: Wenn ich nicht über den anderen rede, dann mischt der sich auch nicht in meine Angelegenheiten ein.«

»Plaudern wir doch lieber über Wein.« Nicolas wollte sich auf dem glatten Parkett nicht weiter vorwagen, er war zu Gast und kannte seine Gastgeber kaum. Bisher waren ihm nur Ritas Eltern dumm gekommen.

Als sie die Kelterhalle betraten, kam Rebecca. Sie wollte nicht mit ihrer Mutter und Marion durch den Ort spazieren, sondern lieber auf Nicolas' Arm an der Kellerbesichtigung teilnehmen. Die pneumatische Presse, den großen, horizontal aufgehängten Zylinder aus Edelstahl, erkannte sie sofort und kannte auch das Wort.

»Ich nehme sie immer mit, wenn ich im Weingut unterwegs bin, es ist ziemlich weitläufig. Wir haben eine Art Rucksack, da kann ich sie tragen und habe die Hände frei. Sie hat schon alles gesehen, und alle Mitarbeiter kennen sie. Zuerst taten sie es als Spinnerei ab, aber das war mir gleichgültig. Rita ist viel mit ihren Reisegruppen unterwegs, da braucht das Kind Nähe, es muss wissen, dass immer jemand da ist. Ich glaube, Rebecca wird mal die radikalste biodynamische Winzerin, die man sich vorstellen kann. Sie sammelt alle Käfer ein, die sie findet, weil ich sie ja tot mache – mit meinen Spritzmitteln.«

»Wie stehst du zu den Methoden?« Hans sah Rebecca nach, die durch die Halle lief und sich benahm, als kenne sie sich aus. »Ich überlege, ob ich vom sogenannten naturnahen Weinbau zum biologischen übergehen soll.«

»Wir befinden uns bereits in der Umstellungsphase, wir müssen einige Jahre sauber bleiben, das heißt, nach den neuen Regeln arbeiten, bevor wir das Biosiegel bekommen. Ich halte das für längst überfällig. Wir bauen auch einen Teil unserer Lebensmittel selbst an, auch für die Mitarbeiter, Obst sowie Gemüse. Wir haben auch Olivenbäume und Feigen. Wenn wir uns so verhalten wie die Lebensmittelkonzerne, vernichten wir die Erde. Wir versenken das Schiff, das uns trägt.«

Hans teilte die Ansicht. »Aber unsere Kunden entscheiden nicht nach der Methode, sie entscheiden nach Geschmack und Preis, sie vergleichen Bioweine mit konventionell gemachten.«

»Das dürfen sie ruhig.« Nicolas sah es gelassen. »Man muss halt besser sein! Wir werden nicht mit Bio werben, es nicht einmal auf der Flasche erwähnen. Gibt es hier viele Biowinzer?«

Nachdenklich schüttelte Hans den Kopf. »Ich habe allerdings ein Vorbild, den Pionier schlechthin, Gerhard Roth. Wenn ich es schaffe, Weine hinzukriegen wie er, dann kann ich glücklich sein. Seine Roten finde ich grandios, besonders die Cuvée G, die musst du unbedingt probieren, wenn du nach Wiesenbronn kommst, das liegt am Steigerwald, ist nicht weit.«

Nicolas erinnerte sich nicht, ob der Name auf seiner Besuchsliste stand und er wegen des anderen Bodens die dortigen Weine probieren wollte. »Ist das nah an Iphofen?«

»In Sichtweite. Dann kannst du auch gleich bei deiner Weinkönigin vorbeifahren und sie trösten.«

»Wer weiß, was hier alles noch passiert. Wie geht das nun weiter, wo die eine tot ist?«

»Wie es immer geht«, sagte Hans. »Der König ist tot, es lebe der König. Das gilt auch für die Königin. Jetzt macht die aus Escherndorf weiter, sie hat die zweithöchste Punktzahl.«

Kapitel 6

»Ich habe gehört, ihr tretet den Wein in Portugal, in großen Becken, statt ihn zu pressen?«

Diese Frage wurde Nicolas häufig gestellt. Er empfand sie als kurios, weil er glaubte, dass damit auf die vermeintliche Rückständigkeit des Landes angespielt wurde.

»Sehr richtig, genau das tun wir«, sagte er dann. »Die Männer ziehen sich die Hosen aus und steigen mit ungewaschenen Füßen in die Maische, die uns bis an die dicht behaarten Oberschenkel reicht. Nein, Spaß beiseite.« Er sah Hans' entsetztes Gesicht und lachte. »Wir treten nur die Maische unserer besten Trauben, mit gewaschenen Füßen, versteht sich.«

»Und wozu ist das gut?«

»Man trennt feste von flüssigen Stoffen, ohne die Traubenkerne zu verletzen, es war die früheste und ist gleichzeitig die schonendste Kelterung von Wein überhaupt. Man findet diese Becken, *lagare*, bereits in der Antike. Die Methode ist gerade richtig für unsere Colheita, das ist ein Tawny-Typ aus einem besonders guten Jahr, der mindestens sieben Jahre auf dem Fass reift.«

»Sieben Jahre? Dann müsst ihr ein Vermögen im Keller liegen haben.«

»Leider. Daher ist Bargeld immer knapp. Mein Onkel und sein Kompagnon haben das Weingut zwar nicht an die Spitze, zumindest aber ins obere Mittelfeld geführt, und ich will da bleiben. Also muss ich Qualität bieten, damit mir auch die einfacheren Portweine abgekauft werden. Wir treten auch die Trauben für den Single Quinta Vintage, der reift mindestens drei Jahre. Was aus dem *lagar* beim Treten herausläuft, nennen wir den Ablaufmost, und der wird separat vergoren. Der noch nasse Rest des Tresters aus dem Becken wird selbstverständlich gepresst, aber nur sehr schonend. Aber eine pneumatische Presse wie hier steht auch bei uns, lediglich eine Nummer größer, wegen der großen Mengen.«

Hans schüttelte noch immer fassungslos den Kopf über die langen Reife- und Lagerzeiten. »Was bei uns älter als drei Jahre ist, kommt in die Schatzkammer, wenn es nicht längst verkauft ist. Ich würde meine Silvaner auch länger liegen lassen, aber die Kunden verlangen immer den neuesten Jahrgang, sie sind nicht umzustimmen, obwohl der Wein aus dem Vorjahr besser ist, reifer, entwickelt und intensiv. Es gibt Kollegen, drüben in Escherndorf, die beiden Sauers zum Beispiel, Horst und Rainer. Wenn du da vorbeikommst, solltest du unbedingt nach älteren Jahrgängen fragen.«

»Ich denke, ihr liegt mit den Escherndorfern über Kreuz, weil im Mittelalter …?«

»Unsinn, nur Dummköpfe reden nicht miteinander, ich tue es jedenfalls, na, früher war es so, da hat man nicht mit den anderen gesprochen, da wurde jede verkaufte Flasche geneidet. Ja, diese Leute gibt es heute noch. Die repräsentieren das alte Franken, die glauben auch noch, dass es ihnen mehr einbringt, wenn der Rebstock unter der Traubenlast fast zusammenbricht. Aber für einen guten Winzer ist der bessere stets ein Ansporn. Ich wäre dumm, wenn ich die Weine der Kollegen nicht probieren würde. Die Sauers haben an Preisen abgeräumt, was man sich denken kann, die produzieren alles, was hier wächst, vom Silvaner über Riesling, Müller-Thurgau bis zu Kerner und Bacchus.«

»Ist das nicht zu viel, verzettelt man sich nicht mit den vielen verschiedenen Rebsorten?«

»Ich bin von klein auf dabei, mich hat das immer interessiert, so wie deine Tochter. Ich war lieber im Weinberg und im Keller als in der Schule. »

»Wie viel Rebland bearbeitet ihr?«

Hans Kästner besaß acht Hektar eigenes Land und hatte im Laufe der Zeit sechs hinzugepachtet. Er nahm, was sich ihm bot. Man produzierte fünfundachtzigtausend Flaschen jährlich, den Wein wurde er allemal los. »Achtzig Prozent verkaufen wir im Umkreis von dreihundert Kilometern.« Aber seit die Genossenschaft sich so gut entwickelt hat, lieferten viele Weinbauern ihre Trauben eher an DIVINO, als dass sie ihm Land verpachteten. Ihm schwebte eine Betriebsgröße zwischen fünfzehn und zwanzig Hektar vor.

»Die dem VDP angeschlossenen Güter, das sind deutschlandweit an die zweihundert, haben eine durchschnittliche Größe von fünfundzwanzig Hektar, wobei der Ökoanteil deutlich über dem Durchschnitt liegt.«

»Weshalb orientierst du dich an dem Verband?«

»Weil ich Mitglied werden will.«

»Und wer oder was hindert dich daran, es zu werden? Was nutzt dir das? »

»Wenn man aufgenommen wird, bedeutet das, dass man überdurchschnittlich guten Wein macht, die Zulassungskriterien sind hart.«

»Und wer entscheidet darüber?«

»Die anderen Mitglieder der Region, also hier die Franken. Man braucht einen Hof mit der entsprechenden Kellerausstattung, man muss gute Lagen besitzen ...«

»Ich nehme an, die hast du?«

»Allerdings, wir haben Erste Lagen am Lump, klassifizierte Lagen am Ratsherrn, das ist mainaufwärts hinter dem Lump am anderen Ufer, alles Südausrichtung. Und dann haben wir noch eine Parzelle am Vögelein, das ist ein Berg, den du von eurer Wohnung aus sehen kannst. Morgen fahren wir hin, es soll wärmer werden.«

»Dann steht deiner Mitgliedschaft im VDP nichts im Wege?«

»Oh doch, du wirst jahrelang beobachtet, die Region entscheidet und empfiehlt dich – oder auch nicht. Du musst Jahr für Jahr überdurchschnittlich gute Weine liefern, alles selbst vermarkten und darfst bestimmte Erntemengen je Hektar nicht überschreiten.«

»Wie viel sind das?«

»Genau fünfundsiebzig Hektoliter.«

Diese Menge ließ Nicolas schmunzeln. »Wir ernten selten mehr als fünfundvierzig Hektoliter, wir haben wenig Wasser und haben auch Reben, die an die hundert Jahre alt sind. Die geben kaum noch was her, aber der Wein wird grandios.«

»Ach ja, Handlese ist vorgeschrieben. Da scheiden sich viele Geister.«

»In unseren Steillagen und auf den Terrassen geht es gar nicht anders.«

»Die einen schwören drauf, die anderen halten es für Unsinn. Schonende Bewirtschaftung ist auch eine Voraussetzung. Aber ich will in der Beziehung sowieso viel weiter. »

»Was hilft dir das, wenn du im Verband mitmachst?« Nicolas machte keinen Hehl aus seiner Skepsis gegenüber Verbänden, über Parteien und Vereine dachte er ähnlich. Er musste sich gezwungenermaßen den Regeln des Portweininstituts unterwerfen, ansonsten suchte er sich Partner nach Sympathie und nach Otelos Erfahrung und Ratschlag. Dabei konnte sein extremer Individualismus durchaus als krankhafte Eigenbrötelei interpretiert werden, wie Rita ihm manchmal vorwarf. Er war überzeugt, dass Vereinsmeierei nur der Profilierungssucht einzelner Personen diente, dass besonders Männer die Verbände als Schauplatz für ihre Hahnenkämpfe nutzten, und für die Funktionäre war es eine Sprosse auf der Karriereleiter in die Politik. »Da wird niemand jemals zur Verantwortung gezogen und bei Fehlern auch noch gut abgefunden.«

Hans sah es anders, zumindest beim VDP. »Der Verband hilft seinen Mitgliedern, die Qualität seiner Weine zu verbessern.«

»Dafür bist du selbst zuständig.« Nicolas war in dieser Frage starrköpfig.

»Sicher, aber du lernst von anderen, wie du es machen kannst.«

»Dazu brauche ich keinen Verband. Und wer lässt sich schon in die Karten blicken?«

»Vielleicht ist das bei euch in Portugal anders ... na ja, so einfach ist das hier auch nicht. Kürzlich wurde ein Winzer vom Kaiserstuhl aufgenommen, dessen Weine ich ausdruckslos finde, auf der Hefe glatt gebügelt, der Mann ein Imagebastler. Wahrscheinlich ist es Politik, der Typ hat Geld. Und jetzt hat der Verband zweihundert Mitglieder, das verwässert alles.«

»Wasser im Wein? Dann wird sich bald ein neuer, kleinerer und exklusiver Verein bilden«, gab Nicolas zu bedenken. »Was zu groß und konturlos wird, teilt sich.«

Hans war derselben Ansicht, aber er sah den Zeitpunkt dafür noch nicht gekommen. Außerdem gab es in Franken einige Zusammenschlüsse, die für ihn wertvoll waren. »Und Kooperation, das muss man bedenken, ist in Franken relativ neu. Früher wurde nicht einmal der Nachbar in den Keller gelassen, heute geben selbst Genossenschaften Qualitätsrichtlinien heraus, und wer von ihnen lernen will, dem steht die Möglichkeit offen. Betriebswirtschaftliche und produktionstechnische Beratung der Mitglieder findet auch statt, auch in Bezug auf naturgemäßen Weinanbau ...«

»Du willst ja weiter. Für die Ökowinzer gibt's auch Verbände, wie ich weiß ...«

»Richtig, vielleicht will ich auch zur Biodynamik, aber darüber weiß ich zu wenig. Wie gesagt, der Gerhard Roth kann viel dazu sagen. Bei euch ist Ökoweinbau einfacher, ihr habt ein anderes Klima, es ist lange nicht so feucht, es gibt nicht so viel Pilzbefall …«

»… dafür zu wenig Wasser und zu viel Sonne.«

»Was ich noch wichtig finde, ist ein gemeinsames Auftreten, es gibt ein gemeinsames Markenzeichen, beim VDP den Traubenadler auf der Kapsel, dann gibt es Veranstaltungen wie die Präsentationen in Mainz und die jährliche Vorstellung der Großen Gewächse in Berlin. Bei der ProWein in Düsseldorf haben die gemeinsame Stände.«

»Da fahre ich auch hin, allerdings teile ich mir einen Stand mit anderen Produzenten – mit Unterstützung unseres Portweininstituts. Die übernehmen die Logistik, mieten die Stände, bringen unsere Flaschen her …«

»Na bitte, du kooperierst auch. Da kann ich ja deine Weine probieren. Auf meine brauchst du nicht zu warten, die nehmen wir uns gleich heute Abend vor.«

»Unsere, meint er«, hörte Nicolas eine tiefe männliche Stimme sagen, und aus dem Schatten zwischen den Gärtanks trat ein großer, schlanker Mann. Er war ein ganz anderer Typ als Hans, dunkel vom Teint, schwarzes, langes Haar und von wesentlich leichterem Körperbau als er. Aber an den Augen erkannte Nicolas sofort, dass es sich um den Bruder handeln musste. Es war ein Blick voller Leidenschaft und Überzeugung. Während Hans eine gefütterte Arbeitsjacke über Pullover und Jeans trug, steckte sein Bruder in Anzug und Wintermantel und hatte seinen Borsalino tief in die Stirn gezogen.

»So schicken wir ihn immer zu Präsentationen, er tritt dann als Weingutdirektor auf.«

Dem Bruder reichte ein gelangweilter Blick, weiter ging er nicht darauf ein. Nicolas war für ihn von größerem Interesse. »Sie sind der jüngst angekündigte Portwein-Erbe?«

Irritiert ging Nicolas auf Abstand. Diese Begrüßung gefiel ihm nicht, war es ein Affront oder nur ein dummer Spruch? Es mochte faktisch richtig sein, die Quinta do Amanhecer hatte er vor fünf Jahren geerbt, aber er schuftete sich für sein Erbe fast die Seele aus dem Leib, die Sieben-Tage-Woche sowie ein Zwölf-Stunden-Tag gehörten zur Routine. Hörte er bei seinem Gegenüber eine leichte Unzufriedenheit heraus?

»Und Sie haben Ihren Vater aufs Altenteil geschickt, damit Sie hier freie Hand haben?« Etwas Besseres fiel ihm auf die Schnelle nicht ein, um zu kontern. Er wusste gar nicht, dass er diese Fähigkeit hatte. Mehr erstaunt über sich selbst als über den unfreundlichen Begrüßungsspruch verärgert, ergriff er die hingehaltene Hand. War das der ehemalige Polizist? Kein Wunder, ein Ex-Bulle …

»Mein Bruder ist manchmal etwas ruppig, er meint es nicht so.« Hans war der Auftritt des Bruders unangenehm.

»Unser Gast kann sich schon selbst verteidigen, wie man hört, Brüderchen.« Roger grinste herausfordernd. »Wir haben Zeit, uns zu beschnuppern, wenn er einige Tage bleibt. Bist du ein guter Verkoster?«

»Ich kenne bessere«, sagte Nicolas ausweichend und dachte an Otelo. »Aber einen Riesling kann ich durchaus von einem Silvaner unterscheiden oder von einer Scheurebe. Gewürztraminer ist sowieso einfach herauszuriechen, nur beim Müller-Thurgau hapert es. Ich erkenne ihn daran, dass ich ihn nicht erkenne.«

»Welch dialektische Methode. Und er kennt sich sogar mit unseren Rebsorten aus.« Roger spielte den Erstaunten. »Ich dachte, ihr da unten im Süden kennt nur Tempranillo.«

»Die Sorte wird hauptsächlich in Spanien angebaut«, korrigierte Nicolas ihn kühl. »Das wenige, das bei uns davon wächst, nennen wir Tinta Roriz, die kommt unter anderem in meinen Tischwein und in den Port.«

Hans, dem die Kabbelei anfangs peinlich war, schien jetzt am Schlagabtausch Gefallen zu finden, besonders weil Nicolas seinem Bruder Paroli bot. Einige angedeutete Schläge zur Begrüßung schadeten nicht, wenn es hinterher besser lief.

»Herzlich willkommen«, sagte Roger unvermittelt und

streckte noch einmal die Hand aus, dann kniete er sich auf den Boden und begrüßte Rebecca, die sich an Nicolas' Bein geklammert hatte. In dem Moment schrillte ein Telefon, und Hans wurde gerufen.

Roger sah ihm nach. »Es ist manchmal schwierig, mit dem Bruder zu arbeiten. Das funktioniert nur, weil wir die Arbeitsbereiche gut auseinanderhalten. Hast du Familie im Weingut?«

»Nur Rebecca«, sagte Nicolas lachend, »aber sie lässt mir freie Hand; wenn ich sie überallhin mitnehme, ist sie zufrieden.« Er schaute zu ihr hinunter, sie wagte sich langsam hinter seinem Bein hervor und berührte Rogers ausgestreckte Hand. Danach stand er auf.

»Du warst bei Henriettes Wahl dabei, wie ich hörte. Dann kennst du das Drama? Eben kamen im Autoradio weitere Informationen.«

»Weiß man schon mehr? Sicher wird viel spekuliert.«

»Man überschlägt sich mit Vermutungen. Zweihundertdreizehn Drogentote hatten wir im letzten Jahr in Bayern. Jetzt haben wir eine mehr. Die Grenze nach Tschechien ist nah, drüben sind die Labors, von dort kommen Ecstasy, Speed, Chrystal Meth und sogenannte Badesalze zu uns herüber, die Kids werfen neuerdings alles ein, egal, ob sie daran zugrunde gehen. Aber daran stirbt man eigentlich nicht sofort. Vielleicht war es eine Überdosis oder die falsche Mischung, vielleicht hat sie schon immer Drogen genommen, oder sie hatte eine Vorerkrankung und hat das Zeug nicht vertragen. Das Herz? Der Tag in Schweinfurt, die Aufregung und der Empfang hier müssen ziemlich aufregend gewesen sein.«

»Warst du dabei?«

»Mich interessiert das nicht.«

»Können die Pathologen nicht relativ einfach klären, ob sie überhaupt was genommen hat?«

»Allerdings, aber die Meute hat bereits mit dem Zerfleischen des Opfers begonnen. Zehn Tage auf die Ergebnisse zu warten wird ihnen zu lang. Dann erst werden die genauen Untersuchungen des Haars sowie der Blut- und Urintest vorliegen. Am Haar lässt sich feststellen, ob sie mehrmals oder dauernd Drogen genommen hat. Bei zwanzig Zentimeter Haarlänge kann man heute sagen, ob sie vor zwei Jahren schon was eingepfiffen hat. Und Henriette hatte ziemlich langes Haar. Also warten wir die Untersuchung ab.«

»Was ist mit Zeugen?« Nicolas hielt es für unwahrscheinlich, dass sie allein in den Club gefahren war. »Die hatte bestimmt Leute um sich, Freunde hier aus dem Ort.«

Roger winkte ab. »Die werden sich verkrochen haben, als sie bemerkten, was los war, vor allem, wenn sie selbst auf Droge waren. Und alle schwören Stein und Bein, dass sie nichts genommen hat, dass niemand was gesehen hat, und keiner weiß von nichts. Man muss sich hier auskennen, man muss die Leute kennen, die Strukturen, damit man was rauskriegt. Hier wird nur verdeckt gepokert. Und zuletzt will keiner dein Blatt sehen, damit er seines nicht aufdecken muss.«

»Aber hier auf den Dörfern, werden da überhaupt Drogen genommen?«

Roger sah Nicolas empört an. »Was hast du denn im Kopf? Meinst du, hier leben nur Hinterwäldler, wir sind alle hinter dem Mond? Was soll man denn machen, wenn sonst nix los ist.«

»Hans erzählte, du kennst dich aus, du hättest bei der Polizei gearbeitet, als Kommissar …«

»Korrekt. Fünf Jahre habe ich es ausgehalten, dann habe ich in den Sack gehauen und ein richtiges Studium angefangen, BWL und Kommunikationswissenschaft. Vielleicht hilft es uns, und wir verkaufen ein paar Flaschen mehr.«

»Und was sagt ein ehemaliger Kommissar zum Tod in der Disko?«

Roger zuckte mit den Schultern. »Kommt häufiger vor,

tausend Tote in Deutschland im letzten Jahr!« Er sah Rebecca hinterher, die von Marion und Rita mit einer Tasse Schokolade von ihnen weggelockt wurde. Die Frauen waren von ihrem Spaziergang zurückgekehrt, und es gefiel ihnen nicht, dass das Mädchen bei diesem Thema zuhörte, auch wenn es nichts verstand.

»Wir haben eine Menge Clubs in der Stadt. Neue machen so schnell auf, wie andere schließen. Das ›Last Chance‹ kenne ich nicht, ich weiß nicht, wem es gehört und wer die Betreiber sind und was da noch für Geschäfte laufen. Seit ich zurück bin, war ich nicht mehr in der Szene, ich kann nicht sagen, wie viele Chemo-Drogen unterwegs sind, aber ich schätze, nicht weniger als anderswo, heutzutage wahrscheinlich mehr. Ich war lange weg, Polizeiausbildung in Fürstenfeldbruck, danach das Praktikum, das habe ich extra nicht hier gemacht, wo mich die Leute kennen. Jetzt interessiert mich das nicht mehr. Die Leute dröhnen sich heute viel mehr mit Chemie voll als früher, zu meiner Zeit waren Schnee, Dope und Gras angesagt, heute sind es Amphetamine, und dann zappeln die Kids beim angesagtesten Sound bis zur Bewusstlosigkeit.«

»So wie Henriette Müller?«

Von Roger kam ein hilfloses Achselzucken. »Woher soll ich das wissen? Mich interessiert der Rummel nicht. Mein Bruder fand sie bei der Wahl total aufgedreht, im Nachhinein könnte man annehmen, sie hat sich bereits vorher was reingezogen.«

»Du kanntest sie?«

»Klar, in Nordheim kennt man jeden, besonders in den Winzerkreisen, obwohl Henriette nicht mein Fall, äh … ich meine, nicht mein Jahrgang war.« Roger grinste. »Sie ist zehn Jahre jünger. Meine letzte Freundin habe ich mir in Kitzingen gesucht, man muss das so einrichten, dass ihre Oma nicht gleich fragt, wann geheiratet wird. Es gibt nämlich zwei Franken, musst du wissen, ein altes und ein neues, ein offenes und ein verschlossenes, ein ehrliches und ein falsches, wie überall in Bayern. Das Letztere wehrt sich konsequent gegen jeden Fortschritt und führt die Moral im Mund. Viele Leute schweigen zu dem, was man macht, sie sagen es nie offen, aber du weißt, was sie denken. Schau ihnen in die Augen. Das halten viele nicht aus.«

Nicolas gefiel Rogers direkte Art, obwohl sie gewöhnungsbedürftig war. Er sagte anscheinend klar, was er dachte, und verzichtete auf Höflichkeiten und barocke Schnörkel. Man musste allerdings mit dieser Art umgehen können.

»Glaub ja nicht, dass das was mit dem Alter zu tun hat. Unter den Älteren findest du manchmal die coolsten Typen, total aufgeschlossen.« Roger musterte Nicolas offen und kritisch. »Ich nehme an, du bist etwa so alt wie mein Bruder?«

Nicolas nickte. Er wollte nicht darauf eingehen, ihn interessierte der Tod der Weinkönigin, denn er berührte ihn mehr, als er gedacht hätte. Gestern hatte sie noch oben auf der Bühne gestanden, begeistert, voller Hoffnung und bester Laune, für die Mehrheit überzeugend und charmant. Es wird ein großer Tag für sie gewesen sein, vielleicht der größte in ihrem bisherigen Leben, wie Nicolas annahm. Vielleicht war das Publikum ihre Droge, ihr Fanclub mit den Fähnchen im Saal. Und dann das abrupte Ende. Aber wenn sie auf Droge war, hatte sie es dann mitbekommen? Wie nah war man sich selbst bei seinem Ende? Er erinnerte sich an die schrecklichste Nacht in seinem Leben, die kein Ende nahm und wo er nicht gewusst hatte, ob er sie überleben würde. Aber er war bei vollem Bewusstsein gewesen. Unter der Erinnerung litt er noch heute.

»Wie war eure Henriette sonst? Immer so aufgedreht, so wie ich sie auf der Bühne erlebt habe? Dein Bruder sagt Nein. Sie sei mehr der stillere Typ gewesen.«

»Ihre Familie kenne ich, die wohnen keine fünf Minuten von hier. Wenn's dich interessiert, können wir hingehen, unter dem Vorwand eines Beileidsbesuchs.«

»Ich will mich nicht einmischen. Wäre das für dich ein Vorwand?«

Roger sah Nicolas an, als wolle er sich versichern, dass er sich darauf verlassen konnte, dass er mit dem Gesagten nicht sofort hausieren ging. »Ich weiß nicht, was ich von der Angelegenheit halten soll. Jedes Jahr wird eine neue Sau durchs Dorf getrieben, verzeih diesen Ausdruck«, fügte er hinzu, als er Nicolas' entsetztes Gesicht sah. »So meine ich das nicht, man sagt es nur so. Jedes Jahr ist wieder eine andere die Schönste, die Beste, die Größte, immer wieder muss ein neues Gesicht her. Die Vorherige wird vergessen, kommt auf die Ex-Liste. Irgendwo, ich glaube, es war in Randersacker, habe ich an einer Hauswand gelesen, dass hier die Weinkönigin aus irgendeinem Jahr gewohnt hat, in Schmiedeeisen neben der Eingangstür. Da zehrt jemand ein Leben lang davon. Oh, sagen dann die Touristen beim Vorbeikommen, hier hat sie gelebt, wie Lady Di. Die Mädchenträume aus dem Bilderbuch sind wahr geworden. Es gibt die Mandelblütenkönigin, die Pflaumenmuskönigin, die Erdbeerkönigin, die Königin des Spargels und der Kirschen, von einer Miss Strohhut habe ich gelesen, ach, die Bierkönigin hätte ich fast vergessen, auf dem Foto war sie gar nicht dick, aber natürlich im Dirndl mit entsprechendem Aus- oder Einblick. Jedes Dorf hat seine Weinprinzessin, Königinnen gibt's sogar schon in Herne, in Wanne-Eickel, in jedem Kaff am Niederrhein. Bei allen schlägt das Herz für ihre Region, alle sind stolz auf die Weine ihres Ortes, und überall müssen die Mädels Weinfeste eröffnen und mit Leuten rumstehen, die sie sonst nie kennenlernen würden. Ich würde gern mal auf einem Leuchtband die geheimen Gedanken der Männer dazu lesen. Bei uns Männern gibt's nur zwei Könige: den Thüringer Bratwurstkönig und den von Mallorca. Wir Männer werden wieder diskriminiert. Wenn es einen Weinkönig gäbe, dann wäre ich dabei. Andererseits glaube ich nicht, dass es uns bei der Königinnenschwemme helfen würde, hier, auf unserem Weingut, meine ich, eine einzige Flasche Wein mehr zu verkaufen.«

»Hast du es versucht? Viele sind anderer Ansicht, dein Bruder auch …«

»Ihr redet von mir? Natürlich schlecht, oder?« Hans Kästner kam zurück, nahm seinen Bruder beiseite, um mit ihm etwas zu besprechen. Nicolas hielt diskret Abstand, verschränkte die Arme vor der Brust, auch weil ihm kalt wurde, und dachte über Rogers kritische Haltung nach, die ihn an seinen Freund Happe erinnerte. Dann fiel sein Blick auf die den Winter über eingemotteten Maschinen. Es waren gleiche oder ähnliche Geräte, die auch er benutzte. Aber seine Gedanken schweiften wieder ab. Er wunderte sich, wie gelassen Roger mit dem Tod der jungen Frau umging, wie wenig es ihn berührte, obwohl er die Familie kannte.

Hatte der Polizeidienst ihn dem Ort entfremdet, ihn herzlos gemacht, war er zu lange fort gewesen und war die Verbindung abgerissen, so wie er selbst es manchmal Deutschland gegenüber empfand? Nicolas meinte, bei Roger ähnliche Vorbehalte gegenüber Franken zu spüren wie bei Rita, wobei ihr Protest sehr persönlich war und der von Roger mehr auf die Allgemeinheit zielte.

»Man wird die Zeitungen abwarten müssen, um mehr zu erfahren«, sagte Roger, als er zurückkam, Rita im Schlepptau. Rebecca war mit Hans und dem kleinen Stephan in der Küche geblieben; sie wollten helfen, das Abendessen vorzubereiten.

Rita gab zu bedenken, dass es darauf ankam, was die Öffentlichkeit wissen sollte. »Es ist ein Politikum. Auf das, was hier kursiert, kann man sich nicht verlassen, da sind zu viele Interessen im Spiel, und im Internet darf sich jeder Depp ausmären. Jeder meint, er hätte was beizutragen und müsse den Schwachsinn auch noch posten.«

Roger wollte zu gern wissen, was auf Facebook dazu bereits kursierte. Er erwartete eine Hexenjagd. Nur durch das

Wort »Droge« war die Königin zur Hexe geworden, da musste die Drogenstory gar nicht bestätigt werden. »Ewige Verdammnis wird beschworen, man wird an Henriette kein gutes Haar lassen, sie dem Feuer oder dem Fegefeuer überantworten. Danach wird die Fatwa auch über die Familie verhängt. Die Eltern können Haus und Weinberge gleich verkaufen, möglichst billig, und in der Pfalz, kurz vor Frankreich, von vorne anfangen – besser noch bei dir in Portugal.« Den Fehltritt der Tochter verzeihe ihnen niemand, der Familie auch nicht. Sie würde in Zukunft keinen leichten Stand hier haben.

Nicolas dachte an die Auswirkungen auf die lokale Weinwirtschaft. Henriettes Tod würde dem Ruf schaden. Die Organisatoren der Wahl mussten das Thema schleunigst aus den Schlagzeilen bringen und die neue Königin präsentieren. Eine weitere saß auf der Reservebank.

Rita war der Familie wegen ehrlich betroffen. »Die Eltern von Henriette sind bestraft. Ihr Kind ist tot! Eine schlimmere Strafe kann ich mir nicht vorstellen, davon erholt man sich nie.«

Nicolas erinnerte sich daran, wie die letzten Tage verlaufen waren, welchem Druck Rita ausgesetzt gewesen war, wie frostig sich auch ihre Tante, die nachmittags gekommen war, ihr gegenüber verhalten hatte und dass die Schwester ein Wiedersehen rundweg ablehnte. Er glaubte nicht, dass der Grund des Zerwürfnisses nur in dem Umstand lag, dass sie Rebecca nicht hatten taufen lassen und unverheiratet waren. Millionen Menschen in Deutschland ließen ihre Kinder nicht mehr in der Kirche taufen. Aber Fundamentalisten gab es schließlich überall, in jeder Religion. Wieso waren dann die Gebrüder Kästner so anders? War es eine Frage der Generation? Rita behauptete das Gegenteil. Nicolas nahm sich vor, diskret zu sein und problematische Fragen nicht zu stellen, und wenn, dann nur äußerst vorsichtig.

Das Gespräch wogte noch eine Weile hin und her, bis

Roger, der lange nichts gesagt hatte, Nicolas ein Angebot machte. »Was hältst du davon, wenn wir uns die Clubs in der Gegend ansehen? Wir fahren dann mal ins ›Last Chance‹ in Dettelbach, das ist gleich hinter der nächsten Mainschleife. Vor Mitternacht geht das nie richtig los, dann sehen wir uns in dem Laden um. Ich kenne ihn selbst nicht. Falls jemand an der Tür steht und weiß, was ich früher gemacht habe, dass ich mal Bulle war, haben wir kaum eine Chance. Deine Frau muss mit. Wie ist es, Rita? Wenn du dabei bist, wird's einfacher.«

»Das kommt auf die Musik an. Wenn sie cool ist, komme ich gern mit. Aber wir haben Rebecca …«

»Meine Schwägerin passt schon auf sie auf.«

»Vielleicht möchte sie mitkommen?«

»Dann spielt mein Bruder eben den Babysitter.«

»Rita steht ziemlich auf Reggae«, erklärte Nicolas, »auf House und Dancehall auch. Rio Funk und MPB, Musica Popular Brasileira, sind angesagt. Wir haben viele Brasilianer im Land, die prägen den Musikgeschmack. Rita steht auf alles, worauf man gut tanzen kann, aber nicht auf das Hochgeschwindigkeitsgelaber der Rapper.«

»Stimmt. Gangsta Rap ist auch nicht mein Ding.«

»Wir haben zusammen in der Plattensammlung meines Onkels die Musik der sechziger und siebziger Jahre entdeckt, das sind wahre Schätze, richtig gute Musik.«

»Wir können auch in den anderen Clubs vorbeischauen, dann kriegst du 'nen Eindruck von Würzburg bei Nacht. Das ›Last Chance‹ ist der angesagteste Laden, riesig groß, viele Dancefloors und Bars, da ist jede Nacht Party. Es liegt außerhalb, im Industriegebiet, da stört man niemanden und wird nicht gesehen. Im Sommer soll auch draußen vor der Tür der Teufel los sein. Da haben die Kids sicher alles im Auto, was nötig ist, um gut drauf zu sein.«

»Glaubst du nicht, Roger, dass wir zu alt dafür sind?«

»Wenn du jetzt bereits Bedenken hast, wie soll das erst

werden, wenn du vierzig bist? *Forever young* heißt die Devise. Ich jedenfalls bin es nicht.« Roger lachte wieder, an seine Späße musste man sich gewöhnen. »Der Handel findet wie überall auf dem Parkplatz statt. Drinnen baggert dich ein Dealer an, die haben einen Blick dafür, wer was kaufen will. Dann schicken sie dich auf den Parkplatz, und der Kollege mit der Ware setzt sich zu dir ins Auto.«

»Woher weißt du das, wenn du nie dort warst?«

»Habe ich gehört, von Exkollegen. Drinnen wird nicht gedealt, da achten die Türsteher drauf. Manche sind korrekt, andere nicht. Der Parkplatzdeal gilt natürlich nur für die, die nur für den Abend was brauchen. Die anderen bringen ihr Zeug sowieso mit. Ich garantiere dir, dass ich in einer Stunde jede Art von Stoff beschaffe. Das ›Labyrinth‹ in Würzburg dagegen ist mehr studentisch, eher lahm. Das ›Odeon‹ ist schon angesagter, da findest du auch die besseren Bräute.«

»Ich nehme lieber meine mit«, sagte Nicolas, »wir sind schon ewig nicht mehr tanzen gegangen, wir leben sozusagen auf dem Land. Bis zum Nachbarn sind es drei Kilometer, bis nach Porto, in die nächste Stadt, in der was los ist, fährt man über eine Stunde. Wir nehmen uns für gewöhnlich ein Hotelzimmer, wenn wir erst essen gehen und die Nacht durchmachen und was trinken.«

»Und was macht ihr mit dem Kind?«

»Wir haben eine Köchin, ein herzensguter Mensch, die wohnt bei uns im Haus. Sie ist alleinstehend und hat schon für meinen Onkel gearbeitet.« Nicolas verschwieg lieber, dass sie sich von ihrem Mann getrennt hatte, als er eine Gefängnisstrafe verbüßte. Roger brauchte das nicht zu wissen. Und auch die Hintergründe und Umstände, unter denen er das Weingut übernommen hatte, gingen niemanden etwas an.

»Dona Firmina liebt Rebecca über alles«, fuhr er fort, »und umgekehrt ist's genauso. Die passt auf, und Rebecca bleibt, ohne zu murren, bei ihr.«

»Na, dann wollen wir mal sehen, wie das hier funktioniert.«

Hans kam zurück, und Roger schloss sich der Kellerführung an, die für Nicolas' Verhältnisse sehr kurz war, denn das Weingut war wesentlich kleiner als seine Quinta – allein schon aus dem Grund, dass kein großes Rotweinlager erforderlich war. Die Trauben wurden gekeltert, der Most kam zur Vorklärung in einen speziellen Tank, und wenn sich die Trübstoffe abgesetzt hatten, lief er, selbstverständlich nach Rebsorten und nach Lagen getrennt, unten in den Keller in die Gärtanks. Ein Teil des Rieslings und des Silvaners wurde in Tanks aus Edelstahl oder großen Holzfässern vergoren und blieb danach auf der Hefe liegen.

»Wir prüfen dann den Wein organoleptisch …«

»Er meint, er probiert ihn«, frotzelte Roger.

»… und entscheiden, wie es weitergeht. Einige Weine wollen wir frisch, möglichst mit viel Säure, die kühlen wir auf fünfzehn Grad, und wenn sich die Hefe abgesetzt hat, werden sie geschwefelt, was die Schwefelbindungspartner blockiert und Hefen und Bakterien in Schach hält. Der Wein kann dann abgefüllt werden. Bei anderen Weinen wieder, besonders wenn sie spontan, das heißt ohne Hilfe von Reinzuchthefen, vergoren sind – was länger dauert –, setzt im Frühjahr bei steigender Temperatur der biologische Säureabbau ein, und die Weine werden weicher, geschmeidiger, man hat den Eindruck von mehr Fülle.«

»Die Rotweine lagern wir im Keller gegenüber.« Roger ging voraus. Der Rotweinkeller befand sich unter dem Lager. Dort war es wärmer. »Genau deshalb sind wir hier, die Roten wollen wir gefälliger, weich und rund.«

»Die könnt ihr gleich beim Abendessen probieren.« Marion war leise die Treppe heruntergekommen und stand im Gewölbebogen am Ende der Kellertreppe. »Übrigens, Nicolas, unser Stephan und eure Rebecca verstehen sich prächtig. Er hat ihr sogar seinen schwarzen Hund überlassen, zur Pflege, wie er meinte, solange sie hier ist. Aber er will ihn jeden Tag sehen.«

Nicolas war zufrieden. Es war eine große Entlastung während der anstehenden Reisen kreuz und quer durch die Republik. Rita und er würden sich abwechseln, dann wäre einer immer hier. Rebecca war gut aufgehoben, und er hatte das Gefühl, dass keiner der Kästners sie als Belastung empfand. Wenn sie mit dem kleinen Stephan in den Kindergarten gehen durfte, konnte er die ihm in Franken empfohlenen Weingüter besuchen und sich sogar auf die Weine freuen.

Kapitel 7

Die Szenerie war gespenstisch: Das Haus, in dem Henriette Müller mit ihren Eltern gelebt hatte, lag in völliger Dunkelheit. Die Stille in der Straße war geradezu bedrückend, und es war nasskalt, wenige Grad über null. Drei Wagen, darunter einer mit der Aufschrift eines Radiosenders, ein anderer mit einem PRESSE-Schild an der heruntergeklappten Sonnenblende und Satellitenschüssel auf dem Dach, standen in Sichtweite des Hauses, jeder Wagen mit zwei Personen besetzt, die Insassen schienen bereit, jederzeit mit Kameras und Mikrofonen rauszuspringen und irgendeine Nachricht, und sei sie noch so wertlos, einzufangen. Wollten die Leser und Hörer das so – oder der Chefredakteur?

»Sensationsgierig sind die Leute«, sagte Nicolas und fand es mies. Er machte sich von Ritas Arm frei, um sich den Schal fester um den Hals zu wickeln. Eine Erkältung konnte er überhaupt nicht gebrauchen. Roger hatte ihm einen seiner Hüte angeboten, aber sie passten nicht, so hatte er sich die Wollmütze bis fast über die Augen gezogen. Er kam sich damit vor wie der deutsche Michel. Aber diese Kälte war er nicht mehr gewohnt. Hitze hingegen machte ihm nichts aus.

Rita ging es ähnlich, doch sie hatte darauf bestanden, nach dem ausgiebigen Abendessen und vier verschiedenen Weinen, die sie, anders als bei Proben, nicht wieder ausgespuckt hatten, einen langen Spaziergang durch das zu dieser Zeit bereits nächtliche Nordheim zu machen. Sie begann zu begreifen, dass sie bei ihren Eltern quasi zum zweiten Mal ausgezogen war und mit Nicolas und ihrem Kind wieder allein sein durfte, und freute sich an der wiedergewonnenen Privatsphäre. Nach dem Ausräumen der Koffer und dem Ordnen der mitgenommenen Geschäftsunterlagen und des Laptops sowie dank Marions Blumenstrauß war eine wohnliche Atmosphäre in dem Gästeapartment entstanden.

»Mies? Mach dich nicht zum Maßstab, Nic. Du lebst in einer Welt, die vom normalen Geschehen weit entfernt ist. Du lebst auf der Quinta fast wie ein Einsiedler, hoch auf deinem Berg Athos, siehst die Welt aus vierhundert Meter Höhe, aus der Ferne, bist nur mit unseren Leuten zusammen oder auf Reisen, das prägt dich.«

Nicolas war mit dieser Sichtweise nicht einverstanden. »Das prägt *uns*, solltest du besser sagen.«

Rita war anderer Ansicht. »Ich bin viel mehr unterwegs, ich muss mich mit ganz anderen Leuten rumschlagen, mit den Reisegruppen, unzufriedenen Gästen, mit dem Hotelpersonal, wo wir übernachten, mit Busfahrern, Restaurantbesitzern und Reiseveranstaltern. Du bist den ganzen Tag mit deinen Mitarbeitern zusammen, ihr kennt euch gut, habt ein gemeinsames Ziel, ansonsten triffst du dich nur mit Menschen aus der Weinwelt. Du weißt, dass sie anders sind als die meisten. Das merke ich wieder an unseren Gastgebern. Es sind Menschen, die genießen können.«

»Weil dein Vater nur Bier trinkt?«

»Sie können sich verwirklichen, sie verfolgen Ziele, arbeiten selbstbestimmt und haben Einfluss auf ihren Erfolg. Sie genießen, sie können genießen, und sie essen gern und gut – und sind oft ein bisschen angeschickert.« Rita kicherte und drückte sich fester an Nicolas' Seite. »Die Normalos trinken unsere Weine nicht, höchstens nach dem Urlaub in der Algarve.«

Jetzt pflichtete Nicolas ihr bei, aber er glaubte, dass dieses Verhalten nicht lange vorhielt. »Drei Monate später kehren sie zum Dornfelder für zwei fünfzig zurück. Die nehmen sich vielleicht nach der Besichtigung bei Sandeman in Vila Nova de Gaia eine Flasche Port mit, aber unseren rühren sie nicht an, schon gar nicht bei unseren Preisen. Du kennst die Touristen, die du mir auf die Quinta bringst!«

Ja, die kannte Rita. Ihre Kunden gehörten zur Mittelschicht, verfügten meist über eine höhere Bildung und interessierten sich für die Bücher in der Bibliothek von Coimbra, für das Kloster Mosteiro dos Jerónimos und die Herstellung von Sherry in Jerez de la Frontera, wo sie im letzten Jahr eine erste Gruppe hingeführt hatte. Und sie fanden es spannend, die verschiedenen Jahrgänge von Nicolas' Portweinen zu probieren. Ähnlich interessiert waren sie am Einfluss des Klimas auf den Wein.

»Solche Menschen wollen nicht eins zu eins miterleben, was die armen Eltern zum Tod ihrer Tochter sagen, wenn sie überhaupt was sagen. Die Mehrheit aber labt sich am Entsetzen, sie wollen sich sagen können, dass sie besser sind. Und für sie ist es wichtig, ob die Nachbarn wissen oder vermuten, dass Henriette drogensüchtig war, ob sie vor der Wahl was eingeworfen hat, um den Tag zu überstehen. Und wenn die Nachbarn schweigen, dann werden Augenzeugen herbeigezerrt, und ihnen wird was in den Mund gelegt.« Rita wies auf die Wagen der Reporter. »Wenn sie keine Fotos kriegen, fotografieren sie irgendein Auto oder die dunkle Straße mit dem Haus: Bitte schön, da hat sie gelebt! Dort ist sie zur Schule gegangen, und an jener Ecke traf sie ihren Dealer! Das ist das Drama, was das sterbenslangweilige Leben meiner Mutter belebt. Das ist Tragödie, da sind elementare Gefühle unterwegs, und die müssen die Reporter einfangen – oder selbst produzieren. Tränen im Gesicht, Betroffenheit, da sind die Reporter hinterher, deshalb rennen sie den Opfern die Türen ein.« Rita schüttelte sich.

Vor Kälte oder Abscheu? Nicolas war überzeugt, dass auch sie sich ihren Berg Athos geschaffen hatte, denn sie entwarf das Programm ihrer Reisen, sie führte, sie entschied, und sie sprach vorher mit ihren Gästen, und wenn sie jemanden nicht leiden konnte, riet sie ihm dringend von der Reise ab.

Die Farbe des Hauses, in dem Familie Müller bisher gelebt hatte – ob in Frieden oder nicht – blieb dahingestellt, war irgendwo zwischen Gelb und Orange, vielleicht Ocker, die wenigen Lichter erhellten die Straße nur notdürftig, der verhangene Himmel ließ alles noch düsterer wirken. Es war ein zweigeschossiges Gebäude mit sehr spitzem, ausgebautem Dach, wie Nicolas von den Gauben her schloss. Sämtliche Rollläden waren heruntergelassen, nur in einem Fenster schimmerte zwischen den Ritzen Licht, das Hoftor war geschlossen. Nicolas hatte selten vor einem Haus gestanden, das ihm derart verrammelt erschien und trotz des Lichts im Inneren einen unbewohnten Eindruck machte. Dort huschten nicht einmal mehr Mäuse über den Dachboden. Oder entstand dieser Eindruck, weil er wusste oder gehört hatte, dass eine Bewohnerin gestorben war?

Rita empfand es ähnlich. »Wenn du etwas weißt, dann fußt jede weitere Information auf dieser Grundlage. Für mich ist die Weinkönigin ein abstraktes Etwas, eine Figur der Marketingwelt, die helfen soll, Wein zu verkaufen, ein Image zu bilden und die Weinregion bekannt zu machen. Es ist eine Kunstfigur.«

Es gehörte nicht zu Nicolas' besonderen Fähigkeiten, sich zu erklären, aber er sah es anders. »Ich habe sie gesehen, sie ist ein Mensch, ich habe ihre Performance erlebt, ich kenne ihre Stimme, das berührt einen viel mehr.«

Rita hatte gemerkt, dass Nicolas still geworden war, und insistierte nicht weiter. Er war betrübt, er hatte Henriette nicht gewählt, aber trotzdem war sie ihm sympathisch gewesen, und niemand konnte einem anderen ein derartiges Schicksal wünschen, tot auf einer Toilette gefunden zu werden. Wie hatte es dazu kommen können?

Am Ende der Straße sahen sie Lichter eines Wagens, der

langsam näher kam und am Haus der Müllers hielt. Als die Reporter ausstiegen und auf den Wagen zugingen, fuhr er langsam weiter und bog bei nächster Gelegenheit rechts ab. KT lauteten die ersten Buchstaben des Kennzeichens, wie Nicolas festgestellt hatte.

»Die sind von hier«, sagte Rita, »KT ist Kitzingen. Da ist die Zulassungsstelle.« Die Pressefahrzeuge hatten WÜ, M und SW für Schweinfurt im Nummernschild. »Lass uns weitergehen, Nic!« Rita wollte nicht zu den neugierigen Gaffern gehören. »Ich will mich auch nicht mit dieser Sache beschäftigen. Was geht es uns an? Es hat nichts mit uns zu tun. Wir fahren bald wieder nach Hause.«

Mich geht es schon etwas an, dachte Nicolas und erinnerte sich an die drei jungen Frauen auf der Bühne im Scheinwerferlicht. Wie immer man zu derartigen Events stehen mochte, letztlich waren es junge Frauen, die ein Leben vor sich hatten. Und wenn eine von ihnen Drogen genommen hatte, dann gab es sicherlich einen Grund dafür. Er konnte sich an Besucher seiner Quinta erinnern, denen er lieber eine Entziehungskur nahegelegt hätte, als ihnen eine Flasche Portwein zu verkaufen. Aber er war kein Moralapostel, es schickte sich nicht, obwohl er immer wieder riet, moderat mit Alkohol umzugehen. Besonders mit seinem Portwein, der bei zwanzig Volumenprozent Alkohol lag. Seine Rotweine erreichten gut vierzehn Prozent. Bei den fränkischen Weinen war es ähnlich, der Alkohol rief den Eindruck von Fülle hervor.

Sie schlenderten untergehakt weiter in die Richtung, in die der Wagen entschwunden war. Von dort kam ihnen ein Paar entgegen, blieb kurz vor ihnen stehen und musterte sie, dann flüsterte der Mann der Frau etwas zu, und sie nickte.

»Sind die Presseleute noch da?«, fragte der Mann mit belegter Stimme und räusperte sich, die Frau musterte Rita mit großen ängstlichen Augen. »Sie gehören nicht dazu, nehme ich an?«

»Zur Presse? Nein, wir sind hier nur zu Besuch.« Rita war erschrocken über den Gesichtsausdruck der Frau, und Nicolas wusste sofort, dass sie die Eltern der Toten vor sich hatten. Mit der Mutter hatte er Henriette Müller vor sich, wie sie vielleicht in zwanzig Jahren ausgesehen hätte, wenn … Hier stand ein Mensch vor Kummer und Trauer gebeugt direkt vor ihm, und er wich zurück, fasste sich aber schnell.

»Sie sitzen in den drei Autos dort, in jedem zwei. Haben Sie keinen Hintereingang?«

»Der ist dummerweise von innen abgeschlossen.«

Angstvoll und hilfesuchend schaute die Frau Rita an und dann Nicolas, als könnten sie helfen, aber die Frau brachte kein Wort heraus. Trotzdem verstand Nicolas ihre Bitte.

»Geben Sie mir den Hoftorschlüssel. Ich gehe vor, schließe auf, die Reporter stürzen sich auf mich oder uns.« Er sah Rita fragend an, ob sie dabei wäre. »Dann schlüpfen Sie hinter uns schnell durch das Hoftor und sind weg. Den Schlüssel werfe ich Ihnen übers Tor.«

»Wenn Sie das tun würden? Übrigens, ich heiße …«

»Ich weiß«, sagte Nicolas, »ich war in Schweinfurt dabei. Mein aufrichtiges Beileid. Bitte, warten Sie hier, stellen Sie sich hier rechts in den Schatten vom Hauseingang, da sieht Sie keiner. Wenn die Meute mich eingekreist hat, gehen Sie los, okay?«

Der Mann nickte, und seine Frau hing mit ihren Augen noch immer an Rita, die ihr beruhigend die Hand auf den Arm legte.

Der Plan ging auf, und als die Tür im Tor hinter den Müllers ins Schloss fiel, warf Nicolas den Schlüsselbund durch den Briefschlitz. Von drüben kam ein leises Danke. »Wo finden wir Sie?«

»Bei Marion und Hans Kästner«, sagte Rita, während Nicolas die Meute der Journalisten mit erhobenen Händen abwehrte. Er kannte derartige Auftritte nur aus dem Fernsehen, wenn sich die Medienleute in den Fluren des Regierungspalastes Palácio São Bento in Lissabon auf vorbeihetzende Politiker stürzten, die soeben das nächste Sparpaket schnürten und so den Portugiesen den Gürtel noch enger schnallten. Zur Erhöhung der eigenen Diäten gaben Politiker hingegen nie einen Kommentar ab.

»Mein Ziel war es, Sie abzulenken, meine Damen und Herren, und das habe ich erreicht.« Nicolas deutete eine Verbeugung an.

Auf die Fragen, wer er sei und was ihn mit den Müllers verbinde, gab er keine Antwort. Rita zog ihn weiter, und nach dreißig Metern war der Spuk vorbei, die Journalisten gingen zum Tor zurück, in der Hoffnung auf die nächste Chance.

Eine metallisch glänzende Skulptur schälte sich aus der Nacht, bei der sich aus dem Boden ragende Stangen in halbrunden Blechen fortsetzten, die an akkurat geschnittene Orangenspalten erinnerten, die oben so spitz ausliefen wie Hellebarden. Rita und Nicolas standen vor der Skulptur und rätselten über die Bedeutung der Plastik. Das barocke Marienstandbild ein paar Meter weiter war dagegen in seiner Aussage eindeutig.

»Wenn man sein kleines Kind im Am gehalten hat«, sagte Rita nachdenklich und noch immer im Bann des traurigen Blicks der Frau, »dann vergisst man das sein Leben lang nicht, egal, wie groß das Kind irgendwann auch sein mag. Ich erinnere mich noch gut an Rebeccas Geburt, ich werde es nie vergessen, ich werde ganz vieles nicht vergessen.«

Nicolas verkniff sich die Bemerkung, dass auch Frau Berthold Rita einst im Arm gehalten hatte.

Sie gelangten zum Rathaus, es war genauso düster wie die Kirche dahinter. Der ganze Ort war dunkel, als hätte das traurige Ereignis jegliches Licht aufgesogen, und es gab nirgends Streichhölzer für eine Kerze. Wie anders musste es in der vorherigen Nacht gewesen sein, als die soeben gekrönte Königin empfangen worden war. Jetzt war die Enttäuschung umso größer, alles hatte sich zurückgezogen, fast verkrochen, und der Eindruck eines alten fränkischen Dorfes, in dem es mit Sicherheit gespukt hatte, stellte sich ein. Es war, als käme das Mittelalter zurück, obwohl der Ort sonst wenig an jene Zeit erinnerte.

Mittelalterliche Orte kannte Rita einige hier. »Fahr mal in Sulzfeld vorbei. Sommerhausen finde ich auch noch sehr authentisch, es ist ein geschlossener Komplex geblieben.«

»Wieso rätst du mir das? Kommst du nicht mit?«, fragte Nicolas erstaunt.

»Ich kenne die Orte. Warum sollte ich noch mal hinfahren?«

Nicolas grinste, bei Ritas Verhältnis zur hiesigen Vergangenheit war die Reaktion verständlich. Andererseits hatte er erlebt, mit welcher Begeisterung sie ihre Touristen in die historischen Dörfer und Städte Portugals führte, im vergangenen Jahr hatte sie auch Andalusien in ihr Programm aufgenommen. Er hoffte, dass sich dieser aus der Vergangenheit resultierende Schaden irgendwann auswuchs oder die Verletzungen zumindest vernarbten. Ihm begegneten die Menschen hier freundlich, er konnte sich nicht beklagen – bis auf seine Schwiegereltern.

»Du als Fremder darfst anders sein«, hatte sie heute noch gesagt, »aber wenn du hier lebst, musst du irgendwann mitheulen mit den Wölfen!«

Sah er es deshalb anders, weil er sich in der Weinwelt bewegte, unter Menschen, die auch das wahrnahmen, was außerhalb ihres Gesichtskreises passierte? Oder war das nur bei den Spitzenwinzern so, die das Burgund kannten, im Piemont gearbeitet hatten und auch durchs Priorat schnürten?

Als Rita und Nicolas ihre Tochter bei den Kästners abholen wollten, um sich in ihr Apartment zurückzuziehen, bat sie Marion noch auf ein Glas Wein oder einen Tee ins Wohnzimmer. Dort hatte es sich Rebecca in einem großen Ohrensessel bequem gemacht und war eingeschlafen. Rita bestand darauf, sie nachher rüber in ihr Bett zu tragen. Normalerweise trug Nicolas sie, so wie er seinem Kind alles gab, was er sich früher gewünscht und nicht bekommen hatte. Aber in dieser Art Urlaub hier ließ er sich gern von Rita beiseitedrängen, endlich hatte sie Zeit für ihre Tochter.

Hans kam aus dem winzigen Büro und ließ sich vom Zusammentreffen mit den Eltern der Toten berichten, dann erzählte er, dass Roger sich gleich nach dem Essen verabschiedet habe.

»Der Tod der Weinkönigin interessiert ihn mehr, als er zugibt. Wie ich ihn kenne, holt er bereits Erkundigungen ein.«

»Bei der Polizei oder bei wem?«

»Nein, seit er dort war, traut er dem Laden nicht mehr, und besonders seit den Morden und Gewalttaten durch Rechtsradikale. Aber das erzählt er euch besser selbst.« Sein Bruder müsse entscheiden, was er ihnen anvertrauen wolle. »Er reagiert allergisch, wenn man was Falsches sagt. Und da wir täglich miteinander arbeiten und eigentlich prima auskommen – er ist ja schließlich kein Angestellter –, weiß ich, oder wissen wir, welche Themen wir besser ausklammern. Dazu gehört die Politik, besonders die der CSU im Freistaat. Er ist radikal, und mir hängt es zum Halse raus. Man kann eh nichts ändern.«

Marion hatte mehr Verständnis für Rogers Ansichten. »Wenn man darüber nachdenkt, was für ein katastrophales Zeugnis die Parlamentarier im NSU-Untersuchungsausschuss den Sicherheitsbehörden ausgestellt haben, halte ich seine Reaktionen für verständlich.« Als Schwägerin sah sie es differenzierter als der Bruder. »Ich nehme an, er sieht sich im ›Last Chance‹ um, er wird sich einen Überblick verschaffen. Keiner weiß genau, was überhaupt passiert ist.«

Das interessierte Nicolas auch, aber wichtiger war ihm, was Roger während seiner Polizeilaufbahn erlebt hatte, denn auch er hatte seine Erfahrungen gemacht, allerdings mit portugiesischen »Sicherheitskräften«, wie es beschönigend hieß, und mit ihren halb- oder illegalen Ablegern.

»Vielleicht ist das ›Last Chance‹ ja seine Chance, und er trifft seine Traumfrau. Wird Zeit, dass er sich wieder eine Freundin anlacht, dann bessert sich auch sein Gesamtbefinden«, meinte der Bruder. »Als er noch mit Nora zusammen war, hat er bedeutend bessere Cuvées gemacht.«

»Du bist gemein«, sagte Marion, »dir geht es nur darum.« Und schmollend ging sie in die Küche, um den Tee zu holen.

Nicolas wusste nicht, ob er Geschwister vermisste. Manche stritten dauernd, manche redeten kaum noch miteinander, andere verstanden sich gut, es war Glückssache. Mit seinen Freunden verstand er sich bestens, Happe hatte er sogar an den Rio Douro gelockt, dem anderen, Carlos, war er dort begegnet, Architekt wie er und im Zweitberuf Önologe. Vielleicht sollten sie zu dritt ein Architekturbüro gründen, das sich ausschließlich mit Wein-Architektur befasste. Deshalb waren Happe und Carlos gespannt, welche Anregungen er von der Reise mitbrachte. Gemeinsam hatten sie vorher über einer Broschüre mit beispielhaften Projekten Frankens gehockt, bei der Architektur und Wein eine Beziehung eingingen, zumindest dem Anspruch nach, die über das Funktionelle hinausging.

»Leben im Weinklang« hatte sich die Winzergenossenschaft DIVINO als Motto gesetzt. Als sie 1951 vom Ortsgeistlichen zusammen mit mehr als fünfzig Winzern, Häcker, wie man die Klein- oder Nebenerwerbswinzer damals nannte, gegründet worden war, stand die wirtschaftliche Situation im Vordergrund. Nach dem Krieg war die Not groß, die Preise waren im Keller und das Wetter schlecht – was damals zu vielen mageren Ernten führte, und der Maifröste wegen gab es in manchen Jahren nicht eine einzige Traube am Stock.

»Leben im Weinklang«! Nicolas blieb vor der Vinothek in der Langgasse stehen, betrachtete die moderne Fassade aus hellem Naturstein, sicher Muschelkalk, und großen Glasflächen, von senkrechten Stahlstreben und hölzernen Lamellen unterbrochen. Die senkrechte Variante dieser Lamellen kannte er aus Würzburg, sowohl vom Marktplatz wie auch vom Weingut am Stein. Das ordnende Gestaltungselement erfreute sich anscheinend großer Beliebtheit.

Sicher, das alles hier stand in einer Funktion für den Wein. Doch »Leben im Weinklang«? Der Einklang stand als Idee offensichtlich dahinter, der Wein ebenfalls, ein Wortspiel, das möglichst viel Raum zur Interpretation und für die eigene Fantasie zuließ. Wurde es dem Wein gerecht oder dem, was in einer Genossenschaft geschah? Einklang bei zweihundert Mitgliedern, zweihundert Individuen, alles eigene Köpfe und sicher auch genügend Holzköpfe darunter, die sich die Köpfe einschlugen. Dann vierhundert Hektar im Ertrag. Es war ein gigantischer Anspruch, das alles in Einklang und Weinklang zu bringen.

Er betrat die Vinothek. Offen, klar und von Licht durchflutet zeigte sich der weitläufige Raum trotz des weniger strahlenden Märztages. Es gab Raum zum Ausweichen und um Abstand zu halten, es wurde genügend Distanz zum leicht geschwungenen Tresen gewahrt, und es stürzte sich nicht gleich ein Verkäufer auf ihn. Die Farben waren Braun, Gelb und Ocker, was ihn ein wenig an den Probenraum bei Marion, Roger und Hans erinnerte und ans Bürgerspital. Es war die Art, die Offenheit, die Moderne, aber auch der Stil mit Ecken und Kanten. Hier war man mehr für sich, der Raum war unterteilt, dort, in Würzburg, im Hofkeller stand der Gast oder Kunde, je nachdem, mehr im Mittelpunkt. Und bei den Kästners waren der Winzer und seine Präsenz das Entscheidende.

Dort wie hier trampelten bei der Lese keine Genossen in lehmigen Gummistiefeln mehr herein, die danach fragten, wo sie die Trauben abkippen sollten. Es war ein Raum zum Repräsentieren, hier wurde Wein zelebriert, hier »klang« er.

In diese Umgebung passten keine billigen Massenprodukte mehr, von denen wie beim Discounter lediglich die Flaschenhälse aus den aufgeschnittenen Pappkartons ragten. Doch was Nicolas vermisste, war der architektonische Bezug auf die Historie, da doch in diesem Landstrich seit mehr als tausend Jahren Wein angebaut wurde.

Im Jahr 918 wurde von König Konrad die Schenkung zweier Weingärten an das Kloster Münsterschwarzach bestätigt, wie er einem Prospekt entnahm. Von da an bis zur Säkularisierung 1803 standen die Maininsel und die meisten der fränkischen Weinberge unter der Knute und Fron der katholischen Kirche.

Aber er wollte nicht lesen, er wollte mit Menschen sprechen, etwas über die Kooperative beziehungsweise Genossenschaft erfahren – und probieren. Entscheidend war für ihn immer der Wein und nicht das zündende Marketingkonzept.

Der freundliche Herr, der ihm die Weine vorstellte, konnte ihm auch gut die Arbeit erläutern, denn für Nicolas war natürlich die Seite der Produktion wichtig. Dass man bei zweihundert aktiven Mitgliedern, die ja alle ihre etwas anders gearteten Trauben ablieferten, einen homogenen Wein machen konnte, erschien ihm unmöglich.

Das war es auch. An die hundert Positionen und Weine umfasste die Preisliste, inklusive der Brände, Liköre, des Essigs und Traubenkernöls. Die Weine waren in drei Kategorien unterteilt, was die Auswahl leichter machte: In der Juventa-Linie waren die Weine am günstigsten und in Bordeauxflaschen abgefüllt. Die Franconia-Linie mit dem Bocksbeutel reichte bis zu zehn Euro, während in den Burgunder- und Bordeauxflaschen der DIVINO-Linie die besten Produkte abgefüllt waren, auch zum besten Preis. Dafür gab es dann die im kleinen Holzfass gereiften Roten, Grauen und Weißen Burgunder. In der Spitzengruppe gefiel ihm der Merlot am besten, das war eine Rebsorte, die er beurteilen konnte, das war internationale Klasse. Bei den Weißen war es ein Silvaner vom Escherndorfer Lump, der bildete immer den Hintergrund, und ein Traminer von der Lage Nordheimer Vögelein.

Von dem Mann hinter dem Tresen erfuhr Nicolas auch, dass Franken Ende der achtziger bis Mitte der neunziger Jahre sich selbst als Weinland herabgewirtschaftet und das Ansehen der Rebsorte Müller-Thurgau ruiniert hatte: Alle Winzer hatten auf Masse gesetzt, hatten produziert, was der Rebstock hergab, und dadurch die Qualität verdorben. »Bis bei den Weinbauern und Winzern ein Umdenken stattfand«, erklärte sein Gegenüber den Wandel. »Wir haben ein Bonitätssystem eingeführt – je besser die gelieferten Trauben, desto mehr zahlen wir aus. Und Geld ist noch immer der beste Anreiz.«

Natürlich kamen entsprechende Schulungen hinzu, der bewundernde oder neidvolle Blick über den Gartenzaun tat ein Übriges, um neue Methoden zu praktizieren. »Aber die Mengenbegrenzung war entscheidend, die Sorgfalt im Weinberg ebenfalls. Außerdem ist eine neue Generation herangewachsen, dem Neuen zugewandt und gut ausgebildet. Die Auffassungen haben sich geändert. Wer sich nicht umstellt, geht unter.«

Darüber sprachen zwei Frauen, die am Tresen neben ihm die Köpfe zusammensteckten, nachdem die Beraterin ihren Platz hinter dem Tresen verlassen hatte, um irgendetwas zu holen. Nicolas konnte sich kaum auf das Probieren der Rieslaner Spätlese konzentrieren, einer Kreuzung von Silvaner und Riesling, herb wie ein Riesling, elegant wie ein Silvaner, Frische und Würze in einem, das bekam er noch zusammen, auch dass die Säure nicht besonders hervorstach, was ihm gefiel, aber er folgte mit halbem Ohr bereits dem Gespräch der Frauen.

Ihr Thema war der Untergang ihrer Königin. Die erste Zeitung war ausgeliefert worden, aber da stand auch nicht mehr drin, als man bereits gestern gewusst hatte. Nur jetzt war es sozusagen amtlich, schwarz auf weiß. Die Behörden gingen tatsächlich davon aus, dass Henriette Müller irgendeine Droge genommen hatte. Von Begleitern, die es gegeben haben musste, fehlte jede Spur, niemand wollte mit ihr in Verbindung gebracht werden, um nicht in den Ruch zu kommen, selbst Halluzinogene zu konsumieren, für Nicolas eine verständliche Regung. Zwei Zeuginnen erinnerten sich angeblich, dass Henriette irgendwann nach dem Fest zu jemandem ins Auto gestiegen war. Von da an bis zu dem Moment, als sie tot aufgefunden wurde – die Kabine auf dem Klo war nach dem Hinweis einer anderen Besucherin der Diskothek aufgebrochen worden –, gab es keine Hinweise, wo sie sich aufgehalten hatte. Die Untersuchung dauerte an. Um welche Art Droge es sich handelte, war genauso wenig bekannt. Allerdings wurde die Vermutung laut, jedenfalls behauptete es eine der beiden Frauen, denen Nicolas noch immer heimlich zuhörte, dass Henriette die Wahl nur gewonnen habe, weil sie sich chemisch präpariert habe.

»Das ›Last Chance‹ ist sowieso eine Drogenhölle. Das sind die Ausländer, die das Zeug verkaufen. Die machen unsere Kinder fertig. Das waren bestimmt Türken …«

»Glaube ich nicht, heutzutage kommt das meiste von dem Zeug, das die jungen Leute nehmen, aus Osteuropa, Kristall heißt das oder so, das sind die Russen, die das über die Grenzen bringen.«

»Das ist die späte Rache für die Wiedervereinigung und dafür, dass es uns so gut geht, viel besser als ihnen.« Die Wortführerin wurde gleich zehn Zentimeter größer. »Dafür machen sie unsere Jugend kaputt.«

»Aussiedler aus Kasachstan. Tschechen, bei denen wird das hergestellt … Mitleid ist hier fehl am Platze, gänzlich überflüssig.«

Entsetzt starrte Nicolas die beiden Frauen an, die sich unter seinem Blick ein Stück entfernten und die Köpfe enger zusammensteckten. Er fragte sich, was diese Frau mit den großen Worten dazu beigetragen hatte, dass es Deutschland so gut ging? Er konnte Hetze gegen Ausländer nicht ertragen, er fühlte sich persönlich angegriffen, besonders seit den Worten seiner »Schwiegermutter« über das »Armenhaus Portugal«. Aber die feindliche Haltung Fremden gegenüber war keine deutsche Eigenheit. Feigheit, Dünkel und Dummheit mussten zusammentreffen, um eine brisante Mischung zu werden. Angst wahrscheinlich auch. Und die Xenophobie richtete sich immer gegen die armen Ausländer, nie gegen die reichen. Er gehörte zu ihnen. Doch weder er noch Rita hatten in Portugal irgendeine Art von Diskriminierung erlebt, auch wenn er in seiner abgeschabten Lederjacke und mit staubigen Arbeitsschuhen aus seinem verbeulten Kastenwagen stieg. In Portugal bestanden die Ressentiments gegenüber schwarzen Angolanern und dunkelhäutigen Brasilianern, sie galten als Armutsflüchtlinge. Und in Bezug auf Kokain galten die Kolumbianer als die Bösen. Die kamen, wie alles Böse grundsätzlich, von außen, es steckte in niemandem.

Er fand es erstaunlich, wie real für diese beiden Frauen die jüngsten Geschehnisse bereits waren, wie sie sich Fakten zurechtbogen, Geschehnisse zurechtfantasierten und Schuldige kannten, blitzschnell. Erstaunlich war auch die Gewissheit zwischen ihnen, dass es so und keinesfalls anders gewesen sein konnte. Während er an den Einstiegsweinen der Juventa-Linie schnüffelte, sprachen sie davon, dass die neue Weinkönigin jetzt Anneliese Fünfinger heiße und aus Escherndorf komme, dem Dorf gegenüber, am Fuß des Lump, am anderen Ufer des Mains.

»Uns bleibt nur die Schande.«

Die Begleiterin fragte sich, ob Escherndorf die Ernennung feiern würde. »Unter diesen Umständen wäre das pietätlos, uns gegenüber, auch wenn sie die Zweite war.«

Verstimmt darüber, dass für das Opfer kein Mitleid übrig

war, machte Nicolas sich auf den Heimweg, bog aber kurzerhand nach links ab, zog die Mütze ins Gesicht, schlug den Mantelkragen hoch, wandte sich dem Ortsausgang zu und bog nach wenigen Schritten in ein Sträßchen ein. Es führte ihn direkt in die Lage Nordheimer Vögelein, die er am Morgen vom Fenster aus hatte sehen können. Er folgte dem sacht ansteigenden Weg zwischen den Weinstöcken. In einer solchen Umgebung konnte er sich immer befreien, der Weinberg klärte ihm den Kopf, hier konnte er frei atmen.

Noch besser war es, wenn er sich auf seinem Dreibein zwischen die Rebzeilen hockte, den Zeichenblock auf die Knie legte und Stöcke, Blätter und Trauben in der realistischen Manier des 19. Jahrhunderts zeichnete. Die Fähigkeit hatte er vom Großvater väterlicherseits geerbt und damit bereits seine Lehrer verrückt gemacht; in seinen Karikaturen fühlten sie sich durchschaut, und das konnte kaum jemand ertragen. Als Student hatte er seine Kunstfertigkeit perfektioniert, doch als Architekt hatte er dafür keine Verwendung mehr gehabt. Das Zeichnen ließ ihn die Dinge der Umgebung sowie die beste Panzerung eines Menschen durchdringen.

Schade, dachte er, dass ich die Tote nicht gezeichnet habe, dann wüsste ich mehr über sie, und er fragte sich, ob er die Nachfolgerin vielleicht zeichnen sollte, aber dazu müsste er an sie herankommen und Zeit haben, sie zu beobachten. Aber er verwarf den Gedanken schnell wieder, was hätte es für einen Sinn?

Er schlenderte weiter auf die Kuppe des Vögelein zu. Er betrachtete die knorrigen, bis auf den Kopf zurückgeschnittenen Stöcke, sie ragten wie Unterarme mit geballten Fäusten aus dem grauen Boden und warteten auf Wärme, um die Fäuste zu öffnen. Verschlossen trotzten sie dem Winter, in der Gewissheit, dass er vorüberging. Die Gradlinigkeit der Rebzeilen hier faszinierte Nicolas. Der mit fast weißen Brocken aus Muschelkalk übersäte Boden war so eben, die Steigung so minimal, dass man Lesemaschinen einsetzen konnte, was in der Kooperative DIVINO nur zum Teil geschah. Die Linie der Topweine wurde ausschließlich von Hand geerntet. Eine andere Lesemethode war bei dem Gefälle des Landes nicht möglich, Maschinen nutzten sie nur zur Bodenbearbeitung.

Endlos erschienen Nicolas hier die Rebzeilen, an denen er entlangtrottete. Sie verloren sich im Grau des Horizonts, die Monotonie machte schläfrig und verdrängte jeden Gedanken. Es war erholsam in der Stille, die weder Vögel noch Autos störten, und die tief hängenden Wolken machten den Himmel eng. Er war der einzige Mensch hier, außer ihm gab es niemanden, keinen Arbeiter, keinen Spaziergänger. Er hatte für einen Moment das Gefühl, den Weinberg zu stören, ihm die verdiente Ruhe zu nehmen, die er brauchte, um Kraft zu sammeln, damit er bald wieder seine Eigenheiten nach außen bringen konnte.

Es ging weiter bergauf, leicht nur, doch merklich. Da waren die Rebzeilen plötzlich quer zur bisherigen Richtung gezogen, und er stieg zu einer Anhöhe hinauf. Wie viele Hektar Weinland konnte er beim Rundumblick sehen? Es mussten mehr als zweihundert sein. Als er sich umdrehte und zurück nach Norden schaute, erschien ihm der Lump wie ein aus der Mitte eines Hohlspiegels ausgeschnittener Streifen, wie ein Berg, der die Sonne mit weit ausgebreiteten Armen erwartete. Heiß musste es dort im Sommer sein. Wie steil der Weinberg und wie schwer die Arbeit war, würde er wissen, wenn er den Lump aus der Nähe erkundete. Nordheim war in der Senke des Flusses verschwunden, von Escherndorf waren Dächer und die Kirchturmspitze zu sehen, und auf dem Kamm des Lump stand ein Gebäude mit weißer Fassade und rotem Dach. Etwas weiter rechts entdeckte Nicolas einen Kühlturm. Die Legende auf dem Aussichtspunkt wies in dieser Richtung auf das Atomkraftwerk Grafenrheinfeld, eine latente Bedrohung. Er warf einen Blick in die entgegengesetzte Richtung auf den Sommeracher Katzenkopf, der sich bis zum gleichnamigen Dorf erstreckte. Er hätte gut weitergehen können, hinein in diesen grauen März, wo er seine Ruhe hatte. Aber er wollte zum Mittagessen zurück sein, und er war gespannt, was der ehemalige Polizist von seinem nächtlichen Ausflug berichten würde.

Kapitel 8

Als Nicolas auf dem Weingut eintraf, berichtete Rita ihm erfreut, dass sie am Morgen mit im Kindergarten gewesen sei und dass Rebecca während ihres Aufenthalts hier, also bis nach dem Barockfest, bleiben dürfe. Es sei jedoch ein konfessioneller Kindergarten der katholischen Kirche, was ihr ein wenig Kopfschmerzen bereitete, aber Nicolas hatte nichts dagegen.

»Lass sie sehen, was es auf der Welt gibt, lass sie wissen, dass Menschen an etwas glauben. Das wird ihr später helfen, es zu verstehen und andere Meinungen und Menschen zu akzeptieren.«

»Ich will nicht, dass ihr jemand erzählt, Jesus sei für sie gestorben. Jeder wird für sich allein geboren, und jeder stirbt für sich allein.«

Manche ganz allein in einer Toilettenkabine, dachte Nicolas und merkte, wie sehr ihn diese Vorstellung erschütterte, doch er behielt es für sich. »Man wird Rebecca dort in vier oder fünf Wochen nichts eintrichtern, was ihr schadet«, erwiderte er stattdessen.

»Du nimmst wie immer alles viel zu lax.« Es war Ritas ständiger Vorwurf, denn Nicolas ließ vieles geschehen, ohne einzugreifen. Er war der Ansicht, dass es sich oft von allein regelte. Der Wein hatte es ihn gelehrt, mit einem gewissen Fatalismus zu leben. Was konnte er tun, wenn es nicht regnete? Schläuche für Tropfbewässerung verlegen, wie er es bei seinem Weg durchs Vögelein am Vormittag gesehen hatte? Eine Versicherung gegen Hagel abschließen, die niemand sich leisten konnte? Versicherer wollten alles wissen über Lage, Wetter, Rebsorten, Weinpreise, nur um dann die Prämie festzulegen, die jeden Winzer ein Vermögen kosten würde. Da spielten die meisten lieber auf Risiko und setzten auf weit verteilt liegende Weinberge, die nicht alle gleichzeitig betroffen wären. Und wenn ein Wein bis Juni brauchte, um vollständig durchzugären, dann brauchte er es eben! Es ärgerte Rita manchmal, dass er etwas mit einem Lächeln und hängenden Schultern erreichte, was sie nur mit zusammengebissenen Zähnen zustande brachte. Aber so ergänzten sie sich, und er liebte sie.

Es gelang ihm, ihre Bedenken hinsichtlich des Kindergartens zu zerstreuen. Vielleicht gab sie auch deshalb nach, weil es ihrem Wunsch nach Bequemlichkeit entgegenkam, sie konnten tagsüber mehr gemeinsam unternehmen oder jeder seinen Geschäften nachgehen.

Man werde heute später essen, meinte Marion, Hans sei noch unterwegs. Nicolas griff nach der Zeitung, um das, was er in der Vinothek nur mit halbem Ohr gehört hatte, nachzulesen.

Ein direkter Drogenkonsum wurde Henriette Müller nicht unterstellt, geschweige denn, dass es irgendeinen Beweis gab. Alles basierte auf Annahmen. Wohl aber war die Rede davon, dass es vor dem »Last Chance« und auf der Zufahrtsstraße »erfolgreiche« Drogenrazzien gegeben hatte. Designerdrogen waren sichergestellt worden, dann sogenannte Badesalze, aus Asien importiert, die jeden auf den Horrortrip schickten. Kokain kam meistens über Umwege aus Kolumbien, Haschisch und Marihuana gab es in Holland, oder es wuchs inmitten badischer Maisfelder. Und die neuesten Designerdrogen, Speed sowie Ecstasy und Crystal Meth stammten aus Labors gleich hinter der Ostgrenze.

Mangels konkreter Fakten umriss die Zeitung das Feld des

Drogenkonsums generell und rückte damit Henriette in die Nähe dieser Szene. Dabei war nichts erwiesen. Ob es äußere Gewalteinwirkung gegeben hatte, ob Einstiche auf gesetzte Spritzen hindeuteten, blieb ungeklärt. Die Untersuchung der Todesumstände würde laut Polizei mehrere Tage in Anspruch nehmen. Alles deutete auf einen Herzstillstand hin. Nur wodurch der hervorgerufen worden war, wusste bisher niemand genau. Und immer wieder schimmerte eine Vorverurteilung durch.

Obwohl Henriette einigen namentlich nicht genannten Zeugen zufolge mit ein paar Begleitern in der Diskothek aufgekreuzt sei, wollte jetzt niemand dazugehört haben. Es war sicher viel fotografiert worden. Man musste sich die Fotomanie der jungen Leute zunutze machen und bei Facebook recherchieren, da würde die Polizei den einen oder anderen Begleiter identifizieren können. Hatten die Ermittler einen, dann hatten sie alle. Wenn die Angelegenheit heikel war, würde jeder den anderen mit reinreißen. Aber das waren junge Leute, die abgefeiert oder Party gemacht hatten, das waren keine Kriminellen.

»Ich kann mir nur vorstellen, dass Henriette den Druck nicht ausgehalten hat.« Marion las über seine Schulter gebeugt mit.

»Den Druck, auf der Bühne vor tausend Menschen stehen zu müssen und die Erwartungen aller erfüllen zu sollen?«

»Nein, es ist mehr der Druck der Familie. Ihre Mutter war vor zwanzig Jahren bereits Weinkönigin, und ihre Großmutter vor ewigen Zeiten, sie war eine der ersten hier in Franken überhaupt. Geh mal zu ihr, sie erzählt dir, wie es früher gelaufen ist. Mit diesem Anspruch lebte die Enkelin, sie musste es einfach schaffen. Vielleicht hat sie ein Aufputschmittel genommen. Hans erzählte, dass sie ziemlich aufgedreht gewirkt hätte. Die Mutter jedenfalls war bedeutend lebhafter, aber man kann sich seine Kinder nicht aussuchen oder backen.«

Das ist auch gut so, dachte Nicolas und lächelte beim Gedanken an Rebecca und freute sich auf den Abend. Diese Henriette hatte er einfach nur als superaktiv in Erinnerung, engagiert und bester Laune, ja, doch, schon etwas überdreht. War das der Grund, weshalb er sie nicht gewählt hatte?

Beim Mittagessen im Familienkreis erzählte er davon, wie er das gemeinsame Mittagessen für alle eingeführt hatte, die auf der Quinta arbeiteten. Bis auch die Arbeiter aus dem Weinberg bereit waren, mit ihm, dem *patrão*, sich an einen Tisch zu setzen, hatte es lange gedauert. Besonders wenn Rita dabei war, schämten sie sich ihrer einfachen Tischmanieren. Für ihn war es nach der Eingewöhnungsphase eine Gelegenheit, ungezwungen über die Arbeit zu reden. Alles kam irgendwie zur Sprache, und es entstand Teamgeist. Nicolas berichtete von zwei Arbeitern, denen das System nicht gefallen hatte, die nicht reden wollten, die waren auch bald wieder gegangen.

Roger kam als Letzter zu Tisch. Was hatte er vom gestrigen Abend zu berichten? Das »Last Chance« sei riesig, habe mehrere Lounges, wochentags sei es nicht so voll, aber am Wochenende sei der Bär los, da gehe die Post ab, wie ihm einer der Türsteher erzählt habe, den er aus irgendeinem Zusammenhang kenne.

»Die Mannschaft vom Abend, als das mit Henriette passiert ist, hatte frei. Mir gab niemand Auskunft, die meisten halten sich bedeckt, niemand will reden. Einer der Barkeeper meinte, das mit Henriette sei schlecht fürs Image. Ich glaube, eher das Gegenteil ist der Fall. Die Gäste werden am Wochenende die Bude stürmen, so sensationsgeil, wie die Leute drauf sind. Und wenn sich das mit den Drogen bewahrheitet …«

»Hast du davon irgendwas bemerkt?«, fragte sein Bruder und stellte einen Silvaner im Bocksbeutel auf den Tisch, den Korken hatte er bereits in der Küche gezogen.

»Was starrst du die Flasche an?« Hans hatte bemerkt, dass

Nicolas' Augen auf dem Bocksbeutel ruhten und er die Stirn runzelte. »Die hast du bestimmt hundertmal gesehen.«

»Ihr arbeitet mit mehreren Flaschenformen«, bemerkte Nicolas, »mit Bordeaux- und Burgunderflaschen und mit Bocksbeuteln? Die lassen sich schlecht im Kühlschrank unterbringen.«

»Angeblich erfand 1659 ein Mathis Wenzel aus Wertheim den Bocksbeutel, der Mann stammte aus einer alten Glasbläserfamilie. Es ist die alte Pilgerflasche, sie hatte früher zwischen Hals und Schulter einen Ring, da wurde ein Riemen durchgezogen und am Gürtel befestigt. Im Jahr 1726 wurde der beste Wein des Bürgerspitals, auf dem Stein gewachsen, erstmals im Bocksbeutel abgefüllt. Wir arbeiten aber auch mit den schlanken Halbliterflaschen – für die Beerenauslesen und die Eisweine. Der Bocksbeutel hat aber viel von seinem Ansehen eingebüßt, seit einige Winzer meinten, ihren billigsten Wein darin abfüllen zu müssen.«

Nicolas blickte in die Runde und bemerkte, dass er Roger von der Beantwortung der Frage abgehalten hatte, ob er etwas von Drogen bemerkt habe.

Hans interessierte die Frage weniger. »Ihr habt für Portwein auch spezielle Flaschen«, sagte er, »in Portugal wird der Bocksbeutel auch verwendet.«

Nicolas erklärte, dass der Sogrape-Konzern darin seinen Mateus-Rosé abfüllte. »Fünfzig Millionen Flaschen, ob es sich dabei um Wein handelt, kann ich nicht sagen. Kannst ihn ja mal probieren.«

»Solche Weine findest du hier auch. Es heißt immer, es sei Geschmackssache.« Hans winkte unter dem Gelächter seiner Frau und des Bruders ab, der auf seinen Einsatz wartete.

»Das mit den Drogen wolltest du wissen? Da hat jemand ›Weinkönigin‹ ans Haus der Müllers geschrieben, das ›Wein‹ durchgestrichen und ›DROGEN‹ drübergeschmiert. Man sollte den Schreiber fragen! Der weiß es offensichtlich. Die Hexenverfolgung kann weitergehen.« Roger schaute grimmig in die Runde. »Irgendwann gehe ich nach Australien oder nach Italien.«

Marion stöhnte. »Dann kannst du dich dort mit den Neofaschisten oder der Mafia rumschlagen.«

So schnell gab ihr Schwager sich nicht geschlagen. »Rita und Nicolas sind auch ausgewandert. Und – habt ihr es bereut?«

Die beiden sahen sich an und lächelten. »Allein schon deshalb nicht. Hier hätten wir uns nie getroffen.« Rita griff nach Nicolas' Hand.

Roger grinste seine Schwägerin an, diesen Schlagabtausch hatte er gewonnen, dann wurde er wieder ernst, als würde er bei einer Lagebesprechung der Polizei Bericht erstatten. »Man sieht Leute zu Autos gehen und von dort kommen, aber man weiß nie, ob die auch was dabeihaben oder nur das Geschäft anbahnen, das Geld einstecken, und ein anderer übergibt später die Ware, oder der Kunde hat sie bereits erhalten. Dann findet die Polizei nie Stoff und Kohle zusammen, das macht die Beweislage schwierig. Man muss mehrmals hin, die Szene beobachten, um einen Blick dafür zu bekommen. Vielleicht sollte man sich auch als Kunde ausgeben.«

»Hast du das gesehen, oder weißt du das?«

»Gesehen habe ich wenig, dazu war zu wenig los. Am Wochenende müsste man hin …«

»Macht das nicht das Drogendezernat sowieso?«

»Du kannst keine zweitausend Besucher an einem Abend kontrollieren. Waffen und unliebsame Gäste draußen zu halten ist für die Türsteher schwer genug. Möglicherweise hängen die mit im Geschäft. Ich werde mir das auf jeden Fall noch mal ansehen. Kommst du mit?« Die Frage war an Nicolas gerichtet. »Du siehst neugierig aus.«

Rita holte Luft, um etwas zu sagen. Nicolas kam ihr zuvor. »Wie ich schon sagte, nur wenn Rita mitkommt. Wir könnten mal wieder tanzen gehen.« Es war leichter für ihn, wenn er ihr etwas bieten konnte. »Was zieht man in dem Schuppen an?«

»Wenn du das ›Last Chance‹ ’nen Schuppen nennst, bist du wirklich zu alt. Club heißt das, cool muss man sein, von eurem Outfit her sehe ich allerdings Probleme.«

»Ich komme mit«, sagte Marion, »du auch, Rita! Wir sollten wirklich mal wieder tanzen.«

»Ich soll die Kinder hüten?« Obwohl Hans maulte, schien er froh, nicht mitfahren zu müssen.

»Du liebst doch deinen Sohn, nicht wahr? Und passt gern auf ihn auf, damit deine Frau ein bisschen Abwechslung hat und nicht immer nur dieselben Männer sehen muss.«

»Du bist großartig, Roger.« Hans war von so viel Wohlwollen beeindruckt.

Rita war einverstanden. Sie mussten nur noch festlegen, ob sie morgen oder übermorgen ausgehen würden.

»Das hängt davon ab, wie schnell wir in Würzburg was zum Anziehen finden, nicht wahr, Marion?«

»Ich wollte schon lange mal wieder shoppen gehen.«

Hans protestierte. »Ihr habt euch doch erst letzte Woche da getroffen, nein, zwei Tage ist es her!«

»Na und?« Marion sah ihren Mann kokett an. »Du hast es doch auch gern, wenn ich gut aussehe!«

Nicolas folgte Roger mit dem schmutzigen Geschirr in die Küche. »Was ist nun mit dem Bocksbeutel?«

Sie stellten die Tabletts auf die Anrichte, Roger räumte die Spülmaschine ein. »Die Flasche erinnert an eine Feldflasche. Es war früher, vor Jahrhunderten, die gängige Wasserflasche der Wanderer und Pilger. Sie war platt und nicht rund wie die ersten Weinflaschen. Es ist auch der Beutel des Bocks, der Hodensack, schon im Mittelalter gab es diese Bezeichnung. Siebzehnhundert…, genau weiß ich das nicht, hat ihn das Bürgerspital eingeführt. Später hat die Stadt Würzburg ihre Weine im Bocksbeutel versiegeln lassen, damit niemand den guten Wein vom Stein gegen schlechten austauscht. Die Leute haben damals betrogen und gefälscht, was das Zeug hielt. Der Bocksbeutel wurde ein Gütezeichen und später das Markenzeichen für Frankenwein. Dann haben die lieben Kollegen in den neunziger Jahren nur Massenproduktion mit Müller-Thurgau betrieben, dabei kam die Qualität auf den Hund. Das war nicht nur bei den Genossenschaften so. Für den Zentner Trauben bekam man einen Festpreis, egal, ob die Trauben was taugten oder nicht. Andere werden das bestreiten. Aber es ist so.«

Übergangslos wechselte er das Thema. »Wir sollten Samstag die Gelegenheit ergreifen, dann ist der Club voll, man kriegt mehr mit, da geht mehr ab, es kommen viel mehr Besucher, wie in jeder großen Disko. Ich fahre, ihr könnt was trinken, ich will aufpassen, dazu brauche ich einen klaren Kopf. Weiß man schon was über den Mageninhalt unserer Weinkönigin? Haben sie sie schon aufgeschnitten?«

»Du bist grausam – pietätlos.«

»Nicht ich, das Fernsehen ist es, die zeigen Gruselfilme, bei denen sogar ich mich ekle. Pathologe wäre nichts für mich.«

»Polizist sein auch nicht?«

»Wäre ich sonst zurückgekommen? Ich soll meinen Arsch dafür hinhalten, dass die Politiker völlig unsinnige Gesetze machen? Ich soll gegen Demonstranten vorgehen, deren Meinung ich teile? Und die Arbeit soll man mit dem Gelichter machen, das zur Polizei geht?«

»Du bist auch hingegangen.«

»Ja, aber weder um mich zu prügeln, noch um anderen meine Vorstellungen von Ordnung aufzudrücken oder um irgendwann mal eine Beamtenpension zu kriegen.«

Nicolas erzählte Roger von der Bibliothek, die er mit dem Weingut von seinem Onkel Friedrich geerbt hatte. »Mir ist irgendwann in einer vergilbten Zeitung ein Artikel aufgefallen, da ging es um einen sogenannten ›Marsch durch die Institutionen‹, also den Apparat von innen verändern, in Richtung Mitbestimmung, Demokratie, Verantwortung. ›Der Marsch endet im Arsch‹, so lautete eine Überschrift, das fand ich ziemlich drastisch.«

»Aber so ist das. Hast du die Bibliothek noch, die Bücher? War er einer von den Achtundsechzigern?«

»Besuch uns mal, am besten im Winter, da verwandle ich mich in einen Bücherwurm, wenn ich nicht von Fass zu Fass schleiche und probiere oder in London irgendwelche Restaurantbesitzer davon überzeugen muss, meinen Portwein zu kaufen. Komm vorbei, ein schönes Gästezimmer gibt's auch. Und unsere Köchin ist toll, nichts gegen deine Schwägerin, aber Dona Firmina …«, Nicolas verdrehte die Augen, »sie ist grandios. Gibt's noch einen Kaffee?«

Der Lump stand auf dem Programm für den Nachmittag. Da die Mainfähre heute nicht verkehrte, war Nicolas zu einem Umweg von annähernd zehn Kilometern gezwungen. Er fuhr zurück nach Volkach, dort wieder über den Main und bog in Astheim auf der anderen Mainseite in Richtung Escherndorf ab. Ein Schild wies auf die Vogelsburg hin, soweit er wusste, war das ein Kloster. Er hielt auf dem Parkplatz und schlenderte auf die Kirche zu. Rechts war ein Platz, hier standen im Sommer sicher die Tische für die Ausflügler, heute wehten lose Blätter zwischen kahlen Bäumen über die Steinplatten. Das Wirtschaftsgebäude mit dem Restaurant war geschlossen. Kein Mensch zeigte sich. Diese ruhige und blasse Stimmung, wie sie beim Übergang vom Winter zum Frühling entstand, faszinierte Nicolas. Er hatte dieses Gefühl lange nicht gehabt, es kam ihm vor, als würde das Küken im Ei von innen gegen die Schale drücken, aber wirklich rauskommen wollte es nicht. Es war noch zu kalt, es herrschte ein Unentschieden zwischen zwei Jahreszeiten, man hätte eine weitere einführen sollen, vier reichten nicht aus, um den Zustand zu beschreiben. Leblose, kahle Äste wie Besenreiser, grauer Himmel, ein Wind mit einem undefinierbaren Geruch, es war ein Hauch von nasser, kalter Erde und feuchter Rinde. Wenn die Erde sich erwärmte, mehr auf Ende April zu, dann roch sie bereits anders, voller und sich öffnend.

Bevor er sich mit Wein befasst hatte, war er nicht auf den Gedanken gekommen, sich zu fragen, wie Erde roch. Für ihn als Architekten diente sie als Fundament, musste beiseitegeräumt und abtransportiert werden, sie wurde Bauplatz, Material, sie stellte Fläche zur Verfügung. Für ihn als Winzer war sie ein lebendiger Organismus, man konnte mit ihr kommunizieren, man musste sie nur lesen können, ihre Sprache verstehen, die Pflanzen, die auf ihr wuchsen, sagten, was in ihr steckte. Man musste ihre Wünsche erfüllen oder sie in Ruhe lassen, dann gab sie ihren Kräften gemäß einen Wein zurück.

Der Blick war erhebend. Er war jetzt dort, wo er beim morgendlichen Ausflug hingeschaut hatte, und sah den Aussichtspunkt, an dem er vor dem Mittagessen gestanden hatte. Er blickte auf Nordheim hinab und suchte nach dem Haus, wo Rita und er gestern Abend den Eltern der toten Weinkönigin begegnet waren. Das Entsetzen in ihren Augen konnte er nicht vergessen, und ihn schauderte bei dem Gedanken, dass Rebecca nicht mehr sein könnte.

Es kostete ihn Mühe, diese entsetzliche Vorstellung aus seinem Kopf zu verbannen. Er schaute nach rechts und sah die Häuser Escherndorfs, die sich am Fuß des Hangs auf beiden Seiten der Straße entlangzogen und auch die Straße flankierten, die vom Berg hinab zur Anlegestelle der Fähre führte. In einem dieser Häuser war jetzt jemand sehr zufrieden, da war einer jungen Frau die Krone in den Schoß gefallen. Fünfinger hieß die Nachfolgerin.

Ein kalter Wind wehte von unten herauf. Nicolas verließ die zugige Plattform, ging zum Wagen und fand eine weitere Treppe, die auf den Grat des Lump führte und wieder nach unten in den Weinberg. Erst als er sich am Fuß der breiten

Treppe umdrehte, bemerkte er, dass in die senkrecht stehenden Setzstufen Blenden mit historischen Daten eingelassen waren.

»1634 – Wein viel und gut, aber der Krieg verwüstete alles.«

Es konnte sich nur um den Dreißigjährigen Krieg handeln, zwischen Katholiken und Protestanten um den rechten Glauben. Sie hätten einen trinken sollen, statt zu metzeln, dachte Nicolas und wusste, wie müßig derartige Appelle gewesen wären.

»1854 – In Qualität sehr gering, weil der Weinstock dieses Jahr zweimal erfroren, am 28. April und 11. September.« Es war das Jahr des Krimkrieges gewesen. Jedes Jahr war immer ein Jahr irgendeines Krieges – als Ausdruck der Idiotie der menschlichen Rasse?

Nicolas genügte inzwischen oft die Gesellschaft seiner Familie, der Mitarbeiter und die der Pflanzen, obwohl sie nicht unbedingt friedlicher waren. Sie drängten beiseite, überwucherten, nahmen anderen Licht und Wasser, produzierten Gift, das Konkurrenten auf Abstand hielt, sie stachen und schmarotzten. Wein war eine Ranke, ursprünglich eine Waldpflanze, *vitis sylvestris*, die andere benutzte, um sich abzustützen und sich klammheimlich ans Licht zu schlängeln.

Er setzte sich auf die oberste Stufe der Treppe und hatte das Gefühl, dass die Sonne leicht wärmte, hier, im Zentrum dieses gewaltigen Hohlspiegels, einer Wein-Arena, die der Main in Jahrmillionen aus dem Berg herausgewaschen hatte. Es war ein Platz, genannt Terroir F, von dem aus er ins Terroir schauen konnte, der Buchstabe F stand für Franken.

Er fühlte sich gut hier und trotz der Kälte wohl, er sah die Dinge positiv. Er konnte weit blicken, nichts verstellte in der Ferne die Sicht, und er schaute nach unten, den Steilhang hinab, der nichts Bedrohliches an sich hatte. Es gab sicherlich nicht einen Flecken, auf dem nicht ein menschlicher Fuß gestanden hatte. An diesem Werk bauten Menschen seit Jahrhunderten, ja seit tausend Jahren. Nicolas versuchte erst gar nicht sich vorzustellen, wie viele Menschen hier bei der Lese geschwitzt, beim Hinauftragen der Trauben gekeucht hatten, wie sie auf eine gute Ernte gehofft, beim Winterschnitt gefroren und über den Pilzbefall und ihre Herren geflucht hatten. Erst 1818 wurde der »Zehnt« an die Kirche abgeschafft, aber dann kam der Staat mit neuen Steuern. Er kam immer mit neuen Steuern.

Dieser Weinberg, der die Mainschleife umfasste, war ein Werk ähnlich den ägyptischen Pyramiden, nur dass die Pyramide ein Grab für Tote war, ein Weinberg hingegen diente den Lebenden.

Weit unter ihm, am Fuß des Weinbergs, verlief die Straße, die nach Escherndorf hineinführte. Zwei Winzer waren ihm hier empfohlen worden, beide trugen den Nachnamen Sauer und behaupteten, nicht miteinander verwandt zu sein. Es sollte noch ein dritter Sauer existieren, der stand nicht im Gault Millau, den Nicolas vor jedem Besuch zurate zog, der arbeitete in der lokalen Genossenschaft.

Dem Weinführer nach gehörten die Sauers in die Spitzengruppe: Horst Sauer hatte vier schwarze Trauben verliehen bekommen, das Symbol für Deutschlands beste Betriebe. Rainer Sauer war mit einer Traube weniger ausgestattet, dafür waren seine drei Trauben rot und nicht schwarz, dieser »sehr gute Erzeuger, der seit Jahren konstant hohe Qualität lieferte, verdiente besondere Aufmerksamkeit«.

Von Weitem wirkte das Anwesen Horst Sauers so altfränkisch wie das Weingut Kästner, doch bereits beim Schritt durchs Tor wandelte sich das Bild hin zur Modernität. Licht und Glas und Farbe schufen einen Raum, in dem die Menschen und der Wein zusammenfanden, es war auch die Farbe des Weins. Ein lichter Gang führte vorbei an Vitrinen mit den Preisen des Best-of-Gold-Wettbewerbs, die fossile Urschnecke Ceratit nodosus stand auf einem Sockel.

Horst Sauer erschien Nicolas als ein Getriebener, nicht

fort vom, sondern hin zum Wein in seinen vielen Facetten, die vom Stofflichen bis ins Metaphysische reichten, hin zur Qualität.

»Ich verstehe den Berg noch immer nicht«, sagte der Winzer, der sein Leben auf ebendiesem Berg verbracht hatte. Und doch verstand er sehr viel, wie die zwei Jahre alte Silvaner Spätlese in Nicolas' Glas bewies. Er musste richtige Entscheidungen getroffen haben. Aber einen Berg nicht zu verstehen war eine Aussage, der Nicolas aus tiefstem Herzen zustimmen konnte. Er war gerade dabei zu lernen, dass man Berge überhaupt verstehen konnte. Er würde darüber alt werden, möglicherweise hatte er auch zu spät damit angefangen, aber Rebecca könnte das Angefangene fortsetzen. Auch Sauer hatte eine Tochter, die in seine Fußstapfen trat und hoffentlich neue danebensetzte.

Sauer war mit seinem Berg längst nicht fertig. »Es ist eine außergewöhnliche Lage, sie fängt die Sonne geradezu ein. Dadurch ist ungeheuer viel Energie vorhanden, dazu kommt ein mächtiger Boden, der jedoch höchstens zwei Meter tief ist. Darunter ist der Fels, da wurzelt nichts mehr drin.«

Wie sollte Nicolas beurteilen, ob es sich so verhielt? Er konnte nur fragen und war gespannt, was andere dazu sagten, Hans und Roger zum Beispiel, auch sie besaßen eine Parzelle hier.

»Der Lump reagiert erstaunlich schnell auf Sonne und Wärme, das führt zu einer schnellen Reife.« Das konnte einem Winzer kaum recht sein, denn Gleichmäßigkeit führte eher zum Ziel, einen ausgeglichenen Wein zu erzeugen. Extreme Witterungsschwankungen forderten meistens einen Tribut an die Qualität.

»Der Berg will gezügelt sein«, war ein weiteres Postulat des Winzers, »wenn man ihn loslässt, wird der Wein schwerfällig.«

Wie war das zu verstehen? Fünfunddreißig Jahre Berufserfahrung standen hinter dieser Erkenntnis, gewonnen auf achtzehn Hektar Rebland. Sauers Großes Gewächs kam aus einer Parzelle direkt unterhalb der Vogelsburg, der Eulengrube, dort war das Zentrum des Hohlspiegels. Auf den am weitesten von jenem Punkt entfernten Parzellen wuchsen die Trauben für seine schlichteren Kabinettweine.

Was ihn angetrieben hatte, waren seine Träume, und die trieben ihn stetig weiter. Ohne selbstkritische Haltung wäre er nie weitergekommen, wie Horst Sauer meinte, und wer sich im Weinbau nicht in Geduld fasste, war von vornherein verloren. Ein Fehler konnte selten korrigiert werden, das wusste Nicolas selbst, und wenn, dann musste man ein Jahr lang auf diese Gelegenheit warten. Aber dann war die Ausgangslage wieder eine andere, der Winter war anders verlaufen, das Frühjahr wärmer, der Austrieb begann zu anderer Zeit, es war weniger Wasser im Boden.

»Ich habe gelernt, über alles nachzudenken, und jeder zieht andere Schlüsse. Wenn zehn Winzer am Lump arbeiten, dann kann man gewiss sein, dass zehn verschiedene Weine dabei rauskommen. Man muss sowohl mit Herz wie Verstand an die Sache gehen, man wird sehen, was sich durchsetzt, beim Wein wie bei allem anderen. Und wenn ich mir was erträume, dann muss ich es auch umsetzen.«

Sauer trieb der Gedanke einer ständigen Verbesserung der Qualität an. Ihn trieb, wie er selbst sagte, die Sehnsucht nach dem perfekten Wein – den es nicht gab, wie er danach zugab. Nur wo endete das? Konnte man etwas besser machen als sehr gut oder ausgezeichnet? Wen wollte man befriedigen – seine Kumpel, seine Kunden oder sich selbst? Ging es immer noch um die Anerkennung durch den längst verstorbenen Papa, oder war der Wunsch nach Ruhm zum Motor geworden? Ehrgeiz war für Nicolas die Quelle von Unzufriedenheit, von Neid und Zwietracht. Er stand ja nicht nur herum und produzierte Durchschnitt, nein, er lernte täglich, er lernte von seinen Arbeitern im Weinberg, vom Kellermeister und am meisten von Otelo.

Nicolas probierte sich durch Sauers Rebsorten, vom Silvaner, den Sauer für seine Leitrebsorte hielt, über die Scheurebe, die er zur Kürbissuppe empfahl, hin zur Domina vom Escherndorfer Fürstenberg, einer Lage weiter westlich des Lump. Der Pinot Noir hatte noch etwas kantige Tannine, er brauchte mehr Zeit für die Flaschen, die Riesling Beerenauslese konnte gut zwanzig Jahre warten, aber man konnte sie auch jetzt schon genießen.

Als Nicolas das Weingut verließ, brummte ihm der Kopf. Er fühlte sich mal wieder als Anfänger und in seinem Halbwissen gefangen. Jetzt würde die eigentliche Arbeit beginnen, jetzt müssten konkrete Schritte folgen, er müsste Zeuge eines langen und komplizierten Prozesses werden, um zu begreifen, wie der Winzer seine Theorie in die Praxis umsetzte, wie aus der Vorstellung ein Wein wurde. Nicolas kannte lediglich den Anfang und das Ende, die Ausgangsgedanken sowie die Zielsetzung und den Wein als deren Resultat. Doch da kamen die Unwägbarkeiten hinzu, die unvorhergesehenen Zwischenfälle, wie Frost beim Austrieb, Starkregen drei Tage vor der Lese oder eine stecken bleibende Gärung. Und auf diesem Weg wurde eine Vielzahl von Entscheidungen getroffen, die in den Reifeprozess eingriffen: die Zahl der Spritzdurchgänge, die Art des Laubschnitts, die Entscheidung, wann und wie viel Trauben herausgeschnitten wurden. Je nach Traubenmaterial, dem wesentlichen Grundstoffmuster, musste entschieden werden, ob im Edelstahl oder im Holzfass vergoren wurde. Ach, wie oft hatte er grübelnd wach gelegen, hatte auf die Morgenröte gehofft, auf das Erscheinen Otelos am Morgen, um über seine Zweifel zu sprechen, und auch sein erfahrener Lehrmeister hatte oft nur mit den Achseln gezuckt.

»Wir werden sehen, was dabei rauskommt. Ohne eine Portion Glück gelingt dir nichts. Aber man kann ihm auf die Sprünge helfen.« Das galt gleichermaßen für diejenigen, die hochtrabend als Spitzenwinzer bezeichnet wurden.

Glück – das hatte die jüngste Weinkönigin nur einige Stunden lang genossen. Ikarus gleich war sie in ihrem Abendkleid der Sonne entgegengeflogen, die das Wachs hatte schmelzen lassen, mit dem sie sich ihre Federn für den Superflug angeklebt hatte. Ob ihre Nachfolgerin daraus lernte? Sie sollte hier irgendwo wohnen. Nicolas stand auf der Bocksbeutelstraße – was für ein Name – und fragte sich, ob er ihr Haus von außen erkennen konnte. Girlanden würden nach dem Schicksal der Vorgängerin nicht über dem Eingang hängen. Fünfinger hieß sie, und er fragte einen Passanten nach einem gleichnamigen Weingut, aber der Mann wusste von nichts und noch weniger von einer Weinkönigin. Die komme doch aus Nordheim, er hob den Arm und wies über den Fluss. Also gab es Bewohner, die von der traurigen Neuigkeit nichts mitbekommen hatten. Aber wieso hatte Anneliese Fünfinger bei ihrer Vorstellung von ihrer Erfahrung im Weinbau gesprochen, wo hatte sie die gewonnen, wenn es kein Weingut dieses Namens gab? Sie trug noch ihren Mädchennamen, also mussten ihre Eltern genauso heißen. Hatten sie ihr Weingut jemandem abgekauft und den Namen beibehalten?

In dem Zusammenhang wollte Nicolas Marion fragen, ob diese Henriette Müller einen Freund hatte. Sicher hatte sie den, ein so hübsches Mädchen – er korrigierte sich, eine so gut aussehende junge Frau, das war korrekt – musste einen Freund haben. Die Polizei wird ihn vernommen haben oder vernahm ihn noch, um herauszufinden, ob sie Drogen … Nicolas schüttelte den Gedanken ab. Er könnte Marion fragen, sie als Nordheimerin würde bestens über alle Familienverhältnisse informiert sein. Nein, Hans und Roger stammten aus Nordheim, sie hatte in die Familie eingeheiratet, sie kam aus – ja woher eigentlich? Sie war ja mit Rita zur Schule gegangen …

An der Kreuzung, wo es rechts zur Fähre ging und links die Straße den Berg hinaufführte, lag das Restaurant »Zur

Krone«. Es war noch zu früh fürs Abendessen, aber eine Suppe würde man ihm bringen, sagte die freundliche Bedienung und ließ ihn nicht lange warten. Die Bohnensuppe war sehr gut, der Kaffee danach auch, nur dann verdarb ihm eine kleine, absolut unbedeutende Episode das Vergnügen. Nein, klein war sie nicht, sie zeigte etwas, bei dem er lieber nicht Zeuge geworden wäre.

Zwei Männer mittleren Alters, klein und ärmlich gekleidet, betraten den Raum und blieben am Tresen stehen. In gebrochenem Deutsch fragten sie, ob es vielleicht eine Arbeit für sie gebe, irgendetwas zu tun, was die etwa fünfundzwanzigjährige Bedienung verneinte. Dann fragten die Männer sehr bescheiden, ob sie vielleicht etwas zu essen haben könnten. Offensichtlich war es ihnen peinlich.

Das könne sie nicht entscheiden, antwortete die Kellnerin und verschwand für einen Moment durch eine Schwingtür, besprach sich mit irgendwem oder tat zumindest so, dann kam sie zurück und meinte, dass es nichts zu essen gebe. Deutschland? Bayern? Franken? Was war das? Der Geiz der Reichen? Die Angst der Habenden vor den Besitzlosen? Nicolas kam die Suppe wieder hoch. Als er die beiden Männer einladen wollte, an seinem Tisch Platz zu nehmen, um ihnen wenigstens eine Suppe zu spendieren, weil dieses Nobelrestaurant eines aufstrebenden Junggastronomen zu geizig war, hatten sich die Männer still verdrückt.

»Rumänen waren das«, sagte die Bedienung. Das reichte inzwischen, um über Menschen ein Urteil zu sprechen und ihnen einen Teller Suppe zu verweigern? Nicolas schämte sich für diese »Krone«, nein, er war zornig, er war wahnsinnig zornig, er zahlte und ging.

»Fränkische Klassiker werden neu interpretiert und mit internationalem Touch präsentiert!« Das sagte dieses Restaurant von sich selbst. Ich erzähle Rita besser nichts davon, sagte er sich, das verhärtet nur ihr Urteil, und nahm mit zusammengepressten Zähnen die Bocksbeutelstraße in Richtung Ortsausgang.

In den Jahren der Krise kamen immer häufiger Männer bei ihnen auf der Quinta vorbei, junge wie alte, und fragten um Arbeit, waren bereit, für einen Hungerlohn jedwede Tätigkeit zu verrichten. Wenn es was zu tun gab, war es gut, wenn nicht, bekamen sie zumindest ein Essen.

In Dona Firminas Küche stand immer etwas auf dem Herd. Sie war streng katholisch.

»Der HERR könnte vor der Tür stehen«, sagte sie und zitierte aus der Bibel: »Was ihr für einen meiner *geringsten* Brüder *getan* habt, das habt ihr mir *getan* …«

Unsere Gastgeber können wir nicht hierher einladen, dachte Nicolas, das ist unpassend. Aber eine große Einladung muss sein. Er hatte vom »Zur Schwane« in Volkach gehört, sollte gut sein, sie machten auch Wein. Hans würde es wissen. Sie mussten sich revanchieren. Die Einladung zum kostenfreien Wohnen einfach so hinzunehmen war nicht ihr Stil. Da war er sich mit Rita einig. Sie waren sich fast immer einig, nur auf dieser Reise war vieles anders. Ihre Uneinigkeit lag jedoch mehr in der Bewertung, nicht in dem Urteil darüber, was zu tun war.

Nicolas lief so lange am Fuß des Lump und auch der Lage Fürstenberg entlang, bis es dunkel wurde und sein Ärger verraucht war. Nur die Weinstöcke, jetzt kurze, senkrechte Schatten in der Schwärze des kalten Abends, verstanden seine Gefühle. Er machte kehrt und dachte daran, die Eltern von Henriette Müller aufzusuchen und auch mit der Großmutter zu sprechen. An dieser Drogengeschichte war etwas faul.

Kapitel 9

Die Samstagszeitung hatte damit aufgemacht, dass Henriette Müller sowohl Mephedron als auch Crystal Meth in einer bisher unbekannten Zusammensetzung zu sich genommen habe, was in der Mischung mit Alkohol tödlich für sie gewesen sei. Die Folge sei ein Kreislaufkollaps gewesen. Wann sie die Drogen konsumiert habe, ob bereits vor der Wahl oder erst bei der nächtlichen Feier, »konnte nicht geklärt werden«. Also hatte sich der anfängliche Verdacht bewahrheitet, und für die Wein-Community war alles klar. Die Ratio war ausgeschaltet, die Emotionen kochten hoch: Henriette hatte sie bei der Wahl getäuscht, in betrügerischer Absicht, »arglistig« und »hinterhältig« waren die im Kommentar verwandten Begriffe. Es gab noch eine Reihe weiterer negativer Eigenschaftswörter, mit denen die Tote bedacht wurde. Ob sie regelmäßig oder nur gelegentlich Drogen genommen hatte oder sogar süchtig gewesen war, ließ sich erst nach weiteren Untersuchungen sagen, auf die Haarproben müsse man eine Woche warten.

»Da haben sie wieder ihre Hexe!«, meinte Rita. »Jetzt kann sie öffentlich verbrannt werden. Alle anständigen Menschen dürfen sich ungestraft das Maul zerreißen, dabei wissen sie gar nicht, was ihre eigenen Kinder treiben. Und über den Nachbarn, der an der Flasche hängt, wird wohlweislich geschwiegen, denn der könnte etwas über einen selbst wissen und es ausplaudern.«

»Bist du nicht zu sehr in deinen Vorurteilen gefangen?«, fragte Nicolas vorsichtig. Streit wegen anderer wollte er möglichst vermeiden.

Rita ging nicht darauf ein. »Wenn Henriette nicht bereits tot wäre, könnte man sie jetzt auf den Scheiterhaufen führen. Aber glaub mir eines, Nic, genau das werden sie auch nachträglich tun. Fürstbischof Julius Echter hat den Hexen und Hexern damals noch vor dem Scheiterhaufen den Kopf abschlagen lassen; die Bamberger waren härter drauf, die haben sich den Scharfrichter gespart, sie wollten den Feuertod bei lebendigem Leib. Nach der Wahl haben alle gejubelt, was für eine fantastische Weinkönigin man gewählt habe, wie weise die Entscheidung – und gerecht! Jetzt tun alle so, als hätten sie von Anfang an gewusst, dass es die falsche Wahl war. Hätte man nicht zumindest sagen können, dass man sich hat täuschen lassen, statt dass man getäuscht wurde?«

Nicolas hielt die Bemerkung für spitzfindig, er verstand nicht, weshalb das von Belang sein sollte.

»Derjenige, der getäuscht wird, stiehlt sich damit aus der Verantwortung, dass er hätte besser hinschauen müssen.«

»Heißt das, du bist davon überzeugt, dass sie Drogen genommen hat?«

»Heißt das für dich etwas anderes?« Rita forschte in seinem Gesicht. Sie wusste, dass er nichts sagen würde, seine Gedanken hatten noch nicht so weit Gestalt angenommen, als dass er sie hätte formulieren wollen. Nicolas war in seinem Urteil über Menschen sehr vorsichtig. »Alles, was du sagst, läuft darauf hinaus, dass du Zweifel hast. Ist es so?«

Nicolas zuckte mit den Achseln und dachte an Henriettes Eltern. Bei dieser kurzen Begegnung hatte sich etwas ereignet, das lediglich im Blick gelegen hatte und das er nicht benennen konnte. Er wusste nur, dass er sie für grundehrlich hielt – und ihre Tochter auch.

»Haben die Kandidatinnen nicht Trainer gehabt? Mit denen könnte man reden, die könnte man fragen.«

»Könnte man«, meinte Rita, »wenn man sich da reinhängt. Aber unterstehe dich! Hier ziehst du in jedem Fall den Kürzeren«, sagte sie und entschwand mit Marion für einige Stunden nach Würzburg, um sich die fürs »Last Chance« angesagten Klamotten zu besorgen, da Marions Kleiderschrank nicht für beide das Passende in der richtigen Größe hergab. Außerdem hatten sie ihre Freude am gemeinsamen Shoppen, was für ihn immer noch »Einkaufen« hieß, ein Vergnügen, das kaum ein Mann teilte. Er hasste es, sich in einer winzigen Kabine in die von Appretur noch steifen Klamotten zu zwängen. Außerdem verabscheute er den Geruch von Warenhäusern.

Die Männer brachten ihre Kinder zu Bett, während die Frauen sich zurechtmachten, sie brauchten mehr als zwei Stunden dazu. Der Babysitter Hans betrachtete seine gestylte Frau wie eine Fremde, die sich vor dem Spiegel im Flur drehte und wendete und sich überkritisch von allen Seiten betrachtete.

»Sind wir hier bei Frankens Next Top Model?« Es war offensichtlich, dass Hans der Aufzug missfiel.

»Anderen Weibern, die so ausstaffiert sind, starrst du hinterher«, sagte sie, reckte den Kopf und zog sich unter Grimassen die Lippen nach.

Seine Entgegnung war knapp und kurz. »Tue ich nicht!«

»Du glaubst, ich kriege das nicht mit, mein Lieber? Ist ja auch egal. An diesen Anblick wirst du dich gewöhnen müssen.« Sie drehte sich vor ihm in ihren neuen schwarzen Leggins, darüber ein gewagt kurzer Rock und ein tief ausgeschnittenes azurblaues Shirt mit ein wenig Glitzer und langem Arm.

»Echt scharf, so eine Schwägerin.« Roger hatte keine Probleme mit dem Outfit, er riet nur, mit dem Wagen in den Hof zu fahren und die Frauen dort einsteigen zu lassen. »Lass das nicht unsere Nachbarn oder den Priester sehen, sonst wirst du exkommuniziert.«

Nicolas wusste nicht, ob er Ritas High Heels gut finden sollte. Sie trug sonst nie derartige Schuhe, wenn man Fußfoltergeräte als Schuhwerk bezeichnen wollte, doch stakste Rita nicht darin herum, erstaunlicherweise konnte sie sich einigermaßen sicher bewegen. Sie hatte ein knallrot glänzendes, schulterfreies Kleid erstanden, das in der Hüfte gerafft war und dadurch ihre Figur betonte. Die Träger liefen vom Hals zu den Achseln, der Rücken war ziemlich nackt.

Roger machte große Augen. »Ist das nicht zu kühl für die Jahreszeit?«

Nicolas gefiel das Kleid. »Wenn das die neue Generation unserer Winzerinnen ist, dann haben Deutschland und Portugal eine große Zukunft vor sich.«

Aber die Schuhe wurden sofort wieder gegen bequeme Treter eingetauscht, die »Waffen« sollten erst wieder vor dem Eingang des »Last Chance« zum Einsatz kommen.

Roger klemmte sich hinters Steuer, er grummelte vor sich hin, dass alle anscheinend den Anlass des nächtlichen Ausflugs aus den Augen verloren hätten und sich amüsieren wollten. Bruder Hans stand in der Haustür und beobachtete seine Frau beim Einsteigen, er sah sie noch immer an wie eine Fremde.

»Er hat nur Angst, dass ich mich einem anderen an den Hals werfe.« Kapriziös ließ sie sich auf den Beifahrersitz fallen. »Aber es muss ein Winzer sein, der mehr als doppelt so viel Land besitzt wie du, mindestens so viel wie Nicolas, und wo ich nach Feierabend nicht so viel schuften muss.«

»Ihr könnt sie dort lassen«, sagte Hans in einem Ton, bei dem nicht ganz klar war, ob es ernst gemeint war, ein leichter Unwille schwang mit. »In Dettelbach sollen angeblich einige Großgrundbesitzer herumlaufen.«

Marion blieb die ersten zehn Minuten während der Fahrt

recht wortkarg, bis Nicolas das Fenster herunterfuhr, die Parfümschwaden machten ihm das Atmen schwer. Marion protestierte, ihre Frisur komme durcheinander.

Roger nahm es als Stichwort. »Das ist gut, dann könnt ihr sie auf dem Damenklo wieder richten und uns berichten, wie es da aussieht, vielleicht gibt's Hinweise auf unsere Weinkönigin. Habt ihr die Handys dabei? Dann fotografiert mal, wo unsere Henriette umgekommen ist.«

Rita sang die erste Zeile von Nina Hagens uraltem Song vom Damenklo am Bahnhof Zoo, Marion kannte die zweite Zeile: »Süßes Kind, dein braunes Haar ist wunderbar, dein Strapsenstrumpf ist Wahnsinn …«

»Und was willst du damit beweisen?« Nicolas schätzte den Ausflug ähnlich wie Roger ein, er sah die Angelegenheit weniger als sensationsgeiles Unterhaltungsprogramm. Im Grunde war es makaber, aber er wollte kein Spielverderber sein. Die Frauen nahmen die Fahrt zum Anlass, sich zu amüsieren, Roger wollte ermitteln, und er sah sich in der Rolle des neutralen Beobachters einer exotischen Welt. Exotisch, ja so kam ihm Deutschland inzwischen vor, die Art des formalisierten und überaus distanzierten Umgangs miteinander, von mangelndem gegenseitigem Interesse, gepaart mit einer deutlichen Ruppigkeit und ohne Anflug von Humor und Eleganz, wobei, was er besonders beim Autofahren bemerkte, latente Aggression mitschwang. Das ganze Leben war ökonomisiert und die Zeit knapp, sogar die Rentner lebten mit Blick auf die Uhr. Aber das bemerkte wohl nur er – weil er von außen kam? Er würde das nie laut sagen, es würde als Kritik und nicht als Meinung aufgefasst, und womöglich benahm er sich ähnlich?

Er starrte in die Nacht und dachte daran, wie er sich vor Jahren in Portugal zurechtgefunden hatte, wie schwer man es ihm anfangs gemacht hatte, was mehr an den Umständen gelegen hatte und weniger am portugiesischen Charakter. Der zeichnete sich durch besondere Gastfreundschaft aus, die sich nicht in der Hochglanz-Gastlichkeit von Restaurants und Hotels erschöpfte.

Er dachte an das Erlebnis in der »Krone« zurück und fragte sich, wann Griechen und Portugiesen hier so betrachtet würden wie heute die Rumänen. Dann lehnte er sich an Rita, legte den Kopf an ihre Schulter und starrte weiter auf die wenig befahrene Straße. Die Nacht erschien ihm hier auf dem Lande besonders dunkel, vielleicht aber auch deshalb, weil er sich nicht im Geringsten auskannte und sie auf Umgehungsstraßen statt durch die Dörfer fuhren. Dann tauchten die Straßenlaternen auf, Reklametafeln kamen hinzu, Autos waren in derselben Richtung unterwegs, sogar ein Bus, und zuletzt bogen sie vor dem riesigen Hinweisschild der Diskothek auf einen nahezu besetzten Parkplatz, der einem Einkaufszentrum zur Ehre gereicht hätte.

Von Weitem erschien ihm das Gebäude des »Last Chance« wie eine eilig hochgezogene Mehrzweckhalle, in der sich von Waschmaschinen über Hebebühnen bis zum Einkaufsparadies alles unterbringen ließ. Wie standen hier Form und Inhalt zueinander? Die Fassade war mit Leuchtreklamen zugedeckt, die in grellsten Farben auf die sieben verschiedenen Bars und die einzelnen Erlebnisräume und Lounges hinwiesen, ob mit flackernden Palmen, rot glimmenden Herzen oder der fluoreszierenden Imitation eines Wasserfalls. Es war dreiundzwanzig Uhr, und es herrschte der gleiche Trubel wie im Würzburger Zentrum am verkaufsoffenen Samstag.

Damit sich ihre »Mädels« in ihren Gehhilfen nicht bereits beim Anmarsch die Knöchel brachen, setzte sie Roger, mit Nicolas als ihrem Begleiter, so nah wie möglich vor dem Haupteingang ab. Roger wollte sie später in der Palmenlounge treffen. Zuvor mussten sie sich in die Warteschlange vor der Gesichtskontrolle einreihen. Die Füße der Damen hielten es aus, Rita und Marion waren nicht die Einzigen mit dieser Art von Schuhwerk. Kurz bevor sie die Türsteher erreichten, stieß Roger wieder zu ihnen.

Nicolas hatte sich den Türsteher ausgesucht, der ihm sympathisch war, an dem kam man am leichtesten vorbei. Der Plan ging auf, der Blick auf die »Mädels« führte zu einem verständnisvollen Grinsen und zu zehn Euro mehr in der Jackentasche des südeuropäischen Bodybuilders. Sein Nicken war Zustimmung, man konnte mit ihm rechnen.

»Woher kennst du diese Tricks?«, fragte Marion, der er seinen Arm leihen musste und die schon geulkt hatte, dass sie im Sitzen tanzen müsse.

»Das ist in Porto nicht anders, da stehen allerdings die härtesten Jungs aus dem Maghreb. Wie geht's nun weiter?«

»Zahlen und dann ab an die Bar und auf die Piste«, schlug Rita vor, und der Strom der meist deutlich jüngeren Vergnügungssüchtigen nahm sie mit. Der Strom teilte sich in Flüsse, und zuletzt spülte sie eine Welle an die Bar am Palmenstrand. Reggae ließ sie jedoch gar nicht erst zur Ruhe kommen, an der Bar war sowieso kein Hocker mehr frei, und als sie eine Tanzpause brauchten und in einer Nische Platz fanden, zerrten beide Frauen sofort ihre Ballerinas aus den Handtaschen. Für die hochhackigen Waffen hatten sie in weiser Voraussicht eine große Plastiktüte mitgebracht, die man unter der Sitzbank verstaute. Die Cocktails waren gut, und nach dem zweiten hatten sie völlig den Grund ihres Hierseins vergessen. Der wurde ihnen erst wieder bewusst, als Rogers Abwesenheit auffiel.

Nicolas, heute mal in schwarzer Hose, weißem Hemd und schwarzer Weste, machte sich auf die Suche. Er bezweifelte, dass er ihn in dem Gewühl und Lärm und dem Geflacker von Stroboskoplichtern finden würde, aber so hatte er einen Grund, sich in den unterschiedlichen Gefilden der Amüsiermaschine umzuschauen. Die Raver benahmen sich am durchgeknalltesten, wenn es für durchgeknallt eine Steigerungsform gab. Maschinengleich zuckten sie, streckten Glieder, machten Fingerübungen in der Luft und deuteten Figuren an, die spastischen Lähmungen nachempfunden waren, und nahmen außer sich selbst nichts wahr. Die sind alle auf Droge, dachte Nicolas, auf Speed, auf Amphetaminen oder sonst irgendeinem Aufputschmittel. Es war die gleiche Substanz, die deutsche Soldaten im Zweiten Weltkrieg die Gewaltmärsche von sechzig Kilometern am Tag hatte bewältigen lassen. Amphetamin hatten die Panzerbesatzungen im Blitzkrieg geschluckt, aber zum Endsieg hatte es nicht gereicht. Auch in der Bundeswehr hatte die Droge Anwendung gefunden. Hier und heute war es endlich friedlichen Zwecken zugeführt, wenn Nicolas sich auch fragte, was man davon hatte, wenn man den Rausch so bewusstlos erlebte wie die Meute zuckender Leiber. Musste man das Zeug einwerfen, um wie sie zu empfinden? Er jedenfalls hielt es für gesünder, es nicht zu probieren.

Wo trieb sich Roger herum? Das Unmögliche ereignete sich, er traf ihn auf dem Rückweg von der Toilette.

»Da sollen sich unsere Frauen umsehen. Wir schauen uns auch weiter um. Ich schlage den Parkplatz vor.«

Nicolas stimmte zu. »Können wir die Mädels allein lassen?«

»So wie sie aussehen, werden sie nicht lange auf Gesellschaft warten müssen.«

»Und wenn sie die nicht mögen?«

Roger sah das locker »Die finden das cool, wenn sie auch bei anderen Chancen haben.«

Beim Türsteher hatte Nicolas den richtigen Riecher gehabt. Der Bodybuilder hieß Jerónimo, kam aus dem portugiesischen Setúbal, studierte in Würzburg Maschinenbau und verdiente sich hier seinen Lebensunterhalt. Er sah sich als Opfer der Finanzkrise, ein europäischer Vagabund, Opfer des sogenannten Brain-Drains, der Abwanderung der Intelligenz einer Volkswirtschaft.

»Bekommt Deutschland endlich die Fachkräfte, die es so händeringend sucht?«

Jerónimo sah das anders. »Zu Hause könnte ich das nicht hinkriegen, studieren und nebenbei Geld verdienen. Da ist ja allein das Geldverdienen schwer.« Er stutzte und blickte von einem zum anderen, dann sah er Nicolas verständnislos an. »Wieso sprichst du Portugiesisch? Spricht er«, der Türsteher zeigte auf Roger, »auch …?«

»Nein, er kann das nicht.« Nicolas grinste Roger an, der seinerseits auf dem Schlauch stand. »Was ist los? Ein Landsmann?«

»Sozusagen«, antwortete Nicolas und freute sich.

»Und wieso sprichst du …? Du bist doch Deutscher?« Jerónimo verstand die Welt nicht mehr, fertigte zwischendurch Neuankömmlinge nach der Musterung und der Taschenkontrolle mit einem Kopfnicken ab und wandte sich ihm wieder zu.

»Ich lebe in Portugal, am Douro.« Nicolas vermied es meistens, zu sagen, dass er Portweinproduzent sei, viele hielten ihn dann für einen Krösus und gingen auf Distanz. Er redete sich damit heraus, dass er auf einem Weingut arbeite, doch dann banden ihm Fremde gleich ihr gesamtes Weinwissen auf. Dem Türsteher gegenüber musste er geschickt vorgehen, diese Typen wussten meist zu viel, und seinem Aussehen nach gehörte Jerónimo mehr in die Ecke der Gelegenheitsganoven als in die Zunft der Ingenieure. Aber einen Quasi-Landsmann im Ausland zu treffen war für einen Portugiesen immer eine Freude. Nicolas bedeutete Roger, sich unauffällig zu entfernen, um den Türsteher ausfragen zu können. Er wusste, wie es funktionierte. Er begann bei der Familie, ging über zum Wohnort, fragte nach Freundinnen und Vitória Setúbal, der Fußballclub spielte in der ersten Liga Portugals. Mehr wusste er darüber nicht, zumindest war es ein Anfang. Er bewegte sich weiter zu Allgemeinplätzen und kam schließlich auf die Vereinbarkeit von Studium und

Dienstplan und darauf, ob er Dienstagnacht hier gewesen sei. Jerónimo selbst gab ihm das Stichwort.

»Als das mit der Weinkönigin war?«

»War das am Dienstag?«

»Da hatte ich frei, aber die Kollegen haben's mir erzählt.«

»Was war denn da?« Nicolas tat unwissend

»Sie haben sie im Morgengrauen gefunden, war eine ziemlich traurige Angelegenheit – und eine kurze Regentschaft.« Jerónimo kicherte unsicher, es war für ihn kein Ereignis von vielen, aber es berührte ihn wenig. »Das ist einerseits gut fürs ›Last Chance‹. Da kommen viele Schaulustige, die denken, es gibt was zu erleben. Andererseits lungern seitdem die Bullen ständig hier herum. Die Drogenfahndung ist aufgetaucht. Bisher hat sie uns in Ruhe gelassen. Ich zeig sie dir.«

Es dauerte einige Minuten, dann wies er auf zwei unscheinbare Männer, die an einem Geländer lehnten und ganz unauffällig den Parkplatz beobachteten.

»Zwei andere sind drin, aber die Bullen kommen nicht oft her. Hier laufen auch keine großen Deals, hier sind nur kleine Dealer und kleine Konsumenten, die was für den Abend brauchen. Die meisten können sich große Geschäfte gar nicht leisten.«

»Ist viel Gift unterwegs?«

Für einen Moment fühlte sich der Türsteher ausgefragt und wurde misstrauisch. »Wo ist dein Freund hingegangen?«

»Ich nehme an, er kümmert sich um die Mädels.«

Da erinnerte sich Jerónimo an ihren Auftritt und beruhigte sich. »Viel Gift? Was ist viel? Genug jedenfalls, um die Preise nicht in die Höhe zu treiben. Ich glaube, dass viele sich ihr Dope oder Speed mitbringen. Hier drin geht nichts ab. Wer schräg drauf ist, kommt nicht rein. Was auf dem Parkplatz abgeht, in den Autos, geht mich nichts an.«

»Es gibt ja auch genügend Kameras.« Nicolas sah sie über jedem Eingang. Im Foyer war eine direkt auf die Kasse gerichtet.

Jerónimo sortierte derweil Gäste nach dem Gesicht und der Kleidung, wer arm aussah, betrunken war, eindeutig auf Droge oder einen Migrationshintergrund ahnen ließ, hatte bei ihm wenig Chancen.

»Es gab sicher Aufnahmen von dem Abend, die Königin mit ihrem Gefolge. Da weiß man doch, wer dabei war.«

Der Türsteher tat, als wisse er nichts davon. »Die Aufnahmen haben sie, wie ich gehört habe, am nächsten Tag beschlagnahmt, aber so spät, dass die Hälfte bereits gelöscht war – angeblich.« Jerónimo feixte. »Manches braucht man fürs Familienalbum. Niemand spielt alle guten Karten gleich aus. Von den total ausgeflippten Leuten behält man gern die schönsten Mitschnitte, für YouTube oder was weiß ich wofür, und von den schärfsten Frauen.«

»Und die Aufnahmen zieht ihr euch dann später rein?«

»Ach, wir nicht. Das machen die festen DJs. Manche Bräute finden es total geil, wenn sie gefilmt werden und ihnen dann jemand ein Angebot macht, dass sie als Model arbeiten könnten.«

»Das läuft hier?«

»Das läuft überall, jede Disko ist 'ne Castingshow, deshalb produzieren sie sich ja, die Typen ganz genauso, jeder meint, er hätte es drauf und müsste nur noch entdeckt werden. Wohnst du in Würzburg? Wir können uns mal treffen. Es ist schön, mal wieder die eigene Sprache zu sprechen. Ich stell dir ein paar Landsleute vor, es gibt ein schönes portugiesisches Restaurant, das ›Casa Amarela‹, das ›Gelbe Haus‹, nicht zu übersehen. Die haben frische Sardinen und Vinho verde und welche vom Dão und auch aus deiner Gegend, glaube ich jedenfalls. Ah, und es gibt die berühmten Törtchen aus der Pastelaria de Belém, werden eingeflogen.« Er schnalzte genussvoll mit der Zunge.

Sie verabredeten sich locker, Nicolas würde sich bei Jerónimo melden oder er bei seinen Gastgebern anrufen.

»Was machst du hier eigentlich?«, fragte der Portugiese zuletzt und betrachtete Nicolas' Visitenkarte, aus der nicht hervorging, dass er der Besitzer des Weingutes Quinta do Amanhecer war.

Nicolas redete sich mit Verwandtenbesuchen raus und der Düsseldorfer Weinmesse.

»Das meine ich nicht. Ich meine hier, im ›Last Chance‹?«

»Unsere Freunde wollten her, meine Frau, und ich bin mitgekommen.«

Das klang glaubwürdig. Wenn er Jerónimo erst zum Essen eingeladen hätte und Rita ihren Charme spielen ließe, würde er alles preisgeben, was er über das »Last Chance« und seine Besatzung wusste.

Roger war verschwunden, wahrscheinlich spielte er Polizist, vermutete Nicolas und fand nach einigem Suchen den Weg zurück in die Palmenlounge. Ihre Plätze waren besetzt, zwei jüngere Männer, kurz geschnittenes Haar und angedeutete Bärte, redeten auf die Zurückgebliebenen ein. Er sah, wie Marion auf ihren Ehering zeigte und dem fremden Verehrer drohte. Nicolas schlich näher und hörte, dass Rita wieder die alte Masche fuhr, indem sie auf Spanisch auf die Männer einredete, was sie garantiert nicht verstanden. In Portugal tat es Französisch, in Spanien erfüllte Englisch den Zweck. Sie war sprachbegabt, hier erwies sich das Studium der Romanistik als hilfreich. Sie überlegte sogar, ob sie auch Italienisch lernen sollte, Weinreisen durch die Toskana oder das Piemont würden ihr gefallen. Ihr Redeschwall nervte für gewöhnlich so sehr, dass aufdringliche Männer nach vergeblichen Versuchen ihr ehrenvolles Vorhaben aufgaben.

Hier kam jetzt vieles zusammen, Nicolas' Erscheinen, die Sprache und der Ehering waren zu viel, und mit einem kumpelhaften Seitenblick auf ihn – du als Mann verstehst uns doch sicherlich?– suchten die Kavaliere in lässig wiegendem

Gang nach einer besseren Gelegenheit. Bis zu Rogers Rückkehr musste sich Nicolas' Rügen wegen seiner langen Abwesenheit anhören, dann begaben sich alle in die Raver-Hölle, mischten sich unter die Tanzenden und teilten die Ekstase. Besonders Rita hatte nach drei Caipirinhas viel Bewegung nötig.

Nass geschwitzt, ausgepumpt und wieder nüchtern schleppten sie sich an die Bar und schütteten O-Saft in sich hinein. Zwei starke Lisboas mit weißem Port, Dry Gin, einem Dash Cassis und Zitronensaft, wahnsinnig erfrischend und schleichend betrunken machend, reichten Nicolas. Er hatte seine Sinne lieber beieinander.

Da bemerkte Marion, dass sie die Tüte mit den Schuhen unter der Bank in der Palmenlounge hatte liegen lassen. Als beide Frauen außer Hörweite waren, die bereits bei einer Armlänge begann, beugte Roger sich zu Nicolas, packte ihn bei den Schultern und schrie ihm ins Ohr:

»Als du mit dem Türsteher geredet hast, ist ein Bus gekommen, der Shuttle vom Bahnhof Würzburg. Er fährt alle fünfundvierzig Minuten. Der letzte fährt um Mitternacht her. Und die fahren auch wieder zurück. Ich glaube, da finden Deals drin statt. Ein paar Leute stiegen aus und verschwanden gleich in den Büschen, dann wehte eine Marihuanawolke über die Autodächer.«

»Die sind doch nicht mit dem Shuttle hingefahren, die Königin, und an Gras stirbt niemand …«

»Das meine ich auch nicht. Ich sollte mal mit dem Bus fahren und sehen, ob ich was rauskriege, ob da jemand ist, der ihr was verkauft hat.«

»Und wobei soll das helfen?«

Rogers Achselzucken zeigte, dass er es auch nicht wusste. Nicolas hatte eine andere Idee und beugte sich zu der blonden Barfrau mit Nasenring und durchstochenen Augenbrauen und versuchte ein Lächeln. Sie griente uninteressiert zurück, und er hätte den Eindruck gehabt, ins Gesicht einer

Eingeborenen von sonst welchen Südseeinseln zu blicken, wenn sie nicht so blass gewesen wäre. Der Rand ihres rechten Ohrs war von glitzernden Nadeln durchbohrt, im Ohrläppchen steckte ein Pfropfen.

Er fragte sie schreiend, ob sie am fraglichen Abend hier gearbeitet hatte, sie verwies ihn ruppig an eine Kollegin, die weiter rechts bediente und weniger perforiert war, was es ihm leichter machte, sie anzublicken und mit ihr zu kommunizieren. Ja, sie habe Dienst gehabt, hier, am selben Platz, die Weinkönigin habe dort drüben gesessen, sie wies dorthin, wo Roger jetzt stand und unbeteiligt in die Luft starrte. Sie habe erst später, als die Bullen kamen, erfahren, um wen es sich handelte. Sie habe inmitten einer Männerclique gestanden.

»Wie viele dazugehörten?« Sie zuckte mit den Achseln. »Cocktails waren angesagt, ziemlich heftig. Drei hat sie mindestens getrunken.« Mehrere Typen hätten sie angebaggert. »Aber das habe ich alles längst der Polizei gesagt.«

»Was glaubst du, war sie auf Droge, Speed oder so was?«

Der Blick des Mädchens war mitleidig. »Wenn ich darüber reden würde, hätte ich diesen Job längst nicht mehr. Was geht es mich an, was die Leute einwerfen?«

»Ich wollte ja nur wissen, wie dein Eindruck war«, entgegnete Nicolas und tat erstaunt.

»Warum? Bist du von 'ner Zeitung?«

Sie hatte ihm, ohne zu wollen, die Antwort geliefert, sein Kopfnicken konnte alles bedeuten. »Weil ich von vornherein der Polizei und offiziellen Angaben nicht traue.«

»Warum interessiert dich das?«

»Ich habe sie mitgewählt, ich bin Winzer.« Hier konnte es ihm nutzen, sich so zu bezeichnen.

»Dann haben sie deine Königin umgebracht?« Dem Mädchen schien das gleichgültig zu sein, die Wirklichkeit schien so real wie ein billiger Film auf RTL II. »Wenn sie auf Speed war, hätte sie nichts getrunken, nur Wasser. Sieh dich um.

Raver auf Speed trinken so gut wie nie. Es ist zu gefährlich. Auf der Piste hat sie sich ausgetobt, so wie alle, aber ich habe nicht auf sie geachtet. Ich wusste doch nicht, wer sie war. Solche gibt es massenhaft.«

Nicolas schob auch ihr einen Zehn-Euro-Schein zu, sie bedankte sich mit einem Kussmund – ein hübsches Mädchen, dachte er und drehte sich auf dem Weg zu Roger noch einmal nach ihr um. Sie tuschelte mit der perforierten Kollegin, die ihn so böse anstarrte, dass er sich noch einmal umdrehte.

»Bleib einfach hier stehen und bewege dich nicht.« Rogers Anweisung kam ziemlich barsch. »Dreh dich langsam um und schau nicht gleich in die Richtung, die ich dir sage. Gegenüber, auf der anderen Seite über der Tanzfläche steht ein DJ in einem Glaskasten, der Typ mit Bart und Kopfhörern. Unter der Scheibe ist ein schwarzer Schlitz, ich glaube, dahinter bewegt sich eine Kamera.«

Es dauerte eine Weile, bis Nicolas sie entdeckte. Zuerst war da nur der schwarze Schlitz, zwei Finger breit. Als er sich an der Bar weiterbewegte, blitzte in dem die Musik begleitenden Lichtgeflacker eine kreisrunde Fläche, es konnte wirklich die Linse einer Kamera sein.

»Ich würde gern wissen, was der DJ aufnimmt und ob er die Takes auch der Polizei zur Verfügung stellt.« Roger konnte reden, ohne die Lippen zu bewegen.

»Frag ihn einfach«, schlug Nicolas vor, der Rita entgegensah. Sie hatte sich bei Marion eingehakt, beide drängten sich lachend durch die Tanzenden. Die Plastiktüte war nicht zu sehen.

»Verschwunden, einfach verschwunden.« Rita wirkte fast erleichtert. »Jemand hat unsere Schuhe geklaut. Aber wir hätten sie sowieso gleich morgen im Secondhand-Laden verkauft. Ein reiner Fehlkauf.« Die Frauen kicherten weiter. »Aber es hat Spaß gemacht.«

Schade um das Geld, dachte Nicolas, aber es ist ihre Sache,

sie kann mit ihrem Geld machen, was sie will. Doch Hans würde sich ärgern. Er rechnete in Flaschen Wein, die er produzieren und verkaufen musste, um seine Rechnungen zu bezahlen. Wein war seine Währung. Für den Umbau und die Modernisierung des Weingutes hatte er sich stark verschuldet. Doch Marion, das hatte er mitbekommen, zahlte ihre Ausgaben von ihrem Lehrergehalt. Trotzdem schade um die Schuhe.

Nicolas klingelten die Ohren, die Musik wurde zum Geräusch, Techno zum Krach, der ihn in einem unguten Sinn vibrieren ließ, trotzdem langweilte er sich. Ab und zu sah er zu der Bedienung hinüber, Barfrau war für sie das falsche Wort, sicher war sie Studentin, das hier ein Nebenjob. Ob der Türsteher tatsächlich studierte? Er würde es erfahren, wenn man sich traf. Und er wollte ihn treffen. Warum? Nicolas starrte gedankenverloren vor sich hin, sah Rita beim Tanzen zu und dachte, wie gut sie ihm gefiel und dass er jetzt lieber mit ihr zusammen wäre, sie umarmen würde, ihre Haut spüren, ihren Duft einatmen, ja sich in ihr verlieren würde. Aber hier tanzte niemand zusammen.

Warum er Jerónimo treffen wollte? Der Gedanke brach sich erneut Bahn. Er erinnerte sich an die glanzvollen Farbfotos aus der Zeitung von Henriette Müller am Tag nach der Wahl und versuchte, sie mit der Szene ringsum in Übereinstimmung zu bringen. Irgendetwas passte da nicht zusammen.

Das »Last Chance« ging ihm zunehmend auf den Wecker, der Krach, die vielen Leute, er sehnte sich nach dem Bett, nach dem am Douro, nach der lauten Stille seiner Berge, wie er sie am Lump empfunden hatte oder auch auf dem Aussichtspunkt auf der Maininsel. Er wühlte sich durch die Tanzenden und konnte die beiden Frauen dazu bewegen, die Party zu beenden. Roger, der zuletzt wie ein herrenloser Hund herumgestromert war, blieb verschwunden, und sie ließen sich ermattet auf den gepolsterten Bänken der Coffee-

Bar nieder und tranken Kaffee, in der Hoffnung, dass ihr Fahrer bald käme. Er ließ sie eine Stunde warten und ließ sich auch keine Schuldgefühle einreden. Er hatte seine Exfreundin Nora wiedergefunden. Sie stieg zu ihnen in den Wagen und stieg im Hof des Weinguts mit aus. Es sei zu spät, sie jetzt noch nach Kitzingen zu bringen, meinte Roger, obwohl der Morgen graute.

»Sie haben sich vor einem halben Jahr getrennt.« Marion sah ihnen nach, wie sie zu Rogers Wohnung hinaufgingen. »Sieht so aus, als wären sie wieder zusammen. Nora tut ihm gut, sie stimmt ihn friedlich.«

Alle bis auf Hans, der sich um Stephan und Rebecca kümmerte, schliefen bis Mittag – er hatte den Sonntag geopfert, damit sie ausschlafen konnten, und sorgte auch für den Brunch in der Küche. Am Nachmittag fuhren sie nach Schwarzach, schlenderten mit den Kindern durch den Ort und besichtigten die romanische Benediktinerabtei Münsterschwarzach, von der Gattin Karls des Großen gegründet. Mehrmals war die Anlage zerstört worden, im 13. Jahrhundert, in den Bauernkriegen und wieder im Dreißigjährigen Krieg. Und immer wieder war alles aufgebaut worden. Die Ruhe hier beeindruckte Nicolas, sogar die Kinder waren still, fasziniert von der Feierlichkeit des Raums, seiner Größe und Schlichtheit. Es war ein schöner Gegensatz zum Barock.

Später luden sie ihre Gastgeber im »Benediktiner« zum Essen ein und kehrten am Abend zurück nach Nordheim, wo sie Roger erwartete. Sie verplauderten den Abend mit dem Austausch von Meinungen, geschäftlichen Ideen, sie diskutierten ihre Erfahrungen mit Kunden und ihren weiteren Weg hin zum ökologischen Weinbau. Die Aufregung der Nacht hatte sich gelegt, die Wellen der Emotionen waren flacher geworden. Was sie im »Last Chance« erlebt hatten, wollte Hans gar nicht wissen. Aber er stellte einen Kondolenzbesuch bei Henriette Müllers Eltern in Aussicht. Ungewollt gab er seinem Bruder das Stichwort.

»Nora hat mir übrigens erzählt, dass ihre jüngere Schwester mit Henriette befreundet war. Sie waren häufig zusammen unterwegs, in Clubs, Diskos und so … und sie kann sich nicht erinnern, dass in ihrer Gegenwart Drogen jemals ein Thema waren. Sie stand auf Cocktails, die waren ihre Leidenschaft, aber sonst nichts. Was sagt ihr dazu?«

Kapitel 10

Rita kam am nächsten Morgen vom Kindergarten mit der Nachricht zurück, dass Rebecca sich gut einfüge, was darauf schließen ließ, dass sie sich wohlfühlte, und die anderen Kinder zeigten ein besonderes Interesse an ihr.

Nicolas war im Bett geblieben, Rita kroch zu ihm unter die Decke – sie waren endlich mal allein und brauchten auf niemanden Rücksicht zu nehmen. Sie konnten das ausleben, wovon er an der Bar des »Last Chance« geträumt hatte. Sie hatten nur einen Tag, denn Rita fuhr morgen für zwei Tage nach München, sie wollte bei Reiseagenturen ihr Programm »Wein & Kultur« vorstellen. Mittwoch würde sie spät zurückkommen, und bereits am Freitag musste Nicolas nach Düsseldorf, die Messe begann Freitagmittag. Er musste fit und vier Tage lang absolut präsent sein, dreißigmal pro Tag sein Weingut vorstellen, die Lieferbedingungen erläutern und die hohen Preise für seinen Vintage Port und den Late Bottled rechtfertigen. Einen Wein zwanzig Jahre zu lagern und erst dann, reif, auf den Markt zu bringen kostete Geld.

Hans nahm auch an der Messe teil, er würde auf dem Fränkischen Gemeinschaftsstand zu finden sein, doch Nicolas wollte nicht mit ihm im Auto fahren, er zog den Zug vor. Er hatte auch kein Material hinzubringen, alles wartete dort auf ihn. Außerdem brauchte er mal wieder Zeit für sich, Muße, Zeit zum Nachdenken, er musste mit sich allein sein, um sich auf das zu besinnen, was wichtig und nicht eilig war.

Am Dienstag brachte er Rita zum Bahnhof nach Würzburg und fuhr anschließend über Kitzingen nach Sommerach, an die »Sonnenseite des Mains«, um die Genossenschaft zu besuchen und im dortigen Neubau der Kellerei weitere Anregungen für seine Quinta zu finden. Hatte schon DIVINO seine Vorstellung von deutschen Genossenschaften verändert, so stellte der moderne, leichte und funktional-verspielte Bau diese Vorstellungen vollends auf den Kopf. Der große Vorteil hier war gewesen, dass bei diesem Neubau von vornherein eine Linie gewahrt werden konnte, während er selbst auf der Quinta das Alte mit dem Neuen verbinden musste. Auf dem Weingut Max Müller in Volkach, hatte Roger ihm geraten, würde er das finden.

»Artgerechte Haltung des Weins«, fiel ihm beim Betreten des »Weinreichs« ein, einer architektonisch überaus gekonnten Inszenierung, mit aus dem Fußboden ragenden Raumskulpturen, mehr Kunstgalerie als Präsentationsraum einer Kellerei. Diese Inszenierung des Weins sollte dem veränderten Selbstverständnis und einer modernen Weinauffassung Rechnung tragen.

Der Anblick ließ Nicolas schmunzeln, er fragte sich, wo er das im Wein wiederfinden würde – bei Beton war es schwer, bei Eichenholz kam man der Sache schon näher, und das Licht fand sich in der Farbe und den Reflexen des Weins. Das »Weinreich« war für sich allein schon sehenswert.

Aber ihm selbst lag eine derartige Inszenierung nicht, sie ging ihm zu weit. Bei ihm würde der Inhalt, der Wein, stärker sein müssen als die Form. Außerdem stand er als einzelne Person dahinter und nicht eine Gruppe. Und alles war auch eine Frage des Kapitals. In Deutschland bekam man als Unternehmer vielleicht noch Geld geliehen, in Portugal liefen viele Geschäfte längst über Briefumschläge von Hand zu Hand. Und auch er würde von seinen Kunden bei den Besuchen Bargeld in Empfang nehmen, zwar korrekt verbucht, aber es lief nicht über die Bank.

Er riss sich vom Gedanken ans Geld los, es schränkte die Kreativität ein. Er musste von dem ausgehen, was er wollte, und dann eine Lösung finden, die realisierbar war. Er würde beim Umbau auf weicheren Rundungen bestehen, nicht so fränkisch trocken wie in diesem großen Raum, dem mehr natürliches Licht gutgetan hätte sowie etwas mehr Deckenhöhe. Oder war das nur sein falscher Eindruck an diesem mal wieder grautrüben Tag? Die Kühle überwog, statische Ruhe hatte ein klares Übergewicht. Doch es passte, wenn er an die hiesigen Weine dachte. Während er auf seinen Gesprächspartner wartete, zeichnete er Vitrinen, die Anordnung von Flaschen darin und darauf, den langen, großzügigen Tresen, er skizzierte Besucher mit Weingläsern in Händen, eine Art Balkon, der Platz für größere Gesellschaften bot, die nicht unbedingt aus beruflichen Gründen hier einkehrten.

»Der Umgang mit den Weinbergen zeigt das Verhältnis zur Welt.«

Es waren Worte, die Frank Dietrich zu Beginn ihres Gesprächs aussprach, Worte, die Nicolas gern hörte, und ein Gedankengang, den er nachvollziehen konnte. Es waren jedoch erst einmal nur Worte, die mit Leben beziehungsweise Wein gefüllt werden wollten.

Der Diplom-Agraringenieur war geschäftsführender Vorstand dieser Kooperative am südlichen Ende der Maininsel. Hundertsechsundneunzig Hektar hatten neunzig Mitgliedsfamilien unter dem Pflug und füllten etwa 1,9 Millionen Flaschen. Das war sehr viel, und wie viel Aufwand ließ sich da um jeden einzelnen Wein treiben?

Der Bürgermeister, ein Geistlicher und der Chef der Spar- und Darlehenskasse hatten diese Genossenschaft initiiert und mit den Weinbauern ihrer Gemeinde gegründet. Die Motive waren mannigfaltig: Der Bürgermeister brauchte Wähler, der Geistliche eine Gemeinde, und der Chef der Darlehenskasse hatte wahrscheinlich Angst um seine Kredite gehabt. Da musste ihnen was einfallen, um die Leute am Ort zu halten, indem ermöglicht wurde, dass sie ein Einkommen erzielten.

Entscheidend war wohl, den durch Jahrzehnte der Realteilung aufgesplitterten Landbesitz sinnvoll zusammenzufassen und dann vom Wohlwollen der Händler unabhängig zu werden. Diese diktierten die Preise für Weintrauben und entschieden so mehr über das Wehe als das Wohl der Weinbauern. Wer von ihnen nicht auf ein zusätzliches Einkommen angewiesen war, verstand seine Tätigkeit mehr meditativ. Von einem Rebstock zum nächsten gehen und überflüssige Ruten abschneiden und bei eiskaltem Wind oder unter brennender Sonne die Traubenzone von Blättern freilegen.

Menge, Gesundheitszustand und Weinbergspflege – so sah Nicolas hier die Grundpfeiler der Philosophie. Er würde es die Voraussetzung nennen, die Regeln, die Forderungen, denen die Mitglieder sich zu unterwerfen hatten.

Auch Sommerach hatte seine Weinkönigin gehabt, wie Nicolas im Gespräch erfuhr, aber er war nicht daran interessiert, das Thema zu vertiefen, und fragte sich, ob es eine gute Idee gewesen war, sich mit Jerónimo zu verabreden. Wenn er anriefe, könnte er sich rausreden …

Neun Weine probierten sie gemeinsam, es war nicht einer darunter, der ihm nicht gefiel, der Kritik verdient hätte, obwohl es durchaus einige Ausreißer nach oben gab. Nicolas konzentrierte sich mal wieder auf Silvaner, da gefiel ihm die Spätlese vom Escherndorfer Fürstenberg, ein gewichtiger Wein, dem seine Zeit auf der Maische anzumerken war. Die drei Jahre alte Spätlese vom Katzenkopf war ein Wein zum Essen. Er konnte sich dazu gut ein Kalbsgulasch vorstellen oder die Blauen Zipfel, die er neulich bei Rita probiert hatte. Der Wein gehörte in die Supremus-Reihe, die qualitative Spitze. Dort reihte sich auch der Pinot Noir ein, grandios in seiner Kraft und Fülle, aber nicht unbedingt im Stil eines eleganten und glatten französischen Burgunders. Auch die Weinreich-Eins-Linie hatte ihre Spitzenreiter, einen von der Stilistik her mehr internationalen Wein aus der Domina-Rebe, den er aus reiner Neugier probierte. Der im Barrique erworbene Holzton war noch etwas stark. Würde der Wein das auffangen, im Laufe der Zeit dieses Übergewicht abbauen können? Der Geschmack vom Barrique war zum Glück nicht mehr gefragt.

Bester Laune, ja geradezu euphorisch nach einer weiteren Stunde des Skizzierens, fuhr er zurück nach Nordheim. Gute Weine spornten ihn an und machten ihm immer Freude, etwas, das ihm bis vor fünf Jahren gänzlich unbekannt gewesen war. Ähnliches geschah beim Essen, eine gute Küche hob die Laune, eine schlechte verdarb sie. Mit Dona Firmina hockte er stundenlang in der Küche und kochte auf seine Weine hin, was er dann bei seinen Präsentationen in den Restaurants vorstellte.

Was ihn jedoch jetzt auf den Boden der Tatsachen zurückholte, waren die Schmierereien am Haus der Müllers. Über dem Spruch »DROGEN Königin« waren an der Giebelfront Farbeier zerschellt. Sippenhaft hatte es immer gegeben und würde es weiterhin geben. Dummheit und Gemeinheit waren nicht auszurotten. Der Vorwurf traf die Tote nicht mehr, aber die Leidtragenden. Da hatte jemand verurteilen wollen, statt zu verstehen, geschweige denn zu trauern. Nicolas hielt peinlich berührt an und starrte auf die Farbklekse. Wurde hier ein Pogrom geschaffen? Die verletzenden Worte hatte wahrscheinlich weder ein Nachbar noch jemand hingeschrieben, der tatsächlich mit Henriette Müller zu tun gehabt hatte oder direkt davon betroffen war. So jemand reagiert anders. Die Farbe aus einem Ei war über das Wort »Königin« gelaufen und hatte ihm posthum eine Krone aufgesetzt. Wie konnten sich die Eltern gegen derartige Schmierereien wehren? Zum Schmerz über den Tod des Kindes kam die Scham, jeder Unfalltote unter einer Abdeckplane wurde mit mehr Würde bedacht. Was käme als Nächstes? Boykott ihrer Weine? Schauten demnächst alle weg, wenn die Müllers ein Geschäft oder die Kneipe an der Ecke betraten?

Im Haus hatte jemand Nicolas in seinem Wagen bemerkt und schob die Gardine ein wenig beiseite. Hielt man ihn für einen Sensationsreporter? Die waren längst abgezogen. Er parkte den Wagen ein wenig abseits und ging zu Fuß zurück und klingelte. Niemand öffnete. Er klingelte erneut, etwas länger und wartete. Von der anderen Straßenseite schaute jemand herüber, eine Frau kam auf ihn zu.

»Da macht niemand auf. Die verstecken sich.« Vielsagend zog sie die Augenbrauen hoch und zeigte mit der Nase auf die Schmiererei. »Wen wundert's.«

»Mich«, sagte Nicolas grimmig.

Verblüfft sah ihn die Frau an, sie merkte sofort, dass sie keinen Gleichgesinnten vor sich hatte. »Na, dann probieren Sie es eben weiter.« Lag da Hohn in ihrer Stimme? Es störte ihn wenig. Was hier jemand von ihm hielt, konnte ihm schnuppe sein. Er versuchte sich weiter an der Klingel, wie es sich anhörte, war ihm dieses Mal Erfolg beschieden, zumindest klappte im Haus oder im Hof eine Tür, und es näherte sich ein langsamer, schwerer Schritt.

»Wer ist da?«

»Nicolas Hollmann aus Portugal. Ich habe Ihnen neulich nachts den Schlüssel zugeworfen, als die Reporter das Haus belagerten.« Er hoffte, dass auf der anderen Seite des Tors der Mann stand, dem sie auf der Straße begegnet waren.

Einen Augenblick lang herrschte Stille, dann hörte er das Klimpern eines Schlüsselbundes, die Tür öffnete sich einen Spalt, und ein finster blickender Mann um die fünfzig starrte ihn aus dunklen Augen an.

»Was wollen Sie?« Langsam öffnete sich die Tür weiter, Herr Müller lugte vorsichtig auf die Straße, ob jemand hinter Nicolas verborgen war.

»Ich bin allein gekommen, ich möchte Ihnen mein Beileid aussprechen.«

Herr Müller sah ihn so verblüfft an, als sei er der Erste, der sich mit diesem Anliegen an ihn wandte. »Kommen Sie rein.« Er packte Nicolas am Jackenärmel und zog ihn schnell in den Hof und schloss sofort die Tür wieder ab.

»Sie belagern mich, vielmehr uns«, korrigierte er sich. »Ich weiß nicht, was sie von uns wollen, aber seit gestern ist es ruhig, sie haben ja jetzt eine neue, über die sie herfallen können.«

Der Hausherr ging voraus und wies mit der Hand auf die drei Stufen, die links ins Haus führten. »Geben Sie acht!« Das Haus war dunkel, er führte Nicolas am Probierzimmer vorbei, durch die geschlossenen Läden fiel ein Lichtstreifen auf Flaschen, Gläser, Dekantierkaraffen und sogenannte Restweinbehälter, der offizielle Begriff für Spucknäpfe.

»Wir haben einen Gast«, sagte er zu der Frau im dunklen Flur, die sich schnell abwandte. War das Frau Müller? Erst als sie das vom Tageslicht erhellte Wohnzimmer betraten, sah Nicolas, dass er tatsächlich den Mann aus jener Nacht vor sich hatte. Einen Moment später betrat seine Frau den Raum. Sie sah spitz aus, verkniffen der Mund und die Augen, die sie sofort niederschlug, als Nicolas sie anschaute und ihr die Hand reichte.

»Wieso kommen Sie zu uns?«

Nicolas berichtete von seinem Hintergrund und dass sie momentan auf dem Weingut Kästner zu Besuch seien. »Ich habe auch eine Tochter, sehr klein noch, und ich habe gedacht, was immer geschieht, sie ist und bleibt mein Kind, gleichgültig, welche Fehler sie im Leben macht. Das wird Ihnen nicht anders gehen.«

Der Anflug eines dankbaren Lächelns huschte über Frau Müllers Gesicht. »Henriette hat nichts genommen, nichts, wir hätten es gewusst.«

Nicolas wusste nicht, was er darauf antworten sollte, oft

fielen Eltern aus allen Wolken, wenn sie – meist von Fremden – vom wahren Leben ihrer Kinder erfuhren. »Ich war bei der Wahl dabei, ich habe sie zwar nicht gewählt, ich habe für Claudia Voigt gestimmt, aber mein Eindruck war, dass Henriette …«

»Wir haben erfahren, dass sie GHB im Blut hatte.« Was es bedeutete, wusste ihre Mutter nicht, Henriettes Vater erklärte es.

»Die Abkürzung bedeutet Gamma-Hydroxybutyrat, es wird auch als Liquid Ecstasy auf dem Schwarzmarkt gehandelt. Und wenn man das zusammen mit Alkohol zu sich nimmt, führt das zu Atemlähmungen und komaähnlichen Zuständen.«

»Und gleichzeitig soll sie Crystal genommen haben«, fuhr jetzt die Mutter fort, »als wenn sie sich betäubt hätte. So ein Unsinn, bei ihrem schwachen Herzen. Mein Mann hat sich sofort schlaugemacht, nachdem wir das erfahren haben.« Sie sah ihn auffordernd an. Das Sprechen fiel ihr deutlich schwerer als ihm.

»Da werden Glückshormone ausgeschüttet, die steigern das Selbstbewusstsein. Die Polizei meint, sie hätte das genommen, um ihre Angst auf der Bühne zu überwinden und ihr Selbstbewusstsein zu steigern …«

»Das hatte sie gar nicht nötig«, fuhr die Mutter dazwischen. »Wir waren beide in Schweinfurt dabei.« Der Anflug eines Lächelns der Erinnerung huschte über ihr Gesicht. »Sie hat nichts genommen, eine Mutter weiß das, ich hätte es gemerkt. Es waren ihr Wille, ihre Vorbereitung, ihre Überzeugung …«

»… und die Unterstützung des Publikums«, ergänzte der Vater. »Wir sind mit über achtzig Leuten hingefahren, ein Bus mit sechzig, die anderen im PKW. Das hat sie aufgebaut, sie ist über sich selbst hinausgewachsen, so aufgekratzt wie bei der Wahl habe ich sie vorher nie erlebt. Sie war sogar mir ein wenig fremd.« Jetzt zeigten sich erste Zweifel in der Miene des Vaters, fast entschuldigend schaute er seine Frau an, als hätte er sich verplappert.

Die schüttelte den Kopf, jeden Zweifel kategorisch ausschließend. »Henriette war eine starke Persönlichkeit, wir haben alles getan, was nötig war, wir haben sie immer unterstützt.«

Das meinten alle Eltern, sie meinten es immer gut, der Mensch konserviert die abstrusesten Ideen, dachte Nicolas, und glaubt sogar daran; er erlebte es bei seinen portugiesischen Weinbauern immer wieder, die behaupteten, Schläge seien zum Besten ihrer Kinder.

»Aggressiv soll sie zuletzt gewesen sein, was auch auf den Konsum von Crystal Meth hinweisen soll.« Henriettes Vater schüttelte den Kopf. »Ich kann das nicht glauben. Aber die Droge soll diese Wirkung haben. Angeblich hat der japanische Chemiker Nagayoshi Nagai bereits Ende des vorletzten Jahrhunderts mit Amphetaminen experimentiert, sie wurden aber erst 1988 verboten – wenn ich mich recht erinnere.« Müller sah Nicolas an, als würde er von ihm einen Kommentar oder Widerspruch erwarten. »Ich habe mich genau informiert.«

In Deutschland, so erklärte er, habe das Naziregime den Auftrag zur Herstellung eines Stimulanz-Präparates erteilt, das unter der Marke Pervitin in den Handel gebracht wurde. Piloten und Soldaten sei das Präparat im Krieg verabreicht worden, um ihre Leistungs- und Konzentrationsfähigkeit zu steigern und Angstgefühle einzudämmen. Auch im Hochleistungssport sei das als »Nazi-Speed« bekannte Pervitin bis 1988 unerlaubterweise eingesetzt worden. »Aber das vertrugen nur Menschen mit einem starken Herzen.«

»Aber die Ärzte haben gesagt, dass sich Henriettes Herzschwäche ausgewachsen hätte.« Frau Müller schien noch immer nach einem Strohhalm zu suchen, um sich festzuhalten. »Eine Wachstumsstörung, nichts weiter, vorübergehend. Vielleicht war das mit ein Grund dafür, dass sie das schreckliche Zeug nicht vertragen hat. Wir wissen nur das, was in der Zeitung steht«, verzweifelt blickte sie Nicolas an, als müsste sie ihn um Verzeihung bitten, »und was die Polizei uns gesagt hat. Ob sie alles gesagt hat, was sie weiß – woher sollen gerade wir das wissen?«

»Und ihre Freunde?« Nicolas erwähnte, sie sei in einer Clique im »Last Chance« aufgekreuzt. »Jemand muss es ihr zugesteckt haben oder sie dazu verleitet haben, es zu nehmen.«

Frau Müller starrte an die Decke, sie sprach, als richte sie die Worte an sich selbst. »Wieso sind plötzlich alle ihre Freunde verschwunden? Es ist wie verhext. Alle tun so, als hätte keiner mitgefeiert. Henriettes beste Freundin jedenfalls hat uns erzählt, dass sie versucht habe, sie davon abzuhalten, nachts noch loszufahren, angesichts der neuen Verpflichtungen. Aber sie hat nicht auf sie gehört, sie war wie im Rausch …«

Erschrocken hielt sich Frau Müller die Hand vor den Mund. Sie hatte indirekt das bestätigt, was sie strikt von sich wies. Hastig fügte sie noch einige Worte hinzu. »Ab morgen, hat sie nur gesagt, ab morgen dürft ihr über mich bestimmen.«

»Die anderen, waren es junge Leute aus Nordheim?«

»Das weiß ich nicht mehr, der Trubel war zu groß. Aber einige sollen sie gedrängt haben.«

Nicolas meinte, Frau Müller beruhigen zu müssen, und erklärte, dass es sich bestimmt feststellen lasse, wer dabei gewesen sei.

»Was glauben Sie? Alle weichen uns aus. Wenn wir kommen, verstummen die Gespräche, als wären wir Aussätzige, als wären wir schuld, das ist eine zusätzliche Strafe.« Frau Müller kämpfte mit den Tränen. »Mein Mann meinte heute Morgen, dass es vielleicht besser wäre, wenn wir wegziehen und das Weingut verkaufen. Auf Dauer halten wir das nicht aus, der Druck ist schrecklich.«

War es Mitleid, war es Verständnis, war es das Gefühl, dass hier Unrecht geschah? Nach den Erfahrungen, den immensen Schwierigkeiten bei der Übernahme seines Weingutes war Nicolas hellhörig geworden, er traute dem Offensichtlichen immer weniger und hielt das Unwahrscheinliche für möglich. Nur – was war hier unwahrscheinlich?

»War eigentlich diese Anneliese Fünfinger aus Eschern-dorf mit von der Partie?«

Müller wurde ernst und warf seiner Frau einen vielsagenden Blick zu. »Wollen Sie damit etwas andeuten?«

Nicolas wich auf eine entschuldigende Geste aus.

»Wir haben uns das auch gefragt.« Frau Müller starrte auf den Tisch und strich wie unter Zwang immer wieder die Tischdecke glatt. »Zum einen ist der Gedanke zu absurd, zum anderen war sie nicht dabei. Oh, entschuldigen Sie, wir haben Sie gar nicht gefragt, ob Sie vielleicht ein Glas Wein …?«

Nach einem Blick auf die Uhr, es war Zeit fürs Mittagessen, drängte Nicolas auf ein Ende ihrer Unterhaltung; dass sie derart ausführlich werden würde, hatte er nicht erwartet, doch bevor er ging, ließ er sich noch die Adresse von Henriettes Freundin geben.

Hans und Roger waren mit den Vorbereitungen für die Pro-Wein beschäftigt. Für die Ausstattung des Gemeinschaftsstandes sorgte der Weinbauverband, Wein und Prospekte mussten selbst mitgebracht werden, eine Aufgabe, die Nicolas auch vom Portweininstitut abgenommen wurde, gegen Bezahlung selbstverständlich. Der Preis hielt sich in Grenzen. Nicolas hatte die entsprechenden Maßnahmen bereits vor einem Monat eingeleitet, Lourdes, seine rechte Hand, kontrollierte alles, nichts durfte schiefgehen. Sie hatten Erfahrungen aus dem Vorjahr, als Otelo noch mitgekommen war. In diesem Jahr verzichtete er lieber auf die Reise, weil er nur herumgesessen und nichts verstanden hatte und sich nur mit den Portugiesen hatte unterhalten können. Außerdem musste einer daheim bleiben, um die verbliebenen Mitarbeiter zu »beraten«, um nicht zu sagen, ihnen auf die Finger zu sehen. Nicolas hingegen war im Französischen und Englischen recht gut bewandert, er beherrschte die Fachtermini des Weins, auch sprach er Holländisch, das er während seiner zweijährigen Postgraduiertenzeit am Berlage Institut in Rotterdam gelernt hatte.

Aber momentan war im Keller sowieso nichts zu tun. Die Weine gärten vor sich hin, bei einigen Fässern war die malolaktische Gärung abgeschlossen, bei denen, die dem Portwein vorbehalten waren, wurde die Gärung sowieso durch die Zugabe von Alkohol unterbrochen. Sie reiften, und der nicht vergorene Zucker sorgte für die nötige Süße.

Nicolas berichtete seinen Gastgebern ausführlich vom Besuch bei Henriettes Eltern. Roger hielt das Argument, dass sie ihre Tochter kannten und ihr den Drogenkonsum nicht zutrauten, für wenig stichhaltig.

»Meine Alten haben auch nicht gewusst, was wir als Schüler taten, als wir an den ersten Joints rumgezogen haben. Sie wissen es bis heute nicht, und das ist auch besser so. Aber geschadet hat es niemandem. Ich weiß noch gut, wie Hans irgendwann mal meine Freunde und mich dabei überraschte, dann hat er mitgezogen und sich die halbe Nacht lang über alte Monty-Python-Filme totgelacht und vor Freude auf den Boden getrampelt.«

»Musst du alles rumposaunen!«, schimpfte sein Bruder. »Er, Roger, hat mich angestiftet.«

»Er stellt es gern als Ausrutscher dar, aber bei dem einen Mal ist es nicht geblieben.«

»Glaub ihm kein Wort, alles gelogen, er will nur die Verantwortung von sich abwälzen. Wahrscheinlich ist er nur zur Polizei gegangen, um sich aus der Asservatenkammer zu bedienen. Sie haben ihn erwischt und unehrenhaft entlassen.«

»Was anderes als Marihuana und Haschisch habe ich nie

probiert.« Jede andere Art von Drogenerfahrung wies Roger weit von sich. »In unserer Familie fahren wir halt auf Alk ab, genau wie unsere Kunden! Aber das sagt man besser nicht laut, dass wir Drogen anbauen und damit handeln. Das Schlimmste daran ist, dass wir es aus Überzeugung tun«, sagte er und gluckste. »Unseren Traubensaft will keiner, den müssen wir selbst trinken.«

»Wie gut, dass uns diese Gemeinsamkeiten verbinden.« Nicolas machte derartiges Geplänkel Spaß, es erinnerte ihn an die Gespräche mit Happe und Carlos. Es wäre interessant und auch sinnvoll, mit ihnen die modernisierten Güter zu besuchen und konkrete Ideen zu entwickeln. Der Umbau seiner Quinta reizte ihn, und gleichzeitig fürchtete er sich auch davor. Die Arbeitsabläufe würden durcheinandergeraten, Dreck, Lärm und Kosten kamen auf ihn zu, der gesamte Umbau musste minutiös geplant werden, um den Produktionsprozess nicht zu gefährden. In seinem früheren Beruf zu arbeiten empfand er als spannend, als Ausbruch aus einer gewissen Routine, die sich unweigerlich einstellte.

»Was hältst du davon, wenn du bei Henriettes Freundin vorbeigehst?«

Nicolas fragte sich, warum er das tun sollte, was ihn der Fall anging, wem damit geholfen war, wenn er Fragen stellte, und ob es für andere von Interesse war. Er hatte den Eindruck, dass die Tagespresse sowie die sogenannte Öffentlichkeit sehr schnell zur Tagesordnung übergegangen waren. Punkt eins war die neue Weinkönigin und ihre Bedeutung für den lokalen Weinbau. Sie war das aktuelle Gesicht des Frankenweins, ihr Lächeln war gefragt – und keine weiteren Neuigkeiten aus dem Leben einer leider, ja, das musste man zugeben, einer gescheiterten Existenz. Die tote Henriette totzuschweigen war die beste Methode, ihr unrühmliches Ende und die »falsche« Wahl ungeschehen zu machen.

Er wusste, dass Rita dagegen war. Eine »Schwamm-drüber-Haltung« war ihrem aufrechten Wesen fremd, doch sie hatte ihn davon abhalten wollen. Sie betrachtete es als überflüssig, sich hier in fremde Angelegenheiten einzumischen. War das, was hier geschehen war, eine fremde Angelegenheit? Für Hans war es das, ihn interessierte sein Weingut, von ihm erfuhr Nicolas auch, dass die neue Weinkönigin mit nach Düsseldorf kam.

»Da kann man den neuen Stern an unserem Himmel von Nahem bewundern. Wir werden sehen, ob sie sich zur Supernova entwickelt.«

»Explodieren die nicht gleich nach ihrem Aufleuchten? Das passte wohl mehr auf Henriette.«

»Na, dann besser ein Fixstern …«

Roger wollte sich um den Shuttle zwischen dem Würzburger Hauptbahnhof und dem »Last Chance« kümmern. »Wenn es richtig ist, was die Eltern sagen und wie es angeblich ihre Freundin Sabine bestätigte, dass sie nie Drogen genommen hat …«, er machte eine bedeutsame Pause, »wie, das frage ich euch, sind dann die Drogen in den Körper gelangt? Hat jemand sie dazu gezwungen, das Zeug zu nehmen? Ist sie neugierig gewesen? Hat sie jemand dazu überredet? Wer könnte auf eine so idiotische Idee verfallen? Ich glaube, das wird wie alles hier, wie auch die krummen Geschäfte unserer Landtagsabgeordneten mit Familienangehörigen oder die Affäre des Parteivorsitzenden, unter den Teppich gekehrt. Die letzten Wahlen haben es wieder gezeigt. Man würde es selbst nicht anders machen. Du brauchst gar nicht so blöd zu gucken, da liegt nichts.«

Roger hatte bemerkt, dass Nicolas einen schrägen Blick unter den Schreibtisch geworfen hatte. »Jemand hat ihr das Zeug heimlich ins Glas getan, Alkohol in Verbindung mit den Drogen, das war ihr tödlicher Cocktail.«

»Gerührt oder geschüttelt?«, fragte Hans und sortierte die Blätter mit den Analysedaten ihrer Weine.

»Du bist pietätlos, Bruder.«

»Das habe ich von dir.«

Sabine Theden bestätigte die Aussage von Henriette Müllers Eltern. »Niemals! Sie können mir glauben, Herr Hollmann, dass ich es wüsste – und auch sagen würde. Ich sage das nicht nur, um sie reinzuwaschen oder mich selbst. Ich habe sie während der Vorbereitungszeit mal begleitet. Sie hat mir erzählt, wen sie alles getroffen hat, auf welchen Weingütern sie zu Besuch war und wie viele Weine sie probiert hat, um zu lernen. Sie wusste viel, sehr viel, umsonst ist sie nicht gewählt worden. Schließlich hatte sie eine Winzerlehre hinter sich, ihre Eltern betreiben das Weingut, da ist sie aufgewachsen. Jetzt wissen ihre Eltern nicht mehr, wie es weitergehen wird. Ich glaube, sie verlieren das Interesse, das Ziel. Es ist unheimlich traurig, wenn es keine Nachfolger gibt. Für wen arbeitet man dann noch? Außerdem hat Henriette Kurse am LWG belegt, dazu kam das Training vor der Wahl, die Arbeit mit den Coaches … Nein, niemals, sie hat nichts genommen.«

Die junge Frau mit den langen blonden Haaren schien vom Gesagten absolut überzeugt zu sein, aber dennoch blieben leise Zweifel in ihren Augen, so jedenfalls interpretierte Nicolas ihren Blick. »Zweifeln Sie an den Untersuchungsergebnissen der Polizei?«

»Nein. Sollte ich das?«

»Was bedeutet es dann?« Nicolas konnte sich nicht vorstellen, dass sich die Freundin darüber keine Gedanken gemacht und nicht mit Freunden und Bekannten darüber diskutiert hatte.

»Ich weiß es nicht.« Sabines Augen füllten sich mit Tränen.

»Drogen gelangen nicht von allein in den Körper. Gewaltsam hat ihr niemand etwas eingeflößt, das wäre bei der Autopsie entdeckt worden, jeder harte Griff mit der Hand hinterlässt Spuren, sogar DNA-Spuren.«

»Warum wollen Sie, dass ich es ausspreche?« Die Freundin sah Nicolas an, als bäte sie darum, von der Antwort verschont zu bleiben.

Er glaubte, dass er nur weiterkommen würde, wenn andere die Gedanken an sich heranließen, dass ihr jemand die tödliche Dosis verabreicht hätte. Und genau das sagte er ihr. »Hatte sie Feinde, unter den Konkurrentinnen vielleicht?«

»Sie fahren doch, wie Sie sagten, zur Weinmesse. Anneliese Fünfinger wird dort sein, auf dem Frankenstand. Dort können Sie sie kennenlernen. Ich finde sie okay. Sie meinen, dass jemand in ihrem Auftrag was in Henriettes Glas getan hat? Ihre Fantasie ist ja krass. Das ist abwegig, eine total absurde Vorstellung.« Sabine schüttelte den Kopf. »Ich kenne Anneliese nicht, aber Henriette hat erzählt, dass sie sich mit den beiden anderen sehr gut verstanden hat.« Sie starrte Nicolas aus großen Augen an, als ginge von ihm die Gefahr aus, und faltete verlegen die Hände. Sabine war unsicher geworden.

Nicolas schien es, als ließe sie zum ersten Mal die Vorstellung an sich heran, dass jemand die Freundin umgebracht haben könnte.

Kapitel 11

Am darauffolgenden Freitag brachte Rita Nicolas zum Bahnhof nach Würzburg. Ihre Reise nach München war erfolgreich gewesen, sie war überzeugt, zumindest einen Reiseveranstalter als neuen Kunden gewonnen zu haben. Wenn sie erst einmal eine Gruppe von Wein- und Kulturtouristen einige Tage geführt hatte, würde der Folgeauftrag fast automatisch kommen. Das bedeutete leider, dass sie häufiger nicht zu Hause sein würde. Happe, ihr Kompagnon, hatte wenig Lust, den Fremdenführer zu spielen, er war mit seinem schnodderigen Mundwerk auch nicht als Entertainer geeignet, der auch noch lächelnd die verlorene Sonnenbrille von Frau Schmitz suchen musste. Auch Nicolas behagte diese Rolle bei seinen Weinpräsentationen wenig. Ihm blieb jedoch nichts anderes übrig, niemand konnte ihn ersetzen. Außerdem war es glaubwürdiger, wenn der Winzer persönlich antrat. Er hoffte langfristig auf Lourdes. Er würde auf der Messe feststellen können, wie gut sie inzwischen die Quinta und ihre Weine repräsentieren konnte.

Der ICE war pünktlich, und als er den Bahnhof verließ, warf Nicolas einen Blick auf den Stein, bevor der Zug in den Tunnel eintauchte. Der Berg war ihm inzwischen vertraut, er wirkte mächtig und beruhigend, wartend und nicht mehr so tief schlafend wie unter dem Schnee. Nicolas lehnte sich zurück und sah die Landschaft vorbeirasen, den Main, einige

Weinberge, bis Wälder das Hügelland prägten. Es ging auf den Spessart zu, der nächste Halt war Aschaffenburg.

Er hatte einen Platz in der ersten Klasse am Fenster reserviert und ging noch einmal die Liste mit den Namen der Kunden durch, die versprochen hatten, an seinem Stand vorbeizukommen. Nicolas sah eine Bewegung. Ein Mann in seinem Alter, knapp unter vierzig, rasierter Schädel, grauer Anzug, offenes weißes Hemd, setzte sich wortlos ihm gegenüber an den Tisch, stellte seinen Laptop vor sich hin, stöpselte sich ein, das Telefon klemmte sowieso hinterm Ohr, und verschwand in seiner Cyberwelt. Als Nicolas dem Nerd lächelnd zur Begrüßung zunickte, sah der Mann durch ihn hindurch. Seine Wasserflasche hatte er mitgebracht, mehr schien er nicht zu sich zu nehmen. Statt einer Fahrkarte reichte er dem Schaffner wortlos sein Smartphone.

Wortlosigkeit herrschte sowieso in diesem Waggon, nur unterbrochen von gelegentlichen Klingeltönen, vom animalischen Grunzen über Omas Gelächter bis zur Ouvertüre des »Tannhäuser«, er nahm zumindest an, dass sie es war. Dem Inhalt der stakkatohaften Gesprächsfetzen nach zu urteilen, befand er sich im Wagen der deutschen Konzernelite. Hier war es unter jedermanns Würde, ein Wort mit dem Nebenmann zu wechseln, gesprochen wurde das Nötigste, mit dem Personal.

In Aschaffenburg wurde ein Vierertisch frei, und Nicolas wechselte den Platz.

Kurz darauf bat ein Mann um die fünfzig darum, sich zu ihm setzen zu dürfen, und arrangierte sich auf dem Sitz, bemüht, Nicolas nicht auf die Füße zu treten. Er bestellte Kaffee, ein Stück Schokoladenkuchen, legte einen Packen Prospekte von Weingütern vor sich auf den Tisch und schlug eine Weinzeitschrift auf.

Einerseits war es befriedigend, andererseits langweilig, Vorurteile bestätigt zu bekommen, aber der Mitreisende, ein Münchner Weinhändler, fuhr ebenfalls zu ProWein, allerdings als Käufer. Es dauerte keine fünf Minuten, bis sich ein Gespräch über fränkische Weine ergab. Nicolas erzählte von den Gütern, die er besucht hatte. Der Händler schätzte sie ebenfalls.

»Aber es gibt nicht genug, die Franken trinken ihren Wein lieber selbst, statt ihn zu verkaufen. Außerdem haben sie nicht viel, sechstausend Hektar sind wenig, wenn man es mit der Mosel vergleicht, da sind es knapp zehntausend Hektar, ganz zu schweigen von Regionen wie der Champagne mit zweiunddreißigtausend Hektar. Kennen Sie das Sprichwort? ›Man muss Gott für alles danken, nur nicht für die Franken.‹«

»Sie mögen sie wohl nicht besonders?«, fragte Nicolas. »Sonst noch Vorurteile gegen andere Bevölkerungsgruppen?«

»Urteile, keine Vorurteile, mein Herr, Erfahrung. Die Franken sind schwierig, ein eigenbrötlerisches Völkchen.«

»Aber es sind Bayern.«

»Um Himmels willen.« Der Weinhändler sah sich geduckt um. »Lassen Sie das keinen von denen hören, das sind keine Bayern, das wollen sie auch nicht sein. Wir ...«, er zeigte auf sich selbst, »wir sind die Bayern. Die Franken leiden noch darunter, dass wir uns ihr Land unter Napoleon 1803 einverleibt haben. Sie wissen, wie es mit ungeliebten Kindern ist? Sie wollen geliebt sein, und wenn man sie liebt, glauben sie es nicht und fühlen sich trotzdem zurückgesetzt, das Trauma des Zweitgeborenen. Ich glaube, das liegt auch an der Landschaft, es ist eine ohne besondere Höhen und Tiefen, nichts Beeindruckendes.«

Nicolas sah das etwas anders, es gab viele Franken in der Kunst. »Riemenschneider hat in Würzburg gearbeitet, der Schriftsteller Jean Paul ist in Bayreuth geboren, Albrecht Dürer verbrachte sein Leben in Nürnberg ...«

»Kaspar Hauser auch«, warf der Weinhändler ein.

»Genau wie Hegel.«

»Der war nur kurz da, und die berühmten Leute sind alle schon lange, lange tot.«

Als landschaftlich markante Punkte nannte Nicolas den Würzburger Stein und den Escherndorfer Lump, aber sein Gegenüber ließ es nicht gelten.

»Auch der Schwanberg bei Iphofen ist dramatisch, aber ansonsten? Es gibt keine äußeren Grenzen, daher fehlen die Reibungspunkte, an denen man sich entwickelt, und die wesentlichen Beziehungen nach außen. Sie sind sich selbst genug, sie bleiben lieber unter sich. Bayern können sie nicht leiden, und Hessen sind ihnen bereits verdächtig. Wie gesagt, wie soll da eine Lebensart entstehen? Die einen sind ein wenig bieder, die anderen verstaubt, altfränkisch eben. So ein Begriff entsteht nicht von ungefähr.«

»Die Zeiten ändern sich. Ich habe andere kennengelernt.«

»In Franken gehen die Uhren langsamer.«

»Ihr Bayern mögt sie generell nicht besonders?«

»Das beruht auf Gegenseitigkeit. Man sagt ihnen nach, dass sie …« Der Mann suchte nach Worten. »Ja, wie soll ich es sagen, verstockt sind. Sie gehen nicht aus sich heraus, sie sind nicht besonders kommunikativ, aber Gerüchte werden gern aufgegriffen.«

Nicolas dachte an Henriette und ihren angeblichen Drogenkonsum, doch wozu dem Mitreisenden weitere Munition für seine Vorurteile liefern? »Haben Sie hier gelebt, oder woher wissen Sie das alles?« Nicolas spürte seine wachsende Ablehnung dem Mann gegenüber.

»Man spottet über sie, dass sie niemals etwas positiv darstellen. ›Nichts gesagt ist genug gelobt‹ heißt es. Ich glaube, das trifft es. Sie reden sogar noch immer von der Rückführung der Beutekunst, als ob wir Sowjets wären. Das Zeremonienschwert ihres damaligen Fürstbischofs Johann von Grumbach liegt heute in der Schatzkammer der Münchner Residenz.«

Rita hatte irgendwann einmal erwähnt, dass Tausende

Kulturgüter im Zuge der Säkularisation ins bayerische Kernland gebracht worden waren, diese Güter könne man in Münchner Museen bewundern, aber nicht im Land ihrer Entstehung.

»Ich finde es nur zu verständlich, sich zu wehren«, wandte Nicolas ein, und erst jetzt fiel ihm auf, dass der Bayer in einer anderen Mundart sprach als die Kästners. Was der Münchner über die Franken sagte, mochte auf Ritas Eltern zutreffen, doch er hatte außer ihnen niemanden getroffen, auf den die Beschreibung zutraf, alle anderen Begegnungen waren von weitaus mehr Offenheit geprägt gewesen, aber die Weinwelt hatte wenig Schnittstellen mit der normalen Welt, und Franken war bei Weitem größer als die sechstausend Hektar Rebland. Außerdem standen die von ihm bisher besuchten Winzer an der Spitze, sie machten bessere Weine als das Gros und waren weit über ihr eigenes Tal hinaus vernetzt, auch international, obwohl achtzig Prozent des fränkischen Weins im Umkreis von einigen hundert Kilometern getrunken wurden. Franken tranken eben Frankenwein, und sie tranken ihn gern. Welche Mentalität in Henriette Müllers Fanclub herrschte, oder in denen der anderen, entzog sich bislang Nicolas' Erfahrung. Die Weine bei der Wahl, angeblich von den Kandidatinnen ausgesucht, hatten ihn nicht gerade begeistert. Er empfand sie im Nachhinein nicht als besonderen Ausdruck vinophiler Kompetenz der jungen Damen, vielmehr als Durchschnitt.

»Nehmen Sie meine Worte nicht zu ernst.« Der Weinhändler lächelte, er spürte, wie Nicolas auf Abstand ging. »Man redet viel, wenn der Tag lang ist – und doch erhitzt das Thema die Gemüter. Einer meint immer, er sei besser als die anderen. Ich biete meinen Kunden viele schöne Weine aus allen möglichen Ländern an, und alle sind gut. Es gab zur Zeit der Verweltlichung nach Napoleon in München die Tendenz, den Wein in der Pfalz zu kaufen statt in dem zwangsweise eingemeindeten Teil. Auch das hat die Franken aufgebracht, sie haben es uns bis heute nicht verziehen. Sie sind nachtragend. Was ist eigentlich mit der Weinkönigin?« Er hatte von einem Skandal nach der Wahl gehört. »Hat sie nun oder nicht? Ein bisschen Chemie gegen die Nervosität? Heute dopen sich doch alle, Radrennfahrer, jamaikanische Sprinter bis hin zum Manager. Ich möchte nicht wissen, was die bei der Formel 1 alles in den Tank schütten, den vom Auto und den eigenen. Haha. Haben Sie in Ihren portugiesischen Bergen mitbekommen, dass man auf Toilettendeckeln im Bundestag Spuren von Kokain gefunden hat?«

Der Münchner lachte wieder ein wenig zu laut, und die anderen Fahrgäste schauten böse herüber. In diesem Zug störte anscheinend jede menschliche Lebensäußerung. Nicolas empfand die Stille als gespenstisch, lediglich FAZ, Bildzeitung und Süddeutsche raschelten in den Händen, mit den Tasten von Laptops wurde geklappert, selten klirrte ein Teelöffel auf einer Untertasse, die Kaffeebecher standen auf Servietten. Dann wieder Beethoven als Klingelton. In dieser Stille wirkte ein heikles Thema wie Drogenkonsum peinlich in den Ohren unfreiwilliger Zuhörer.

»Sogar die Schüler nehmen irgendwelches Zeug vor Klassenarbeiten, damit sie fit sind, oder die Eltern geben es ihnen. Wir haben doch alle mal was ausprobiert. Und wir«, er zeigte mit den Fingern auf sich und Nicolas, »wir machen in diesem Geschäft munter mit. Sie produzieren Drogen, ich verkaufe sie, ich bin der Dealer. Ist es nicht so?«

»Und unser Kunde freut sich über einen guten Wein …«

»… und einen Rausch ohne Kopfweh.«

Nicolas bot der Tod von Henriette Müller, wie auch immer die Umstände gewesen sein mochten, keinen Anlass zur Heiterkeit. Er nahm die Sache sehr ernst, denn er hatte sie erlebt, er war dabei gewesen, als sie gewählt worden war, hatte gesehen, wie sie sich gefreut hatte. Allerdings wusste er immer noch nicht, ob das die Gründe waren, weshalb ihr Tod ihn derart berührte. Hatte es etwas damit zu tun, dass man damals mit Gewalt versucht hatte, ihn daran zu hindern, das Weingut seines Onkels zu übernehmen? Und es schien ihm, dass jemand mit Gewalt verhindert hatte, dass sie ihr Amt übernahm.

Als der Münchner erfuhr, was sich zugetragen hatte, wirkte er doch ziemlich betroffen. »Die Königin im Morgengrauen tot aufgefunden? In einer Disko? Wie schrecklich, auch für die Eltern. Davon habe ich nichts gehört.«

»Ich glaube, dass man froh ist, dass die Debatte schnell beendet beziehungsweise abgewürgt wurde. Ein derartiger Skandal ist keine gute Publicity für den Weinbau. Es gibt bereits eine neue Königin. Das Volk will eine.«

Das sah der Weinhändler ähnlich. »Auch meine Kunden reagieren sehr positiv auf die Weinkönigin. Eine schöne junge Frau schafft eine Plattform, eine für das Weinbaugebiet und damit für alle Winzer. Wenn da was schiefgeht, sind alle betroffen. Wenn sie jetzt nicht darüber reden, dann ist es ihre Art, damit umzugehen. Konflikte werden bei uns in Bayern generell kaum offen angesprochen, das ist in Franken nicht anders. Aber ich glaube, dass wir da keine Ausnahme machen, das ist überall so. Kennen Sie die Neue?«

»Ich werde sie auf der ProWein kennenlernen«, sagte Nicolas und hatte dabei ein ungutes Gefühl. Er würde sich aus allem heraushalten. Es gab überhaupt keinen Grund, sich einzumischen. Der Mann ihm gegenüber war viel wichtiger für ihn, er war ein potenzieller Kunde. Er versprach, an einem der Messetage bei ihm am Stand vorbeizuschauen, dann stand er auf und ging in den Speisewagen.

Nicolas war froh, eine Weile für sich allein zu bleiben. Er sah aus dem Fenster, er musste in die Weite schauen, um etwas zu erkennen, alles, was nah war, flitzte schemenhaft an ihm vorbei. Es ging ihm zu schnell. Dann, als der Zug »aus betriebsbedingten Gründen« stehen blieb, kam er neben einem gewaltigen Schrottplatz zum Halten, als hätte der Zugführer um Nicolas' Begeisterung für die Landschaft des

Endlichen gewusst. Besonders Autofriedhöfe hatten es ihm angetan, und er fotografierte sie mit Leidenschaft. Am schönsten waren sie, wenn die Natur sie überwucherte, wenn Brombeergestrüpp einen Stapel Felgen verschlang, sich die Tanne durch die zerbrochene Windschutzscheibe wand und die junge Birke den Kofferraumdeckel nach oben drückte. Andererseits empfand er den aktuellen Umgang mit Rohstoffen als pure Verschwendung, er war dem Verband zur Wiederverarbeitung von Glas beigetreten und engagierte sich für die Standardisierung der Weinflaschen, um sie wiederverwenden zu können.

Der Münchner Weinhändler brachte aus dem Speisewagen einen Kollegen mit, dem Nicolas in seiner Eigenschaft als portugiesischer Winzer vorgestellt wurde.

»Aha, also einer von denen, die unser Geld bekommen«, meinte der Neuankömmling großspurig, ebenfalls auf dem Weg zur Messe.

Weshalb sind sie so großkotzig, fragte sich Nicolas. »Habe ich Geld von Ihnen bekommen?« Er ahnte, worauf das Gespräch mal wieder hinauslaufen würde.

»Na, das ist doch klar. Ohne uns wärt ihr und euer Staat längst bankrott.«

»Deutschland ist mit über zwei Billionen Euro verschuldet«, erklärte Nicolas bissig, auf derartige Angriffe vorbereitet, »das sind einundachtzig Prozent des Bruttoinlandsprodukts, Portugal nur mit zweihundert Milliarden.«

»Wir haben eine ganz andere Wirtschaftsleistung.« Der Fremde schien sich das persönlich zuzuschreiben.

»Wir? Wen meinen Sie mit *wir*? Sie und Mutti – und die CSU, oder wen?« Dem Akzent nach kam auch dieser Weinhändler aus Bayern, genauer aus Starnberg. Es war schnell klar, dass der Mann auf Streit aus war und zu jenen Menschen gehörte, die keinen Argumenten zugänglich waren. Rita hätte gleich abgewinkt. »Gehören Sie zu den Leuten, die aus der Bankenkrise eine Schuldenkrise machten? Damit deutsche Konzerne unsere Wirtschaft übernehmen, unsere Industrie, und wir dürfen die Arbeiter im Niedriglohnsektor stellen?«

»Sie sind doch Deutscher …« Empörung lag in der Stimme des Gegenübers.

»Na und? Ich lebe und arbeite mit Portugiesen, und das funktioniert bestens. Wenn Sie uns nicht in die Quere kommen.«

»Zahlt mal schön eure Schulden, dann passiert euch das nicht.«

»Mein Herr, Sie unterliegen einem gravierenden Irrtum. Glauben Sie allen Ernstes, dass die Politiker, die diese Schulden zu verantworten haben, für Sie jetzt die richtigen Partner sind?«

»In Griechenland ist es ähnlich. Ihr profitiert, wir zahlen.«

»Wir zahlen …«, sagte Nicolas, noch immer ruhig. »Bei uns stehen die Leute vor der Tür und betteln um Arbeit, egal, was es ist, egal, zu welchem Lohn. Baukräne sieht man nicht mehr. Die jungen Leute kommen aus den Städten zurück aufs Land, zu ihren Eltern, da gibt's Gärten, also gibt's wenigstens was zu essen. Meinen Kollegen bricht der interne Markt weg, es ist eine Kettenreaktion. Je schwächer die anderen europäischen Länder, desto stärker wird Deutschland. Vielleicht erreicht ihr eure Kriegsziele ja auf diese Weise …«

»Auch wir haben einen Billiglohnsektor …«

»Schlimm genug! Und den Leuten, die darin arbeiten, verkaufen Sie Wein für 1,59 Euro die Flasche? Hauptsache, es knallt, nicht wahr?« Nicolas stand wütend auf. »Ich gehe mal in den Speisewagen. Ich brauche jetzt dringend ein Bier!«

Er wollte sich die Laune nicht noch weiter verderben lassen. Er freute sich auf die Winzerkollegen vom Rio Douro, die plapperten nicht das Geschwätz der Medien nach. Er freute sich auf Lourdes, ihr hatte er viel zu verdanken. Sie hatte ihm alles über die kaufmännische Seite des Weinhandels beigebracht. Die kleine, bescheidene Frau war schon die

Sekretärin seines Onkels gewesen und wusste genau, wo der vor acht Jahren die Rechnung des Klempners abgelegt haben wollte. Sie würde ihm haarklein berichten, was sich auf der Quinta in den letzten Wochen ereignet hatte und wie es Otelo wirklich ging, der immer so tat, als sei mit seinen Augen und seiner Gesundheit alles bestens, nur weil er sich höllisch vor einer Operation wegen des Grauen Stars fürchtete.

Er hatte nicht viel Gepäck zu tragen, deshalb fuhr er mit der Straßenbahn nach Kaiserswerth, wo er wie seine jüngeren Kollegen in einer Pension wohnte. Die Wirtin war immer für sie da, sie mussten nach Messeschluss nicht die teuren Düsseldorfer Restaurants frequentieren. Frau Becker briet ihnen auch spätabends noch schmackhafte Bratkartoffeln mit Schinken und Spiegeleiern. Bei ihr wohnte man zu menschlichen Preisen, statt den Messewürgern dreihundert Euro für ein Bett in den Rachen zu werfen. Die Flaschen vom jeweils besten Wein zu Gestehungskosten brachten sie selbst mit.

Das Hallo war groß, die Begrüßung so, als hätte man sich Jahre nicht gesehen, alle waren bereits vor Nicolas eingetroffen, und der Übergang vom Deutschen ins Portugiesische gestaltete sich so einfach wie nie. Es waren keine Konkurrenten, es waren Kollegen, es waren Freunde. Und mit denen, die sich anders gebärdeten, ging man ein wenig distanzierter um. Lourdes nahm ihm seine Befürchtungen hinsichtlich Otelos Gesundheit, er hatte einen Arzt gefunden, der ihm die Angst vor der Operation hatte nehmen können.

Aber er selbst bekam es mit der Angst: Damião da Silva, DDS, wie sie ihn nannten, war nicht gekommen, er hatte seinen neuen Önologen geschickt, und der warf sich mit Lourdes tiefe Blicke zu. Es lief immer aufs Gleiche hinaus. Irgendwann machten diese Önologen sich selbstständig und brauchten für ihr neues Weingut eine Frau, die zupacken konnte. Waren Lourdes' Tage bei ihm gezählt? Er zahlte mehr als andere Winzer, denn er setzte auf Kooperation. Er wusste, dass jedes darauf basierende System letztlich zu besseren Ergebnissen führte. Wer das nicht verstand, fand auf der Quinta do Amanhecer keinen Platz und suchte sich einen anderen Job.

Nicolas beobachtete verstohlen den Önologen, er schien ein anständiger Kerl zu sein, vielleicht der Richtige für Lourdes? Es war ihr zu wünschen. Bisher hatte sie mit Männern wenig Glück gehabt. Sie war zu selbstständig, und das kam bei den meisten portugiesischen Männern nicht besonders gut an. Er würde sich diesen Önologen genau ansehen. Lourdes hörte auf seinen Rat. Aber in Liebesangelegenheiten war man machtlos.

Lourdes stellte einmal mehr ihre Zuverlässigkeit unter Beweis. Alles, was sie auf ihrem Messestand brauchten, war rechtzeitig eingetroffen, die Organisation stimmte, der erste Einkäufer traf fünfzehn Minuten nach Messebeginn ein, und nach einer weiteren Viertelstunde war der erste Abschluss getätigt. Ein guter Beginn. Lourdes stand vorn am Tresen, schenkte Proben ein und gab erste Informationen über die Weine, erklärte die Entstehung der diversen Qualitäten ihrer Portweine, sprach über das Weingut und verteilte Prospekte. Potenzielle Kunden wurden zu Nicolas an den Tisch geschickt, dann ging es um Liefermengen, Konditionen und Preise. Er hatte lange gebraucht, um hart verhandeln zu können und dabei stets verbindlich zu bleiben. Nachmittags wurde es ruhiger, sie konnten verschnaufen, er holte für Lourdes und sich vom italienischen Restaurant zweimal Pasta mit Lachs in Weißwein-Sahnesoße und Salat und verabschiedete sich danach für einen Rundgang. Halle 2 zog ihn an. Die neue Fränkische Weinkönigin sollte sich dort am Gemeinschaftsstand aufhalten. Er war neugierig darauf, sie aus der Nähe zu sehen.

Die Halle der deutschen Winzer war eindeutig am stärksten frequentiert. Sie war überfüllt, laut, und es wurde rücksichtslos gedrängelt, jeder schaute nur ins eigene Glas und spuckte die Proben in die Näpfe mitten in den Gängen zwischen den Ständen. Am schlimmsten war es im Messebereich des VDP, was keineswegs an den Winzern lag, vielmehr kannte hier jeder Besucher ausschließlich eigene Interessen und fühlte sich bei den wichtigen Winzern noch wichtiger. Bei den Franken unter den Ausstellern brauchte er sich nicht aufzuhalten, die konnte er später zu Hause aufsuchen, da wurden sie nicht von der hektischen Meute bedrängt, hatten mehr Zeit und waren ihren Besuchern gegenüber aufmerksamer. Er wühlte sich durch die Menge, sah hier und dort ein Krönchen auftauchen und falsche Perlen von Weinprinzessinnen schimmern. Auch andere Weinbaugebiete hatten ihre Hoheiten nebst Gefolge mitgebracht und genossen in diesem Umfeld längst nicht die gleiche Aufmerksamkeit wie in zivilen Kreisen.

Der fränkische Stand war großzügig, man konnte sich frei bewegen, und die Fotos an den Wänden zeigten die Lagen, die Nicolas schneebedeckt kennengelernt hatten, in sommerlichem Grün und herbstlichem Rot. Die hübsche Anneliese Fünfinger – so gut aussehend hatte er sie nicht in Erinnerung – stand ein wenig verloren und blass mit dem Krönchen im dunkelblonden Haar an einem Bistrotisch und schob gedankenverloren irgendwelche Prospekte von rechts nach links und wieder zurück. Bis auf Nicolas nahm niemand Notiz von ihr. Sie war kleiner, als er sie von der Bühne her in Erinnerung hatte. Enttäuscht nahm er wahr, dass sie heute kein festliches Abendkleid trug, sondern ein weißrotes Dirndl. Dass der Ausschnitt viel Busen freigab, war sicherlich beabsichtigt. Sie sah aus wie verkleidet, mehr kindlich als fraulich, und die Tracht, die in Franken oder Bayern vielleicht angebracht war, rief unter den Geschäftsleuten auf der Messe ein verbindliches Lächeln, einen gewagten Blick oder ein hilfloses Achselzucken hervor. Anneliese hätte ein schickes Kleid oder Kostüm besser gestanden, sie hätte damit auch seriöser gewirkt.

Als jemand auf sie zuging, blickte sie auf, und ihr sprang sofort ein strahlendes Lachen ins Gesicht, als käme der Mann ihres Lebens auf sie zu. Das kannte Nicolas von der Bühne her. Der Mann sagte etwas zu ihr, und willfährig folgte sie ihm zu einem Besucher an den Stehtisch, das Lächeln zur Maske erstarrt. Nicolas beobachtete sie und versteckte sich hinter dem Flyer irgendeines Weingutes mit dem üblichen Gelaber von Verantwortung, von Tradition und Moderne, von der Verpflichtung den Kunden gegenüber, getragen vom Respekt für die Natur. Es war der übliche Sermon des Werbematerials, das anscheinend immer von derselben Werbeagentur stammte und das sein Geld nicht wert war.

Diese Beispiele hatten Happe darauf gebracht, eine Art Reportage über die Quinta zu schreiben, bei der er alle Mitarbeiter während der Arbeit fotografiert hatte, mit der Rebschere in der Hand, im Blaumann auf dem Gabelstapler, Otelo und er beim Abziehen des Weins, wobei die jeweilige Tätigkeit erklärt wurde, ohne eine einzige Aufnahme zu arrangieren. Das brachte Bewegung, Spannung und Glaubwürdigkeit. Seinen Kunden gefiel es gut, sie betrachteten es als Information und nicht als Werbung.

Die Weinkönigin trat zu einem jungen blonden Mann, wechselte mit ihm einige Worte, und der Art des kühlen Umgangs nach zu urteilen, schätzten sie sich nicht besonders. Dann kehrte sie an ihren Tisch zurück und starrte wieder auf die Flyer. Plötzlich schaute sie auf, als hätte sie gespürt, dass sie beobachtet wurde, als suche sie den, dessen Blick ihr Unbehagen bereitete.

Sie entdeckte Nicolas. Ihm schien es, als würde sie erschrecken, als sie seinen Blick auf sich gerichtet fühlte, aber sie schaute nicht weg, und auch das zweite Gesicht, die strahlende Maske, stellte sich nicht ein. Wie eine Königin erschien sie ihm nicht. Da legte sich eine Hand auf seine Schulter, Hans stand grinsend neben ihm.

»Die ist auch ganz schön, findest du nicht? Wie du weißt, stehe ich auf Blond. Ich bin zwar kein Lokalpatriot, aber ich hätte es besser gefunden, wenn Henriette hier wäre, nicht nur wegen des …«

»Sie wahrscheinlich auch, aber die findet jetzt gar nichts mehr.«

»Woher weißt du das? Vielleicht gibt es ja doch einen Himmel.«

»Das wäre grauenhaft, dann gäb's auch eine Hölle, und die wäre restlos überfüllt. Da kämen wir alle hin – mit Hitler und Honecker, mit den Bomberpiloten von Hiroshima und Franz Josef Strauß! Eine grauenhafte Vorstellung.«

»Besonders der Letztere. Che Guevara hast du noch vergessen und Marie-Antoinette, Karl Marx und Amy Winehouse – einfach alle. Wir werden als Sünder geboren.«

»Nur die Christen, Hans. Und wer kommt dann in euren Himmel? Ausschließlich die Märtyrer, wie der Kilian mit dem Schwert, der von der Mainbrücke?«

»Na klar.«

»Märtyrer gibt's auch bei den Islamischen, bei denen mit den Sprengstoffgürteln.«

»Die haben ihren eigenen Himmel. Da gibt's dann TNT, Semtex und Dynamit satt.«

»Dann doch lieber in die christliche Hölle«, meinte Nicolas. »Da finden auch keine Personenkontrollen mehr statt, wer einmal da ist, hat seine Ruhe.«

Ein neuer Kunde fühlte sich vom Gelächter angezogen, Hans kümmerte sich um ihn, und Nicolas beobachtete Anneliese Fünfinger weiter. Lächelnd stand sie an einem Tisch und schaute abwechselnd von einem der älteren Herren zum anderen, keiner der aufmerksamen Blicke länger als zwei Sekunden.

Wie konnte er sie ansprechen, ohne sie zu verschrecken?

Wie viel wusste sie über den Tod ihrer Vorgängerin? Wusste sie überhaupt etwas darüber? Wo hatte sie die Nacht nach der Wahl verbracht?

Am nächsten Tag bot sich Gelegenheit, ihr näherzukommen. Hans fädelte es ein. Als Nicolas ihn aufsuchte, um mit ihm Mittag zu essen, stand sie mit zwei älteren Weinhändlern am Nebenstand und belächelte gezwungen deren linkische Galanterien. Hans lud sie zum Essen ein, und nach einem Seitenblick auf Nicolas war sie sofort einverstanden. Als sie sich am Stand für eine halbe Stunde abmeldete, starrte sie der blässliche Jungwinzer, der Nicolas gestern bereits aufgefallen war, bewundernd an. War er scharf auf Anneliese und traute sich nicht?

Hans stellte Nicolas vor, und um ihrem Blick auszuweichen, starrte er auf sein Chopsuey aus dem Wok und schaute Anneliese, die gekonnt mit Stäbchen aß, auf die Hände. Ihre Finger waren schlank und beweglich, die Hände gepflegt und die Nägel knallig rot lackiert. Nicolas merkte, dass er ihr gefiel, das war für ihn der Anknüpfungspunkt. Er wollte ihr schmeicheln.

»Im Abendkleid haben Sie mir bedeutend besser gefallen als im Dirndl«, sagte er und legte den allergrößten Charme in seine Stimme. »Es steht Ihnen auch viel besser.«

»Das finde ich auch«, antwortete sie dankbar und seufzend zugleich, »es steht mir bedeutend besser, obwohl mich an dem Tag so viele Leute angestarrt haben wie nie zuvor. Woher kennen Sie mein Abendkleid? Vom Foto oder aus dem Fernsehen?«

»Woher wohl?« Hans antwortete für Nicolas. »Wir beurteilen Weine, und wir beurteilen dann und wann auch junge Frauen, ob sie als Repräsentantin Frankens geeignet erscheinen. Wir haben uns aber beide geirrt.«

Verständnislos riss Anneliese Fünfinger die großen blauen Augen auf. »Beide?«

»Seine Favoritin lebt leider nicht mehr«, Nicolas wies mit seiner Gabel auf Hans, »und meine schnitt schlechter ab als Sie.«

»Dann bin ich nicht Ihre Kandidatin?«

»Man kann sich irren«, meinte er vielsagend. Er starrte wieder fasziniert auf ihre Hände. »Wieso können Sie so gut mit den Stäbchen umgehen?«

»Das ist Teil der Vorbereitung«, frotzelte Hans. »Wir schicken sie später auch nach Asien, auf die Märkte der Zukunft.«

»Mit Stäbchen essen konnte ich schon vorher! Es hat mir immer Spaß gemacht. Ich arbeite auch im Labor gern mit den kleinsten Geräten. Vielleicht hilft es ja? Wir Königinnen müssen überall mit hin, auf jeden offiziellen Empfang, auf jedes Weinfest. Wir müssen nach Shanghai, nach Hongkong und Peking, New York könnte dieses Jahr auch auf dem Programm sehen. Wir müssen zu jedem neuen Autohaus, besonders bei BMW, von denen bekomme ich ja meinen Wagen, diesen schicken Mini Roadster. Jeder, der uns anfordert …«

»… daneben Abfüllstraßen einweihen, Weinfeste einweihen, wieder Weinfeste einweihen oder neue Kellereien, und dann das Gleiche noch mal … Geld bekommt man dafür nicht.« Hans' ironischer Unterton entging niemandem am Tisch, es war sogar eine leichte Zustimmung Anneliese Fünfingers zu bemerken, mehr versteckt als offen.

Sie verdrehte die Augen und nickte. »Mehr als vierhundert Termine hatte meine Vorgängerin an dreihundertfünfundsechzig Tagen. Es ist verdammt viel, aber vielleicht wird es weniger, denn im September ist die Wahl der Deutschen Weinkönigin …«

»Das setzt allem dann die Krone auf. Würden Sie das gern werden?«

Gequält war der richtige Ausdruck dafür, wie Anneliese jetzt auf Nicolas' Frage reagierte. Der Gedanke schien ihr wenig verlockend zu sein.

»Ich werde selbstverständlich mein Bestes geben.« Die Antwort war diplomatisch. Fehlte es ihr an Ehrgeiz, Lust oder Durchsetzungswillen? Sah sie keine Chance für sich, oder ging ihr das Tamtam um ihre Person bereits jetzt auf den Wecker? Diese Königin machte auf Nicolas nicht den Eindruck, als sei sie glücklich, dass für sie ein romantischer Mädchentraum in Erfüllung gegangen war. Die allgemeine Bewunderung, die sie genoss, kompensierte nicht das, was sie ausstrahlte. Er sollte sie zeichnen, dann käme er ihrem Wesen näher. Fast stellte sich bei ihm der Eindruck ein, dass sie es lieber gesehen hätte, wenn ihr die neue Rolle nicht zugefallen wäre. Aber das war lediglich eine Vermutung. Der Januskopf fiel ihm ein, der Kopf mit zwei Gesichtern, die strahlende Marketingmaske und die in sich gekehrte angehende Wissenschaftlerin vor den Reagenzien. Die Letztere gefiel ihm besser, es passte.

Was ihm weniger gefiel, war ihr bewundernder Blick, bewusst wich er ihm aus und vermied möglichst jeden Augenkontakt, doch wenn er mehr über die Wahl und ihre Folgen herausfinden wollte, musste er es dulden. Hoffentlich verknallt sie sich nicht in mich, dachte er, das schafft nur Probleme. War es bereits zu spät? Glücklicherweise war sie derart an ihre mehr als vierhundert Termine gebunden, dass ihr keine Zeit für ein Techtelmechtel blieb. Wie konnte man sich in jemanden verlieben, der nicht frei war? Als er sich in Rita verliebt hatte, in die Lovely Rita der Beatles, wie er sie in Gedanken genannt hatte, waren sie beide solo gewesen, vielmehr hatte er in einer absterbenden Beziehung gesteckt. Aber er sah sich nicht bemüßigt, Anneliese über seine Familienverhältnisse aufzuklären. Bin ich eigentlich verrückt, fragte sich Nicolas, dass ich mir darüber Gedanken mache?

Wie sie erzählte, war sie nach den Feierlichkeiten der Wahl und den entnervenden Fragen, wie man sich als Zweite fühlt, »das heißt ja eigentlich auch erste Verliererin«, mit ihren Eltern nach Hause gefahren. Sie deutete an, dass sie froh war, den Rummel hinter sich gelassen zu haben. »Mit meiner Rolle als Erste Fränkische Weinprinzessin war ich durchaus zufrieden, aber meine Leute nicht!«

Escherndorf hatte an diesem Abend, oder besser in dieser Nacht, nichts mehr zu feiern, dafür war Nordheim am Morgen danach mit einem grauenhaften Katzenjammer aus dem Schlaf gerissen worden.

»Den habe ich den Nordheimern wirklich nicht gewünscht, das müssen Sie mir glauben.«

Nicolas glaubte es ihr, und auch Hans war nachdenklich geworden.

»Von denen, die mit Henriette danach zum Abfeiern ins ›Last Chance‹ gefahren sind, kenne ich niemanden«, fuhr sie fort. »Aber die haben sich wahrscheinlich längst verdrückt. So ist es wohl: Wenn man berühmt ist, kommen alle gerannt, das merke ich jetzt. Ist es vorbei, dann ist man fünf Minuten später abgemeldet.«

Sie ist für die wenigen Tage im Amt zu bitter, dachte Nicolas und lächelte dabei, um seine Skepsis nicht durchschimmern zu lassen. Er überlegte, wie er das Thema Drogen anschneiden konnte.

»Sie kannten Henriette Müller ein wenig?«

»Das ist untertrieben. Wir kannten uns sehr gut, ich kannte sie schon, bevor die Vorbereitungen und das Training begannen. Wir sind gleich alt, vielmehr wir waren es, wir haben uns gegenseitig beraten, was wir anziehen, was uns am besten steht. Wir haben natürlich über unsere Trainer gesprochen und über das, was auf uns zukommt. Wir wussten, wer sich womit am besten auskennt.«

Wieder traf Nicolas ein Blick, der ihm unter anderen Umständen sicher unter die Haut gegangen wäre. »Dann wissen Sie auch, ob sie …«

Genervt schnappte sie nach Luft. »Die Frage musste kommen. Alle fragen mich diesen Quatsch. Ob sie Drogen nahm, ob eine von uns was davon mitbekommen hat? Wir, Claudia und ich, wussten in dem Moment, in dem sie die Bühne betrat, dass sie die Wahl gewinnt – das fühlt man. Sie kam rauf, betrat die Bühne, sah die Leute, sie strahlte und hat sofort aufgedreht. Sie wuchs total über sich hinaus, sie war einfach super. Das Publikum war ihre Droge, wenn Sie so wollen, ihre Fans, ihre Freunde, ihre Familie. Claudia hat es mit der Angst bekommen, der sind die Worte im Hals stecken geblieben.« Sie beugte sich näher zu Nicolas und sprach leise. »Ich habe mir hinterher von meinen Leuten anhören müssen, wie ich mich von ihr habe in den Schatten stellen lassen. Ehrlich gesagt, ich habe nie an meinen Sieg geglaubt. Aber Drogen?« Anneliese Fünfinger lachte bitter. »Das hat mich die Polizei gefragt, das hat mich die Presse gefragt, das haben mich die Funktionäre gefragt – und allen habe ich das Gleiche gesagt, nämlich, dass sie keine Drogen nahm! Zumindest habe ich es nie bemerkt, nie! Aber es macht die Sache einfach.«

Nachdenklich drehte sie die Stäbchen zwischen den Fingern und starrte versonnen auf ihren bereits leeren Teller. Nicolas hing ihr an den Lippen, er fand sie mittlerweile sehr sympathisch – und ehrlich. Sie schien auch Vertrauen zu fassen.

»Ich hatte schon mal den Verdacht, dass es jemandem von ganz oben nicht passt, dass gerade sie zur Königin gewählt wurde. Warum? Fragen Sie mich nicht. Irgendwer wollte eine andere als Henriette.« Sie sah Nicolas eindringlich an, als wüsste er, um wen es sich handelte, und er meinte, Angst in ihren Augen zu bemerken. Fürchtete jetzt auch sie um ihr Leben?

»Ich habe bisher mit niemandem darüber gesprochen.« Flehend blickte sie die beiden an und bat, es auch nicht zu tun. »Ich muss hier meine Arbeit machen, alle haben Erwartungen an mich.« Sie blickte auf ihre goldene Armbanduhr. »Ein Geschenk meiner Großmutter zur Wahl«, sagte sie, stand abrupt auf, strich ihr Dirndl glatt und lächelte strahlend, als sei sie ihr Leben lang Weinkönigin gewesen.

Kapitel 12

Nach Messeschluss am folgenden Tag schaute Hans bei Nicolas am Stand vorbei. Nicolas stellte ihm Lourdes vor, und Hans setzte sich zu ihnen an den winzigen Tisch, an dem sie die Besuchsprotokolle und Aufträge des Tages sortierten und ihre weiteren Schritte diskutierten. Natürlich bekam er ein Glas vom besten Wein vorgesetzt.

Bewundernd nahm er die Flasche in die Hand und betrachtete das Etikett: ein Fluss, ein Haus und ein Berg, schwarz auf weiß, mit knappen Strichen. »Solche Weine kriegt man nur im Süden hin.« Dann beugte er sich zu Nicolas herüber. »Sie scheint einen Narren an dir gefressen zu haben«, sagte er mit einem fragenden Blick auf Lourdes leise.

»Sprich ruhig laut, sie versteht sowieso alles, sogar ein wenig Deutsch.«

»Du darfst unserer Königin keine Hoffnung machen, mein Freund, ich glaube, sie ist heillos in dich verliebt. Heute kam sie zu mir und hat mich über dich ausgefragt.«

»Wie kommst du darauf, dass ich ihr Hoffnung mache? Was kann ich dafür, wenn kleine Mädchen sich vergucken?« Nicolas war das Thema lästig, er war müde, der Tag war anstrengend gewesen. Hans bestätigte zwar seine Vermutung, aber er hatte keinen Nerv, sich damit zu befassen. Die Messe erforderte volle Konzentration. Es war richtig, Lourdes auch in diesem Jahr wieder mitgenommen zu haben, allein hätte er die Kundengespräche nicht bewältigt. Sie war wie immer eine riesige Hilfe, und ihre Disziplin schien größer als die Zuneigung zu dem jungen Önologen. Aber der Abend näherte sich, man würde sehen, was sich daraus entwickelte, er sah es heute gelassener.

Für Hans war die Sache nicht erledigt. »Anneliese kam heute früh bei mir vorbei, und obwohl sie es ziemlich geschickt in ein Gespräch über portugiesische Weine gepackt hat, habe ich schnell gemerkt, worauf sie hinauswollte.«

»Und worauf?« Nicolas war daran interessiert, mehr über jene Nacht nach der Wahl herauszufinden und was sie darüber wusste, aber dass er darauf brannte? Nein. Sie hatte den Gedanken geäußert, dass jemand Henriette die Drogen verabreicht haben könnte. Drogen und Alkohol, gerade diese Mischung sollte der tödliche Cocktail gewesen sein. Nur so, wie er Anneliese Fünfinger erlebte, kam *sie* für ein derartiges Verbrechen nicht im Mindesten in Betracht, das traute er ihr nicht zu – außerdem hatte sie ein Alibi. Er hielt es für klüger, über seine Annahmen zu schweigen, andernfalls hätte er sich Angriffen ausgesetzt, und man hätte ihn der Parteinahme für die Nordheimer bezichtigt. Das konnte ihm zwar egal sein, war es aber nicht. Inzwischen waren ja scheinbar alle, bis auf Henriette Müllers Nachfolgerin, davon überzeugt oder hatten sich der Meinung angeschlossen, dass sie selbst ihren Tod herbeigerufen hatte, unbeabsichtigt zwar, unwissentlich, aber letztlich doch selbst verschuldet. Es war auch die bequemste aller Lösungen, keiner war schuldig, Fragen wurden nicht mehr gestellt, niemand brauchte sich weiter Gedanken zu machen. Andernfalls – ja, andernfalls – war es … Mord? Ob die Polizei das in ihr Kalkül einbezog, war nicht bekannt.

»Du solltest das nicht auf die leichte Schulter nehmen«, insistierte Hans. »Sei dir bewusst, dass nicht alle Leute hier modern denken. Anneliese wird beobachtet, schließlich ist sie eine wichtige Repräsentantin, und ehe man sich 's versieht, kursieren Gerüchte.«

Konnte das Nicolas nicht gleichgültig sein? Er wollte in vier Wochen wieder zurück an seinen Fluss. Das Messegeschäft lief bestens, und mit den fränkischen Winzern kam er prächtig zurecht. Wenn einige alte Weiber, die sonst nichts zu tun hatten – er dachte an seine Schwiegermutter –, sich das Maul zerrissen, was ging es ihn an?

Doch so einfach kam er aus der Sache nicht heraus, befürchtete er nun. Als er tief Luft holte und sich umsah, ob die Kollegen ihre Stände bereits aufgeräumt hatten und man sich darüber verständigen konnte, welche Weine heute Abend in der Pension getrunken werden sollten, trat Anneliese Fünfinger strahlend auf ihn zu. Sie war in Zivil und gefiel ihm mit zurückgestecktem Haar, dunkel geschminkten Augen und in kamelhaarfarbenem Blazer und der hautengen braunen Cordhose bedeutend besser als im Dirndl in den fränkischen Farben.

»Genau das meine ich«, flüsterte Hans schnell. »Außerdem hat sie Aufpasser hier, den Weinbauverband und auch ihren Cousin. Der steht mit mir auf dem Gemeinschaftsstand. So ein Blasser, ich zeige ihn dir morgen. Eine Weinkönigin gehört sich nicht mehr selbst, sie gehört uns allen.«

»Na umso besser«, knurrte Nicolas, der sich darüber ärgerte, dass jemand seine Bewegungsfreiheit einschränkte. Aber auch Lourdes hatte die vertrauliche Art, in der sich Anneliese Fünfinger ihrem Chef näherte, bemerkt, ihre Skepsis war kaum zu übersehen. Hier geschah etwas, das sie unmöglich gutheißen konnte.

»Heute Abend gibt's in der Altstadt einen Empfang«, sagte Anneliese verheißungsvoll, »und da ich noch ein wenig Zeit habe, dachte ich mir, ich probiere mal portugiesische Weine, von einem Deutschen gemacht.« Der Augenaufschlag war gekonnt. »Die fränkischen habe ich den ganzen Tag lang.« Sie strahlte, war bester Laune, als würde sie jetzt ihre Rolle genießen. Konnte sie so leicht von Missmut auf Fröhlichkeit umschalten und ihre wahren Gefühle überspielen? War das jetzt Show oder ehrlich?

Hans' Warnung war für Nicolas allerdings kein Grund, unfreundlich zu sein, er fühlte sich von ihr weder bedrängt noch genötigt, und Anneliese setzte sich wie selbstverständlich zu ihnen.

»Hast du Lust, mitzukommen? Hans Kästner ist auch dabei.« Sie nickte ihm aufmunternd zu. »Wir haben eine große Tafel in einem Altstadtrestaurant, es kommen bedeutende Gäste und wichtige Kunden. Ich darf auch jemanden einladen, da dachte ich an dich.«

Das war Nicolas dann doch zu viel. Er wollte den Abend für sich haben, mit den Kollegen essen, ein Gläschen trinken, plaudern, Rita und Rebecca anrufen und dann schlafen gehen, der morgige Tag würde sicher noch mal anstrengend werden.

Hans lauerte, ihm war die Neugier anzusehen. Wie würde Nicolas auf die Einladung reagieren? Er fühlte sich bestätigt und grinste schadenfroh.

Es gab Tage, da gehörte man nicht sich selbst, da hatte man für alle anderen da zu sein, aber nicht jeden Abend. Nicolas sah Lourdes hilfesuchend an, sie verstand, so gut war inzwischen ihr Deutsch. Sie überschüttete ihn mit einem portugiesischen Redeschwall, Nicolas spielte den Zerknirschten und redete sich dann, den Leidvollen spielend, mit einem Termin am Abend raus, den seine Sekretärin erst am Nachmittag vereinbart hätte.

»Ich wäre gern mitgekommen, aber unter diesen Umständen – bei der Messe gehen die Geschäfte vor. Aber wir sehen uns ja morgen, ich komme sowieso in eurer Halle vorbei.«

»Wie lange bleibst du in Düsseldorf? Wann fährst du zurück?«

»Nach Franken oder nach Hause?«

Sie sah Hans an. »Er wohnt bei dir – in Nordheim?«

»Ja, seine Frau auch und die kleine Rebecca.« Hans liebte es direkt und klar, er war wie seine Weine.

»Du bist verheiratet?« In ihrem Gesicht zeigte sich zwar mehr Missfallen als Entsetzen, aber kein Gedanke an Aufgabe. Sie schaute auf seine Hände, suchte nach einem Ring.

»Wir leben zusammen, ja, mit unserer Tochter.« Alles war gesagt, jetzt hatte er Ruhe, aber Anneliese stellte plötzlich Fragen zum Portwein, wie er gemacht würde, was Ruby und Tawny bedeutete, was ein Vintage Port und was ein Late Bottled sei. Die wollte sie dann alle probieren, bis Hans meinte, dass es Zeit sei, aufzubrechen, und auch die Portugiesen drängte es zum Abendessen.

Am vierten Messetag wurde es ruhiger, es war der Montag, die Angestellten der Weinhandelshäuser, die nicht extra freibekamen, waren abgereist, die Profis blieben genau wie die Aussteller, manche waren erst heute gekommen. Nicolas schlenderte zur Mittagszeit wie üblich hinüber zur Halle 2, um Hans abzuholen. Der debattierte mit dem aschblonden jungen Mann, der ihm bereits an den Tagen zuvor aufgefallen war. Am Vormittag war er sogar bei ihnen am Stand gewesen, hatte mit Lourdes gesprochen und probiert. Jetzt stand er Hans gegenüber, er wandte ihm ein wenig die linke Schulter zu, als wolle er das Gesagte an sich vorbeistreichen lassen. Anneliese befand sich mal wieder mit Königinnenlächeln inmitten einer Gruppe älterer Händler oder Einkäufer, denen ihr Dirndl gut gefiel, und schaute ab und zu diskret herüber, ohne das Gesicht zu verziehen.

Nicolas trat zu den Streitenden und benötigte einen Moment, um den Grund der Auseinandersetzung zu begreifen. Sie stritten über die Klassifikation der Weine, die vom Verband der Prädikatsweingüter kürzlich eingeführt worden war. Hans verteidigte im Hinblick auf seine angestrebte Mitgliedschaft die neue Regelung.

Der Jungwinzer mit Namen Günther Soundso war der

Ansicht, dass der elitäre Verband der gesamten Branche schade und die Kunden auf Kosten der anderen Winzer verwirre. »Das ist Absicht. Bisher haben sich unsere Kunden an Tafel- und Landwein orientiert, am QbA und am Kabinettwein, dann kam die Spätlese und die Auslese.«

»Das ist doch Firlefanz«, unterbrach ihn Hans. »Das System habt ihr schon vorher mit Classic und Selektion durchbrochen, was niemand verstanden hat.«

»Ausgewählte Standorte, Lese von Hand und geringer Ertrag, das ist einfach …«

»Und selbst da fand sich kaum einer mehr durch.«

»Oh doch, alles gestaffelt nach Wertigkeit, nach Öchsle.«

»Was, bitte, hat der Zuckergehalt mit Qualität zu tun?«, ereiferte sich Hans. »Im Zeitalter des Klimawandels wird jeder Wein reif. Ein schlichter Gutswein kann besser sein als eine Spätlese. Das VDP-System ist einfach. Je enger die Herkunft beschrieben ist, desto höher die Qualität. Sie beginnt bei Gutsweinen, geht über die Ortsweine, so wie bei den Franzosen, steigt weiter zu den Ersten Lagen bis zu den Großen Lagen.«

»Und wem das nichts sagt?«

»Der wird sich informieren lassen. Bei den Franzosen steht der Grand Cru ganz oben, darunter folgt Premier Cru, dann kommt die dritte Rangstufe mit der Bezeichnung Village und dem Ort, zuletzt …«

»Was gehen uns die Franzosen an?« Der blasse Junge hob die Stimme. Hans trat verblüfft einen Schritt zurück. »Ihr meint, ihr könnt allen anderen euer System aufzwingen, weil ihr die besten Lagen bereits unter euch aufgeteilt habt? Ihr verteidigt eure Position, damit ihr die Geschäfte kontrolliert, genau wie die Meinungen, und die Maßstäbe setzt ihr …«

»Die werden immer von den Spitzenwinzern und den besten Weingütern gesetzt. Außerdem stehen wir heutzutage im internationalen Wettbewerb.«

»Ich orientiere mich am heimischen Markt, an dem, was

unsere Kunden wünschen – und was sie sich leisten können. Wer soll sich das denn leisten, den Wein von einer Ersten Lage für dreißig Euro oder mehr? Nur die angebliche Elite!«

»Günther, so können wir nicht miteinander reden.«

»Ihr habt das System eingeführt …«

»Ich habe gar nichts eingeführt«, sagte Hans, verwirrt ob der Heftigkeit des sicher zehn Jahre jüngeren Mannes, der geradezu verzweifelt argumentierte. »Ich bin gar kein Mitglied im Verband.«

»Aber du willst es sein, deshalb passt du dich an.«

»Kannst du dir vorstellen, dass ich etwas richtig finde?« Hans wollte noch immer vermitteln, dieser Günther hingegen schien seine Interessen verzweifelt zu verteidigen.

Nicolas hatte sich abgewandt und ging hinüber zu Anneliese.

Sie winkte ab. »Mit Günther ist wenig anzufangen. Er ist mein Cousin. Das ist alles nur, weil er unsicher ist. Er hält sich für die neue Winzergeneration, Generation Riesling, weißt du? Ich glaube, ich würde es besser können als er, aber ich gehe lieber in die Chemie, ich will in Richtung Weinprüfung. Günther? Der träumt, der hofft, dass ihn die Weinzeitschriften eines Tages als Aufsteiger des Jahres feiern, mit einem Foto, und er mit hoch gerecktem Arm und seinem Silvaner, so wie Rainer Sauers Sohn Daniel, den man zum Jungwinzer des Jahres gekürt hat. Wir können zu Günther gehen und was probieren. Willst du?«

Vielleicht war es hilfreich, auch mal die Weine von jemandem aus der Masse zu probieren und nicht nur immer die sogenannte »Elite«. Da war was dran, an dem Argument, dass sich die wenigsten Weinfreunde einen Wein um zwanzig bis dreißig Euro leisten konnten und wollten. Der durchschnittliche Betrag für eine Flasche Wein lag unter drei Euro. Was Nicolas bislang probiert hatte, kostete mindestens doppelt so viel, sein Tischwein war nicht unter acht Euro zu haben, die Portweine begannen bei fünfzehn und endeten knapp unter hundert, bei einem zwanzig Jahre alten war es dann das Doppelte, bis auf die uralten Spezialitäten, für die sich nur Briten und Millionäre interessierten.

»Probieren wir's. Bist du dabei?«

»Gern, obwohl ich seine Weine nicht sonderlich schätze, besonders seit ich bei unserer Vorbereitung viele Weine anderer Kollegen kennengelernt habe. Günther ist ein Schaumschläger, er sollte besser Sekt machen, Rotkäppchen halbtrocken wäre ideal.«

»Und weshalb war der Wein, den du bei der Wahl vorgestellt hast, nicht so ... umwerfend?«

Anneliese gluckste. »Wie nett du das verklausulierst. Sag ehrlich, er hat dir nicht geschmeckt?«

Nicolas breitete in einer priesterlichen Geste die Arme aus.

»Wenn du eine gute Nase hast, erkennst du ihn wieder.«

Der Jungwinzer stand Annelieses Wunsch misstrauisch gegenüber. Fühlte er sich vorgeführt, oder lag es daran, dass er Nicolas' Weine kannte? Es würde sich zeigen.

Nicolas hatte bei etlichen Präsentationen und beim Verkosten fremder Weine gelernt, wie man klare Aussagen umging. Da diese Floskeln allgemein bekannt waren, war es sinnvoller, nicht zu bewerten, sondern den Inhalt des Glases zu beschreiben. Während er noch probierte, wurde nach Anneliese verlangt, »die Königin wird gebraucht«, und als er den Bacchus im Glas hatte – es war der Wein von der Wahl –, rief Roger an. Nicolas entfernte sich mit dem Telefon am Ohr in Richtung Teeküche, um ungestört zu sein. Roger informierte ihn darüber, dass er glaube, dass der DJ des »Last Chance« Kopien der Videoaufzeichnungen von den Türen besitze, zusätzlich zu seinen eigenen Aufnahmen. »Dann habe ich noch einen interessanten Zeugen aufgetan, mit dem wir uns treffen sollten.«

»Bist du jetzt Dauergast im ›Last Chance‹? Was sagt deine Freundin Nora dazu?«

»Die ist immer dabei, sie tanzt gern, und sie kriegt das eine oder andere besser mit als ich.« Was es war, wollte Roger am Telefon nicht sagen.

Nicolas erzählte ihm von seinem Treffen mit der neuen Königin und dass sie felsenfest davon überzeugt sei, dass Henriette keine Drogen genommen habe. »Aber dass ihr jemand was in den Cocktail getan hat, das hat sie nicht explizit gesagt. Die Schlussfolgerung hat sie mir überlassen.« Zuletzt willigte Nicolas ein, am Freitag gemeinsam das »Last Chance« aufzusuchen. Der kommende Freitag eigne sich bestens dafür, er habe Zeit. Er wollte herausfinden, ob in dem Bus tatsächlich gedealt werde und auch dort Kameras installiert seien. Auf die Frage, wem der Tod von Henriette Müller nutze, hatte Roger auch keine Antwort.

»Vielleicht habe ich eine, bis du wieder hier bist. Die Polizei soll angeblich jemanden aufgetrieben haben, der mit ihr in der fraglichen Nacht zusammen war – nicht in der Weise, wie du jetzt denkst.«

»Woher weißt du, was ich denke? Also sind die Nachforschungen nicht eingestellt?«

»Keine Ahnung. Wenn es den Zeugen gibt und der nichts weiß, bestätigt das nur das bisherige Ergebnis.«

Nach dem Ende des Gesprächs ging Nicolas zum Tisch mit den Proben zurück, da tauchte Günther auf der anderen Seite der Teeküche mit einer Flasche Wasser und zwei Gläsern in Händen wieder auf, und sie probierten weiter. Der Müller-Thurgau bestätigte Nicolas' Vorurteile, er fand ihn langweilig, den Riesling untypisch, Günthers Domina hatte viel zu harte Tannine, die auch bei langer Lagerung nicht weicher würden, und wirkte ein wenig ordinär. Einzig der Silvaner war ihm ganz gut gelungen. Der Junge hat noch viel zu lernen, dachte Nicolas und bedankte sich liebenswürdig. Der Blick, den ihm Günther nachwarf, war alles andere als freundlich. Hatte er bemerkt, wie er sich herausgeredet hatte?

»Gehört ihm das Weingut?«, fragte Nicolas, als Anneliese einen Moment Zeit hatte.

»Nein, aber er hätte es gern. Es gehört meiner Großmutter.«

»Hat sie keine Kinder, denen sie es vererben könnte, an deine Eltern beispielsweise?«

»Sie ist mit allen über Kreuz, besonders mit ihrem ältesten Sohn, meinem Onkel, er lässt sich nicht herumkommandieren, und meine Mutter geht ihr aus dem Weg, besonders seit dem Tod meines Vaters.«

»Das tut mir leid«, sagte Nicolas und dachte, wie lächerlich sich diese Beileidsbekundung anhören konnte.

Anneliese ging darüber hinweg. »Oma weiß alles besser, sie sagt, wo es langzugehen hat, was jeder tun muss, und überall mischt sie sich ein. Nur Günther kuscht. Er ist scharf auf ihr Weingut. Er will es erben – und das wird er auch.«

»Und was ist mit deinem Großvater?«

»Der ist vor vielen Jahren bei einem Unfall im Keller umgekommen. Er starb an einer Kohlendioxid-Vergiftung während der Gärung. Seitdem führt sie das Regime.«

Annelieses Ausdruck nach dürfte es ein hartes sein, dachte Nicolas.

»Ich glaube, dass Oma meiner Mutter nie verziehen hat, dass sie nie Weinkönigin geworden ist. Mutti hat es versucht, ja, aber über eine Weinprinzessin ist sie nicht rausgekommen.«

»Dafür hast du es geschafft. Die Oma dürfte stolz sein.«

»Zu welchem Preis? Ich hätte Glück gehabt, hat sie am Tag nach der Wahl gesagt. Glück? Wenn jemand anders stirbt, und man rückt nach, ist das Glück?«

Nicolas saß im Zug und raste durch die Landschaft. Oder raste die Landschaft am Zug vorbei? Inzwischen waren Eisenbahnen ähnliche Zeitmaschinen wie Flugzeuge. Man stieg an einem Ort ein und nach einer Weile woanders wieder aus. Es war nur Zeit vergangen. Gesehen hatte man nichts, das Reisen hatte seine Bedeutung verloren. Es war zum bloßen Ortswechsel im physischen Sinne degradiert. War das der Grund, weshalb im Großraumwagen kein Mensch mit einem andern sprach, sich niemand unterhielt? Rita hatte von ihren Fahrten Ähnliches berichtet. Nicolas überlegte, ob sie nicht mit dem Zug nach Portugal zurückfahren sollten. Es dauerte unendlich viel länger, im Schlafwagen kostete es mehr, aber sie würden etwas von Paris sehen, in San Sebastian umsteigen, durch Spanien bis nach Porto weiterfahren und im Bummelzug am Rio Douro sich wieder ihrem Zuhause nähern. Nur so waren Entfernungen zu begreifen, nur so konnte man wissen, wo man sich befand.

Lourdes war am Morgen nach Portugal zurückgeflogen, der Önologe hatte merkwürdigerweise im selben Flugzeug noch einen Platz ergattern können.

»Zerreißen Sie sich nicht, Lourdes«, hatte er ihr zum Abschied gesagt. »Wenn es wegen der Messe zu viel Arbeit gibt, komme ich notfalls sofort zurück, in fünf Stunden bin ich da. Scheuen Sie sich nicht, rufen Sie mich an. Versprechen Sie mir das?«

Sie hatte es versprochen, und beide wussten, dass sie das Versprechen nicht halten würde. Sie würde ihn nur belästigen, falls die Quinta in Flammen stand. Sie wusste, dass er fünf Jahre lang nie richtig Urlaub gemacht hatte. »Da oben zu leben und zu arbeiten ist Urlaub genug«, pflegte er zu sagen. Gut, er nahm sich mal einen oder zwei Tage frei, an die Londoner Weinbörse hängte er einen Tag in der Tate Gallery of Modern Art an, in Bordeaux einen Besuch bei den berühmtesten Gütern, ansonsten war er präsent, er lebte über seinem Büro, hinter dem Haus lag die Kellerei. Wenn auf der Terrasse gegessen wurde, konnte er den Hof überblicken und die Spediteure beim Aufladen beobachten. Monotone Arbeiten wie Rebschnitt waren für ihn Erholung, bei der Lese war er an der frischen Luft, die Arbeit war nicht zu schwer, obwohl er mit Rebecca auf dem Rücken als Konditionstraining Trauben schnitt, von einer Lesemannschaft zur nächsten fuhr, Essen brachte und Trauben abholte und nachts an der Presse stand. Seine größte Sorge jedoch war nicht Portugals desolate Wirtschaft und die Finanzen der Quinta, seine größte Sorge galt Otelo.

Der alte Kämpfer der Portugiesischen Revolution von 1974 war mittlerweile siebzig Jahre alt, und er war ihm zum Vater geworden, sein Mentor, sein Lehrer und gleichzeitig sein schärfster Kritiker. Doch seine Worte waren nie verletzend. Otelo war auch das Gedächtnis der Quinta, ein Kellerbuch auf zwei Beinen. Er erinnerte sich an jeden einzelnen Jahrgang. Er hatte zwar exakte Aufzeichnungen gemacht, aber sie waren nichts gegen sein Gedächtnis, denn es verband sich mit Emotionen, mit dem, was sich gefühlsmäßig übertragen ließ. Wein musste man leben, erleben, und hier erinnerte Nicolas sich an die Worte von Horst Sauer. Er und Otelo waren sich ähnlich. Nur Otelo war älter, der Krieg in Angola hatte Spuren bei ihm hinterlassen, er ging bereits gebeugt, den Stock in Griffweite. Besonders im Winter litt er unter der feuchten Kälte.

Damit war es hier in Franken nun endgültig vorbei. In den letzten Tagen war die Temperatur um zehn Grad gestiegen, und wieder jammerten alle. Nicolas litt nur, weil er nicht die richtige Garderobe für dieses Wetter mitgenommen hatte, und das gleißende Licht der Sonne ließ jeden blinzeln.

Hoffentlich hält sich das Wetter, dachte Nicolas, die Welt ohne Blätter, ohne Grün und ohne Blumen ist ziemlich trist, genau wie Weinberge in Schwarz-Weiß. Die hatte er nach dem Winter satt, und schönes Wetter hob Ritas Laune. Am nächsten Wochenende wollte er ihr und Rebecca seinen Onkel Sichel in Frankfurt vorstellen, den Versicherungsmakler und jüngeren Bruder seiner Mutter, den alle nur beim Nachnamen nannten. »Sichel« war der einzig wirklich liebenswerte Mensch in seiner Familie. Er war weitläufig mit jener

Familie Scholl, Sichel und Söhne verwandt, der in Mainz vor dem Zweiten Weltkrieg das größte Weinhandelshaus in Mainz gehört hatte, bis sie von den Nazis vertrieben worden war. Den Umstand, dass sein bester Freund in Bordeaux ein Weingut betrieb, hatte Sichel ihm lange verheimlicht, was Nicolas' Neugier besonders angefacht hatte. Sichel hatte auch Friedrich gekannt und irgendwann einmal bei ihm Ferien gemacht. Nicolas hatte ihn viele Jahre lang nicht gesehen.

Die Gedanken jagten vorbei wie der Zug an der Landschaft draußen, eben war er noch in Düsseldorf gewesen, jetzt stieg er in Würzburg aus, um Rebecca und Rita in die Arme zu schließen.

Ritas Laune besserte sich von Tag zu Tag. Beruflicher Erfolg, das Zusammensein mit angenehmen Menschen und die dauernde Nähe zu ihrer Tochter taten ihr so gut wie der jüngste Wetterumschwung. Rebeccas Fixierung auf Nicolas schien ein wenig aufgebrochen, sie griff nicht gleich nach seiner Hand. Erst im Wagen schlang sie ihre Arme wieder um seinen Hals. Er merkte, dass er viel zu dick angezogen war.

Auf dem Weg nach Nordheim besprachen sie die nächsten Termine, an eine vorzeitige Rückkehr war nicht zu denken. Für beide stand viel auf dem Programm, er musste nach Karlsruhe und nach München, es hatte sich auf der Messe eine neue Verbindung nach Hamburg ergeben, wo er mit seinen Weinen eine Abendveranstaltung bestreiten sollte. Auch Ritas Besuchsprogramm war so strukturiert, dass die Rückkehr vor Anfang Mai ausgeschlossen war.

Hans hatte noch mit dem Abbau des fränkischen Gemeinschaftsstands zu tun und traf erst nach Nicolas ein. Anneliese Fünfinger hatte sich an die Offiziellen vom Verband gehalten, sie waren mit mehreren Fahrzeugen unterwegs gewesen. Nicolas war erleichtert, dass Annelieses Repräsentationsprogramm und sein Terminkalender keinen Raum für weitere Annäherungsversuche boten.

Nach dem Abendessen kam Roger zu ihm, eine Flasche Acolon vom Weingut Roth in der Hand. Er wollte reden. Rita war im Nebenzimmer beim Vorlesen der Gute-Nacht-Geschichte auch eingeschlafen, Nicolas deckte sie und Rebecca gut zu, dann widmete er sich seinem Besucher.

»Das ist ein Rotwein, wie ich ihn mir vorstelle, da möchte ich gerne hin«, schwärmte der junge Mann. »Wir werden das leider kaum hinkriegen, denn unser Terroir ist anders. In und um Wiesenbronn, wo der Wein herkommt, herrschen Keuperböden vor, wie meistens am Steigerwald.«

Die Rebsorte Acolon sagte Nicolas nichts, aber dieser Wein gefiel ihm gut. Er hatte die Nase im Glas. »Kirsche, rote Beeren, sehr frisch, angenehm. Und das Tannin ist nicht hart. Man wird ihn auch früh trinken können.« Der Blick aufs Etikett sagte ihm, dass der Wein erst anderthalb Jahre alt war und 13,5 Prozent Alkohol hatte. »Das gibt ihm zusätzlichen Schmelz und Volumen.«

Acolon sei eine Züchtung aus Dornfelder und Lemberger, erklärte Roger. »Früher mussten wir ihn als Lemberger bezeichnen, als die Österreicher noch nicht in der EU waren und den Namen ›Blaufränkisch‹ für sich blockierten. Seit dem Beitritt Österreichs dürfen auch wir den Rebsortennamen ›Blaufränkisch‹ verwenden. Den Winzer solltest du besuchen, er kann dir eine schöne Geschichte dazu erzählen.«

Das hatte Nicolas auch vor, das Weingut Roth stand auf seiner Liste.

»Dann lass dir den Spätburgunder G auf keinen Fall entgehen. Roth ist Ökowinzer der ersten Stunde, der hat damit angefangen, da war ich gerade erst geboren. Außerdem ist er im VDP. Der arbeitet sich in Bezug auf Qualität langsam an Paul Fürst heran. Dessen Wein zu kennen gehört in Franken zum Muss!«

»Wenn ich danach gehen würde, müsste ich noch zwei Wochen länger bleiben als geplant.« Er erzählte Roger, dass sie gleich nach dem Barockfest abreisen würden, was er vorher noch zu erledigen habe und dass die Messe für ihn ähnlich zufriedenstellend gelaufen sei wie für seinen Bruder. »Und eure neue Königin durfte ich in Düsseldorf fast hautnah erleben.«

»Hautnah? Ist sie nicht ein wenig jung für dich?«, frotzelte Roger. »Sie mit dreiundzwanzig – und du gehst stark auf die vierzig zu?«

»Wieso übertreibst du immer derart maßlos?« Nicolas erzählte von seinen Begegnungen mit »der Fünfinger«, wie er sie nannte, von ihren Annäherungsversuchen, wie er es sah, und wiederholte besonders das, was sie über Henriette Müller gesagt hatte. »Sie hält es für undenkbar, dass sie Drogen genommen hat, jedweder Art. Sie hat es kategorisch ausgeschlossen.« Er unterstrich das letzte Wort mit der entsprechenden Handbewegung und gab ihre Erfahrungen aus der Vorbereitungsphase wieder.

»Wir werden mehr Klarheit in die Sache bekommen.« Roger sagte es in einer Weise, als erstatte er bei einer Pressekonferenz Bericht über den anhängigen Fall. »Auch ich bin vorangekommen.« Bestätigend und gleichzeitig nachdenklich nickte er und wirkte dabei eher eindringlich als wichtigtuerisch. »Ich habe jemanden aufgetrieben, der mit Henriette im ›Last Chance‹ war. Er heißt Till und gehört zu ihrer alten Clique aus dem Volkacher Gymnasium. Er ist einer von den Tübingern, die nennen sich so, weil sie zum Studieren nach Tübingen gegangen sind.«

»Und wieso meldet der sich erst jetzt?« Oder war es falsch, davon auszugehen, dass alle Beteiligten ein Interesse daran hatten, dass die Sache aufklärt wurde, fragte sich Nicolas. »Der wird doch längst davon erfahren haben.«

»Hat er nicht, sagt er zumindest, dieser Till. Er sagte sowieso fast nichts, wir haben telefoniert. Demnächst hat jemand aus seiner Familie Geburtstag, alle treffen sich in Volkach, deshalb kommt er, dann werden wir ihn treffen, oder besser nur ich allein, er hat ziemlich viel Schiss!«

»Wie bist du denn an ihn rangekommen? Was weiß er? War er wirklich dabei?«

Das waren für Roger zu viele Fragen auf einmal. »Wie ich an ihn rangekommen bin? Über ein Mädchen, das in dieselbe Klasse ging und die Tübinger kennt. Sie hat mir erzählt, dass die Tübinger zur Wahl spontan hergekommen seien, um mit Henriette zu feiern, und sie nach dem offiziellen Teil abgeschleppt hätten.«

Roger bestätigte Nicolas' Vermutung, dass die Tübinger dann auf den Videos der Überwachungskameras an den Eingängen zu sehen sein müssten.

»Genau damit habe ich diesen Till gefangen. Ich habe ihm gesagt, dass er darin zu sehen ist, und wenn er nicht mit mir redet, wird es die Polizei tun. Davor hatte er panische Angst. Er und diese Clique haben irgendwas zu verbergen.«

»Ist das deine Vermutung, oder weißt du das?«

Für einen Moment herrschte Stille im Raum. Roger stülpte die Unterlippe vor und rieb sich das Kinn wie immer, wenn er nachdachte. »Die Vermutung liegt doch nahe, oder nicht?« Doch Roger kehrte noch einmal zu dem zurück, was »die Fünfinger« so kategorisch ausgeschlossen hatte. »Ist dir klar, was das bedeutet? Wenn sie selbst nichts eingeworfen hat, dann ...«

»... war es Mord?« Sicher war sich Nicolas nicht, er hielt es nach wie vor für möglich, dass Anneliese etwas entgangen war, und er gab wieder, wie sie den Auftritt ihrer Konkurrentin erlebt hatte.

»Sie schreibt Henriettes Enthusiasmus auf der Bühne dem Publikum zu. Ich kenne das, natürlich nur im kleinen Rahmen, von meinen Weinpräsentationen her, wenn dreißig bis vierzig Personen dabei sind. Dir wird es genauso gehen. Das Publikum bringt dich hoch, oder es zieht dich runter, du läufst gegen Mauern, oder ein Funke springt über, und du steigst wie ein Ballon, fühlst dich euphorisch. Wie das Ganze dann vor Hunderten von Leuten abgeht, kann ich schlecht beurteilen.«

»Ist dir klar, was das bedeutet?« Roger wiederholte die Frage und sah Nicolas lange und durchdringend an. »Wenn das stimmt, dann drängen sich mir zwei Schlussfolgerungen auf.«

»Und die wären?«

»Ist das nicht offensichtlich? Wenn sie nichts genommen hat, dann hat sie jemand vergiftet, um nicht zu sagen ermordet, oder ihren Tod billigend in Kauf genommen. Entweder war es jemand von den Barkeepern …«

»Was sollten die davon haben?« Nicolas dachte an die Frau mit dem Pflock im Ohr.

»Geld. Für Geld tun Menschen bekanntlich alles, bei der bescheidenen Bezahlung im Gastgewerbe. Oder es war einer von ihren Begleitern.«

»Die Tübinger Studenten? Quatsch! Was hätten die Studis für einen Vorteil davon?«

»An die Studis denke ich weniger, ich denke mehr an die Mädels hinter der Bar. Sie könnten Königs- beziehungsweise Königinnenmacher gespielt haben.«

Der Gedanke, dass Anneliese andere zu einem Verbrechen angestiftet haben könnte, schien Nicolas so weit entfernt wie der Mond. »Und wieso hat sie mir derart eindringlich klargemacht, dass Henriette sauber war?«

»Die reine Ablenkungsstrategie. Damit jeder es für absurd hält, und dir macht sie schöne Augen.«

»Du spinnst. Das ist mir zu sehr von hinten durch die Brust ins Auge gedacht.« Nicolas stand auf, ging ans Fenster und starrte nach draußen in Richtung Katzenkopf. Silbern stand der Mond am schwarzen Himmel über dem Hügel. Nicolas drehte sich um und lehnte sich ans Fensterbrett. »Aber Mord?«

»Es geschehen die merkwürdigsten Dinge zwischen Himmel und Erde.«

»Wenn Anneliese nichts damit zu tun hat …«

»… dann vielleicht diese Claudia Voigt, die du gewählt hast.«

»Wie bei den Borgias? Mein Freund, wir leben nicht in der Renaissance, und Würzburg ist nicht Rom.«

»Dann sollten wir uns aufmachen und den nächsten Shuttle ins ›Last Chance‹ nehmen. Ich glaube, die Lösung ist da zu suchen. Wo wir sie finden, weiß ich nicht. Man muss sich mehr mit den Leuten beschäftigen, die Henriette gekannt hat.«

»Man muss?«, fragte Nicolas skeptisch. »Mach du das besser allein. Du bist schließlich Polizist.«

»Längst nicht mehr, und du begleitest mich am Freitag! Wenn nichts passiert, wenn sich keine Spur ergibt, machen wir uns eine nette Nacht. Deine Rita und meine Freundin kommen auch mit. Also, Freitag.«

Nicolas willigte halbherzig ein. Sichel hatte abgesagt, er musste einen Fabrikanten von Straßenlaternen versichern, ein richtig gutes Geschäft, daher musste er am Wochenende mit dem Besitzer der Leuchten auf den Golfplatz – und hoffte inbrünstig auf Regen.

Kapitel 13

Rita setzte sie am Würzburger Bahnhof ab, der Wagen kannte den Weg inzwischen fast von allein. Sie musste nicht allein nach Dettelbach fahren, denn Rogers Freundin kam gern mit. Über den Grund der zeitweiligen Trennung von Roger hatte niemand etwas verlauten lassen, er arbeitete ihr anscheinend zu viel und nahm den Beruf des Winzers zu ernst. Hatte sie inzwischen begriffen, was Selbstständigkeit bedeutete und dass man nur Anerkennung gewann, wenn man sich auch entsprechend engagierte? Und auch das allein war kein Garant für möglichen Erfolg.

Der Shuttlebus verließ nur halb besetzt den zu dieser nasskalten späten Stunde besonders tristen Bahnhofsvorplatz und fuhr in Richtung Stadtring. Die beiden Männer hatten sich in die drittletzte Reihe gesetzt, von hier aus ließ sich das Geschehen im Auge behalten, Roger saß natürlich am Gang. Als er am Straßenrand einen Polizeiwagen sah, dachte Nicolas daran, dass Roger ihm bisher nicht erzählt hatte, weshalb er den Polizeidienst aufgegeben hatte. Da die Sitzreihe vor und hinter ihnen frei geblieben war, konnten sie leise miteinander sprechen.

»Du hattest was verändern wollen, sagtest du? Von innen her?«

»Willst du das wirklich wissen? Über Enttäuschungen zu reden macht wenig Spaß.«

»Sinn macht das Reden dann, wenn die Enttäuschungen

zu Erfahrungen werden, mit denen man was anfangen kann. Ich bin neugierig, ich habe auch einige Erlebnisse mit den sogenannten Sicherheitskräften gemacht, wie sie heutzutage von den Zeitungen genannt werden, allerdings nicht hier, sondern in Portugal. Und die waren alles andere als erbaulich.«

Roger zierte sich noch ein wenig, aber dann rang er sich dazu durch, darüber zu reden. »Mit dem Gedanken, was zu verändern, hat es nicht angefangen. Ich war früher bereits von der Polizei fasziniert, möglicherweise hat das mit meinem Gerechtigkeitssinn zu tun. Man hat mich früher schon damit aufgezogen, immer wollte ich, dass alles gerecht zuging, wollte genau teilen, immer schlichten, ich bin bereits auf dem Schulhof immer dazwischengegangen.«

»Das hat dir sicherlich nicht nur Freunde eingebracht«, bemerkte Nicolas, was Roger klar bestätigte.

Er kam aus der Antifa-Bewegung, der antifaschistischen Jugendkultur, sie hatten in Jugendheimen die Rechten erlebt, auf dem Gymnasium hatte er dafür gesorgt, dass die Nazizeit immer wieder thematisiert wurde. Aufgeschreckt hatte ihn ein Bildband aus dem KZ Bergen-Belsen mit Bergen von Leichen und der Umstand, dass man Menschen getötet hatte, nur weil sie angeblich einer anderen Rasse angehörten. »Dabei gibt es gar keine Menschenrassen, es gibt nur die menschliche Rasse!« Von da an waren ihm hiesige Stammtische, Hooligans und Schützenvereine verdächtig. »Vielleicht hat das auch mit Bayern und mit München zu tun, dass Hitlers Aufstieg und seine finstere Karriere in München begann. Ich habe sowieso bis heute nicht kapiert, wie ein ganzes Volk so bescheuert sein und dem Österreicher auf den Leim gehen konnte. Etliche kleben immer noch dran, andere sondern den widerlichen Leim weiterhin ab. Die Maut für Ausländer ist nichts anderes als eine subtile Form der Volksverhetzung, ähnlich wie das mit dem Sozialbetrug durch Rumänen und Bulgaren. Später, in der Jugendszene haben wir Straftaten erlebt, die nie angezeigt wurden. Im Osten haben die Faschos national befreite Zonen geschaffen, und hier haben ein Paar Idioten das auch versucht. In der Weinszene findest du solche Leute so gut wie nie, aber wir haben ja die Christlich Soziale Union als rechtes Sammelbecken. Wenn du anders ausgesehen hast, wurdest du ausgegrenzt, und einige von uns kriegten was aufs Maul. Wir waren die Zecken, so nannten sie uns.«

Roger hatte den Mund aufgemacht, sehr zum Schrecken seiner Eltern. Er hatte einen Sticker mit der Aufschrift »destroy fascism« getragen und war als Pizza-Fahrer überfallen worden. Danach hatte er mit Kampfsport begonnen. Er hatte begriffen, dass Gangster sich nicht an die Regeln halten, dass es keine Zeit für Gespräche mit Opfern gab oder dafür, Jugendlichen zu vermitteln, wie Konflikte friedlich zu lösen wären. »Manche Leute sind gar nicht an Konfliktlösung interessiert. Sie lassen es darauf ankommen und leben davon. Das sind die Hetzer.«

Nach dem Abitur hatte er sich zum Studium als Polizeikommissar beworben und unter den zweitausend Bewerbern einen der hundertzwanzig Studienplätze ergattert. Er verstand die Polizei immer als Hilfe, die Demokratie durchzusetzen, Demonstrationen zu schützen und die Leute gewähren zu lassen, »ob sie nun abhängen wollen oder sich Musik reinziehen und auf Konzerten rumhängen. Menschen, die man gewähren lässt, innerhalb gewisser Regeln, die sie verstehen, versteht sich, bleiben friedlich.«

Der Kampfsport veränderte ihn, er ging körperlichen Auseinandersetzungen aus dem Weg, und er sah, dass fast nur die Kinder der Unterschicht zur Polizei gingen, dass es später zwei Akten über ihn gab, eine offizielle und die behördeninterne Parallelakte, und dass sich während des Studiums bereits die Clique der späteren Entscheidungsträger als Seilschaft formierte. Sogar in der Polizei wurden Ausländer diskriminiert. »Als bekannt wurde, dass eine Kollegin, die mit einem Türken befreundet war, ein Kind erwartete, sagte einer: Wenn du von dem Kanaken schwanger bist, komme ich mit dem Staubsauger und hol dir den Fötus eigenhändig raus! Das muss man sich vorstellen, das hat der wirklich gesagt, und zwar vor Zeugen.«

»Und was ist danach passiert?« Nicolas war schockiert.

»Nichts, obwohl sie Anzeige erstattete. *Sie* wurde versetzt. Vonseiten der Führung heißt es dann, es seien Einzelfälle.« Und ihm war geraten worden, den Mund zu halten, wenn er in der Polizei bleiben wolle. Als er für die Zeitung der Polizeigewerkschaft einen Artikel über Rechtsradikale verfasst hatte, machte die Redaktion daraus lediglich eine Randnotiz. »Aber damit war ich ein beschriebenes Blatt, eines für die Parallelakte.«

Zwischen den Entscheidungen eines Innensenators und eines Streifenführers im Einsatz taten sich Welten auf. Die Einsatzplanung wurde rechtssicher formuliert, der Streifenführer hingegen schaltete einfach den Funk ab und gab später eine Störung vor. Seinem Ziel, als Ermittler in der rechten Szene zu arbeiten, kam Roger nicht im Entferntesten nahe. Dann erhielt er Aufgaben, die ihn ausgrenzten, ihn kaltstellten und in offene Messer laufen ließen.

»Da habe ich mich auf den Wein besonnen und erinnert, wo ich herkomme. Aber Wein ist auch in Bayern ein Nischenprodukt. Alle Abiturienten machen einen Skikurs, weil wir ja in Bayern leben, aber niemand in Franken geht in die Weinlese. Nein, von innen änderst du nichts!«

»Und wie ändert man was?«, fragte Nicolas deprimiert und dachte daran, mit welcher Brutalität man versucht hatte, ihm sein Erbe streitig zu machen.

Da tauchten an den Fenstern des Busses die Straßenlaternen von Dettelbach auf. Während Roger von seinen Erfahrungen berichtete, hatten sie den Grund ihrer Fahrt völlig aus den Augen verloren. Schließlich erreichten sie den Parkplatz der Diskothek.

»Wir müssen es selbst machen, wir, die Zivilgesellschaft. Ich glaube, wenn wir Demokratie ernst nehmen, kriegen wir das hin, eine direktere Demokratie, mit Volksentscheiden, anderen Gesetzen, einer wirklich unabhängigen Justiz, die nicht jeden Umweltdreck genehmigt, ohne Karrieristen und Lobbyisten in den Parlamenten. Ja, wenn …«

»Und wovon träumst du nachts?«, fragte Nicolas den Utopisten neben sich.

Der deutete lediglich auf einen Mitfahrer, einen untersetzten Typen mit einem Haarschnitt, als sei ihm ein Topf aufgesetzt und Nacken wie Schläfen seien ausrasiert worden. Er trug eine Hose, deren Schritt in den Kniekehlen hing.

»Das ist der Kellner, der nimmt die Bestellungen auf. Jetzt müsste man sehen, wen er draußen trifft und wie die Drogen dann zu den Kunden gelangen.«

Es war Nicolas unverständlich, wie Roger das bemerkt haben konnte, während er seine Geschichte erzählte.

»Das lernst du durch Beobachtung. Hast du bemerkt, wie häufig unterwegs die Plätze gewechselt wurden, nein? Der Typ rückte von einem zum andern. Die einen werfen was ein, die Konsumenten, andere wieder beschaffen, und wieder andere starren aus dem Fenster oder benehmen sich wie die drei Äffchen: Nichts sehen, nichts hören, nichts sagen.«

»Was ist mit Angst?« Nicolas konnte nicht vergessen, wie man ihm mitgespielt hatte, und das Gefühl einer latenten Unsicherheit war zum ständigen Begleiter geworden, mal ganz im Hintergrund, mal wieder an der Oberfläche.

»Klar, wer den Mund aufmacht, kriegt Ärger. Der Pusherman hat einen Blick für Bullen, genau wie umgekehrt. Das Geschäft ist inzwischen organisiert wie bei den südamerikanischen Kartellen: Die Bauern produzieren, nach der Ernte dann kommen die Aufkäufer, die verkaufen weiter an die Transporteure, und die haben wieder einen Großhändler, und unter dem stehen die Verteiler. Auch Frauen sind dabei, und Kinder werden eingesetzt. Bei jedem Schritt wird gleich bezahlt, die Ware wird jedes Mal teurer. Und es kennen sich immer nur zwei, also Bauer und Aufkäufer, Aufkäufer und Transporteure. Wird einer geschnappt, so wird zwar die Kette unterbrochen, aber das fehlende Glied wird schnell wieder ersetzt, und niemand wird verraten.«

Der Parkplatz war überfüllt, *Friday night*, es ging darum, den Frust der Woche abzutanzen, jemanden aufzureißen, vielleicht auch, sich entdecken zu lassen.

Jerónimo aus Setúbal hatte wieder Dienst, und Nicolas plauderte mit ihm, während Roger sich die Kapuze seines Sweatshirts über den Kopf gezogen hatte und dem »Kellner« nachstieg, der wahrscheinlich gerade die im Bus aufgenommenen Bestellungen weitergab. Aber seit seinem Gespräch mit Anneliese über Henriette sah Nicolas den Drogenhandel hier nicht als das Problem. Entscheidend war die Frage, wenn Anneliese nicht log, wer Henriette den tödlichen Mix eingeflößt hatte. Wer, verflucht noch mal, konnte ein Interesse daran haben, eine Weinkönigin umzubringen? Jemand mit Einfluss? Wohl kaum, denn denen da oben standen andere Möglichkeiten zur Verfügung als Mord. Auf dem Weg von der Prinzessin zur Königin hätte man ihr diverse Knüppel zwischen die Beine werfen können.

Mit Rita wollte er darüber nicht reden, sie hatte nur versucht, ihn von weiteren Nachforschungen abzuhalten. Aber er konnte Henriettes Tod nicht auf sich beruhen lassen und nach Portugal zurückfahren, als wüsste er von nichts, und mal wieder etwas unerledigt zurücklassen, diesmal in Deutschland. Es würde ihn quälen, es war schrecklich mit dem, was man wusste: Wenn es einmal da war, an die Oberfläche gekommen, ließ es sich genauso wenig unter Wasser halten wie ein Korken. Inwieweit Rogers Freundin in seinen Plan einbezogen war, wusste Nicolas nicht, auch nicht, was sie über seine Nachforschungen dachte und ob sie ihre Sonderfahrt für eine späte Spielerei eines verhinderten Polizisten hielt.

Jerónimo studierte tatsächlich Maschinenbau, er wusste viel darüber, wie Nicolas seinen Äußerungen entnahm, als er das Gespräch auf Abfüllanlagen brachte. Und er beherrschte das entsprechende Vokabular. Als er Roger auf die Tür zukommen sah, bemerkte er die drei Männer, die vor ihm gingen. War er ihnen gefolgt?

»*Porra, olhe ese tipo da merda, la vem o aborrecimento*!« Er atmete tief ein und schob Nicolas zur Seite. Ängstlich war er nicht, aber gespannt machte er einen Schritt zurück in Richtung der offenen Tür.

»Ihr wisst, dass ihr Lokalverbot habt«, sagte Jerónimo ganz ruhig zum Anführer der drei.

»Das meinst du nicht ernst«, sagte der mit dem wie aufgemalt wirkenden Dreitagebart von oben herab. Er hatte eine nicht ganz so kräftige Statur wie Jerónimo. Die Begleiter bauten sich neben ihm auf. »Wir wollen uns amüsieren, was trinken, außerdem sind wir hier verabredet.«

»Bitte, macht keinen Ärger«, sagte Jerónimo beschwichtigend. »Da drüben ist eine Bar«, er wies auf die andere Straßenseite, »die haben lange auf, da könnt ihr was trinken, hier kommt ihr nicht rein.«

»Hör zu, du portugiesische Scheiße! Du wirst uns nicht sagen, wo wir was trinken! Ich sagte bereits, das meinst du nicht ernst. Mach Platz!« Der Bullige ging weiter, die anderen Gäste, unter ihnen Nicolas, zogen sich zurück.

Jerónimo tat das Gleiche und drückte eine Klingel, da schlug der Bärtige zu und traf ihn am Ohr. Im gleichen Moment lag der Schläger am Boden, Roger hielt seine Hand in einem Griff, der fürchterlich schmerzen musste, denn der Mann am Boden verzog das Gesicht. Dabei konnte er sicherlich Etliches einstecken. Die Begleiter waren genauso perplex wie Jerónimo, der mit unerwarteter Hilfe nicht gerechnet hatte. Zehn Sekunden später standen drei andere Gorillas an seiner Seite. Roger ließ die Hand los und trat zurück.

»Ich bringe dich um«, sagte der Schläger, »ich finde dich, dann bist du am Arsch.«

»Geh nach Hause«, meinte der wesentlich schmächtiger wirkende Roger, »und schlaf dich erst einmal aus. Morgen sieht die Welt ganz anders aus.« Dann griff er nach Nicolas' Arm und zog ihn in die Diskothek. »Wir sind in der Techno, wenn du einen ausgeben willst.«

»Ihr habt was gut«, rief ihnen Jerónimo nach, »und heute freie Getränke. Ich gebe Bescheid.«

»Das war knapp.« Nicolas war perplex und erleichtert zugleich, dass die Sache nicht eskaliert war. »Bist du immer so schnell, Roger?«

»Sollen wir uns die Szene von eben im Fernsehen ansehen? Ist alles aufgezeichnet. Nur es kontrolliert keiner, so wie ich das sehe. Wir werden beim Rausgehen aufpassen müssen. Sag auf keinen Fall den Frauen was, die werden in der Bar am Palmenstrand sein. Aber das kam eben wie gerufen. Jetzt ist uns der Portugiese was schuldig. Vielleicht hilft's.«

»Lässt du dich immer von Nützlichkeitsüberlegungen leiten?«

»Klar, wie beim Silvaner und all den anderen netten Rebsorten – wie denen eben.«

Wie erwartet trafen sie Rita und Nora in der Palmenlounge. Als Nora Roger entdeckte, machte sie eine bedauernde Geste, für den Interimskavalier war es an der Zeit, sich zu entfernen. Roger winkte ab, der Mann trollte sich trotzdem. Roger wollte nicht hierbleiben, er wollte rüber zur Technolounge, dorthin, wo Henriette zuletzt gesessen hatte. In der Technolounge war die Kamera, und es interessierte ihn brennend, was dort geschah. Nicolas begleitete ihn. Heute hatte er vorsichtshalber Ohropax eingesteckt.

Der undefinierbare Lärm, das gleichmäßige Dröhnen der Lautsprecher, rhythmische Schläge, die das Zwerchfell als Resonanzkörper missbrauchten und den Magen vibrieren ließen, versetzte die Tanzenden in einen Geisteszustand, der dem Konsum von Halluzinogenen ähnlich sein musste. Die meisten Tänzer bewegten sich derart verzückt, dass die Vermutung nahelag, dass bei ihnen zusätzlich chemische Substanzen zum Einsatz gekommen waren. An der Bar hatte die Dame mit dem Pflock im Ohr wieder Dienst, den sie im Zustand stoischer Taubheit und absoluter Gleichgültigkeit verrichtete. Die Bestellungen konnte sie allem Anschein nach von den Lippen ablesen. Nicolas brauchte lange, um sich bemerkbar zu machen, und musste ihr selbst die Rezeptur für seinen Lieblingscocktail zubrüllen, den Extravagant Port: ein Teil Ruby, dazu Grand Manier und Brandy mit Bitter Lemon und Eis.

»Drei davon, und du wachst im Rettungswagen auf, wenn überhaupt«, meinte Roger, nachdem er probiert hatte. An den Tresen gelehnt, beobachteten sie die nächste halbe Stunde die Raver, was sie ein gewaltiges Stück näher an die Alterstaubheit heranführte, mehr als die letzten dreißig Jahre ihres Lebens. Die Frauen kamen kurz herüber, um aufdringlichen Interessenten zu entfliehen, hielten die Musik aber nicht lange aus, besonders Rita liebte es softer.

»Eine Stunde noch, dann verschwinden wir. Wenn ihr im Wagen mitfahren wollt, bitte. Sonst nehmt den Bus.«

Roger winkte ab und machte Nicolas auf einen gut aussehenden Jungen von Mitte zwanzig aufmerksam. Er schlängelte sich durch die Menge und tanzte auf ein hübsches Mädchen zu, und als sie ihn endlich anlächelte, sprach er sie an. Dann verschwand er in Richtung Glaskasten, von dem aus der DJ die Raver akustisch und physisch manipulierte. Wenig später folgte das Mädchen.

Er habe Erkundigungen eingeholt, meinte Roger. »Der DJ, so das Gerücht, arbeitet als Scout für Fotografen. Er sucht Modelle aus, kleine Mädchen, die von einer Karriere als Model träumen. Was für Fotos dabei rauskommen, ob Porno oder Mode, weiß ich nicht, noch nicht. Das hängt von der

Verwendungsfähigkeit des Materials, also der Mädchen, ab – und von dem, wozu sie bereit sind.«

Roger war in seinem Element, er beobachtete und tat gelangweilt. Seine Beobachtung traf zu, und wenn eine der Hübschen vom Glaskasten herunterkam, wurde sofort eine Freundin zurate gezogen und etwas herumgereicht, das nach einer Visitenkarte aussah. Nicolas langweilte sich, ihm ging der Lärm entsetzlich auf die Nerven, die Monotonie lullte ihn ein. Er bestellte einen zweiten Cocktail und ärgerte sich, weil er hier herumsaß und sich die Ohren volldröhnen ließ. Roger wollte auch nur noch eine halbe Stunde bleiben, er war auf eine der Visitenkarten aus.

Eigentlich war das Rezept erprobt, also konnte das, was Nicolas an seinem Drink störte, nur an der Qualität des Portweins liegen, oder das Bitter Lemon war billig oder alt. Der erste Cocktail war besser gewesen. Um sich die Zeit zu vertreiben, mischte sich Nicolas unter die Tanzenden, der Alkohol machte ihn ein wenig lockerer, und er schaffte es, sich für eine Weile vom Rhythmus mitnehmen zu lassen. Wieder an der Bar trank er sein Glas aus, bestellte ein Wasser, der Alkohol stieg ihm zu Kopf, er fühlte einen leichten Schwindel und schaute auf die Armbanduhr, deren Ziffern schwerer zu lesen waren als sonst. Er fühlte sich zu alt für derartige Eskapaden. Außerdem wummerte die Musik trotz des Ohropax in seinem Kopf, er meinte, innerlich zu zittern, immer mehr, er vibrierte, als stünde er noch immer auf der Tanzfläche, und suchte nach seinem Gleichgewicht. Er merkte, wie der dumpfe Ton der Bässe in seinem Brustkorb widerhallte, er blähte sich unter den Schlägen, auch sein Magen hüpfte, und gleichzeitig reckte er sich, atmete tief durch, der Missmut schwand, genau wie das Gefühl von Langeweile.

Nicolas stürzte sich fast auf die Tanzfläche, er brauchte Bewegung und ließ sich mitreißen. Es war grandios, sich derart auszutoben, das hatte er jahrelang nicht getan, er stampfte mit den Füßen, riss die Arme hoch, lachte das Mädchen neben sich an, sie sah toll aus, ob er sie ansprechen sollte? Aber die andere da rechts sah viel toller aus, dann die andere dort drüben, sie war so wunderbar, dass ihm die Knie weich wurden …

Ihm wurde übel, er musste mehr Wasser trinken, oder war der Schwindel vorher da gewesen? War das nicht egal? Seine Beine waren weich, Nicolas kam ins Schwimmen, um sich herum die tobende Masse. Er hätte jemanden zum Festhalten gebraucht, er griff nach einer fremden Schulter, der Fremde wich aus, und Nicolas taumelte. Ihm war hundselend, das eklige Gefühl stieg vom Magen bis in den Hals. Er musste schleunigst zur Toilette, bevor er sich hier …

Er war irgendwo, weit weg, aber doch hier. Er musste irgendwo sein, er war vorhanden, er fühlte sich wieder, er fühlte seine Zunge in einem schrecklich trockenen Rachen. Er lag in einem Bett. Es roch nicht schlecht, es roch frisch und gesund, und es war warm. An seinem linken Arm war etwas, es drückte und brannte ein wenig, er spürte etwas Fremdes. Sollte er die Augen aufmachen? Er hörte eine Stimme, Ritas Stimme. Wenn sie da war, dann war alles gut. Er hatte sie an seiner Seite, egal, worum es sich handelte, sie half. Das war gut zu wissen.

Er öffnete die Augen. Roger war auch da. Na bestens. Es war gut, die Polizei in der Nähe zu wissen. Da war noch jemand, war es Nora? Er schloss die Augen wieder und atmete tief, es war ihm sehr angenehm, die Luft in seinen Lungen zu spüren, das ließ die Lebenskräfte zurückkehren. Da merkte er, dass er etwas in der Nase hatte und ein kühler Luftstrom hinter seine Stirn drang. Den linken Arm konnte er nicht bewegen, er zerrte an einer Art Fessel, ihm wurde heiß, er geriet in Panik, Rita rief seinen Namen, und er riss die Augen auf, dann sah er sie und den Tropf, er hatte das Gefühl, dass sein Herz raste, und betastete mit der rechten Hand sein Gesicht. Da steckte was in seiner Nase. Ein Schlauch.

Er hörte fremde Stimmen, die Tür klappte leise zu, Schritte näherten sich ihm.

»Er ist wach«, sagte Rita, ließ den Arm los und drückte seine Hand. »Machen Sie schon, tun Sie was, schnell, er hat ein Trauma, er darf nicht in Panik geraten, sein Herz rast…«

Ritas Anblick und die Wärme ihrer Hand halfen Nicolas, dann bekam er eine Spritze, die ihn in einem dämmrigen Zustand beließ und ihm die Angst nahm, in der er fast unterging.

»Was ist passiert?«, fragte er krächzend, als er wieder aufwachte und einigermaßen bei Sinnen war. Er griff nach dem schmerzenden Hals. »Wo sind Roger und…« Er erinnerte sich jetzt nicht mehr an den Namen seiner Freundin.

Rita schreckte hoch, sie war im Stuhl vor seinem Bett eingeschlafen. »Nora?« Sie beeilte sich, Nicolas etwas Wasser einzuflößen. »Sie und Roger sind in der Kantine, Kaffee trinken. Sie sind die ganze Zeit bei dir geblieben, ich finde das großartig von ihnen.«

»Ihr habt die ganze Nacht nicht geschlafen? Und Rebecca? Was ist mit Rebecca?«

»Die ist in guten Händen … Marion und Hans kümmern sich um die Kinder. Wir alle machen uns schreckliche Sorgen.«

»Warum das denn?« Nicolas starrte auf den Tropf neben seinem Bett.

»Weil ich glaube, dass dich jemand umbringen wollte.« Die männliche Stimme kam von der Tür und gehörte Roger. »Das sollte auf die gleiche Weise wie bei Henriette Müller passieren. Der Mörder oder die Mörderin kannten die Wirkung. Dein Cocktail war die Vorlage, du hast es ihnen leicht gemacht.«

»Wir werden abreisen«, sagte Rita, »ich halte so was wie damals in Portugal kein zweites Mal aus.«

»Mein Schatz, das können wir uns nicht leisten, weder du

noch ich. Wir werden eben besser aufpassen.« Nur wusste Nicolas nicht genau, worauf.

Rita wollte nicht debattieren, besonders nicht jetzt, da der Stationsarzt das Zimmer betrat und die Besucher hinausschickte.

»Wie lange dauert das hier? Wie lange muss ich bleiben?«

»Wir entlassen Sie erst morgen«, sagte der Arzt, »vorausgesetzt, Ihr Kreislauf stabilisiert sich.« Er maß den Blutdruck, fühlte den Puls, kontrollierte den Sitz der Nadel im Arm für den Tropf.

»Was habe ich denn?«, fragte Nicolas.

»Ihr Freund gab uns glücklicherweise sofort den richtigen Hinweis. Alkohol in Verbindung mit 4-Hydroxybutansäure, zu deutsch K.-o.-Tropfen. Das hätte zusammen zur Atemlähmung geführt, deshalb haben wir Ihnen zusätzlich Sauerstoff gegeben, aber ich werde den Schlauch jetzt entfernen. Sie sollten stattdessen die Maske alle Stunde für zehn Minuten benutzen. Wir haben Ihnen auch den Magen ausgepumpt …«

»Daher die Halsschmerzen? Ich kann kaum schlucken.«

»Richtig, Herr Hollmann. Außerdem habe ich verfügt, dass Sie noch nicht vernehmungsfähig sind, denn die Kriminalpolizei war bereits da. Ihr zorniger Freund, dieser Herr …«

»Kastner?«

»Ich glaube, so heißt er, er hat die Polizei informiert, er geht von einem Anschlag aus. Allem Anschein nach wollte Sie jemand vergiften. Nehmen Sie Drogen?«

»Ich genauso wenig wie eure verstorbene Weinkönigin – bis auf Alkohol … Sie können mir ja ein Haar ausreißen.«

»Das hören die Weinproduzenten nicht so gern.«

»Das mit dem Haar?«

Der Arzt lachte. »Es ist wie mit allem, es kommt aufs Maß an, und dafür gibt es keine Regel. Einer verträgt mehr, der andere weniger, Frauen sowieso weniger als Männer, manche sollten ganz die Finger davon lassen.«

Bis zum frühen Abend ließ sich der Besuch der Kripo hinauszögern. Nicolas wollte, dass Roger bei dem Verhör dabei war, und der brauchte vorher wenigstens einige Stunden Schlaf, genau wie Rita, die sich inzwischen beruhigt hatte und jetzt bei Rebecca bleiben sollte. Nicolas wollte einen Zeugen bei dem Gespräch dabei wissen, die Bullen kamen meist auch zu zweit und konnten später alles Mögliche behaupten. Von ihrer Neutralität ging er nicht mehr aus. Roger stimmte ihm zu.

»In dieser Welt ist niemand neutral, jeder verfolgt seine Interessen. Polizisten sind Befehlsempfänger. Wenn es heißt: Schlag zu!, dann schlagen sie zu, wenn befohlen wird, Ermittlungen einzustellen, dann klappen sie die Aktendeckel zu. Einer ist nachlässig, einer will sich profilieren, einer mobbt den anderen, ein anderer ist zu gründlich.« Meinte er damit sich selbst?

Roger hatte schlechte Nachrichten. »Du hast mir gar nichts davon erzählt, dass du unsere neue Weinkönigin angebaggert hast. Auch mein Bruder hat nichts davon erzählt. Deine Liebesaffäre flattert bereits durchs Internet, sogar mit Foto. Marion hat eine E-Mail mit entsprechendem Anhang bekommen, da wir mit dem Weingut bei Facebook sind, konnte man es gut verfolgen.«

»Welcher Spinner hat sich das denn ausgedacht?«

Roger sah die Sache ernster. »So würde ich es nicht nennen: Im Gegenteil. Da weiß jemand, was er tut und wie man es macht, denn ich kann nicht erkennen, wer die Nachricht ins Netz gestellt hat. Wen hast du dir zum Feind gemacht?«

»Keine Ahnung.« Erschöpft sank Nicolas zurück in sein Kissen und starrte an die weiße Decke des Krankenzimmers.

Der Kriminalbeamte war allein gekommen und vermittelte den Eindruck, als sei er davon überzeugt, dass Nicolas ihm nicht die Wahrheit sagte beziehungsweise mehr wusste, als er preisgab, und tiefer in der Angelegenheit steckte, als er zugab. Nach Betreten des Zimmers war es zum ersten Streit über die Anwesenheit des Zeugen gekommen. Nicolas' Hartnäckigkeit in dieser Frage bestärkte den Eindruck des Beamten. Er schien zu vermuten, dass Nicolas in Drogengeschäfte involviert sei, Afrika sei ja nicht weit von Portugal entfernt, man werde sich an die portugiesische Polizei wenden.

Es war für Roger unendlich anstrengend, sich zurückzuhalten. Nicolas hielt ihn mit wütenden Blicken von unüberlegten Aussagen oder gar Beleidigungen ab, was dem Polizisten nicht entging. Roger biss die Zähne zusammen, er wandte sich ab, blickte kopfschüttelnd aus dem Fenster, aber das alles nutzte nichts. Zuletzt platzte ihm doch der Kragen.

»Sie wollen eine Auseinandersetzung im Milieu daraus machen, Dealer gegen Dealer, wenn ich Sie recht verstehe, Herr Kommissar. Hat das bei euch Methode? Das mag bei den Nazimördern von der NSU vielleicht geklappt haben, aber wir in Franken sind inzwischen schlauer. Wir haben gelernt. Auf wen wurde der Anschlag verübt? Wohl doch auf Herrn Hollmann, oder irre ich mich? Und Sie drehen und wenden sich, um die Sache so darzustellen, als wenn er der Täter wäre. So verquer, so verworren kann man gar nicht denken.«

»Das Denken überlassen Sie am besten uns.« Mit diesen Worten ging der Beamte wütend zur Tür. »Wir sehen uns noch«, sagte er, die Klinke in der Hand, es klang wie eine Drohung. »Es hindert uns ja nichts dran, Ihren Hintergrund zu durchleuchten.«

»Viel Spaß dabei«, rief Nicolas ihm wütend nach, »sagen Sie Bescheid, wenn Sie einen Übersetzer brauchen!«

Roger sah die Polizei nicht als das eigentliche Problem. »Die werden eh nichts und niemanden finden, der dir das Gift in den Cocktail geschüttet hat, das garantiere ich dir. Die ärgern sich nur, dass sie den Fall Henriette Müller wiederaufnehmen müssen. Auf jeden Fall gerät das ›Last Chance‹

wieder in die Schlagzeilen. Ob sie dort etwas außer einem Zwanzig-Euro-Dealer finden, sei dahingestellt.«

»Wieso Zwanzig-Euro-Dealer?«

»Ein Tütchen Gras für zwei oder drei Joints. Ich glaube, dass es allen lieber ist, wenn die Angelegenheit in Vergessenheit gerät. Niemand hat sich mit Ruhm bekleckert, die Schuldzuweisungen sind ausgesprochen, die Hexe hat sich sozusagen selbst gerichtet, und wenn rauskommt, dass es Mord war, wovon ich jetzt absolut überzeugt bin, stehen alle dumm da. Deshalb glaube ich, dass wir nicht mit Hilfe rechnen können. Wir selbst sind gefordert.«

»Damit du wieder Detektiv spielen kannst?« Nachdem der Beamte gegangen war, hatte sich Nora wieder zu ihnen gesellt. Aus ihrer Bemerkung klang sowohl ein Vorwurf heraus als auch Verständnis für Roger. »Pass auf, dass dir nicht jemand was in dein Getränk mischt. Außerdem sollten wir unseren Patienten in Ruhe lassen. Holt Rita dich morgen ab, oder sollen wir das übernehmen?«

Nicolas war erleichtert, dass die Besucher gehen wollten. Er war todmüde, ihm war immer noch elend zumute, er wollte endlich schlafen.

»Ihr redet heute sicher noch mit ihr. Um eines bitte ich dich, Roger, halte die Augen offen, Rebeccas wegen, an der Stelle sind wir am verwundbarsten. Ich rede auch mit der Kindergärtnerin. Nächste Woche bin ich hier, da kann ich aufpassen, Rita ist wieder unterwegs, und am Wochenende sind wir beide hier beziehungsweise alle zusammen in Frankfurt bei meinem Onkel Sichel.«

»Sichel?«, fragte Nora. »Was für ein Sichel? Entschuldige, dass ich nachfrage, aber ich interessiere mich für diesen Namen.«

Roger drängte, dass sie gingen, aber Nora wimmelte ihn ab. »Das ist mein Gebiet, ich will nur noch wissen …«

»Sichel ist mein Onkel, der Bruder meiner Mutter.«

»Hat der etwas mit der Familie Sichel zu tun, den Weinhändlern aus Mainz? Die hatten Verbindungen zu den Weinhändlern in Kitzingen, die von den Nazis umgebracht oder vertrieben wurden.«

»Lass ihn in Ruhe«, mahnte Roger. »Unser Freund braucht Ruhe.«

Nicolas aber war wieder wach geworden. Hier ging es um seine Familie, allem Anschein nach um einen Zweig, den er nicht kannte, von dem seine Mutter nie gesprochen hatte.

»Was interessiert dich so besonders an der Familie Sichel?«, fragte er Nora.

»Ich stamme aus Kitzingen, und in der Schule schon hat mich unsere lokale Geschichte interessiert. Ich wusste anfangs gar nicht, worauf ich mich einließ.«

»Zuerst studierte Nora auf Lehramt«, erklärte Roger, »Geschichte, Englisch und Biologie. Vor einem Jahr allerdings ist sie bei der GWF eingestiegen, irgendwann packt der Weinbau jeden hier …«

»Ich kann ganz gut für mich selbst reden«, sagte Nora ein wenig zu scharf, was Roger zurückzucken ließ. Manchmal war er wirklich ein wenig zu schnell.

»Ich arbeite für die GWF, die Gebiets-Winzer-Genossenschaft Franken. Ich kümmere mich um die Öffentlichkeitsarbeit, und natürlich komme ich viel herum, das Gebiet umfasst hundertfünfzig Kilometer in West-Ost-Richtung, von Aschaffenburg bis Zeil am Main. Tausendsechshundert Winzer gehören dazu, du kannst dir denken, auf was für Typen man da trifft, wie unterschiedlich die sind. Ehemals dreißig Ortsgenossenschaften haben sich uns angeschlossen. Und wegen meiner Sprachkenntnisse komme ich auch ins Ausland. Von der Fläche haben wir tausenddreihundert Hektar, das sind etwas mehr als zwanzig Prozent der fränkischen Weinbaufläche.«

»Eigentlich ist sie dabei, weil sie Franken kennenlernen will«, warf Roger ein. »Sie will ihre Dissertation über fränkische Weinbaugeschichte …«

»Irgendwann geht Roger zum Fernsehen, als Moderator, da kann er andern ständig ins Wort fallen, nicht wahr, mein Süßer? Am liebsten würde ich dich losschicken, die Flaschen zu holen, die ich für Nico mitgebracht habe, damit er probiert, was Genossenschaften so können.«

Nicolas winkte ab, noch immer ziemlich schlapp, Tee war momentan angesagt. Bis er wieder auf Wein ansprach, würden einige Tage vergehen. Aber Geschichten vertrug er ganz gut, und er forderte Nora auf, weiterzuerzählen, besonders, da der Name »Sichel« gefallen war.

Sie ließ sich nicht lange bitten, die Historie war ihr Element. »Roger hat ja recht, ich nutze meine Reisen hier, um zu lernen, ich kenne fast jeden Weinort bei uns, und jeder erzählt seine Geschichte und alle Bewohner die ihre. Aber die von den Sichels ist mir besonders wichtig. Man kann sie nur verstehen, wenn man den Kontext kennt. Franken hat immer sehr für sich selbst gelebt, seinen Wein selbst getrunken. Früher war der Weinhandel sogar verboten. Später, im 19. Jahrhundert, wurden Händler hergelockt, um den Weinhandel zu fördern, und der Handel war hauptsächlich Juden vorbehalten, sie durften sich ansiedeln. Die Firma Fromm zum Beispiel war die größte in Bayern und nach 1933 bevorzugte Zielscheibe der Nazis. Als sie an die Macht kamen, mussten die Juden entweder auswandern oder wurden später umgebracht. Max Fromm ging vorher bereits aus beruflichen Gründen nach Bingen, er wurde interniert, aber als wichtiger Devisenbeschaffer wieder freigelassen und emigrierte dann. Es gab damals eine Familie Sichel, die ihren Weinhandel von Mainz aus organisierte. Die wurden sogar daran gehindert, das Deutsche Reich zu verlassen, denn ihr Geschäft brachte der Naziwirtschaft dringend benötigte Devisen ein. Sie sind geflohen und haben dann später in den USA mit Fromm ein Unternehmen gegründet. Die Geschichte der Sichels ist besonders spannend. Sie beginnt um 1857. Da hat ein Hermann Sichel mit dem Weinhandel begonnen. Dreißig Jahre später gab es ein Einkaufsbüro in Bordeaux, es diente der Versorgung der Sichel-Filialen in Mainz, in London und New York mit französischem Wein. In Bordeaux und an der Rhône besitzen sie heute dreihundertfünfzig Hektar Weinland, Château Palmer ist wohl das berühmteste. Und wenn die Franken sich beklagen, dass so wenig exportiert wird, lediglich zwei Prozent, dann ist es für mich kein Wunder, wenn man sich erinnert, dass alle wichtigen Händler damals ausgewandert sind, vertrieben oder umgebracht wurden. Ich glaube, dass sich Franken davon bis heute nicht erholt hat, dass fränkische Weine deshalb so wenig im nationalen Weinangebot vorkommen.«

Das sah Roger anders. »Erstens haben wir nicht viel Wein, dann trinken wir ihn selbst gern, und drittens sind wir im Ausland unbekannt, die Mosel aber kennt jeder. Ansonsten schlage ich vor, du ängstigst unseren armen Freund hier im Bett nicht länger mit soziologischen Gruselgeschichten.« Roger hatte bemerkt, dass Nicolas inzwischen Mühe hatte, Noras Ausführungen zu folgen, griff nach ihrem Arm und zog sie aus dem Zimmer. »Jetzt muss er sich erst einmal erholen.«

»Halt!« Nicolas richtete sich noch einmal auf. »Was ist mit dem Studenten, diesem Tübinger? Wann treffen wir den?«

»Wenn du wieder richtig laufen kannst, mein Junge. Bei denen gibt's doch ein Familienfest, dann kommt er her. Also, gedulde dich.«

Kapitel 14

Das Weingut Max Müller in Volkach kam unter dem Gesichtspunkt der Modernisierung Nicolas' Vorstellungen am weitesten entgegen. Die Floskel »der Tradition verpflichtet, dem Modernen gegenüber aufgeschlossen« galt hier nicht. Hier übernahm das Neue das Alte von innen heraus. Die Struktur des Weingutes, des Hauses, die sich als zweckmäßig herausgestellt hatte, war erhalten geblieben. Die Würzburger Fürstbischöfe hatten das Gutsgebäude 1692 errichten lassen, ihnen hatte damals die gesamte Stadt gehört – die weltlichen Aufgaben hatten die geistlichen verdrängt –, und die Bischöfe, mehr Fürsten als Männer des Glaubens, verteidigten ihre Macht gegenüber dem aufstrebenden Adel.

Das Innere des historischen Weingutes war erst kürzlich modernisiert und der gesamte Umbau prämiert worden. Der Eingangsbereich mit dem langen Tresen, alles in hellen Farben und Naturholz, unterstrichen von einer klaren Lichtführung, erinnerte ihn sowohl an den Staatlichen Hofkeller wie ans Bürgerspital. Die Farben, Weiß, ein weiches Gelb mit erdigem Ton, die Regale, Simse und Fensterumrahmungen farblich abgesetzt, schufen Großzügigkeit und Raum und rückten die Weinflaschen entsprechend ins Licht. Ihnen gehörte die Aufmerksamkeit. Eine hölzerne Treppe führte ins Obergeschoss, auch sie nicht nur Funktion, sondern gestalterisches Element. Oben dann erwarteten den Besucher unterschiedlich große Räume, vom kleinem Besprechungszimmer für ungestörte Gespräche bis zum Saal für zwanzig Personen oder einem mittleren Zimmer für die mehr familiäre Atmosphäre.

Im Flur fiel Nicolas die Bildreihe mit dem Zigarre rauchenden Che Guevara auf. Das gefiel ihm, Che war ein Mann, der seinen Onkel damals zutiefst bewegt hatte und für ihn sicher ein Idol gewesen war, obwohl Friedrich sich als undogmatischer Linker begriffen hatte, mit Abscheu sämtlichen Ikonen gegenüber. Der Winzer betonte, dass er die Bilder des Zigarrerauchens wegen aufgehängt habe, aber Nicolas bezweifelte das. Guevara war ein Freiheitsheld gewesen – »sogar in Franken«, hätte Rita jetzt geknurrt und die Zähne gefletscht. Nicolas schmunzelte bei dem Gedanken.

Die Familie Müller kelterte und vinifizierte in der Spitzengruppe. So klar das Haus, so klar die Weine: vom jungen Silvaner Kabinett, der in der Linie Neues Franken antrat, bis zum trockenen Ortswein der Linie Klassisches Franken. Der Preisunterschied verwies auf die unterschiedliche Dichte in den Aromen, in Saftigkeit und Länge. Der Ratsherr aus der Gruppe Große Weine war dann doch der große Sprung nach vorn. Der im Holzfass gereifte Silvaner war Nicolas zu stark im Holz, er war eigentlich zu jung, um richtig beurteilt zu werden. Der Bacchus hingegen, ein schlichter Zechwein, begeisterte ihn wieder. Die Domina, mit der er oft wenig anfangen konnte, war auch hier gelungen, sie erinnerte ihn an Weine, die er aus der Provence kannte. Lag es am Ausbau im alten Holz?

Was war Müllers Geheimnis, wenn es denn eines gab? Es war die Entscheidung für die Selbstständigkeit und dafür, eine Tätigkeit auszuüben, mit der man anderen Freude macht und damit sich selbst. Hinzu kam die Möglichkeit, viel steuern zu können und sich nie zu langweilen, denn jedes Jahr war anders. Und Rainer Müller empfand es als qualitativen Schritt, dass seine beiden Söhne ins Weingut eintraten und ihn inspirierten.

Angefangen hatte er mit den Eltern, dann war die Ehefrau hinzugekommen und eine Teilzeitkraft. Heute arbeiteten drei Familienmitglieder, zwei Gesellen und drei Azubis, denn die bewirtschaftete Fläche war durch Zukauf und Pacht von vier auf fünfundzwanzig Hektar angewachsen.

Rainer Müller schrieb seinen Erfolg mehreren Faktoren zu: einmal dem Willen, gut zu sein und Qualität anzustreben und gute Lagen zu besitzen. Die wollen richtig bearbeitet werden. Den Rückhalt jedoch bildet die Familie. »Erfolgreiche Winzer haben immer starke Ehepartner, denn entspannte Winzer machen besseren Wein.«

Bei jedem Besuch eines Winzers lernte Nicolas etwas, überall ließ sich einiges mehr mitnehmen als die eine oder andere Probe, sei es Wissen oder sei es auch nur die Erinnerung an die entgegenkommende Art, in der ein Kollege Fragen beantwortete. Nicolas würde reicher heimkehren, als er hergekommen war. Es war die erste Reise dieser Art, bislang hatte er sich nie konsequent durch ein Weinbaugebiet gearbeitet. Die Güter untereinander zu vergleichen war nicht seine Absicht gewesen. Ob es wichtig war, dass Müller einen kleinen Teil seiner Weine im Fachhandel verkaufte und einen ebensolchen Teil der Gastronomie überließ, war unerheblich.

Vor der Tür zur Hauptstraße blieb Nicolas stehen und sah sich um. Im Krankenhaus hatte er sich noch einigermaßen sicher gefühlt, jetzt aber musste er vorsichtig sein. Rita hatte ihn abgeholt und ihm auf der Rückfahrt die Gefahr eindringlich bewusst gemacht.

»Es geht nicht mehr nur um dich, es geht um uns, um Rebecca, um mich und um die Quinta. Wir brauchen dich.«

War nicht immer die Familie eine Ausrede dafür, vieles im Leben nicht zu tun, sich zu ducken? Bei Rainer Müller hatte er sich sicher gefühlt, hier unter den Fremden des Städtchens war sein Blick gefordert, sein Gespür für die Gefahr, seine Intuition. Er wusste nicht, aus welcher Richtung ihm Gefahr drohte, wo ein Gegner zu suchen war, der bis zum Äußersten entschlossen war, falls es sich nicht um ein Versehen handelte. Der Gedanke an einen Zufall, an eine Verwechslung schaffte ihm eine trügerische Ruhe. Nach seinen Erfahrungen sollte er ihr nicht mehr auf den Leim gehen, aber sein Wesen, die Dinge zu nah an sich heranzulassen, war ihm im Wege. Er sah die Gefahr, wollte sie aber nicht wahrhaben, und ahnte, dass er ihr nicht ausweichen konnte. Aber wegducken würde er sich auch nicht.

Mit der Leiterin des Kindergartens hatte er heute wieder gesprochen. Nur er selbst, seine Frau oder die Kästners durften Rebecca abholen oder ihr etwas bringen.

Er schlenderte vorbei an alten Bürger- und Amtshäusern bis zum Marktplatz und dem Rathaus mit der doppelläufigen Freitreppe, davor ein Brunnen, von einer Marienfigur geschmückt. Nicolas ging zu einem Café, er wollte nachdenken und nicht immer etwas tun. Die Gedanken an den Filmriss im »Last Chance« und den Kreislaufkollaps beschäftigten ihn weiter, er musste diesen Gedanken Raum geben. Wenn er sie verdrängte, lief er Gefahr, dass sich Ähnliches wiederholte. Er starrte in den Schaum seines Milchkaffees, als könnte er darin sehen, wer ihm diesen Schaden hatte zufügen wollen. Wem, verdammt noch mal, hatte er so heftig auf die Füße getreten, dass der ihm nach dem Leben trachtete? Oder hatte es ein Denkzettel sein sollen? Makaber. Worüber sollte er nachdenken?

Obwohl er sich dagegen wehrte, trat ihm immer wieder das Gesicht der Barfrau mit dem Pflock im Ohr vor Augen, ihr böser Blick, die verächtliche Art, in der sie ihn gemustert hatte. Aber sie hatte nichts mit ihm zu tun. Simple Bosheit, Antipathie, wie er sie bei ihr vermutete, würde niemanden zu so einem Schritt verleiten. Und wenn sie in fremdem Auftrag gehandelt hatte? Wer könnte sie dazu angestiftet haben? Dazu hätte man wissen müssen, dass er an diesem Abend ins »Last Chance« kommen würde. Das wussten jedoch nur Roger und seine Leute, und denen vertraute er blindlings.

Gestern hatte er mit ihnen diese Fragen von allen möglichen Seiten beleuchtet. Sie waren genauso ratlos wie er. Roger wollte sich nochmals im »Last Chance« umsehen, ihn interessierte besonders die private Castingshow des DJs, Big Moe Joe oder Big Mac Moe, oder wie er hieß, und dessen Videoaufnahmen. Nora wollte Roger nicht wieder begleiten, ihr hatte die Aufregung in jener Nacht einen Schock versetzt, Rita würde ihren Fuß sowieso nie wieder über die Schwelle des »Supermarkts für Amüsiersüchtige« setzen, wie sie die Disko nannte. Auf die Idee, dass er dort nochmals hingehen könnte, kam sie nicht. Aber genau das war seine Absicht. Ob der Drogencocktail nicht für ihn, sondern für Roger bestimmt gewesen war, da *er* dem DJ auf die Schliche gekommen war? Nicolas musste mit ihm darüber reden.

In der Nähe des Gaibacher Tors, eines Turms mit einem Durchlass im Fuß, kam Nicolas an einem Fotoladen vorbei. Ausgestellt waren Bilder von der Wahl der Weinkönigin: Alle Kandidatinnen, mal mit dem Präsidenten des Verbandes, mal mit den Moderatoren, dann wieder die Exkönigin im Abendkleid, die Juroren und die Fans. Vor der linken Wand des Schaufensters stand ein Porträt, seitlich hing ein Trauerflor herab, darüber ein Schild: »Wir trauern um unsere Henriette«.

Henriette Müller, mit lebendig strahlendem Lachen, voller Freude, in dem Moment fotografiert, wo ihr die Vorgängerin die Krone aufgesetzt hatte – und das mit schwarzem Trauerrand. Zum ersten Mal fand Nicolas in der Öffentlichkeit einen Ausdruck von Mitleid und Anteilnahme.

Foto Förster stand oben über dem Laden, in dessen Schaufenster auch die aktuelle Königin ihren Platz hatte, neben vielen anderen Prinzessinnen, in Farbe und in Schwarz-Weiß. Nicolas betrat den Laden, über ihm schwang eine Glocke. Es dauerte eine Weile, bis eine Dame um die fünfzig den

Vorhang hinter dem Tresen beiseiteschob und sich für die Wartezeit entschuldigte. »Ich war in der Dunkelkammer.«

»Die gibt es noch?«, wunderte sich Nicolas. »Heute vermutet man die Fotografen mehr am Rechner beim Schummeln mit dem Photoshop-Programm als hinter einer Kamera.« Er betrachtete die Frau mit dem ernsten Ausdruck genauer: Sie war ungeschminkt und hatte das Haar mit einem einfachen Gummi hinten am Kopf zusammengenommen, sie trug einen schwarzen Pullover mit V-Ausschnitt und eine dunkle Cordjeans – und Nicolas wurde klar, dass er eine Künstlerin vor sich hatte. Es war Frau Förster, der Meisterbrief hing an der Wand, auch ihr Mann war Fotograf, wie sie erklärte, »einer, der wie ich noch mit alten Kameras und mit Film arbeitet. Das heißt sehen, begreifen und ein Bild komponieren, bevor man auf den Auslöser drückt, statt hinterher zu checken, ob man vom Mitgebrachten was gebrauchen kann. Wenn man das Bild hat, das man braucht, ist der Job erledigt, dann hört man direkt auf. Für uns Fotografen der alten Schule aber heißt Fotografieren in erster Linie Hinschauen und Reflektieren.«

Nicolas erklärte ihr zaghaft, dass ihn das Bild von Henriette Müller berührt habe, vielmehr die Art, wie es ausgestellt sei, und dass er ihre Eltern getroffen und sie kürzlich besucht habe.

»Nach dem Unglück? Wir sind seit Kindertagen befreundet, wir sind zusammen zur Schule gegangen, und ich erinnere mich noch gut, wie ihre Mutter Weinkönigin wurde.«

»Frau Müllers Mutter auch?« Jetzt erinnerte er sich. »War sie nicht auch mal Weinkönigin?«

»Das stimmt, Henriette wäre die dritte gewesen, in der dritten Generation. Es ist schrecklich für die Mutter, sie tut mir entsetzlich leid. Man möchte trauern, man muss trauern – und aus der Nachbarschaft rollen die Wellen der Verachtung heran und schlagen über einem zusammen, dass man beinahe ertrinkt. Ich glaube, es rührt daher, dass viele sich um ihren Triumph gebracht fühlen. Wer fällt, bekommt im Fallen noch einen Tritt. Aber ich halte Sie auf, junger Mann, ich habe gar nicht gefragt, womit ich dienen kann.«

»Ich wollte nichts kaufen«, Nicolas kam ins Stammeln, »ich wollte, ich dachte, ich sah nur das Bild, da bin ich reingekommen …«

»Nur deshalb? Kannten Sie … Henriette?«

»Nur von der Bühne her, ich bin zufällig in die Jury geraten und interessehalber hingegangen. Meine Frau und ich …«

Nicolas erzählte ihr vom Grund seines Aufenthalts in Deutschland und von Rita als gebürtiger Würzburgerin und dass sie gegenwärtig in Nordheim auf dem Weingut Kästner wohnten.

»Die kenne ich natürlich auch.« Frau Förster zögerte. »Wenn es Sie interessiert … ich glaube, ich habe noch Fotos von der Krönung von Henriettes Mutter. Soll ich mal nachschauen?«

Nicolas sah auf die Uhr. »Ja, gern.« Es interessierte ihn nicht so sehr, aber er glaubte, dass es der Fotografin guttat, darüber zu reden. Die Trauer brauchte einen gangbaren Weg. Während Frau Förster in ihr Archiv abtauchte und nach den Bildern suchte, betrachtete er die verschiedenen Kameratypen und sagte sich wieder einmal, dass er zu wenig zeichnete. Aber wen oder was hätte er hier zeichnen sollen? Er tat es meistens, wenn es um Bauvorhaben ging oder wenn er etwas oder jemanden ergründen wollte.

Hier gab es viel zu ergründen, doch keinen, der ihm verdächtig vorkam, niemanden, dem er misstraute. Es gab einfach keinen Anhaltspunkt – und Anneliese Fünfinger schied aus, vor allem in der jetzigen Situation, wo man ihnen, aus was für Gründen auch immer, eine Affäre andichtete. Oder waren die Facebook-Attacken ausschließlich gegen sie gerichtet? Er durfte mit ihr nicht mehr gesehen werden, allein um sie zu schützen. Wenn jemand herausfände oder Zeuge würde, wie er sie zeichnete, würde womöglich behauptet, er hätte Aktzeichnungen von ihr gefertigt. Es war ein so lächerlicher Gedanke, dass er ihn zum Schmunzeln brachte. Nur gut, dass die Angelegenheit Rita völlig kaltließ. Sie hatte nie den geringsten Grund gehabt, an seiner Treue zu zweifeln. Da hätte Hans sich mit seinen Beteuerungen, dass er sich auf der Messe absolut korrekt verhalten habe, gar nicht so für ihn ins Zeug legen müssen.

Die Fotografin kam mit einer abgegriffenen Mappe zurück und knüpperte den Bindfaden auf, mit dem sie umwickelt war. »Die Fotos sind dreißig Jahre alt, aber sie sind gut.« Liebevoll betrachtete sie die Bilder, als hätte sie vergessen, dass sie sie eigens für Nicolas geholt hatte.

Trotz der inzwischen vergangenen Jahrzehnte glichen sie vom Stil her jenen im Schaufenster. Manche Fotos waren eingerissen, andere ein wenig braun geworden, bei anderen die Farbe verblasst, aber im Grunde waren es Aufnahmen der gleichen Veranstaltung, wenn auch die Wahl damals längst nicht in derart aufwendigem Rahmen stattgefunden hatte. Und die Königin, eindeutig Henriettes Mutter, trug damals noch ein Dirndl, oben allerdings geschlossen und hausbacken wirkend. Eine der Aufnahmen zeigte die Königin zwischen den anderen Kandidatinnen.

»Die da rechts auf dem Foto kenne ich auch.« Nicolas war überrascht. »Das ist …«

»Nein, die können Sie gar nicht kennen.« Frau Förster schüttelte energisch den Kopf. »Das ist Agnes Fünfinger, sie wurde damals bei der Wahl nur zweite, dafür ist sie die jetzige Königinmutter. Die Tochter werden Sie auch erlebt haben. Ich werde Hannelore, also Frau Müller, das Bild nie zeigen, sie wird es nicht verkraften. Ich weiß sowieso nicht, wie sie und ihr Mann das überstehen sollen. Ich habe das Gefühl, ihr Lebensfaden ist abgeschnitten. Sie waren so glücklich an jenem Tag, da auch ihre Tochter den Triumph genießen konnte. Als Mutter freut man sich riesig, wenn die Kinder Erfolg haben, wenn sie ihren Weg gehen.«

»Als Vater nicht weniger«, sagte Nicolas und starrte das Bild an. Die vielen Namen verwirrten ihn, die weiblichen Vornamen und Generationen. »Man freut sich, wenn sie sich zum ersten Mal am Tischbein hochhangeln und strahlen, dass sie stehen können.«

»Und wenn sie erst richtig stehen können …«, ergänzte Frau Förster.

Hoffentlich sagt sie mir nicht auch ihren Vornamen, sonst komme ich vollends durcheinander, dachte Nicolas.

»… dann können sie auch hart fallen.«

Was wollte sie damit sagen?

»Sie haben Kinder?«, fragte sie.

»Eine Tochter, sie ist drei Jahre alt. Wir hätten ganz gern noch einen Jungen, wenn es denn sein soll.«

»Und die soll Winzerin werden und Ihr Weingut weiterführen?«

Jetzt lachte Nicolas. »Nein, sie soll das tun, was sie glücklich macht, was ihr liegt, Hauptsache, sie macht es richtig, als Rockstar, als Sachbearbeiterin oder Ärztin. Nur im Geheimdienst wäre sie mir weniger lieb, und es gibt noch einige andere Berufe, mit deren Wahl ich hadern würde.« Nicolas nahm noch einmal das Foto mit der Königin und der Zweit- und Drittplatzierten zur Hand. »Wie ähnlich Mutter und Tochter sind. Und wer ist die Dritte? Spielt sie in diesem Reigen heute auch eine Rolle?«

»Das ist Elli Steiner. Auf der anderen Seite, neben ihr, das ist Agnes, sie hieß vor ihrer Ehe Eisenhardt.«

»Eisenhardt?«

Frau Förster blickte Nicolas an. »Ja, Eisenhardt, ein seltener Name.« Sie sah, wie Nicolas die Stirn runzelte. »Was …?«

»Wer ist das, Eisenhardt? Kenne ich den Namen?«

»Auf dem Bild, das ist Agnes. Eisenhardt ist ihr Mädchenname. Ihre Mutter besitzt ein Weingut in Escherndorf. Tja,

Agnes, ihre Tochter, wurde bei der Wahl zweite. Jetzt ist die Enkelin die Erste – die Erste, die es geschafft hat, aber unter welchen Umständen?«

Der Frühling setzte sich beinahe von einem zum anderen Tag mit Macht durch. Der Wechsel war abrupt, die plötzliche Wärme machte vielen zu schaffen. Die Temperatur stieg auf zwanzig Grad, was ungewöhnlich für diese Jahreszeit war. Der Klimawandel bewirkte immer häufiger überraschende Wetterphänomene, das Unregelmäßige wurde zur Regel. Nicolas litt aber weniger unter dem Wetter, es quälte ihn, dass er den Austrieb nicht im eigenen Weinberg erleben durfte. Die Entwicklung der Rebstöcke, das Aufbrechen der Augen war für ihn so faszinierend wie ein mit Trauben behangener Rebstock kurz vor der Lese. Zumindest waren die hiesigen Rebstöcke mit seinen verwandt, es war ein entfernter Verwandtschaftsgrad, es entschädigte ihn ein wenig. Auch hier konnte er durch die Weinberge streifen.

Leider waren diese Tage gezählt, die Reisen kamen dazwischen, und er fuhr in viel zu schnellen Zügen schweigend kreuz und quer durch Deutschland. Die ihm gegenüber oder neben ihm Sitzenden sprachen nur, wenn er sie ansprach, sonst herrschte eisige Stille. Allem Anschein nach hatten sich die Leute nichts mehr zu sagen, außer man reiste in der Gruppe. Dann stand meistens eine Flasche Prosecco oder irgendetwas Perlendes auf dem Tisch, wie kürzlich auf der Fahrt nach Hamburg. Die ihm klebrig vorkommende Sekt-Brause hatte die Zungen gelöst – der Alkohol tat's. Ein Viertel des Verkaufspreises dieser Getränke zahlte er allein für die Korken seiner besten Weine. Ritas Eltern hatten eine solche Flasche zu ihrer Begrüßung kredenzt. Ihm war nichts anderes übrig geblieben, als Reisestress vorzuschützen, um von dem Zeug nicht mehr als ein Glas trinken zu müssen. Dagegen waren die von der Bahn im Speisewagen gereichten Weine deutlich besser. Tranken die Einheimischen diese

Sachen, weil Geiz geil war, oder schmeckten sie ihnen tatsächlich? Er wusste es nicht. Meinten sie, dass es so schmecken musste? Für Geiz hätte er zur Not noch Verständnis gehabt, aber nicht für schlechten Geschmack. Sogar die Massenmarken Mumm und Freixenet zeigten eine viel deutlichere Verwandtschaft zum Rohstoff.

Da war der Besuch auf dem Weingut von Gerhard Roth in Wiesenbronn ganz anders verlaufen.

»War es nun so, wie ich es dir prophezeit habe?«, fragte Roger, als sie einige Tage später gemeinsam nach Würzburg fuhren, um Jerónimo zu treffen.

»Sogar besser. Es sind die Weine, die einen überzeugen müssen, und das tun sie, weniger die Methoden. Wenn dann noch biologischer Weinbau hinzukommt, umso besser.«

»Ich habe dir also nicht zu viel versprochen?«

»Keineswegs, Roger, es ist nur schade, dass man zu wenig Zeit hat, um die einzelnen Prozesse zu begleiten.«

»Meinst du nicht, dass dein Terroir sich zu sehr von unserem unterscheidet, um derartige Methoden zweieinhalbtausend Kilometer südwestlich von hier anzuwenden?«

»Man muss es ausprobieren.«

»Und was stellst du dir vor, was könntest du kopieren, vielmehr adaptieren?«

»Mir gefällt, wie Roth den gesamten Betrieb ausrichtet. Die CO2-Bilanz ist ihm wichtig, die Mitarbeiter wohnen im Ort, damit nicht so viel Treibstoff verfahren wird. Einige unserer Mitarbeiter müssen weit fahren; zumindest habe ich für eine Fahrgemeinschaft gesorgt.«

»Weshalb grinst du so dabei?«

Nicolas hatte nicht bemerkt, dass es so war. »Wenn einer blau macht, muss er sich dem Kollegen gegenüber verantworten, der ihn abholt, denn der muss seine Arbeit übernehmen. Mich als Chef schmierten sie früher an, Otelo niemals, der kennt alle Tricks. Kollegen gegenüber zu schwindeln, die meistens die Privatangelegenheiten besser kennen, fällt vielen schwerer. Wir werden natürlich auch versuchen, Schwefel durch Backpulver zu ersetzen, als Test.«

Roger hatte davon gehört, nur wusste er nicht, ob es wirkte.

»Roth geht damit gegen Mehltau vor, die Sporen trocknen ein …«

Sie diskutierten die verschiedenen Methoden, über integrierten Weinbau zum ökologischen zu kommen, und sprachen über Bodenbearbeitung und Begrünung hin zu kräftigeren Reben, die gegen Schädlinge widerstandsfähiger waren, sowie Abstandsbreiten und Rebschnitt, der eine bessere Belüftung zuließ. Nicolas gefiel besonders, dass Roth in Wiesenbronn nicht als Spinner abgetan wurde, vielmehr hatten seine Methoden Vorbildcharakter, und man sprach miteinander, was am Rio Douro nicht die Regel war. Das Vergären der Weine im Beton-Ei, was statt des Holzausbaus in Mode kam, würde Nicolas sich ersparen, außerdem gab es in Portugal noch keine Produzenten, die Erfahrung mit dieser Technik vorweisen konnten. Mit Amphoren, die im Erdreich vergraben und mit Trauben gefüllt und ein halbes Jahr sich selbst überlassen wurden, experimentierte der eine oder andere, aber Beton-Eier? Außerdem war ihr Fassungsvermögen viel zu gering.

»Gerhard Roth nimmt leere Flaschen zurück, er kauft nur ein Drittel hinzu. Die Rücknahme ist für uns noch Zukunftsmusik, wir exportieren den Großteil unserer Produktion, wie sollten wir da ein internationales Rücknahmesystem schaffen? Aber der Einsatz von Reinzuchthefen war für uns nie ein Thema.«

Die Silvaner von Roth empfand Nicolas alle als sehr gelungen, besonders den vom Heller Berg. Der Weißburgunder hatte ihm gefallen, der Grauburgunder war noch füllkrank, er war erst drei Wochen auf der Flasche. »Aber deine Empfehlung hinsichtlich der Roten stimmt, besonders die Purpur Cuvée aus Blaufränkisch, Cabernet, Domina und

Spätburgunder hat mich begeistert. Der Spätburgunder G stammt auch vom Heller Berg, mir scheint es die beste Lage dort zu sein. Der Wein ist erstklassig.«

»Keuperboden pur, sehr warm muss er sein, um den Wein so hinzukriegen«, schwärmte Roger. »Keuper ist die jüngste Gesteinsschicht, da hat sich Ton mit den Ablagerungen aus flachen Meeren und Überschwemmungsgebieten vermischt. Solche Lagen fehlen uns hier, auf unserem Muschelkalk wird der Spätburgunder filigraner und nicht so opulent.« Roger sah für sich das Burgund als Maßstab. »Unsere Roten werden von Jahr zu Jahr besser. Und wo willst du als Nächstes hin?«

»Iphofen steht auf dem Programm.«

»Da ist überall Keuper. Aber lass die Finger von Claudia Voigt, mein Bruder hat erzählt, dass du sie gewählt hast. Es kursieren bereits genügend Gerüchte um deine Vorliebe für Weinköniginnen.«

»Wieso?«

»Tu nicht so, du weißt genau, was ich meine. Und deine Kandidatin stammt aus Iphofen.«

Nicolas hob abwehrend die Hände. »Ich werde einen weiten Bogen um ihr Weingut machen, das garantiere ich dir.«

»Du meinst um das Restaurant ihrer Eltern?«

Jerónimo bewohnte eine kleine Bude im Zentrum von Würzburg, er teilte sich die Mansardenwohnung mit zwei anderen Studenten, einem Angolaner und einem Argentinier. Der Afrikaner hatte gekocht, es roch nach Palmöl und Kokos, wenn Nicolas sich nicht irrte, er kannte diese Geruchsmischung aus den afrikanischen Restaurants von Lissabon. António aus Luanda lud sie ein, mit ihm zu essen, es sei genug für alle da, doch Jerónimo wollte zum »Portugiesischen Club«, *matar saudade*, wie er es nannte, das Heimweh töten. Und man wäre ungestört. Er war zuerst irritiert, dass Roger mitkam, sie würden Deutsch sprechen müssen, aber Roger hatte bei ihm einen Stein im Bett, wie er sagte, unbewusst verballhornte er die Redensart, da er nie über ihren Sinn nachgedacht hatte. Er wusste nur, dass es etwas mit Achtung und Respekt zu tun hatte. Roger und Nicolas grinsten sich an, aber sie korrigierten ihn nicht.

Dem »Portugiesischen Club« war ein Restaurant angeschlossen, ein schmuckloser, mit vielen Tischen vollgestellter Saal, die nur zu einem Drittel besetzt waren. An den Wänden hingen Tourismusplakate, die Motive aus der Algarve zeigten, Lissabon im Sonnenlicht, die Burg von Bragança bei Vollmond, den Torre de Belém und die gewaltige Brücke über den Tejo beim Feuerwerk am Nationalfeiertag. Dort, wo sich der Tesafilm an den Ecken gelöst hatte, rollten sich die Plakate ein. Nicolas kannte derartig schmucklose und kühl wirkende Säle aus Portugal, lieblos hatten sie anfangs auf ihn gewirkt, man gab nicht viel auf Dekoration, sie war nicht entscheidend für die gute Stimmung, und überall wurde laut geredet und exaltiert gestikuliert. Roger fühlte sich in dieser Atmosphäre ein wenig deplatziert, aber nach einer Weile gewöhnte er sich an das Stimmengewirr, und der Wein aus dem Dão-Gebiet nördlich der Serra da Estrela schmeckte ihm.

Jerónimo wurde gegrüßt und grußte, er war hier zu Hause, und stellte Nicolas und Roger seinen Bekannten vor, die ihnen herzlich begegneten, besonders Nicolas, der Portugiesisch sprach und sich gleich heimisch fühlte.

»Das kannst du auch haben«, sagte er zu Roger, »wenn du zu uns auf die Quinta kommst. Verträgst du Hitze, eine, die dir das Fleisch an den Knochen gart? Dann wäre der Juli gut geeignet, manchmal beginnen wir Ende August bereits mit der Lese. Aber deshalb sind wir nicht hier.«

»Das habe ich mir gedacht«, sagte Jerónimo, und Nicolas setzte ihm auseinander, worum es ihnen ging.

»Es geht mich zwar nichts an, aber du machst auch mit der neuen Weinkönigin rum? Ich denke, du bist verheiratet.«

Nicolas reagierte mehr genervt als empört. »Wo hast du denn das her?«

»Aus dem Internet. Ganz Franken weiß es inzwischen.«

»Du meinst wohl eher die fränkische Facebook-Gemeinde?«

»Das entwickelt sich von ganz allein.«

»Da hat tatsächlich jemand vor, dein Ansehen zu zerstören.« Roger erzählte, dass er eine entsprechende Notiz zugeschickt bekommen habe. »Ich werde einen Spezialisten dransetzen, den ich aufgetrieben habe. Wenn er gut ist, findet der die IP-Adresse des Absenders heraus.«

»Spar dir die Mühe. Der hockt in irgendeiner verkommenen GUS-Republik vor dem Rechner.« Nicolas war es wichtiger, dass Jerónimo sich zu ihrem Anliegen äußerte.

Der druckste eine Weile herum, es war klar, dass er von den heimlichen Videoaufzeichnungen des Diskjockeys aus dem »Last Chance« wusste – er hatte es Nicolas gegenüber ja schon einmal angedeutet. »Wenn ich euch helfe, bin ich meinen Job los. Und den brauche ich. Von dem Stipendium allein kann ich nicht leben.«

Roger ließ sich nicht beirren. »Wenn wir es geschickt anstellen, merkt niemand, dass du von der Sache weißt. Du sollst auch nicht in Erscheinung treten. Wir brauchen lediglich Informationen, entweder du hast sie oder du beschaffst sie uns.«

»Und was habe ich davon?«

»Du behältst den Job und hast ein gutes Gewissen.«

Nicolas wusste, dass es ohne Gegenleistung nichts gab. »Die eine oder andere Kiste Wein würden wir schon rüberschieben.«

»Auch portugiesischen?« Sich zu schnäuzen war Jerónimos Art, seine Verlegenheit zu überspielen. Das Essen kam, sie redeten über andere Dinge, er erzählte von seinem Studium, von den Schwierigkeiten, als Ausländer eine Freundin zu finden. Die Spanier seien beliebter, und bei seinem Argentinier in der Wohnung standen die Mädels Schlange. »Bei dem reicht ein Augenaufschlag, und sie fallen reihenweise um.« Er schüttete so viel Zucker in seine Kaffeetasse, dass der Löffel fast senkrecht darin stecken blieb. »Gut. Was wollt ihr wissen?«

Roger versuchte, ihm klarzumachen, was Deutungshoheit hieß. »Wenn einer aus der Bankenkrise rasch eine Schuldenkrise macht, dann besitzt er Deutungshoheit. Der Polizei und den Medien nach hat unsere Henriette Drogen genommen und ist daran gestorben. Das behaupten sie, und sie haben die Macht, diese Meinung allgemein durchzusetzen, über ihre Presseerklärungen. Als erste Fragen oder besser gesagt: Unklarheiten auftauchten, haben sie ihre Behauptung nicht zurückgenommen, und das werden sie auch nicht tun. Weißt du, ob die Polizei im ›Last Chance‹ ermittelt?«

»Sie macht Stichproben, taucht mal auf, mehr als vor dem … ja, Mord, wie ihr meint. Neulich, als Nicolão umgefallen ist, kamen sie am nächsten Tag vorbei, haben sich erkundigt, ob jemand gesehen hat, wie er was gekauft oder genommen hat. Er«, Jerónimo zeigte mit dem Finger auf Nicolas, »war verdächtig, nicht andere. Natürlich hat keiner was gesehen. Da sieht keiner niemals was.«

»Was ist mit der Barfrau, der aus der Technolounge? Was ist das für eine? Wie ist sie drauf? Die mit den Pflöcken in den Ohren, die rasierten Schläfen erinnern mich immer an Indianer vom Amazonas.«

Wieder musste Jerónimo sich zu einer Antwort durchringen. Aber er schickte eine Frage vorweg. »Also ihr glaubt tatsächlich, dass jemand die Weinkönigin umgebracht hat, mithilfe von Drogen? Warum?«

Weder Nicolas noch Roger hatten darauf eine Antwort.

»Scheiße, wo bin ich denn jetzt reingeraten? Ihr wollt mich da mit reinziehen?«

»Wir wollen dich nirgends reinziehen. Du bist schon drin.

Und wir wollen nur verhindern, dass noch mehr passiert. Was ist nun mit dieser Barfrau?«

»Silvie?«

»Ich weiß nur, dass sie einen Pflock im Ohr hat und mich hasserfüllt anstarrte«, sagte Nicolas. »Bei ihr hatte ich unsere Cocktails bestellt.«

»Das bedeutet nichts, sie ist meistens schlecht drauf, sie steht auf BMM, den Diskjockey, Big Mag Moe, er ist ein dunkler Typ, er macht auf Afro und redet wie ein schwarzer Amerikaner, immer mit Akzent. In Wirklichkeit kommt er aus Nürnberg, ist klein und fett, das sieht man von unten, von der Piste aus nicht. Aber er steht nicht auf Silvie, er benutzt sie nur. Sie tut alles für ihn. Und sie kann Leute nicht leiden, von denen sie glaubt, sie haben's leichter und mehr Geld und kommen aus einer anderen Klasse. Du, Nico, du bist für sie das Feindbild, kommst aus anderen Kreisen, dafür haben Leute mit Minderwertigkeitskomplexen einen Blick. Aber weshalb sollte sie dir was ins Glas tun?«

»Aus Liebe, oder um ihm zu gefallen, oder vielleicht gegen Bezahlung?«

Jetzt kam Jerónimo ins Zweifeln. »Ich weiß nicht, ob BMM weiß, dass ihr ihn beobachtet habt.«

»Das spielt keine Rolle. Wie kommen wir an seine Videoaufnahmen? An die aus der Nacht nach der Wahl – und von meinem Absturz.«

»Das also wollt ihr?« Jerónimo wirkte verzweifelt, dann nickte er, in sein Schicksal ergeben. »Ja, ich weiß wie. *Que merda*, wo bin ich da reingeraten?«

Kapitel 15

Rebecca konnte nicht genug davon kriegen. Jeden Morgen, bevor Nicolas sie in den Kindergarten brachte, wollte sie mit der Fähre fahren, nur hin und gleich wieder zurück, am liebsten auch am Nachmittag, wenn Rita oder er oder einer der Kästners die Kinder abholte. Die winzige Fähre über den Main passte zum Fluss. Er wurde in der um Nordheim herumführenden Schleife nicht mehr befahren und wandelte sich im sachten Tempo der Natur zur Auenlandschaft. Das Naturschutzgebiet war ein starker Gegensatz zur Monokultur des Lump darüber. Der Fährmann, der auf dem gemütlichen Wasserfahrzeug lediglich drei Autos, mehrere Wanderer und Radfahrer abzufertigen hatte, kannte Rebecca inzwischen, von ihrer dritten Überfahrt an hatte er eine Tüte Karamellbonbons am Ruder für sie liegen und nahm die Kleine mit auf seine Kommandobrücke, kaum größer als eine Telefonzelle.

Was Nicolas den Spaß verleidete, war die Tatsache, dass ihn jemand während der Überfahrt fotografiert und das Foto bei Facebook veröffentlicht hatte.

»Nicolas Hollmann, Erbe des Frankfurter Hollmann-Vermögens, auf dem Weg zur Geliebten in Escherndorf.« Und immer stand neben seinem Foto das von Anneliese Fünfinger. »Wie findet es Frau Hollmann, dass er ihre Tochter zu seiner Weinkönigin mitnimmt?«

Anhand der Perspektive meinte er zu erkennen, dass die

Aufnahme von Escherndorf aus gemacht worden war. Nicolas erinnerte sich an die Tageszeit – es musste kurz vor acht Uhr gewesen sein – und aus welcher Richtung das Licht an dem Morgen gekommen war. Wenn sein Feind von dort kam, wieso machte er dann die aus demselben Ort stammende Weinkönigin gleich mit fertig? Es war kein Mobbing, es war Rufschädigung der übelsten Sorte, da gab sich jemand richtig Mühe, ihrer beider Ansehen zu schädigen. Und wenn man Nicolas mit dem Hollmann-Konzern in Verbindung brachte, egal, wie er zu seinem Vater stand, war es durchaus denkbar, dass er Kriminelle auf die Idee brachte, Rebecca zu entführen. Dieser Jemand war gefährlich, er musste sich gut informiert haben, denn alle zwei Tage erschien eine neue Meldung, alles Lügen. Leider wusste das die sogenannte Öffentlichkeit nicht. Handelte es sich um eine Frau, die nicht ihn meinte, sondern Anneliese? Der Denunziant oder die Denunziantin verarbeitete auch Informationen von Nicolas' Website und zog seine Arbeit als Winzer in den Schmutz. Rita, Marion und Hans rieten ihm, dringend Anzeige gegen unbekannt zu stellen, aber hier stand ihm sein Phlegma im Wege. Anneliese war sicher mehr betroffen, der Verband müsste sich dahinterklemmen. Außerdem war es lästig, eine Anzeige gegen unbekannt zu stellen. Was würde es helfen?

»Nichts.« Das bestätigte ihm auch Roger. Er bezweifelte, dass die Polizei Ermittlungen aufnehmen würde. »Die stuft das als Lappalie ein. Da laufen im Netz ganz andere Dinge, für die sie ihre IT-Spezialisten brauchen.«

Entscheidend für Nicolas war, dass seine Tage hier gezählt waren. In knapp drei Wochen würden sie zurückfahren. Jetzt zahlte es sich aus, dass er sich immer dagegen verwahrt hatte, auf seiner Homepage die Händler zu nennen, die seine Weine führten. Andernfalls hätte sein unbekannter Feind ihn bei den Kunden sicherlich mit Schmutz beworfen. So mussten er und Rita die Zeit nur überstehen.

Sie fühlte sich in ihrem Urteil mal wieder bestätigt, für Nicolas war sein Feind ein Einzelner, dem er, ohne es zu merken, böse auf die Füße getreten haben musste.

Es war aber auch ein Angriff auf das Ansehen der Weinkönigin, es war ein Angriff gegen die fränkische Weinwelt. Eine Weinkönigin war ein geschlechtsloses Wesen, unnahbar und gleichzeitig für alle erreichbar, ein Wesen zum Träumen, aber nicht zum Anfassen, mehr eine Projektionsfläche für Wünsche – nach der unbefleckten Märchenfee, nach der schönen jungen Frau oder nach dem, was vergangen war. Falls sie einen Freund hatte, trat der ein Jahr lang nicht in Erscheinung. Für die Amtszeit hatte er sich im Hintergrund zu halten. Und jetzt eine Romanze, ein Verhältnis, ja, vielleicht sogar ein Geliebter, dazu verheiratet, quasi, mit Kind?

Er hatte Anneliese angerufen, aber sie wollte nicht am Telefon mit ihm über die Internetangriffe reden. Sie wollte ihn treffen, was er als Vorwand sah, es würde die Behauptungen des Täters bestätigen, vor allem falls sie in ihrem Königinnen-Mini angerauscht käme. Es war schier unmöglich, sich unauffällig zu treffen. Aber es war wohl nötig. Und Rita wollte mitkommen. Anneliese und er hatten sich locker verabredet. Nicolas wollte jedoch Ritas Rückkehr von ihrer Geschäftsreise abwarten.

Die Abende ohne Rita in der Ferienwohnung im Weingut Kästner waren sehr still, wenn er Rebecca zu Bett gebracht hatte. Zu Hause war immer etwas zu tun, ob im Keller, im Büro, in der Werkstatt oder im Weinberg und Garten. Da waren Otelo und Dona Firmina, ab und zu kam Carlos vorbei und Happe sowieso. Er traf sich mit Kollegen oder beantwortete wichtige Korrespondenz und beschäftigte sich mit Fachliteratur. Er hatte Hans zwar seine Hilfe angeboten, aber der nahm sie kaum in Anspruch. Deshalb war Nicolas froh, dass Roger und Nora ihn am Abend besuchten. Dass Rogers Freundin wieder aufgetaucht war und sich nahtlos in die Familie und in alle Abläufe des Weingutes einfügte, schien für Bruder und Schwägerin eine Selbstverständlichkeit zu sein. Nicolas hatte nicht mitbekommen, ob die sechsmonatige Unterbrechung der Beziehung überhaupt thematisiert worden war.

Nora war zehn Jahre jünger als Rita, sie war ein dunkler Typ mit schwarzem Haar und dunklen, durchdringenden Augen. Sie legte viel Wert auf eine elegante Erscheinung, auch deshalb hätte man sie für eine Italienerin halten können. Und sie war eine modern und sozial denkende junge Frau, die ihre fränkische Heimat wesentlich gelassener betrachtete, als Rita es tat. Dafür war ihr Abscheu gegenüber der politischen Klasse enorm.

»Was ist das für ein Land, in dem der Ministerpräsident sich in einer weißen Kutsche fahren und vom Volk bejubeln lässt? Wenn die Bayern die Monarchie wieder einführen, werden wir das Bundesland Franken ausrufen!«

Der Altersunterschied zu Rita war sicherlich auch ein Grund für die andere Einstellung ihrer Umgebung gegenüber. Vieles, nicht nur der Weinbau, hatte sich im letzten Jahrzehnt verändert, das Land insgesamt war moderner geworden, andere Köpfe regierten, und Nora hatte einen völlig anderen Start gehabt. Der Vater betrieb eine Kanzlei in Kitzingen, ihre Mutter arbeitete im Kulturamt. Dieser Hintergrund war entscheidend für ein anderes Weltbild, und der Beruf der Mutter hatte dazu beigetragen, dass Nora sich bereits früh für die Stadt und ihre Geschichte interessiert hatte. Ihre eigene Berufswahl hatte es dann mit sich gebracht, dass sie ihr Interesse an Geschichte und Weinbau zusammenführte.

»An der Mosel mag man vor zweitausend Jahren die ersten Reben gepflanzt haben, bei uns erst siebenhundert Jahre später, doch hier ist vieles sehr genau dokumentiert und verbrieft.«

Nicolas hatte sich kaum mit der Geschichte des Weinbaus

beschäftigt, lediglich mit Architektur- und Kunstgeschichte, soweit sie seinen Beruf betraf. Erst in Portugal hatten ihn die Wirren der Revolution von 1974 dazu gezwungen, einen Blick auf die letzten Jahrzehnte des vergangenen Jahrhunderts zu werfen. Allerdings hatte er eine umfangreiche Bibliothek geerbt, durch die er sich in zwanzig Jahren auch in den einsamsten Wintern noch nicht durchgefressen haben würde.

Als sie einiges vom Weinhandel begriffen hatte, fragte sich Nora, weshalb Franken im nationalen und internationalen Handel nicht so gut dastand. »Kitzingen wurde immerhin mal ›die Stadt der 100 Weinhändler‹ genannt.«

Seine Blütezeit hatte es von 1890 bis zum Ersten Weltkrieg. Die Hälfte aller Weinhändler gehörte zur jüdischen Glaubensgemeinschaft. Und zwei Drittel dieser Gemeinschaft in Kitzingen arbeitete damals in diesem Berufszweig.

»Was den Erfolg der jüdischen Händler ausmachte, waren die sogenannten deutschen Tugenden, so absurd es klingt: Fleiß, Strebsamkeit, Disziplin und ein Gespür für das, was auf dem Markt geschah.« Und dann brach die deutsche Katastrophe über sie herein.

Das war für Nora ein weiteres Beispiel dafür, wie die Nationalsozialisten in ihrem Rassenwahn dem Land viele seiner besten Köpfe abgeschlagen hatten. Für Roger war es noch immer unfassbar, dass zwölf Jahre gereicht hatten, ein blühendes Land in Schutt und Asche zu legen und ganz Europa in ein Gräberfeld zu verwandeln.

Nicolas erinnerte sich, dass während seiner Zeit in Berlin das Holocaust-Mahnmal eingeweiht worden war. Hundertsechzigtausend Juden waren 1933 in Berlins jüdischen Gemeinden eingeschrieben, und es machte auch ihn noch immer fassungslos, dass kaum fünftausend bis Kriegsende überlebt hatten.

In Franken, so Nora, hatte die erste massenhafte Verfolgung und Ausrottung 1289 stattgefunden, das sogenannte

Rintfleisch-Pogrom, bei dem etwa fünftausend Juden ermordet wurden, neunhundert allein in Würzburg. »Es fanden danach mehrere Ausweisungswellen statt, die endgültige Vertreibung im Jahr 1789. Erst siebzig Jahre später gab es wieder Juden in Kitzingen. Und als geschickte Händler waren sie gern gesehen, um unseren Wein unter die Leute zu bringen.«

Kaum einer der jüdischen Weinhändler besaß damals eigene Weinberge, so Nora. »Ihre Domäne war der Handel, nur den hatte man ihnen gelassen. Sie kauften bei Versteigerungen und direkt bei den Weinbauern und verarbeiteten den Most in ihren Kellereien. Ein wichtiger Lieferant waren damals die Fürstlich Castell'schen Domänenämter, oder sie kauften in Castell direkt.«

Roger riet Nicolas, unbedingt dort vorbeizuschauen. »Die machen richtig gute Weine, sie haben in Franken als Erste Silvaner angepflanzt, und falls es dich interessiert, sie führen ein riesiges Archiv, da findest du auch die Urkunde über die ersten Setzlinge. Sprich mit Jesko Graf zu Dohna, er führt das Archiv, er ist ein belesener und äußerst interessanter Mensch.«

Wenn der kritische Roger das sagte, musste was dran sein. Seiner Ansicht nach war der Niedergang des Weinhandels nicht nur der Judenverfolgung zuzuschreiben. »Unsere sechstausend Hektar sind wenig, wenn man sich vorstellt, dass die australische Firma Wolf Blass allein im Barossa Valley siebentausend Hektar besitzt. Und wir, das heißt meine Familie, hat nicht mal zwanzig.«

»Möchtest du tauschen?« Nicolas wusste wohl, was Roger entgegnen würde.

»Ich war mal da, im Valley, habe ein Vierteljahr dort hospitiert, aber tauschen?« Er tippte sich mit dem Zeigefinger an die Stirn. »Niemals! Das sind Weinfabriken. Die Australier brauchen die ganze Welt, um ihr Zeug zu verkaufen, wir Franken brauchen nur Franken, wir trinken unsere Weine am liebsten selbst. Deshalb haben wir auch kaum was zu verkaufen.«

»Und weil ihr jahrelang gruselige Müller-Thurgau produziert und im Bocksbeutel verkauft habt«, fügte Nora hinzu. »Das trägt man uns noch immer nach.«

»Vor dem Dreißigjährigen Krieg hatten wir die achtfache Fläche, das nur nebenbei. Aber für uns reicht's. Übrigens – wenn ich dir einen Rat geben darf, du solltest dich unbedingt mit Anneliese treffen«, sagte Roger leise, als er sich verabschiedete, und legte Nicolas dabei vertraulich die Hand auf die Schulter. »Vielleicht weiß sie mehr? Vielleicht will sie ja auch nichts wissen? Denk dran, nichts ist so absurd, als dass es nicht möglich wäre …« Am Fuß der Treppe drehte er sich noch einmal um und winkte. »Such dir einen Treffpunkt, wo euch keiner kennt. Und lass Rita besser zu Hause …«

Vor siebenhundertfünfzig Jahren befanden sich die Lagen Trautberg, Hohnart, Schlossberg und Reitsteig bereits im Besitz der Grafen zu Castell. Am 25. April des Jahres 1659 wurde an ebendiesem Reitsteig der erste Silvaner in Deutschland gepflanzt. Damals nannte man die Rebsorte noch Österreicher Fechser. Der Name des Arbeiters, der die Reben pflanzte, die Fechser, war bekannt: Jacob Heyd. Das entsprechende Dokument befand sich im Fürstlich Castell'schen Archiv unter Glas. Michel Saueracker, der damals die Setzlinge aus Greuth aufs Schloss brachte, hatte dafür einen Schilling und dreieinhalb Pfennige Botenlohn erhalten.

Jesko Graf zu Dohna war der Sachwalter der Urkunden. Der Graf war ein ruhiger Mensch, vielleicht machte das Studium der über Jahrhunderte reichenden Dokumente und Zeitzeugnisse bescheiden und still, die Zeit stellte alles und alle an den richtigen Platz. Das tat der Graf auch. Nicolas hätte sich niemals in dem Archiv zurechtgefunden, er hätte nie die Ruhe gehabt, tagelang hier still zu sitzen und zu lesen, zu schreiben, zu einem der in sechs Reihen übereinanderstehenden Kästen zu gehen, die richtige Mappe herauszunehmen, sie aufzubinden, die Blätter zu überfliegen, bis man das Gesuchte fand. Für eine derartige Arbeit musste man geboren sein. Er war dankbar dafür, dass es Menschen gab, die sich dafür eigneten, und dass nicht er es tun musste. Seine Firmenablage – die Quinta do Amanhecer war Ende der siebziger Jahre gegründet worden – bereitete ihm bereits jetzt Kopfzerbrechen. Aber Lourdes war ja da, der tägliche Anruf stand für heute noch aus.

In einem Schaukasten unter Glas fand sich eine handgeschriebene Arbeitsanweisung, das Keltern betreffend, aufgestellt im Jahre 1797. Die dort niedergeschriebenen Regeln interessierten Nicolas besonders, und wie er feststellte, galten sie bis heute, er hätte sie in seiner Kelterhalle an die Wand schlagen mögen:

Die Kelter sauber und funktionsfähig zu halten, die Presse richtig und gleichmäßig zu füllen, keine Saufgelage zu veranstalten, niemandem Werkzeug zu leihen, jeglichen Diebstahl (den eigenen oder durch Fremde) zu unterlassen, auf äußere Sauberkeit zu achten und »zu dem Ende sich nie mit bloßen Fingern, sondern mit einem Schnupftuch zu schneuzen«.

Eine Namenstafel im Vorraum des Archivs erregte Nicolas' Aufmerksamkeit. Überschrieben war sie mit »Gesegnet sei die Erinnerung an sie!«. Es war die Liste der jüdischen Kunden der Fürstlich Castell'schen Credit-Cassen, einer Privatbank der adligen Familie. »Gestorben, ermordet, emigriert und verschollen«, stand hinter den Namen, dann wieder »emigriert, verschollen, gestorben und ermordet«.

Graf Dohna hatte auf Anregung des inzwischen verstorbenen Albrecht Fürst zu Castell-Castell die Respekt verlangende Aufgabe geleistet und das Wirken der familieneigenen Bank in der Zeit des Nationalsozialismus, der Kriegsfinanzierung und der Judenverfolgung aufgearbeitet. In seinem Buch ›Die jüdischen Konten‹ wurden keine Verbrechen beschönigt, und klar kam zum Ausdruck, wie sich das Geldinstitut am Vermögen der von den Nazis als »Untermenschen« bezeichneten Juden bereichert hatte und wie die Finanzämter, in »korrekter deutscher Art« der Bank die Hypothekenzinsen der vom Staat enteigneten jüdischen Häuser überwiesen. Auch das Andenken einzelner Familienmitglieder wurde nicht geschont. So war Fürst Carl zu Castell-Castell ein frühes Mitglied der NSDAP, bewunderte die Konsequenz des Hitler-Staates und hieß die aggressive Außenpolitik für gut. Er selbst wurde ihr Opfer noch im Mai 1945.

»Hoffentlich geht der Krieg nicht zu Ende, ohne dass wir dabei waren.« Mit diesen Worten wird Albrecht Fürst zu Castell-Castell im Buch zitiert, doch es sollten vierzig Jahre vergehen, bis ihn die Verbrechen des Naziregimes persönlich erreichten, sein Herz berührten und er und seine Frau für sich und ihre Familien um Vergebung baten. Das Werk des Grafen Dohna schenkte er sich und der Öffentlichkeit quasi zum achtzigsten Geburtstag.

Die Fürsten verstanden sich als Landesherren, als Landwirte, Forstleute, als Weinbauern und Winzer und seit 1774 auch als Bankiers. Albrecht Fürst zu Castell-Castell machte sein Haus nach dem Ende des Zweiten Weltkriegs mit siebzig Hektar zu einem der größten privaten Weingüter Deutschlands.

Die Lagen Trautberg, Hohnart, Schlossberg und Reitsteig befanden sich bis heute im Besitz der Grafen, und die Weine von dort gehörten zu den besten in Franken. Nicolas probierte die Silvaner von diesen Lagen, einzig den Reitsteig tauschte er gegen den Trautberg, denn anders als die sonst vom Gipskeuper geprägten Weine war der Silvaner vom Trautberg sehr stoffig, hatte einen langen Nachklang und schöne Aromen von Birne und Aprikose.

Da lag für ihn nur das Große Gewächs des Schlossbergs darüber, das Lignin vom Ausbau im Holz verflüchtigte sich schon während der Probe und ließ einen reifen, weichen und kompakten Wein zurück, bei dem sich das Mineralische deutlich zeigte. Wesentlich kompakter war der gleiche Wein, nur fünf Jahre älter, gereift auf der Flasche, balsamisch und frisch zugleich. Wieder einmal wurde deutlich, dass auch die großen Silvaner genügend Potenzial mitbrachten, um sie etliche Jahre ruhen zu lassen und sich später einen viel höheren Genuss zu gönnen. »Langstreckenläufer« nannte sie Domänendirektor Rebitzer. Er teilte mit Nicolas die Ansicht, dass die meisten Weine viel zu früh auf den Markt kamen, zu früh getrunken wurden und dass es der Sommeliers und Gastronomen bedurfte, um die gereiften Weine richtig auszusuchen, sie anzubieten und die passenden Speisen dazu auszuwählen.

Für das Schloss und seinen Park sowie die Kirche und den Ort hatte Nicolas keine Zeit, die Besichtigung verschob er auf irgendwann. Er war zu bewegt, um weiter Eindrücke aufnehmen zu können, etwas anderes an sich heranzulassen. Er konnte sich nicht daran erinnern, dass ein anderes Unternehmen sich derart offen mit seiner Vergangenheit auseinandergesetzt hatte. Er hätte jetzt gern mit Nora darüber gesprochen.

Eigentlich hatte er vorgehabt, noch im Restaurant des Ortes einzukehren, der »Weinstall« war ihm wegen seiner regionalen Küche empfohlen worden. Ein auf der Haut gebratenes Saiblingsfilet oder eine Lachsforelle hätten ihm schon gefallen, doch lag ihm die Namenstafel zu schwer im Magen, als dass er jetzt ein gutes Essen hätte genießen können. Er hatte am Nachmittag nichts vor, Rebecca war im Kindergarten, so ließ er den Wagen stehen und machte sich im strahlenden Frühlingswetter zu Fuß auf in die Weinberge, nach Langem endlich wieder den Zeichenblock unter dem Arm. Hier konnte er Ruhe und Abstand gewinnen und seine Gedanken ordnen. Das geschah von allein, indem er an nichts dachte, und das, was seine Augen sahen, übersetzte die Hand fast ohne sein Zutun in Linien, die sich zu einem Bild fügten.

Die Ruhe währte zwei Stunden, dann zwang ihn das Mobiltelefon, den Bleistift aus der Hand zu legen. Die Stimme erkannte er sofort.

Anneliese Fünfinger wollte ihn treffen und fragte, wo er sich gerade aufhalte.

»Castell? Das ist nicht weit. Ich habe einen Termin in Sulzfeld. Du fährst nach Kitzingen, dann auf der B8 über den Main und nimmst die erste gleich links, das geht flott. In einer halben Stunde bist du hier.«

Sulzfeld? Nicolas erinnerte sich, dass ihm dort ein Winzer empfohlen worden war, der Zehnthof Luckert. Und das mittelalterliche Städtchen am Main sollte einen Besuch wert sein.

»Um die Stadt führt eine Mauer. Du kommst mit dem Auto nicht rein. Wir treffen uns auf dem Parkplatz vor den Stadttoren. Du wartest am besten im Wagen, dann fahren wir irgendwohin, wo uns keiner kennt. Du fährst diesen schwarzen Toyota? Ich finde dich.«

»Und die Schrift auf deinem Auto?« Nicolas gab zu bedenken, dass sie berühmt und jetzt überall in der Region bekannt sei, täglich wurde über ihre Aktivitäten geschrieben, erschien ein Bild von ihr in den regionalen Blättern oder wurde im Fernsehen etwas über sie gebracht. Nach den Anfeindungen im Internet hielt er es für unklug, wenn jemand sie zusammen sah. »Das gibt den Gerüchten neue Nahrung. Ein Fotohandy hat heute jeder in der Tasche.«

»Mich wird niemand erkennen«, sagte Anneliese und kicherte, »da kannst du sicher sein, höchstens dich.« Mehr sagte sie nicht, lediglich die Uhrzeit, zu der sie ihn erwarte.

Wenn niemand sie erkannte, so war doch ihr Auto der schwache Punkt ihres Versteckspiels. Wenn der Wagen irgendwo herumstand, musste die Weinkönigin in der Nähe sein.

Sie war es aber nicht. Nicolas traf zur vereinbarten Zeit ein, hatte den Wagen kurz hinter der Parkplatzeinfahrt abgestellt und sich umgesehen. Den Wagen mit der Aufschrift

»Weinkönigin Franken« fand er am äußersten Ende, aber von Anneliese keine Spur. Er ging hinunter zum Main, diesmal ohne Zeichenblock, sie konnte schließlich jeden Moment auftauchen, und er starrte aufs Wasser. Es war grünlich, undurchsichtig, schien ihm genauso unsauber oder voller Algen wie der Rio Douro, dessen moderig schmeckende Fische für ihn kaum genießbar waren. Er liebte frische gebratene Sardinen, und das Meer, den Atlantik, erreichte er in etwas mehr als einer Stunde.

Ärgerlich, dass er Anneliese verpasst hatte oder sie ihn warten ließ, kehrte er nach einer Viertelstunde zum Wagen zurück und wunderte sich, dass eine Frau an seinem Wagen lehnte, schulterlang das glatte schwarze Haar, ein Pony die Stirn verdeckend, die Augen hinter einer Sonnenbrille verborgen. Sie trug eine nur bis zur Taille reichende braune Lederjacke, darunter schaute eine rosafarbene Bluse hervor, die schlanken Beine in einer hellbeigen Hose hatte sie lässig übereinandergeschlagen. Die flachen weißen Lederschuhe unterstrichen die sportliche Erscheinung. Als sie sich ihm zuwandte und die Brille abnahm, sah er in ein schmales Gesicht, das ihm ziemlich bekannt vorkam, und erst als sie ihn auslachte, erkannte er sie. Er hatte Anneliese bei der Wahl im Abendkleid erlebt, auf der Messe im Dirndl, aber bislang nicht in Zivil und vor allem nicht auf schmal geschminkt mit betontem Jochbein und dunkel umrandeten Augen. Farbe und Frisur machten aus ihr einen anderen Menschen, sie entsprach nicht mehr dem Klischee des lieben fränkischen Mädels, der braven Schwiegertochter aus der Nachbarschaft.

»Habe ich nicht gesagt, dass mich keiner erkennt?« Sie bemerkte, dass er sie bewundernd anstarrte, und genoss es.

»Und dein Haar?«, fragte er verblüfft. »Gefärbt und geglättet?«

»Ihr Männer habt keine Ahnung.« Sie deutete eine Bewegung an, als wolle der Graf von Münchhausen sich am Haar aus dem Sumpf ziehen. »Eine Perücke«, sagte sie keck, »verändert alles.« Sie strahlte ihn an, und als er ihr nur die Hand schütteln wollte, zog sie ihn an sich und küsste ihn. Nicolas wurde warm, hinzu kam ein merkwürdiges Ziehen in der Magengrube, was ihm unangenehm war, freudige Erregung gemischt mit – Angst? Wovor? Der Kuss, die zu lange Umarmung gingen weit über das zwischen ihnen bestehende, ja nicht einmal freundschaftliche Verhältnis hinaus. Sie waren hier, um ein Problem zu klären, um Abwehrmaßnahmen gegen ihren Facebook-Feind zu treffen, ein Rendezvous sollte es nicht werden, zumindest nicht für ihn. Wenn sie es so verstand, konnte es gefährlich werden. War sie diejenige, die …? Nein, niemals! Er schluckte, das Ziehen im Magen nahm zu, er starrte sie an, sie starrte zurück, dann blickte er sich misstrauisch nach allen Seiten um.

»Es ist niemand hier«, beruhigte sie Nicolas, »wir haben vorhin eine Weinprobe mit wichtigen Gästen aus Hamburg veranstaltet, der Winzer wollte die Weinkönigin dabeihaben, und dafür bin ich da, ein Jahr lang.« Sie sagte es schicksalsergeben, als fürchte sie, dass dieses Jahr sehr lang werden würde. Sie zeigte auf den Kleinbus in der Nähe. »Ich habe gelogen, um dich zu sehen, ich habe erklärt, ich müsse zum Zahnarzt. Aber wir fahren gleich weiter nach Frickenhausen, das ist der nächste Ort. Stell deinen Wagen irgendwo ab, ich lass meinen in einer Sackgasse, da kommt auf keinen Fall jemand zufällig vorbei. Wir treffen uns im ›Da Bruno‹ an der Hauptstraße. Du fährst vor, ich komme nach. In einer Viertelstunde treffen wir uns dort.«

Nicolas war von ihren klaren Anweisungen überrascht, niemand sonst sprach so mit ihm. Sie hatte die Initiative übernommen. Im Weggehen drehte sie sich um. »Ist voll cool, die Verkleidung, nicht?«, fragte sie kokett und ging, sich in den Hüften wiegend, seinen Blick auf sich spürend, zu ihrem Wagen.

Es war wenig wahrscheinlich, aber nicht unmöglich, dass sie jemand zusammen sah und Anneliese erkannte. Das »Da Bruno« war ein um die Nachmittagszeit wenig besuchtes italienisches Restaurant, in dem kaum Einheimische verkehrten, die über das Leben der Weinmonarchie informiert waren. Touristen, die wenig Wert auf regionale Küche und die entsprechenden Weine legten, aßen sich hier an Pizza und Pasta satt.

»Und? Was glaubst du, wer uns die Affäre anhängen will?« Nicolas kam sofort zum Thema, er wollte weitere Vertraulichkeiten vermeiden, wobei er nicht umhinkonnte, Anneliese immer wieder bewundernd anzublicken. In Zivil gefiel sie ihm bedeutend besser als bei ihren offiziellen Auftritten, wesentlich besser ... Er musste sich bewusst von ihrem Anblick losreißen, was sie mit einem Blick beantwortete, als wüsste sie davon. Was war los mit ihm? Wieso brachte ihn das Mädchen derart durcheinander? Er dachte daran, ihr von Rita und Rebecca zu erzählen, um sich Möglichkeiten zu verbauen, sie abzuschrecken, um selbst nicht in die Gefahr zu geraten, dass ... ja, was eigentlich? War es ihr gänzlich anderes Aussehen, das ihn verwirrte? Faszinierte ihn ihre andere, zivile, lockere Art oder der gänzlich andere Typ, den sie jetzt darstellte? Das königliche Lachen hatte dem echten Platz gemacht, und es klang gut.

Anneliese hatte eine Nachbarin als Urheberin der Facebook-Attacken in Verdacht. »Sie wohnt auch in der Bocksbeutelstraße und hat vorletztes Jahr kandidiert, sie ist aber durchgefallen, ganz zu Recht, und als Prinzessin hatte sie ausgedient. Dass ich jetzt Königin bin, nervt sie maßlos. Ich weiß es von einer Freundin.«

Du müsstest dich auch damit zufriedengeben, wenn Henriette nicht gestorben wäre, dachte Nicolas, entlarvte den Gedanken jedoch als Teil seiner Abwehrstrategie gegenüber den Gefühlen, die ihn in heftige Konflikte stürzen würden.

»Renate war schon immer gut mit Computern, genau wie

mein blöder Cousin«, fuhr Anneliese fort. »Sie war unser Ass in Mathe. Wir sind zusammen zur Schule gegangen, und wer mit seinem Computer nicht klarkam, ging zu ihr. Die Jungen haben unsere Fragen immer falsch interpretiert. Wenn wir sie gefragt haben, glaubten sie immer, sie dürften sich was rausnehmen, oder es wäre eine versteckte Anmache.«

Ihr Lächeln war es auch, es war mehr als das, es war eine Aufforderung. Ihre Hand lag so nah an seiner auf dem Tisch, dass er nur den kleinen Finger auszustrecken brauchte …

Ich muss hier weg, sagte sich Nicolas, ich werde schwach. Er hatte einen Kloß im Hals, es war ein Gefühl zwischen Verlangen und Übelkeit, das Mädchen gefiel ihm so gut, sie war so verdammt attraktiv. Er holte tief Luft.

»Kommt außer dieser Nachbarin …«

»… Renate …«

»… außer dieser Renate noch jemand in Betracht?«

»Wer könnte *dir* denn schaden wollen«, fragte sie, statt ihm zu antworten.

»Ich habe nicht die geringste Ahnung.« Er dachte an die Barfrau im »Last Chance«, er dachte daran, dass jemand von seinen und Rogers kläglichen Nachforschungen wusste, die bisher nichts zutage gefördert hatten, und trotzdem trachtete ihm jemand nach dem Leben. Er wusste selbst nicht genau, ob er die Bedrohung überhaupt ernst nahm. Sollte er Anneliese davon erzählen? Rogers abstrakte Warnung kam ihm in den Sinn, dass kein Gedanke zu abwegig war, als dass …. Konnte er ausschließen, dass Anneliese die Affäre konstruierte, um sich selbst in Szene zu setzen?

»Was starrst du mich an? Du siehst aus, als würdest du mir so was zutrauen. Was hätte ich davon?« Enttäuschung machte sich in ihrem Gesicht breit. »Spinnst du? Da macht uns jemand fertig. Uns! Da wird das Amt beschädigt, die Weinkönigin. Die meinen nicht mich. Ich habe nach der Wahl so viele E-Mails und Briefe bekommen wie nie zuvor in meinem ganzen Leben, so viele Anrufe. Mir haben Leute gratuliert, die ich nie zuvor gesehen habe. Sie meinten, ich sei sowieso von Anfang an die Gewinnerin gewesen.« Anneliese zögerte einen Moment, sie sah die Skepsis in Nicolas' Augen. »Ja, ich weiß schon sehr gut, dass es Henriette gewesen ist, und von der spricht keiner mehr. Das finde ich selbst nur grausam.«

Das erste Facebook-Foto trat Nicolas vor Augen, und er sprach es an. Auch Anneliese erinnerte sich. »Es muss auf der Messe entstanden sein. Ich weiß, dass du an jenem Tag einen blauen Pullover mit V-Ausschnitt und ein hellblaues Hemd getragen hast.«

»Das weißt du noch?«

»Eine Frau sieht so was. Aber das mit der Messe stimmt.«

»Also war der Fotograf auch auf der Messe …«

»Da waren Hunderte: die Leute vom Verband, die Winzer mit ihren Begleitern, Besucher, Einkäufer …«

»Auch diese Nachbarin, von der du sprachst?«

»Sie kann das Foto von jemandem bekommen und ins Netz gestellt haben.«

»Das finde ich zu weit hergeholt. Auf dem Weg kommen wir nicht weiter.«

»Auf welchem denn?« Sie war es, die ihre Hand auf seine legte, und er zog sie weg.

»Du hast einen Freund …«

»Hatte. Außerdem – was jemand nicht weiß, macht ihn nicht heiß. Ich weiß doch, dass du mit Frau und Kind bei den Kästners abgestiegen bist. Du kapierst es immer noch nicht, Nico, ich will dich nicht heiraten! Ich will auch dein Weingut nicht, ich will *dich*!«

Ein portugiesisches Wort kam ihm in den Sinn, und er musste dabei lächeln: *enrolar*! Es hieß so viel wie einwickeln, und genau das versuchte sie mit ihm. Aber sie tat es mit so viel Charme, dass er es ihr nicht übel nehmen konnte. Im Gegenteil. Es gefiel ihm sogar, und er mochte ihr Parfüm …

Kapitel 16

»Wann sehen wir uns wieder?« Anneliese hielt ein nächstes Treffen für selbstverständlich.

»Es wird sich kaum einrichten lassen.« Nicolas wollte sich herausreden. »Am Wochenende sind wir in Frankfurt«, sagte er ausweichend, »und nächste Woche treffe ich mehrere Weinhändler in München.«

Anneliese schenkte ihm ihr wunderbarstes Lächeln. »Das trifft sich gut. Ich bin nächste Woche auch dort. Wann fährst du hin? Mit der Bahn?« Sie schob es ihm zu, sich zuerst zu äußern, so konnte er sich schlecht herausmogeln.

»Mittwoch und Donnerstag, mit der Bahn, wie immer, nachmittags fahre ich früh wieder zurück.«

»Das ist toll! Wir haben Mittwoch eine Präsentation im ›Charles Hotel‹ am Botanischen Garten, da stellen zwanzig unserer Winzer ihre Weine vor. Es wird dir gefallen, du lernst sicher viele interessante Leute kennen. Nur die besten kommen. Und wir zwei gehen anschließend zusammen in Schwabing aus.« So wie sie ihn anlachte, war es für Anneliese eine abgemachte Sache.

Für Nicolas war es das längst nicht. »Musst du nicht mit den Winzern abends irgendwie …?« Eine Ausrede war immer besser als eine Absage, es war weder hart noch unhöflich, und Nicolas war klar, dass er nicht hingehen würde. Er konnte zusagen, aber er musste sich nicht daran halten. In etwas mehr als zwei Wochen war er sowieso weit weg. Dann wäre die Gefahr gebannt. Bis dahin konnte er ihr aus dem Weg gehen.

»Ich muss gar nichts. Ich mache meine Arbeit, spiele meine Rolle, danach … außerdem will ich meine Zeit nicht nur mit alten Männern verbringen, die mir sonst wohin starren. Und alt bist du ja wirklich nicht … und wo du hinschaust, überlasse ich gern dir.«

Es ist die Hitze, dachte er, der plötzliche Hitzeeinbruch, sagte er sich, der mich verrückt macht, dieser unerwartete Frühling, und er schaute ihr nach, aber sie war in einer Seitenstraße verschwunden, und er war kaum dazu in der Lage, einen klaren Gedanken zu fassen. Anneliese schien ihm wesentlich souveräner zu sein als er. Wie sollte er auch einfach darüber hinweggehen, dass er mit Rita zusammenlebte, glücklich war, dass er weiter mit ihr leben wollte, mit keiner anderen, dass sie ein wunderbares Kind hatten. Nichts stand zwischen ihnen. Und gleichzeitig begehrte er Anneliese? Sie zog ihn an, ihre Leichtigkeit, ihre Schönheit, und sie behandelte ihn, als würde sie genau wissen, worauf er ansprach. Beim Kuss zum Abschied hatte ihm das Herz bis zum Hals geklopft – und ihr auch. Er hatte ihr die Perücke abgenommen, wollte sehen, ob sein Gefühl sich veränderte, aber er war nicht weniger verwirrt als zuvor.

Er war erleichtert, dass man auf dem Zehnthof Luckert Zeit für ihn und einen kurzen Rundgang hatte, obwohl er nicht angemeldet war. In seinem Zustand hätte er unmöglich direkt nach Nordheim fahren und Rita unter die Augen treten können. Sie kannte ihn zu gut, und sie verstand es, ihn auszufragen, zwar nicht penetrant, doch sie ließ nie locker, und er fand sich im Erfinden von Ausreden ziemlich ungeschickt. Bei der Weinprobe hier konnte er Abstand gewinnen und wieder einen klaren Kopf bekommen, die absurde Situation ins richtige Licht rücken. Er war verrückt, nein, es war Irrsinn, auch nur einen Moment daran zu denken, dass er mit Anneliese … Niemals!

Ein Zehnthof entsprach im ausgehenden Mittelalter dem Finanzamt von heute. Dorthin lieferten die Pächter der Landbesitzer, meist die katholische Kirche, ihre Abgaben. Wer nicht parierte, wurde bestraft. Für die entsprechenden Lagerräume war gesorgt, ob es sich um Getreide oder um Wein handelte. Mit dem Zehnten war es längst nicht getan, hinzu kamen etliche zusätzliche Abgaben, jede Art wirtschaftlicher Tätigkeit, ob Transport oder Produktion, ob Weinausschank oder Handwerk, war bereits damals mit direkten oder indirekten Steuern belegt. Und auf den Zehnthöfen in jeder noch so kleinen Stadt gab es einen Gebäudeteil für die Verwalter. Hier erhielten auch die Bediensteten ihre Anteile in Naturalien, beim Wein »ein bayerischer Eimer«, der siebenundzwanzig Liter fasste. Für den sicheren Absatz des Weins, gleichgültig welche Qualität, war gesorgt worden, wie Nicolas einem Werk des Hofrats Dr. J.B. Kittel entnommen hatte, das in Hans Kästners Weinbibliothek stand. Die Mächtigen, ob es nun weltliche oder kirchliche Herrscher waren, hatten verfügt, dass bei jeder Art von Vergnügung erst einmal der Zehntwein getrunken werden musste, erst wenn der ausgetrunken war, durfte anderer Wein konsumiert werden, und für den war ein Ungeld zu entrichten.

Der Staat hat schon immer gewusst, wie er ans Geld seiner Bürger kommt, dachte Nicolas, als er durch die steilen Gassen schritt, über holperiges Pflaster, vorbei an Häusern, die sicher bis zu fünfzehn Generationen von Bewohnern beherbergt hatten. 1558 war der Zehnthof gebaut worden, auf dessen gewaltige Giebelwand Nicolas jetzt zuging. Auf dem Hof arbeiteten zwei Brüder miteinander, Ulrich und Wolfgang, und ihre Art des ökologischen Weinbaus machte es Nicolas leicht, sich sofort auf das Thema, das ihn interessierte, einzustellen.

Hefen waren ihr Thema, durch sie vollzog sich die alkoholische Gärung (bei Luckert grundsätzlich im Holzfass) und dadurch, dass sie niemals Reinzuchthefen zugaben, um diese Gärung einzuleiten oder zu beschleunigen. Das bedeutete häufig, dass dieser Prozess sich über Monate bis ins Frühjahr hinzog und gleichzeitig der biologische Säureabbau ablief, die sogenannte malolaktische Gärung. Nicolas ließ diesen Prozess nur bei seinen roten Stillweinen zu, dies nahm dem Wein die Spitze, er wurde weicher, geschmeidiger. Aber bei seinen Weißen war das wenig sinnvoll, wenn er sie knackig und frisch haben wollte. Das traf für den Grundwein des Portweins zu. Bei ihm wurde der Zucker nur zur Hälfte vergoren, dann gab er reinen Alkohol hinzu, der die Gärung stoppte, und der nicht vergorene Zucker gab dem Portwein die Süße.

Um ihrem Weingut den Kunden gegenüber ein klares Profil zu geben, verzettelten die Luckerts sich nicht mit einer Fülle von Rebsorten. Silvaner, Riesling, Muskateller und Spätburgunder waren nach der Sortimentsstraffung übrig geblieben. Zu Nicolas' Bedauern sollte in Zukunft auch auf die Domina verzichtet werden. Eigentlich behagte ihm die Rebsorte wenig. Die Tannine der Luckert'schen Domina jedoch waren reif, weich und süß, weder körnig noch hart oder grün, die Aromen von Brombeere und Kirsche typisch für die Traube und in keiner Weise aufdringlich. Hinzu kam ein Hauch von Blüten – und Kaffee? Manche Domina-Weine empfand Nicolas sogar als ordinär – den Namen sowieso –, hier allerdings traf er auf die beste, die er in Franken bisher probiert hatte. Leider wollte Luckert damit nicht weitermachen. Das Weingut Roth würde mit ihrer Domina sicher den entsprechenden Ersatz bieten.

Besonders schön war der Blaue Silvaner, die ursprüngliche Rebe, eine Nachzüchtung aus dem eigenen Weinberg, einen Hauch von Rauch verströmend, was Nicolas an den Würzburger Stein erinnerte. Der Wein aus alten Reben, über fünfzig Jahre alt sollten sie sein, zeigte eine deutliche Dichte, ähnlich wie die Weine seiner ältesten Parzellen am Douro, über die Otelo und er sich besonders freuten und denen sie viel Aufmerksamkeit widmeten, obwohl sie kaum einen Ertrag brachten.

Sulzfeld verfügte zum Bedauern der Luckerts über keine besonderen Lagen, Maustal und Cyriakusberg klangen nicht so bedeutend wie der Stein oder der Lump. Die Weinberge waren steil, die Böden von ihrer Beschaffenheit her kühl, Muschelkalk herrschte vor, hinzu kamen Bänke aus Gelbkalk, beides ließ die Weine mineralisch und schlank wirken. Die Silvaner-Riesling-Cuvée »Unter den Mauern« hingegen wirkte im Vergleich zu den anderen Silvanern geradezu wuchtig und üppig. Sie gehörte in die Kategorie der Großen Lagenweine, intensiv, vielschichtig in den Aromen, der Wein war gerade die richtige Zeit über im Holzfass belassen worden, während andere Winzer das Holz zu sehr betonten, so dass es penetrant wirkte.

Der Geschmack von weißen Blüten und ein Hauch von Papaya begleiteten den feinen Muskateller, eine sowieso besonders aromatische Traube. Da bestand immer die Gefahr, dass die Aromen übermäßig betont wurden, nur hier standen Eleganz und Aroma im Einklang.

Anders als mit Besuchern, Weinhändlern oder Kunden sprachen sie als Kollegen auch über die Vor- und Nachteile des Bocksbeutels, von dem als gängiger Flaschenform die Luckerts sich getrennt hatten.

»Er benötigt spezielle Etiketten, spezielle Abfüllanlagen, mehr Lagerfläche und spezielle Lagervorrichtungen, das heißt Drahtkörbe, und letztlich auch andere Kartons, das alles verteuert die Flaschen. Unsere Kunden sind jung, und denen bedeutet der Bocksbeutel wenig. Es ist für sie weder ein Zeichen von Qualität noch ein Symbol einer zu bewahrenden fränkischen Tradition.«

So verschieden waren die Ansichten.

Es war gut, alles war gut, und Nicolas war wieder in seiner Welt und im Lot. Er fühlte sich sicher, er atmete auf, die Gefahr namens Anneliese schien gebannt, sie befand sich in sicherer Entfernung. Der Besuch beim Winzer hatte ihn auf andere Gedanken gebracht, der Rundgang durch Sulzfeld vergrößerte die Distanz zur Fränkischen Weinkönigin.

Es war kein fränkisches Disneyland, es war ein authentisches Städtchen mit einem angenehmen Flair, auch wenn seine Anlage ans Mittelalter gereichte, über romanische Spuren verfügte, späte Gotik sich in der Kirche zeigte und die Wohnhäuser mehr in der Renaissance entstanden waren. Mit Erkern und Fachwerk, mit bleiverglasten Fenstern und farbig abgesetzten Simsen boten sie heutigen Baustilen und vorgefertigten Elementen die Stirn. Das Städtchen trotzte sowieso dem Verkehr, das Kopfsteinpflaster dem ungeeigneten Schuhwerk und die teils heftigen Steigungen innerorts dem kurzatmigen Flaneur. Jede Straße bot neue Einblicke, hinter jedem Tor öffnete sich eine neue Perspektive auf Heiligenfiguren an den Außenfassaden, und wer den Blick weiter hob, bemerkte die wunderbaren Schwalbenschwanzzinnen auf Giebeln und auch den Landsknecht im Trompe-l'œil-Fenster, mit einem kaum zeitgemäßen Glas in der Hand. In den Gassen würden sich zum Weinfest vierzigtausend Menschen gleichzeitig tummeln, für Nicolas eine grauenhafte Vorstellung, ihm gefiel es sehr gut, allein im Vorfrühling hier herumzustromern.

Auf dem Weg zum Parkplatz drehte er sich um und betrachtete die bestens erhaltene Stadtmauer. Achtzehn Türme unterbrachen sie, viele davon bewohnt. Die Wehrhaftigkeit ging auf den Konflikt des katholischen Sulzfeld mit dem auf der anderen Mainseite liegenden Ort Ansbach zurück, einer protestantischen Gemeinde. Es waren für Nicolas nie die religiösen Konflikte, die Menschen aufeinander einschlagen ließen, es standen immer wirtschaftliche Gründe dahinter. Aber es wäre zu profan, pure Raublust als Begründung für Kriege herzunehmen. Erst mit dem *richtigen* Gott auf dem Panier oder dem »natürlichen Recht des Herrenmenschen« fiel es leichter, seinem Nächsten den Schädel zu spalten …

… oder ihm Drogen in den Cocktail zu mixen?

Auf der Rückfahrt, als er sich an Anneliese erinnerte, zwang er sich, sie in seinem Kopf auf ihre Rolle als Weinkönigin zu reduzieren. Das machte sie weniger leiblich, weniger greifbar und damit weniger gefährlich. Er nahm sich viel Zeit für den Weg nach Nordheim, je größer der Abstand, je länger die Fahrt war, desto besser für ihn, dabei erinnerte er sich, dass Anneliese, nein, dass die Weinkönigin ihn auf das Weingut Eisenhardt eingeladen hatte. Nur was sollte er dort? Die Weine kannte er, dafür war ihr Cousin verantwortlich, und was er fabrizierte, begeisterte ihn wenig. Wenn sie ihr Weinwissen von dort hatte, konnte es damit nicht besonders weit her sein. Aber über Wein hatte er mit ihr kaum oder gar nicht gesprochen. Ihre Mentoren würden ihr schon alles Wissenswerte beigebracht haben. Doch die Praxis war durch nichts zu ersetzen.

»Hast du hier nie mit Winzerinnen zu tun?«, fragte Rita, als er ihr von seinen Besuchen berichtete. »Sind das alles nur Männer? Da sind wir in Portugal anscheinend weiter, was die Bedeutung der Frauen in der Weinwirtschaft angeht. Ich nenne dir bei uns am Douro fünf Frauen, die ihre Güter selbst in der Hand haben.«

Nicolas gab zu bedenken, dass es am Rio Douro auch dic Leitfigur von Dona Antónia Ferreira gab. »Sie hatte handeln müssen, nachdem ihr Mann im Douro ertrunken ist.«

»Ja, weil die Männer sie hatten reinlegen wollen, um ihr das Vermögen abzujagen. Und das brauchte sie, um ihre Kinder großzuziehen. Und in Italien kannst du die von Frauen geführten Weingüter kaum noch zählen. In Frankreich gibt es eine große Organisation, Österreich ist Deutschland weit voraus. Und hier? Deutschland ist in dieser Hinsicht trostlos rückständig. Richtig gut können sie hier nur Maschinen und Panzer bauen.«

»Wem willst du daraus einen Vorwurf machen, Rita! Der Geschichte? Der Tradition?« Es war von Nicolas nicht als

Frage gemeint. Es ärgerte ihn, dass Rita wieder auf ihrem Lieblingsthema herumhackte. Dabei war ihre letzte Reise ähnlich erfolgreich verlaufen wie die zuvor. Wäre sie als Unternehmerin diskriminiert oder nicht ernst genommen worden, hätten sich nicht derart aussichtsreiche Geschäftsbeziehungen ergeben. »Ich vermute, eine Veränderung wird sich in der nächsten Generation ergeben.«

»Ergeben wird sich gar nichts. Nicht *man*, sondern *frau* muss es ändern!«

Es war Abend, sie saßen bei Marion am Küchentisch und schnitten Gemüse fürs Ratatouille, jeder ein Glas Weißburgunder vor sich. Marion, die bisher zugehört hatte, mischte sich ein.

»Da gebe ich Nicolas recht. Die nächste Generation wird's richten. Ich denke an Bickel-Stumpf, ein Weingut in Frickenhausen. Und bei Sauer steht die Tochter in den Startlöchern, einen besseren Lehrer als ihren Vater kann sie kaum finden.«

»Ihr verschiebt wie immer alles auf die nächste Generation«, fuhr Rita dazwischen. »Hinter den sieben Bergen, bei den sieben Zwergen … Wahrscheinlich liegt es daran, dass hier so wenige Mädchen geboren werden.«

Marion war beleidigt. »Was können wir dafür, dass wir einen Jungen haben? Es liegt wirklich an der nächsten Generation.«

Jetzt mischte auch Roger sich ein, der in seiner leisen Art die Küche betreten hatte, ohne bemerkt zu werden. Er schlich, als sei er wieder auf jemandes Fährte. Marion erschrak heftig. »Hör endlich mit dem Quatsch auf, wir spielen hier nicht Räuber und Gendarm.«

»Leisetreten ist meine natürliche Art der Fortbewegung«, meinte Roger unschuldig und stellte drei Weinflaschen auf den Tisch. »Aber ich finde, dass Rita das richtig sieht. Auch wenn auf der Weinbauhochschule in Geisenheim inzwischen die Hälfte der Studierenden weiblich ist, heißt das nichts. Die Frauen studieren meistens Internationale Weinwirtschaft. Weinbau und Önologie sind denen zu dreckig, die Arbeit ist hart. Wer geht gern bei minus zehn Grad und eisigem Wind in den Weinberg? Wer lädt die Lesekisten auf den Hänger und repariert um Mitternacht noch eine ausgefallene Pumpe? Bei uns braucht man Frauen nur als Weinkönigin, wenn sie jung und schön sind.«

Bildete Nicolas sich das ein, oder hatte ihm Roger wirklich einen schrägen Blick zugeworfen?

»Außerdem, Deutschland ist sowieso das europäische Schlusslicht«, fuhr er fort, »bei jeder Art der Gleichberechtigung. Das Lohngefälle zwischen Frauen und Männern liegt bei zwanzig Prozent. Aber sie reden nur über Frauen in Führungspositionen. Was dabei rauskommt, sieht man tagtäglich.«

»Wie soll sich auch was ändern, wenn die Frauen nichts unternehmen?«, fragte Nicolas.

Roger formte die Hände zur Raute, beugte sich vor und zog die Mundwinkel nach unten, worauf Rita ihm demonstrativ die Hand schüttelte. »Die Emanzipation aller ist in der Ära Merkel sowieso komplett zum Stillstand gekommen.«

»Die Frauen denken, weil sie eine Kanzlerin haben, in Wirklichkeit eine Apparatschik, hätten sie was erreicht und könnten sich zurücklehnen. Aber weit gefehlt. Mir kommt sie so leer und grau vor wie früher die Politiker der DDR.«

»Als Frauenversteher hat sich mein Schwager bislang nicht geoutet«, meinte Marion sarkastisch zu Rita. »Das ist neu. Ihr solltet euch zusammentun. Ich bin gespannt, was er sonst noch im Repertoire hat.«

»Das geht dich nichts an, liebe Schwägerin. Das bespreche ich nur mit unserem Gast, und zwar heimlich. Aber vorher sollten wir das hier probieren. Nora hat ihre Lieblingsweine ihres Arbeitgebers mitgebracht, der GWF.«

Sie probierten zuerst den Bacchus vom Homburger Kallmuth, vom Boden her ein Gemisch von Buntsandstein und Muschelkalk – vom Geschmack her Orange und Zitrone, ein spritziger Wein, den man lange auf der Zunge fühlte. Die Scheurebe stammte vom Escherndorfer Lump, der mehr in die kräutrige und grasige Richtung wies, und Nicolas meinte, sogar etwas wie Grapefruit herauszuschmecken. Die Silvaner Spätlese vom Julius-Echter-Berg in ihrer rauchigen, mineralischen Art gefiel hingegen Rita am besten.

»Wie? Der vom Julius-Echter-Berg gefällt dir?«, fragte Nicolas provozierend. »Das kann doch nicht sein, ein Wein von diesem Berg?«

»Ich wusste noch gar nicht, dass mein Mann mich für borniert hält«, sagte Rita zu Marion gewandt, und die beiden Frauen stießen lachend an.

Roger forderte Nicolas auf, mit ihm zu kommen, »bevor das hier eskaliert. Die GWF macht inzwischen sehr gute Weine, es herrscht ja landläufig die Meinung vor, alles würde in einen Bottich geschmissen. Dabei arbeiten sie zwar mit weit mehr als tausend Weinbauern zusammen, aber sie bauen mehr als vierhundert Weine getrennt aus, von dreihundert Liter bis zu einer halben Million Liter. Und da sind wirklich gute Tropfen dabei.«

Er zog Nicolas aus dem Raum. »Wann passt es dir?«, fragte er leise, nachdem er die Tür geschlossen hatte. »Wir sollten uns möglichst bald um BMM kümmern, den DJ vom ›Last Chance‹.«

»Um Big Mac? Am besten gleich morgen.« Nicolas war nicht begeistert bei der Aussicht, den Club schon wieder aufzusuchen, doch die Sache musste zu einem Ende gebracht werden. Er versuchte zwar, die Erinnerung an seinen Blackout zu verdrängen, aber es gelang ihm nicht. Er fragte sich, ob er Angst hatte, tat den Gedanken aber schnell wieder ab.

Bei Tageslicht wirkte das »Last Chance« wie eine verlassene Lagerhalle kurz vor der Zwangsversteigerung. Ohne Autos war der Parkplatz noch öder als bei Nacht, die gewaltige Asphaltfläche raubte jede Illusion, die ansonsten von Lichtreklamen und farbigen Neonstreifen geschaffen wurde. Mit Vergnügen hatte diese Amüsiermaschine absolut nichts zu tun, und ohne Strom war sie leblos. Zwei Fahrzeuge parkten direkt vor einem Seiteneingang, ein Audi-Kombi und ein weißer Sportwagen.

»Das werden die Kisten von BMM sein, von dem Würstchen und seinem Fotografen«, sagte Roger, was Jerónimo bestätigte. »Der Audi gehört ihm, vom Porsche weiß ich, dass er dem DJ gehört.«

»Hast du noch immer Verbindungen zur Polizei, oder weißt du, wie du anderweitig an die Informationen kommst?« Oder man muss hier zu Hause sein, dachte Nicolas. In einer Stadt wie Würzburg und auf dem Land waren die Kreise eng, wie bei ihm am Rio Douro, und sie überschnitten sich unweigerlich. Er selbst hatte durch häufige Standortwechsel von Frankfurt nach Rotterdam und über Berlin nach Portugal so ziemlich alle Verbindungen gekappt. Dafür lebten seine besten Freunde heute nur eine Autostunde entfernt.

»Man hat immer einen Kumpel, der einem hilft.« Roger liebte sibyllinische Ansagen. »Und man muss dafür sorgen, dass jemand dir was schuldet. Wein ist dafür ein gutes Schmiermittel.«

Jerónimo zückte den Schlüssel für die Seitentür. »Die Kameras werden erst abends eingeschaltet.«

Außer ihnen war niemand zugegen. Da die Halle nur Lüftungen und keine Fenster besaß, dienten kleine Lampen über den Türen und die Beleuchtung der Notausgänge als einzige Lichtquelle und ließen die Lounges, die sie mit leisen Schritten durchquerten, gespenstisch leer wirken, wie einen Rummelplatz bei Tag. Roger ging voran, er hob warnend die rechte Hand, blieb stehen und lauschte. Ein fernes Brummen irgendeines Aggregats war das einzige Geräusch – und ihr Atem. Jerónimo wies die Richtung.

»Ich finde mich auch mit gebundenen Augen hier zurecht«, flüsterte er und ging voran.

»Mit Präfixen haben sie alle ihre Schwierigkeiten«, kicherte Roger.

Für Nicolas wirkte die schlafende Amüsiermaschine fremd und unheimlich, es würde viel Energie brauchen, um sie wieder in Gang zu setzen. Er dachte an das letzte Fest auf der Quinta. Die Mitarbeiter, ihre Familien und Freunde waren eingeladen gewesen, und einer von ihnen hatte für die Musik aus seiner Stereoanlage gesorgt und sie vors Haus auf einen Tisch gestellt. Nach dem Essen an drei großen Tischen, wobei er als Gastgeber mit der Flasche in der Hand dafür gesorgt hatte, dass kein Glas leer blieb, wurde bis zum Morgengrauen unter dem bombastischen Sternhimmel getanzt. Ein grandioses Fest, ihr Fest, das Fest aller. Am nächsten Tag kamen alle zum Aufräumen, und am Montag ging die Arbeit weiter, mit dem Kopf voll schöner Erinnerungen und dem Wunsch, jedes Jahr so ein Fest zu wiederholen. Nicolas konnte sich nicht vorstellen, dass die Betreiber dieser Anlage im Morgengrauen mit einem Lächeln und dem Gefühl von Dankbarkeit nach Hause fuhren und dass diese Geldmachmaschine ihr Leben war.

»Nico, trödele nicht!«, zischte Roger, denn Nicolas war stehen geblieben und hob die Hand. Sie hatten Schritte gehört, harte Absätze, kurze Schritte einer Frau. Nicolas erkannte die schlanke Silhouette, der Kopf mit dem kurzen Haar war unverkennbar: die Barfrau aus der Technolounge machte einen Rundgang, einen Gegenstand in der Hand. Die drei Männer zogen sich tief in den Schatten zurück.

»Einen Moment lang dachte ich, es wäre eine Pistole.« Roger gluckste, er fand es lustig, ein Gefühl, das Nicolas in dieser Situation absolut befremdlich fand, zumal er die Orientierung verloren hatte und gänzlich auf ihren Führer angewiesen war. Die Situation gefiel ihm überhaupt nicht. »Aber es ist nur ein Smartphone, hoffe ich zumindest.« Wieder gluckste Roger.

Bei ihr ist es bestimmt ein Dummphone, dachte Nicolas und ließ sich von Jerónimo am Arm führen.

»Hier laufen zwar krumme Dinger, wie überall, aber nichts mit Waffen, jedenfalls weiß ich nichts davon.«

»Und wie sind die anderen Türsteher drauf?«

»Es passt schon, alle sind cool, aber jeder macht sein eigenes Ding.« Die flapsige Ausdrucksweise auf Deutsch beherrschte Jerónimo gut, er hörte draußen vor seiner Tür auch nichts anderes.

Der Eingang zur Technolounge zeichnete sich als hartes Viereck ab, schwach erleuchtet vom Licht aus dem Glaskasten des DJs über der Tanzfläche. Der kritische Moment näherte sich, sie mussten durchs Licht, bevor sie wieder in den Schatten tauchen konnten. Wenn jemand von oben den Durchgang im Auge behielt, kämen sie nicht ungesehen weiter. Bewegung erregte immer Aufmerksamkeit. Sie mussten schnell sein. Zuerst huschte Jerónimo hindurch und wartete auf eine Reaktion. Alles blieb still, niemand hatte ihn gesehen. Oben im Glaskasten des DJs zeigten sich lediglich zwei Köpfe wie Fische im Aquarium, dicht nebeneinander über den Armaturen, mal heller, mal dunkler, dem Anschein nach vom Szenenwechsel auf den Bildschirmen angeleuchtet. Einer von beiden, das erkannte Nicolas, war Big Mag Moe, der andere Mann war ihm unbekannt, nicht aber Jerónimo.

Er beugte sich zu Nicolas. »Den Typ habe ich hier oft gesehen, es ist einer von den Fotografen.«

»Arbeitet BMM mit mehreren?«

Da bedeutete ihnen Roger, still zu sein. Sie verließen sich auf ihn, vielleicht war seine Ausbildung ja doch zu etwas nutze.

»Wir müssen sofort nach oben, auf die Empore, und zwar schnell. Sie rechnen nicht mit uns. Wir müssen verhindern, dass jemand telefoniert.«

Jerónimo gab zu bedenken, dass diese Barfrau herumgeisterte. »Silvie, Nicos spezielle Freundin. Die kennt sich sogar im Dunkeln aus, die hat Haare auf den Zehen, möglich, dass sie den Giftschrank verwaltet.«

Weshalb die anderen beiden zu kichern begannen, verstand Jerónimo nicht, ihm war es ernst.

»Auf den Zähnen, *caro amigo*, nicht auf den Zehen«, flüsterte Nicolas, »auf den Zehen hat jeder Haare.« Er kannte derartige Verwechslungen aus eigener Erfahrung, der Sinn mancher portugiesischer Redewendung war ihm bis heute verborgen geblieben.

»Ich nicht.« Roger blieb stehen und machte Anstalten, sich die Schuhe auszuziehen.

Die Treppe zum Glaskasten war aus Metall, sie konnte nicht knarren, aber die Schritte hallten. Drinnen hatte man etwas gehört, Stimmen wurden laut, jemand ging zur Tür und schloss auf, die drei duckten sich, und als der DJ den Kopf herausstreckte, um zu sehen, wer heraufkam, war Roger sofort in der Tür und drängte Big Mag Moe beiseite. Jerónimo sollte draußen bleiben, damit sie nicht überrascht wurden und er sich nicht als Informant verriet.

Der DJ und sein Besucher waren viel zu verdutzt, um an irgendeine Form von Gegenwehr zu denken. Der Fotograf trug Schwarz, die übliche Künstlerkluft, er war blass wie ein Grottenolm, schmalgesichtig starrten seine blauen Augen über den Rand einer Lesebrille. Big Mag Moe hatte sich als Magier verkleidet, jedenfalls trug er wallende Gewänder, unter denen er seine Körperfülle verbergen konnte.

»Wer, wer … sind wir für heute verabredet? Ihr wolltet doch morgen kommen.« Noch schwante dem DJ nichts Böses. »Hat Silvie euch reingelassen? Das Interview war für morgen vereinbart. Ihr seid doch vom …?« Langsam begriff er, dass sie nicht die angekündigten Reporter eines Stadtmagazins waren. Er griff nach dem Mobiltelefon neben dem Bildschirm.

Roger war schneller und legte die Hand darauf. »Wozu telefonieren, wo wir doch miteinander reden können? Ist auch persönlicher. Und das Programm lassen wir schön laufen.« Er hatte gesehen, dass Big Mag Moe nach der Tastatur langte, um den Mitschnitt von der Tanzfläche zu unterbrechen. »Diese Filme interessieren uns, genau deshalb sind wir nämlich hier.«

»Seid ihr Bullen?«

»Bullen sagt man nicht, mein Freund.« Roger hob die Hand, als wolle er Big Mag Moe eine Maulschelle verpassen. »Wären wir welche, dann hättest du jetzt eine Geldstrafe am Hals. Und wegen der Persönlichkeitsrechte an deinen Mitschnitten wird es ein Nachspiel geben. Kleine Mädchen beim Tanzen filmen und dann mit den Fotografen die besten Modelle aussuchen? Worum geht's? Um Zuhälterei, Menschenhandel oder … die Besitzer vom ›Last Chance‹ werden dich teeren und federn.«

»Verschwindet, oder ich lasse euch Windbeutel die Treppe runterwerfen. Unsere Jungs kommen jeden Moment, Hausfriedensbruch, Körperverletzung, nicht Henry? Du hast es gesehen, er hat mich geschlagen!«

Der Fotograf wusste nicht, wie er mit der Situation umgehen sollte, er hatte Angst.

Roger streckte beruhigend die Hand aus. »Setz dich hin, Big Mac, halt ganz einfach die Klappe. Wenn du Ärger machst, werden wir deine Chefs und die Presse über diese Spielchen informieren.« Roger gab Nicolas eine kleine Kamera und bat ihn, die Steuereinrichtung für die auf die Tanzfläche gerichtete Kamera und die Einrichtung des Tonstudios zu fotografieren.

»Ich geh dann mal«, sagte der mit Henry angesprochene Fotograf, nachdem Nicolas auch von ihm ein Bild gemacht hatte.

Nicolas stellte sich ihm in den Weg. Henry war nicht der Mann, der sich auf eine Prügelei einließ, Big Mag Moe hingegen hätte ihn mit seinen Fettmassen jederzeit überrannt.

»Ihr wollt mich erpressen! Ihr wisst ja gar nicht, mit wem ihr es zu tun habt.«

»Ach? Du bist der berühmte Big Mag Moe!« Roger ging auf den DJ zu und blieb dicht vor ihm stehen. »Wir wollen die Filme von der Nacht, als Henriette starb, die frisch gewählte Weinkönigin aus Nordheim. Ich will nichts von dir, Fettsack, aber wenn du Zicken machst, dann bist du diesen Job los und kannst in der Niederlausitz beim Feuerwehrball Platten auflegen.«

Nicolas war klar, dass er ohne Roger aufgeschmissen wäre. Weder hätte er seinen rüden Ton getroffen, noch konnte er jemandem ernsthaft drohen. Seine Stärke war die Hartnäckigkeit, dass er immer wieder den Kopf hochbekam, und wenn er auf einem Weg nicht zum Ziel kam, dann suchte er sich einen anderen.

Plötzlich hörten sie Stimmen auf der Treppe, Big Mag Moe hob triumphierend den Kopf, er lachte sogar, als Silvie, die Lady mit dem Nasenring und dem Pfropf im Ohr hereinstolperte, gefolgt von Jerónimo, den sie hasserfüllt anstarrte. Er hielt sie am Arm fest.

»Dann ist ja alles klar«, sagte Big Mag Moe selbstgefällig und stand auf. »Schmeiß sie raus, Jeró, so, dass es ihnen richtig wehtut, am besten die Treppe runter.«

Roger tippte dem DJ vor die Brust und ließ ihn sich setzen. »Du bringst einiges durcheinander.«

»Den Job bin ich wohl los«, meinte der Portugiese grinsend, aber es schien ihm nicht leidzutun.

»Wir besorgen dir einen neuen«, sagte Nicolas aufs Geratewohl.

Langsam verstand Big Mag Moe, dass sein Türsteher die Seiten gewechselt hatte und dass er es war, der Silvie heraufgebracht hatte.

»Hör auf rumzueiern!« Jetzt wurde Nicolas wütend. Je länger sie hier waren, desto eher konnte jemand auftauchen, der ihre Pläne zunichtemachte. »Ich will die Filme sehen.«

»Die hat die Polizei mitgenommen.«

»Deinen Scheißfilm will ich sehen«, schrie Nicolas plötzlich, das Gesicht wenige Zentimeter vor Big Mag Moe, der von diesem Wutanfall so überrascht war, dass er sich ängstlich zurückbeugte. Hier oben, in seinem Allerheiligsten, hatte er sich bislang sicher gefühlt.

»Oder hast du sie?« Nicolas packte den Fotografen, den er um ein Stück überragte, am Kragen und schob ihn gegen die Wand. Was ist los mit mir, fragte er sich in diesem Moment, weshalb verliere ich die Kontrolle, was macht mich so rasend?

»Wenn du Beweismittel zurückhältst, will sagen, unterschlägst, und das ganz bewusst«, Roger gab sich äußerst wichtig, »Beweismittel in einem Mordfall, dann bist du dran!«

»Mord? Du tickst ja nicht richtig.« Silvie war längst nicht so beeindruckt wie Big Mag Moe. »Du spielst dich hier auf.«

»Wir gehen von Mord aus! Genau deshalb sind wir hier.« Bei diesen Worten blickte Nicolas sie böse an. Er hatte Silvie noch immer in Verdacht, dass sie ihm die K.-o.-Tropfen oder -Pillen verabreicht hatte.

»Mord?«, fragte Big Mag Moe leise, inzwischen vorsichtig geworden. Er blickte Silvie an, als könne nur sie ihm helfen.

»Die Tante hat sich aufgespielt, weil sie Königin geworden ist. Die hat sich gedopt, das tun sie alle, ein paar Pillen einwerfen, und ab geht's. Na und? Du bist gut drauf, die ganze Nacht. Ja, es war zu viel für die Kleine. Wisst ihr, wie viele Königinnen es in Deutschland gibt? In jedem beschissenen Kaff eine. Auch in Dortmund gibt's welche, sogar in Wanne-Eickel.« Ihr Lachen war hämisch und voller Schadenfreude.

»Dich hätten sie nicht einmal in Aurich zur Wahl zugelassen«, sagte Nicolas leise, »falls du weißt, wo das liegt.«

Der Schlag hatte gesessen, Silvie war still, ihre Augen schwarz vor Hass.

»Ist ja gut, ist ja gut«, wiederholte Big Mag Moe immer wieder, er hatte Angst, das war ihm anzusehen, und er bedeutete Nicolas, dass er ihn aufstehen lassen musste, damit er an seinen Rechner kam. »Welcher Tag war das noch mal?«

Wieder ging Nicolas drohend auf ihn zu, der dicke Kerl ekelte ihn an. Es war widerlich zu sehen, wie er sich zierte und immer wieder zu Silvie schaute, um sich ihrer Zustimmung zu versichern. Wahrscheinlich hatte er heute einen Fan verloren, so mitleidig, wie sie inzwischen auf ihn herabsah.

»Wir nehmen die Daten mit, überspiel sie uns.« Nicolas gab Big Mag Moe einen Datenstick, nachdem sie die Szenen, in denen Henriette und ihre Freunde in der Technolounge zu sehen waren, gefunden hatten. Roger meinte, zwei von ihnen schon mal gesehen zu haben.

»Die Tübinger, wenn ich nicht irre, diese Gruppe, die nach dem Abi geschlossen nach Tübingen zum Studieren gegangen ist.«

Das Video endete nicht mit der Szene, wie Henriette beinahe vom Barhocker rutschte, nach einem Glas griff, es von der Bar herunterstieß, sich nicht weiter darum kümmerte und taumelnd die Lounge verließ. Das hatte Big Mag Moe nicht interessiert, er hatte weiter auf Mädchen gehalten, die für seine Fotografen infrage kamen.

»Haben das die Bullen gesehen?«, fragte Roger.

»Bist du bescheuert? Natürlich nicht.« Der DJ war kleinlaut geworden. »Sie kennen nur die offiziellen Überwachungsvideos, die von den Eingängen.«

»Jetzt zu meinem Absturz«, sagte Nicolas.

»Lass dir schnell die Daten geben«, riet Jerónimo auf Portugiesisch. »Bald ist Schicht, und wie die Kollegen reagieren – ich will es nicht darauf ankommen lassen.«

»Jetzt habt ihr Schiss, was?« Big Mag Moe fühlte sich wieder stark.

»Es ist besser, du verbrennst oder überschreibst deine

restlichen Daten, Doppel-Whopper«, riet Roger, der Name gefiel ihm besser als Big Mac. »Könnte sein, dass die Sitte hier aufkreuzt, falls du oder deine Grace Jones Dummheiten machen. Und du, lieber Freund«, damit war der Fotograf gemeint, »such dir deine Modelle in Zukunft anderswo. Rehpinscher mit Schleifchen, wie wär's mit Kühen auf bayerischen Wiesen für den Drogeriekalender, mit Alpenpanorama. Marienkäferchen kommen auch gut an, da freut sich die Omi.« Gnädig tätschelte er die Wange des Fotografen.

Kapitel 17

Nicolas konnte am wenigsten tun. Sogar Ritas Mithilfe war wichtiger als seine, obwohl sie in der Nacht, als Henriette Müller gestorben war, fest geschlafen hatte. Und als Sanitäter ihn ohnmächtig auf einer Trage zum Krankenwagen gebracht hatten, war sie meilenweit entfernt gewesen. Aber aufgrund ihrer fränkischen Vergangenheit hätte sie auf den Videos vielleicht jemanden von Henriettes Begleiterinnen kennen können. Es ging um Gesichter, um Bewegungen, um Abläufe und das Mit- oder Gegeneinander, das eventuell Hinweise auf Beteiligte lieferte.

Hans hatte den größten Bildschirm des Hauses in den Verkostungsraum gebracht und dort auf den großen Tisch gestellt, wo sie jetzt gemeinsam mit Nora, Roger und Marion die Mitschnitte von Big Mag Moe verfolgten. Die Größe des Bildschirms half wenig, er machte das Erkennen der Personen nicht leichter, denn die Bilder verpixelten, die Gesichter, und darum ging es bei dieser Maßnahme, wurden unscharf. Hinzukam, dass der DJ, wenn er nicht ein spezielles Mädchen mit der Linse verfolgte, die Kamera ausgeschaltet oder auf einen unwichtigen Punkt gerichtet hielt. Meist waren seine Opfer junge Mädchen, jünger als Henriette, und das »Last Chance« war in dieser Nacht längst nicht so brechend voll gewesen wie an den Wochenenden oder in der Nacht von Nicolas' Blackout.

Die jeweilige Uhrzeit der Aufnahmen war angezeigt. Gegen ein Uhr dreißig war Henriette das erste Mal in dem Video aufgetaucht und hatte kurz die Aufmerksamkeit des DJs auf sich gezogen. Nora war die Erste, die jemanden erkannte.

»Die Blonde da, die mit dem lila Schal, das ist Lisa, Lisa Römling. Wer der Junge ist, der sie umarmt, weiß ich nicht. Ich habe sie hier vor langer Zeit mal gesehen. Ihre Eltern wohnen noch in Nordheim, aber Lisa ist nach München zum Studieren gegangen. Das ist auch für mich fast eine andere Generation, die sind mindestens sechs oder sieben Jahre jünger als ihr …«

»… als du, wolltest du sagen«, unterbrach sie Roger. »Ich kannte den Jungen, mit dem sie damals ging, einer von hier, aber das auf dem Schirm ist er nicht, das ist ein neuer Typ.«

»Wo wart ihr denn an jenem Abend?« Nicolas wusste, dass es nach der Wahl in Nordheim einen Empfang oder ein Fest gegeben hatte, mit Umzug und Trara. »Wieso war keiner von euch dabei?«

»Ich hatte eine Lieferung vorzubereiten.« Hans führte den Papierkrieg seines Weingutes bei Nacht. »Marion hat mir Gesellschaft geleistet und Belege für den Steuerberater sortiert. Roger war irgendwo unterwegs, ihn interessiert der Rummel so wenig wie mich. Ich glaube, wir kommen nur weiter, wenn wir rausfinden, was sie dazu bewogen hat, so spät noch ins ›Last Chance‹ zu fahren.«

Marion, die bisher angestrengt auf den Bildschirm gestarrt hatte, lehnte sich zurück und verschränkte die Hände hinter dem Kopf. »Wieso zieht sie nach einem derart anstrengenden Tag und dem Krönungstrubel überhaupt noch einmal los? Zum Chillen, wie sie es nennen, ist das ›Last Chance‹ wirklich ungeeignet, viel zu laut. Wer hat sie dazu überredet? Ihr Freund jedenfalls wird es nicht gewesen sein. Der war nicht dabei, wie ihr seht. Oder hat ihn jemand entdeckt?«

Nach Hans' Kenntnis war es mit dem Freund längst aus,

er war nirgends als Zeuge aufgetaucht und von niemandem genannt worden. »Mich wundert, dass die Kripo, oder wer auch immer, sich nicht dafür interessiert hat. Eigentlich machen wir hier ihre Arbeit. Oder weißt du mehr, Roger, über deine Kontakte?«

Als der verneinte und erklärte, die Verbindung sei gänzlich abgebrochen, blickte Hans auf die Uhr und entschuldigte sich. Ihm ging »der gemeinsame Fernsehabend« gegen den Strich, außerdem hatte er schlechte Laune, da er Expertisen und Laborberichte zusammenstellen musste, um sie für die jüngst abgefüllten Weine bei der Weinkontrolle einzureichen. Er füllte die halb leeren Gläser mit seinem Riesling wieder auf und verzog sich grummelnd ins Büro, machte zuvor aber noch einen Vorschlag: »Nicolas sollte nochmals bei den Müllers vorbeigehen, er hat einen ganz guten Draht, oder ihr, Rita oder Marion, geht mit. Die Eltern kennen Henriettes Freunde. Das Video möchte ich ihnen lieber nicht zeigen, das wäre pietätlos. Wenn ihr ansonsten noch jemanden entdeckt, könnt ihr mich rufen.«

Nicolas empfand ihn ohnehin nicht als große Hilfe. Roger war es gleichgültig, gebannt starrte er die Mädels an, die Big Mag Moe sich herangezoomt hatte.

»Er muss sich da oben in seinem Glaskasten mächtig stark vorkommen, mit dem Joystick für die Kamera in der Hand. Aber die Mädchen, die er sich aussucht, wirken ziemlich billig.«

»Die Teuren hocken in anderen Bars rum und würden sich kaum fotografieren lassen«, meinte Rita und fragte einmal mehr, weshalb die Polizei den Fall so schnell zu den Akten gelegt hatte.

»Die haben genug Arbeit, denen fehlen die Leute, und vergiss nicht, auch da gibt es die Mehrheit, wie bei allen Behörden, die macht nur ihren Job und wartet auf den Feierabend. Und die größten Intelligenzbolzen gehen eh nicht zu den Bullen.«

»Sprichst du von dir selbst?« Nur Nora durfte sich derartige Sprüche erlauben.

Roger warf ihr eine Kusshand zu. Er hielt es für entscheidend, dass die Offiziellen Henriettes Tod nicht hochkochen lassen wollten. »Das hat womöglich auch damit zu tun, dass sie das Problem mit den Drogenlabors in Tschechien nicht in den Griff bekommen. Das Land ist in der EU und verweigert oder erschwert die Zusammenarbeit. Da kann man nur annehmen, dass wichtige Leute mitverdienen. Eigentlich hätte der Seehofer wieder einen guten Grund zum Hetzen. Aber das größte deutsche Drogenproblem ist der Alkohol …«

»Nestbeschmutzer.« Marion knuffte ihn in die Rippen. »Du verhältst dich geschäftsschädigend, mein lieber Schwager. Beiße nie die Hand, die dich ernährt.«

»Den Rebstock, meinst du. Man muss mit Alkohol umgehen können, wie mit allem. Man kann sich auch totfressen, totfahren und zu Tode langweilen. Wie hoch ist das Steueraufkommen durch Alkohol? Wie viele Millionen verdienen die Politiker daran?«

»Du wirst es uns gleich sagen«, vermutete Nora. Manchmal gingen ihr seine Belehrungen sehr auf die Nerven.

»Achtzehn Milliarden sollen es sein, laut Handelsblatt, und die lügen selten, allerdings inklusive Tabaksteuer. Davon kannst du weit mehr als alle Abgeordneten nebst Mitarbeitern bezahlen.«

»Für die wäre gerade der Mindestlohn recht, was glaubt ihr, wie schnell sie den erhöhen würden, wenn sie damit auskommen müssten.«

»Da ist jemand, den ich kenne, halt mal an, Roger!« Nicolas wirkte wie elektrisiert, und Roger stoppte den Film, er ließ ihn ein zweites und drittes Mal laufen. Alle starrten Nicolas an, dann den Bildschirm, aber er war sich nicht sicher. »Irgendwie kommt mir der da bekannt vor, irgendwie.« Er tippte auf den Bildschirm. »Irgendwo habe ich den schon einmal gesehen. Nur bin ich mir nicht sicher, wo.«

»Du? Woher solltest du jemanden von hier kennen?« Für Rita war es unwahrscheinlich, dass ausgerechnet Nicolas weiterhelfen konnte.

»Keine Ahnung, aber ich bin ihm begegnet.« Er meinte einen jungen Mann mit schwarzem Haar und gestylt wirkender Frisur zu erkennen, der nur kurz durchs Bild lief und für eine Sekunde der Kamera das Gesicht zuwandte. »Alle sind schlecht zu erkennen, nur auf die Mädels hat unser Doppel-Whopper scharf gestellt.«

»Wen wundert's«, warf Roger ein, »der kriegt nicht eine von denen ab, so wie der aussieht. Da muss er sich an den Bildern schadlos halten.«

»Wenn du dich da mal nicht irrst.« Nora grinste anzüglich. »Sieh dir diese Silvie an. Nur der Teufel weiß, weshalb sie einen Narren an ihm gefressen hat. Die würde für ihn durchs Feuer gehen.«

»Und mir was ins Glas werfen?« Nicolas schüttelte den Kopf. »Das halte ich für unwahrscheinlich, er hat nicht so reagiert, als wüsste er, wer wir sind und was wir wollen, er hielt uns für Reporter. Lass uns mal die Aufnahmen von meiner unvergesslichen Nacht ansehen. Danach machen wir hier weiter. Eine Pause hilft meistens.«

Sie wiederholten die Prozedur, aber es war das Gleiche. Kein einziger Bekannter war unter den Gästen, allerdings waren sie alle bedeutend älter, die junge Szene Frankens oder Würzburgs kannten sie nicht.

Als Nicolas meinte, den Schwarzhaarigen wiederzusehen, wollte er zuerst nichts sagen, um sich nicht lächerlich zu machen. Doch dann bat er, die entsprechende Passage zu wiederholen. Die Kamera schwenkte, der Schwarzhaarige war sehr kurz im Bild, er wandte das Gesicht dem Objektiv zu und blickte auf, als fühlte er sich ertappt. Als Nicolas das Bild anhalten ließ, war er sich sicher, diesen Mann irgendwo gesehen zu haben. Doch so sehr er sich den Kopf zerbrach, erinnerte er sich weder an die Zeit, einen Namen noch den Ort eines Treffens. Also schwieg er besser. Aber das Gesicht ging ihm nicht aus dem Sinn.

Er hielt Hans' Vorschlag für richtig, Henriette Müllers Eltern erneut anzusprechen, die kannten ihre Freunde, sicherlich auch die Polizei, aber aus der Richtung war allem Anschein nach nichts zu erwarten. Nächste Woche würde er zu Müllers gehen, bevor er nach München fuhr, konnte er es erledigen. München! Nein, Anneliese werde ich dort nicht treffen, dachte er mit einem vorsichtigen Seitenblick auf Rita.

Sie schalteten das Gerät aus und starrten müde und ratlos die beiden leeren Flaschen an. Nicolas gab sich mit dem Ergebnis nicht zufrieden.

»Verstehen wir uns inzwischen richtig, dass wir alle von einem Mord ausgehen, einem Mord mit einer Überdosis?«

»Crystal Meth und Alkohol sind nicht zwangsweise tödlich«, wandte Roger ein. »Bleiben uns noch die Tübinger.«

»Einen kennen wir doch inzwischen. Wie kriegen wir den?« Nicolas hatte genug vom Reisen, der Aufwand war ihm zu hoch, extra dorthin zu fahren. »Da kommt doch einer von denen zu der Familienfeier?«

»Ich kümmere mich drum«, sagte Roger.

Es war spät geworden, niemand war mehr mit Lust oder Engagement bei der Sache, die Konzentration war aufgebraucht.

»Ich würde lieber zu Bett gehen. Heute kommen wir sowieso zu keinem Ergebnis.« Rita gähnte demonstrativ, Marion räumte die Gläser auf ein Tablett.

»Wir sollten mit gleicher Münze zurückzahlen.« Nicolas nickte mehrmals mit dem Kopf, um das Gesagte zu unterstreichen. »Da werden Gerüchte verbreitet, dass ich was mit Anneliese, mit Anneliese Fünfinger hätte.« Wieder schaute er zu Rita, von seinem schlechten Gewissen belästigt, doch sie war mit einer Wimper beschäftigt, die ihr ins Auge geraten war. »Weshalb machen wir es nicht genauso? Wir streuen Gerüchte aus, dass Henriette nie Drogen genommen hat. Die Untersuchungsergebnisse müssten längst vorliegen, und wir behaupten einfach, dass sie ermordet wurde, basta! Wir behaupten weiter, dass die Polizei sich bedeckt hält, um den Täter nicht frühzeitig zu warnen.«

»Der Täter wird unruhig, wird nervös.« Roger hielt Nicolas' Überlegungen für gut. »Er verlässt seine Deckung, wird sich bewegen, er macht Fehler, und dabei sieht man ihn.«

»Nicolas hat zu viel getrunken«, bemerkte Rita, sie verzog das Gesicht und rieb sich das rechte Auge.

»Und Roger hat zu viele Polizeihandbücher gelesen.« Marion lehnte den Vorschlag rundweg ab. Sie beugte sich über Ritas Auge, zog das Lid nach oben, um die Wimper zu finden. »Lass uns besser schlafen gehen.«

Nora jedoch sprang auf die Idee an. »Ich finde das genial«, sagte sie, »es ist richtig. Bei jeder passenden Gelegenheit reden wir darüber, können E-Mails dazu verschicken und benutzen Facebook. Wer von euch hat da so einen Freundeskreis?«

Niemand meldete sich.

»Twitter?« Sie erntete erneut Kopfschütteln. »Dann überschütte ich die Weinblogs im Netz mit Nachrichten. Ich fange gleich morgen damit an. Und ihr zwei helft mir dabei?«

»Sehr gern.« Es war für Nicolas eine Möglichkeit, die hiesigen Blogs kennenzulernen und sich einen Eindruck davon zu verschaffen, wessen Kommentare seriös und damit hilfreich waren und wer nur selbstverliebt dummes Zeug verbreitete.

Zwei Drittel ihrer Zeit in Deutschland war um. Die Geschäfte hätten kaum besser laufen können, Rita war ähnlich zufrieden wie Nicolas. Rebecca – als Einzige mit doppelter Staatsangehörigkeit, sie war in Peso da Régua geboren –

machte durch den täglichen Umgang mit deutschen Kindern sprachlich erhebliche Fortschritte. Das Wetter war ausgezeichnet, eine stabile Wetterlage zeichnete den Frühling aus, obwohl man etwas spät im Jahr war und erst das sogenannte Drei-Blatt-Stadium erreicht hatte. Vom Sieben-Blatt-Stadium an würden sich die Gescheine entwickeln, die Blütenstände, aus denen die Trauben entstanden. Allerdings war man durch den späten Austrieb einigermaßen vor den gefürchteten Spätfrösten sicher. Hans hatte durch Beziehungen für Jerónimo einen neuen Job gefunden, er sollte bei einem Hersteller für Kühlanlagen anfangen, das war auch sinnvoller für sein berufliches Fortkommen, als Diskotüren zu bewachen.

Die Nachrichten über Nicolas und Anneliese rissen nicht ab. Da war offensichtlich jemand so erfinderisch wie die Schreiber der Klatschjournaille. Es wurden Begegnungen erfunden, zu denen es nie gekommen war, Ereignisse, die nie stattgefunden hatten, glücklicherweise nichts zu dem tatsächlichen Treffen zu zweit. Die Schlussfolgerung war nicht von der Hand zu weisen, dass jemand recht gut über Annelieses Terminkalender Bescheid wusste. War das eine Spur? Wer kannte ihre Termine? Wer kam so nah an sie heran, um sie zu fotografieren? Wer konnte mit dem Internet umgehen und die Bilder so bearbeiten, dass die Hintergründe auf den Fotos fast immer unkenntlich waren? Annelieses Terminkalender wurde im Weinbauverband geführt, hier wurden die Veranstaltungen geplant, gingen die Anfragen für Veranstaltungen ein, bei denen die Anwesenheit der Weinkönigin gewünscht war. Nicht nur Nicolas, auch Roger hielt es für absolut ausgeschlossen, dass dort jemand eine Kampagne gegen die eigene Regentin führte. Wie erwartet, musste der Verband auf die gefälschten Meldungen mit einer Gegenkampagne reagieren. Anneliese nach der Reaktion der Offiziellen zu fragen wagte Nicolas nicht, er wollte den Kontakt einschlafen lassen. Aber man konnte vom Urheber der Gerüchte lernen. Und das taten er und Roger, und auch Nora war dabei. Ihre Offensive gipfelte in der Behauptung, dass die Verhaftung des Täters kurz bevorstehe.

Die Presse griff den Fall auf und fragte nach den Ergebnissen der Haaranalyse, mit der sich langzeitiger Drogenkonsum nachweisen ließ. Und auch wenn die Polizei alles dementierte, erschienen umgehend zwei Kripobeamte im Hof des Weingutes Kästner.

»Wenn es um sie selbst geht und um Dementis, dann sind sie schnell«, war Rogers lapidarer Kommentar, »bei Ermittlungen dauert es etwas länger.«

Nicolas hatte die Kinder bereits aus dem Kindergarten abgeholt und trat den Beamten mit Rebecca im Arm entgegen. Väter mit Kindern auf dem Arm galten immer als unschuldig. Roger war in Arbeitskittel und Gummistiefeln neugierig aus der Kelterhalle gekommen und bat die Kripoleute in den Verkostungsraum, wo er ihnen ein Glas Wein anbot, was die Beamten selbstverständlich ablehnten. Einem Kaffee waren sie weniger abgeneigt. Das schuf eine etwas persönlichere Atmosphäre für ein Gespräch.

»Sie fallen uns in den Rücken, behindern unsere Ermittlungen mit Ihren Behauptungen«, lautete der Vorwurf des Oberkommissars, nach der knappen Begrüßung im Ton etwas friedfertiger vorgetragen. Er führte das Wort und war seiner Bedeutung entsprechend gekleidet, trug einen dunklen Anzug, ein blaues Hemd und eine dezente dunkle Krawatte. Seinem Auftritt nach hätte er dem Management eines mittelständischen Unternehmens angehören können. Das faltenlose Gesicht des Vierzigjährigen, der heftig unter Haarausfall litt, zeigte keinerlei Beteiligung, weder dass ihn der Tatbestand erboste, noch dass er ihn belustigte.

»Wie sind Sie auf uns gekommen? Hat die NSA Sie informiert?« Roger, maliziös grinsend, erwartete keine Antwort. Normalerweise stellte die Polizei die Fragen, aber Roger kannte den Verein, er ließ sich nicht einschüchtern. »Sie sollten sich darüber freuen, wenn der Bürger sich einmischt und Ihnen hilft.«

»Auf die Unterstützung von Dilettanten verzichten wir üblicherweise. Sie stellen falsche Behauptungen auf und machen damit die Öffentlichkeit nervös, und das ist nicht in unserem Sinne.«

»Falsche Behauptungen? Wieso?« Nicolas tat scheinheilig. »Und mit Öffentlichkeit meinen Sie den Täter? Was wäre denn in Ihrem Sinne? Sie haben bislang nichts erreicht, und das finde ich dilettantisch, wenn Sie mir das Urteil erlauben.«

Dem Polizisten war anzusehen, dass es ihm gleichgültig war, was Nicolas dachte.

»Wenn Sie jetzt sogar persönlich vorbeischauen, kann man dann davon ausgehen, dass auch Sie einen Mord vermuten?«

»Sind Sie nicht der portugiesische Winzer, der mit der Weinkönigin eine Affäre …« Die Frage richtete sich klar an Nicolas.

»Sehen Sie?« Er setzte Rebecca ab und breitete in einer unschuldigen Geste die Arme aus. »Ich habe nichts mit ihr und bin Deutscher, der in Portugal ein Weingut betreibt. Die einzige Portugiesin im Raum ist meine Tochter.«

»Nicht einmal das haben Sie gecheckt«, ereiferte sich Roger. »An diesen Gerüchten ist nichts dran, alles ist frei erfunden. Fragen Sie Frau Fünfinger. Wir zahlen lediglich in gleicher Münze zurück, aber offen, wir nennen unsere Namen. Es handelt sich um einen Sturm im Internet, virtuell, nicht real, wie so vieles heute.«

»Und Sie – Sie sind Herr Kästner! Hans oder Roger?«

»Ich nehme an, Sie wissen genau, wer ich bin. Sie werden meine Akte kaum vernichtet haben, also wissen Sie, dass ich knapp fünf Jahre bei Ihrem Verein war.«

»Das gibt Ihnen kein Recht, sich in laufende Ermittlungen einzumischen. Wir wollten Sie lediglich kennenlernen und Sie auffordern, Ihre Kampagne, so muss man es wohl nennen, ab sofort einzustellen.«

»Wir greifen nicht in laufende Ermittlungen ein, wir nehmen lediglich unser Recht auf freie Meinungsäußerung wahr. Das garantiert die Verfassung.«

»Aber Ihre Meinung interessiert uns nicht.«

»Das wieder interessiert uns nicht, und außerdem glaube ich Ihnen das nicht«, sagte Nicolas. »Sie wären andernfalls gar nicht hergekommen. Den Täter, den Mörder, den interessiert unsere Meinung auf jeden Fall.«

»Wie kommen Sie darauf, dass es Mord war?« Zum ersten Mal zeigte der Oberkommissar etwas wie Neugier oder Interesse.

Nicolas erklärte ihm, was sie bisher wussten, was recht wenig war, sprach über sein persönliches Anliegen und fragte, ob man seine Anzeige gegen unbekannt wegen der K.-o.-Tropfen sowie wegen der falschen Behauptungen im Netz – die er schließlich doch erstattet habe – überhaupt verfolge.

»Wenn man sieht, was publiziert wurde, die Verbindung von Designerdrogen mit Alkohol, was zum Tode führen kann, dann lässt sich der Angriff auf mich als Mordversuch oder zumindest als versuchte Tötung interpretieren.«

Der Kommissar äußerte sich dazu nicht und behauptete, dies liege außerhalb seines Zuständigkeitsbereichs, was ihm Nicolas nicht abnahm. »Und eine Verbindung erkennen Sie auch nicht?«

Die Antwort war lediglich ein kurzes Kopfschütteln, und daher sah er keine Veranlassung, über die Videos aus dem »Last Chance« auch nur eine Silbe zu verlieren.

»Sie wollen also sagen, dass wir unsere Meinung nicht veröffentlichen dürfen?« Roger hatte einen fordernden Ton angeschlagen.

»Sie stellen Behauptungen auf …«

»Wir stellen Fragen«, unterbrach ihn Roger, »wir wägen ab, wir geben zu bedenken und schlussfolgern, das ist alles.«

»Sind Sie Jurist? Sie reden wie ein Winkeladvokat.«

»Das habe ich bei der Polizei gelernt, mich rauszureden, wenn Sie so wollen.«

»Wollen Sie nicht kooperieren?« Die Frage klang mehr wie eine Drohung, sie kam wie jedes Wort vom Oberkommissar. Sein Begleiter schwieg, notierte und beobachtete.

»Wenn Sie uns versprechen, dass Sie weiterermitteln, warum nicht? Wir haben das gleiche Ziel, nehme ich jedenfalls an, oder sehe ich das falsch?«

»Diese Frage müssen Sie sich selbst beantworten. Besten Dank für den Kaffee.«

Der Stein war ins Rollen gekommen, sie hatten erreicht, was sie wollten, die Gerüchte hatten Eigenleben gewonnen.

An diesem Samstag fuhren sie endlich zu Sichel nach Frankfurt. Nicolas hatte seinen Onkel, der lediglich zwölf Jahre älter war als er, nicht mehr gesehen, seit er vor fünf Jahren zuletzt seine Mutter in Frankfurt besucht und seinen Umzug von Berlin nach Portugal eingeleitet hatte. Trotz wiederholter Einladungen waren beide nie an den Rio Douro gekommen, seine Mutter hatte auch ihr Enkelkind nicht sehen wollen, eine »Hollmann«. Nach ihrer Scheidung von seinem Vater wollte sie nichts mehr mit der Familie ihres Exmannes zu tun haben. Ihre Abneigung gegen den Exmann entsprach ihrer Gleichgültigkeit Nicolas gegenüber. Wieso ihn das so wenig berührte, wusste er nicht zu sagen. Rita drängte ihn immer wieder, einen Psychologen zu konsultieren: »Du verdrängst alles.«

Weshalb sollte er einen Arzt aufsuchen, wenn nichts wehtat? Die »Schmerzen«, unter denen er litt, waren bei der Übernahme des Weingutes entstanden, und nur dort konnte er sich davon befreien. Er arbeitete daran.

Auch Sichel war auf die Quinta eingeladen worden, aber als Eigenbrötler und Einzelgänger war er ähnlich veranlagt wie seine ältere Schwester. Immer wieder hatte er seinen Besuch angekündigt, und dann war etwas Unvorhergesehenes dazwischengekommen. Aber niemand war beleidigt. Sichel war eben Sichel, er lebte allein in seiner Villa, war weder verheiratet, noch hatte er Kinder. Seine Liebe galt dem Kochen und seinem großen Garten und zeigte sich darin, dass er dort alles wachsen ließ. Ein- oder zweimal jährlich ging er mit einer Machete, die er aus Costa Rica mitgebracht hatte, durch seinen Urwald, um Platz zu schaffen, und lag in ständigem Streit mit den Nachbarn, da sich die bei ihm geduldeten Unkräuter in ihren mit der Nagelschere gepflegten Gärten neue Nischen suchten.

Trotz seiner Kinderlosigkeit entstand zwischen Sichel und Rebecca sofort etwas wie Liebe auf den ersten Blick. Er erfüllte ihr jeden noch so kleinen Wunsch, sie durfte auf ihm herumreiten, an ihm zerren und wollte nur von ihm am Abend ihre Geschichte vorgelesen bekommen. Erst danach hatten sie Ruhe, für ein grandioses Sechs-Gang-Diner mit den Bordeaux-Weinen seines Freundes, Martin Bongers – ein ehemaliger Frankfurter Weinhändler, der in Saint-Émilion ein Weingut betrieb.

»Wie soll ich es schaffen, auch noch zu euch zu kommen? Mit Martin und seinen Garagenweinen habe ich genug zu tun, und der bewirtschaftet gerade mal ein Zehntel von eurer Rebfläche.«

Nicolas hatte nicht gewusst, dass Sichel sich mit Weinbau beschäftigte und sich einigermaßen auskannte.

»Ich trinke eigentlich lieber, und das hat nicht erst mit Martin begonnen«, erklärte Sichel. »Die Veranlagung liegt in der Familie. Es begann im Jahr 1857. Damals hat ein Urahn von mir in Mainz ein Weinhandelshaus gegründet, H. Sichel Söhne. Er kam aus Sprendlingen in der Pfalz. Seine Kinder sind später ins Geschäft eingestiegen. Andere Nachkommen sind nach Bordeaux ausgewandert, einen hat's nach New York verschlagen, London war auch wichtig, doch das fand erst 1896 statt. Überall haben sie Dependancen eröffnet. Aus den Zweigen der Familie sind wieder ganze Bäume erwachsen. Mit der berühmten Marke Blue Nun und Auslesen haben sie in Großbritannien ein Vermögen gemacht, in allen Tophotels waren sie vertreten. Damals war Liebfrauenmilch von der Mosel noch ein Spitzenwein und schon berühmt …«

»Den trinkt heute kaum noch einer«, warf Nicolas ein. »Damit haben die Moselaner ihren Ruf verdorben.«

»In der Tat. Ungenießbar. Die Prohibition in den USA hat auch dem Geschäft genutzt, denn die Sichel-Partner waren gezwungen, weltweit auszuschwärmen, um ihre Weine zu verkaufen. Die Zentrale in Mainz wurde das Zentrum internationaler Verbindungen, sozusagen weltweiter Handel – bis die Nazis kamen.«

»Wurden die Sichels umgebracht?«

»Sie hatten früh begriffen, was auf sie zukam, sie waren Juden, sie wollten emigrieren, aber es wurde ihnen verboten, anderen hingegen nicht. Sie ließen Verbindungen spielen und fanden den Grund für das Ausreiseverbot heraus: Die deutsche Wirtschaft brauchte Devisen, beschafft über den Weinverkauf, deshalb mussten die Sichels bleiben. Alle waren in den Zwangsapparat der Nazis eingespannt, die einen draußen, die anderen drinnen, im Konzentrationslager.«

Es bestätigte das, was sie von Nora erfahren hatten. Es war für Nicolas eine grauenhafte Vorstellung. »Was haben sie gemacht? Wenn man ahnt, was auf einen zukommt, wie kann man da tatenlos zusehen?«

»Nach allem, was geschah, gab es wirklich keine Zweifel. Nur musste man in der Lage sein, die Zeichen zu deuten. Wer das verstand, klar, der hat sich abgesetzt. Sie entschieden, ohne Erlaubnis zu gehen. Dazu entwickelte die Familie eine gemeinsame Strategie. Anders als die meisten, die ausreisen wollten, verkauften sie nichts, keine Häuser, keine Aktien, nichts, aber sie brachten mittels Lieferungen mit langen Zahlungszielen so viel Wein außer Landes wie möglich, was die Nazis gerne sahen.«

Auf den ersten Eindruck hin hätte man glauben können,

dass Sichel hier eine fremde Geschichte zum Besten gab, doch Nicolas merkte ihm an, wie sehr ihn die Vergangenheit berührte. Und sie betraf auch Nicolas. Zwar war er ein Hollmann, doch etwas in ihm gehörte auch zu den Sichels.

»Sollen wir besser morgen weiter darüber reden? Es geht dir ziemlich nahe«, sagte Rita.

Sichel winkte ab. »Ob heute oder morgen, das ist mir egal. Bringen wir es hinter uns. Also – dann verließen die Sichels Deutschland unter einem Vorwand in Richtung London und ließen wirklich alles zurück. Die Behörden rechneten wegen des großen Besitzes damit, dass sie auf jeden Fall wiederkämen. Als der Wein später bezahlt wurde, nicht an die Mainzer Firma, sondern auf Londoner Konten, verfügten sie über Kapital für den Neubeginn, und bei Familienmitgliedern fanden sie Unterschlupf. Klar, ihr Imperium war geschrumpft, aber ihr Leben haben sie gerettet, anders als viele der Kitzinger Weinhändler. Was lag näher, als zu den Verwandten nach Frankreich zu gehen, die mit Wein zu tun hatten. Nur als deutsche Truppen Frankreich angriffen, waren sie plötzlich Deutsche und damit Feinde und kamen ins Internierungslager. Als die Deutschen gewonnen hatten, waren sie plötzlich keine Deutschen mehr, sondern Juden und mussten erneut fliehen. Wer es nicht schaffte, kam ins KZ. Franz Sichel hat sich später in den USA mit Max Fromm zusammengetan, der ursprünglich aus Kitzingen kam, aber danach seine Geschäfte nach Bingen am Rhein verlegte. Auch er hatte sich rechtzeitig abgesetzt. Als dann im Krieg kein Wein mehr aus Deutschland kam, haben sie Wein zum Beispiel aus Chile importiert, das gesamte Business wurde noch internationaler, auch Sherry und Portwein belebten den Handel.«

»Hat es dich nie gereizt, ins Geschäft einzusteigen?«

»Unsere familiären Wege haben sich bereits früh auseinanderentwickelt, irgendwer hat unserem Familienzweig eine sogenannte ›arische Großmutter‹ in die Papiere geschmuggelt. Und wie ich weiß, hast auch du nie zuvor mit

Wein zu tun gehabt, nur über die Erbschaft bist du dazu gekommen. Eigentlich ist er dir zugefallen.«

Nicolas erinnerte sich gut, er hatte lediglich herausfinden wollen, weshalb sein Onkel Friedrich ihm das Weingut vermacht hatte. Das hatte sein Leben radikal verändert, und er war geblieben.

Nach dem Essen setzten sie sich an den Tisch mit Blick in den verwilderten Garten. Es wurde jetzt bereits später dunkel, das Jahr schritt voran. Sichel rauchte eine Zigarre und bot ihnen einen Chabasse XO Imperial an, den Nicolas liebend gern akzeptierte, aber selbst ein edler Cognac war nichts für Rita, die sich mit einem doppelten Espresso zufriedengab. Als Nicolas seinen Onkel betrachtete, wie er genüsslich an der Zigarre zog und Rauchwölkchen ausstieß, erinnerte er sich an die Fotos im ersten Stock vom Weingut Max Müller. Er würde versuchen, einen Satz der Fotos von Che Guevara mit Zigarre zu bekommen, sie rahmen zu lassen und sie Sichel zu schenken. Churchill hätte weniger gepasst.

Der Wein von Sichels Freund Martin Bongers, ein reiner Merlot und sogenannter Garagenwein, war erstklassig, der Winzer verstand sein Handwerk.

»Kostet auch siebzig Euro die Pulle«, meinte Sichel nur. »Du solltest Martin besuchen, oder ich schicke ihn bei dir vorbei. Er wird dir gefallen. Ihr werdet euch verstehen. Hast du auch so teure Weine?«

»Klar, unsere alten Portweine, zwanzig oder dreißig Jahre alt, dann die großen Vintages, die kosten mehr.«

»Und dafür hast du die solventen Kunden?«

»Ich kann mich glücklich schätzen, es läuft zufriedenstellend. Aber ich will investieren, ich muss modernisieren, das Gut, die Quinta, wirkt ein wenig abgestoßen, nicht mehr zeitgemäß. Doch bisher hatte ich andere Sorgen. Ich musste mich zurechtfinden. In Franken habe ich auf Weingütern viele schön gestaltete Räume gesehen, das regt zum Denken an, da gibt es einige gute Ideen.«

»Und in Bezug auf die Modernisierung des Kellers müssen wir demnächst mit den Banken verhandeln.« Rita grauste davor. Sie wusste, wie schnell Nicolas bei derartigen Gesprächen die Geduld verlor.

Sichel stellte sich solche Verhandlungen bei Portugals wirtschaftlicher Lage nicht einfach vor. »Was ist mit deinem Vater? Für den wäre das ein Klacks, der könnte dir einen kompletten Neubau in einem Monat hinstellen und zusätzlich hundert Hektar aus der Portokasse dazukaufen.«

»Ich will ihn nicht im Geschäft. Dann würde er Mitsprache fordern. Da wurstele ich lieber vor mich hin, vielleicht gibt's auch Geld von der EU.«

»Na, so klein ist dein Laden nicht, ich habe mich erkundigt. Du hast keine Schulden, du könntest eine Hypothek aufnehmen, das Geld ist zurzeit billig, und deine Frau sorgt für sich selbst, wie ich weiß. Ich muss mal sehen, ob ich euch helfen kann, man kriegt heute für sein Geld sowieso keine Zinsen mehr. Wenn du willst, du bist ja gewissermaßen ein Sichel, dann steht auch dir Hilfe zu. Die Geschichte der Sichels ist längst nicht zu Ende.«

»Stimmt. Weißt du, was nach dem Krieg geschah?«

Sichel erzählte, dass ein Familienmitglied, Peter, der Sohn von Eugen Sichel, als Hauptmann der US-Streitkräfte bei Kriegsende nach Mainz kam und den ehemaligen Besitz in der Kaiserstraße in Trümmern vorfand. »Aber die Keller unter dem Schutt waren unversehrt, und – stell dir vor – darin lagen die Fässer brav in Reihen, allesamt heil geblieben, genau wie Tausende von Flaschen, insgesamt eine Million Liter. Das alles sowie die Grundstücke, Weinberge und das Presshaus in Nierstein erhielt die Familie zurück. Heute bewirtschaften die Sichels allein in Bordeaux und in der Provence dreihundertfünfzig Hektar mit mehreren Châteaux.«

»Das ist zehnmal mehr, als wir haben«, sagte Nicolas. »Irgendeiner ist immer größer.« Gleichzeitig dachte er an den Irrweg dieser Familie. Andere hatten weniger Glück gehabt, wenn er sich etwa daran erinnerte, was Nora über die Kitzinger Weinhändler, ihre Deportation ins polnische Durchgangslager Izbica und ihr grauenvolles Ende in den Vernichtungslagern Belzec und Sobibór erzählt hatte. Aber es war wie immer: Wer die Zeichen der Zeit erkannte und Fluchtgeld besaß, machte sich rechtzeitig aus dem Staub. Auch Goya, dessen Malerei er sehr bewunderte, hatte Spanien 1824 rechtzeitig verlassen, sonst hätte er als Liberaler mit seiner kritischen Haltung gegenüber der Kirche und der Monarchie nie überlebt.

Vielleicht sollte auch er sich bald auf die Rückreise machen, bevor ihm jemand erneut etwas ins Glas schüttete? Ein zweiter Blackout könnte der endgültige sein, und Rebecca sollte besser mit beiden Elternteilen aufwachsen.

»Ein Clan hat auch immer etwas Besitzergreifendes, er entmündigt seine Mitglieder«, sagte Nicolas. »Wie bist du ihm entkommen?«

»Es gab da einen gewissen Tunichtgut, so um die vorletzte Jahrhundertwende. Der wurde ausbezahlt, weil Frauen und Glücksspiel ihm wichtiger waren als lukrative Geschäfte. Von dem stammt mein Familienzweig ab. Ich mache auch lieber mein eigenes Ding und will mich keinem Familiendiktat unterwerfen. Vielleicht ist das der Grund, warum die Ehe deiner Eltern scheiterte. Deine Mutter, meine Schwester, ist ähnlich gestrickt.«

Nicolas stimmte ihm nur bedingt zu, Rita enthielt sich einer Meinungsäußerung. »Ich kenne weder Nicolas' Mutter noch seinen Vater.«

»Dann seid ihr ja genau der Prototyp einer moderneren Familie, reduziert auf den Kern, niemand kennt niemanden, und jeder geht seiner Wege. Nun lasst uns das Thema wechseln und erzähl, wie du dein Weingut modernisieren willst. Als stiller Teilhaber würde ich dir auch nicht reinreden. Und dann will ich die Story von der toten Weinkönigin hören. Wie ich erfahren habe, steckst du mittendrin.«

Kapitel 18

Der fünfzigste Geburtstag seines Vaters war für Till Spengler Grund genug, auch unter der Woche aus Tübingen nach Volkach zu kommen. Roger kannte ihn vom Sehen, jetzt hatte er mit ihm telefoniert und das »Café Zuckerscheune« als Treffpunkt vorgeschlagen. Nicolas war mitgekommen und wartete an einem anderen Tisch, da nicht sicher war, wie der Student bei ihrem Gespräch auf einen Dritten reagieren würde.

Von Weitem beobachtete Nicolas, wie ein junger Mann, Mitte zwanzig, mit einer schwarz umrandeten Brille und Strickmütze, kurzer Jacke und eingerissenen Jeans das etwas düstere Café betrat und sich misstrauisch umsah. Es war das bekannte Gesicht – auf Big Mag Moes Video. Er war allerdings nur in dem mit Henriette Müller zu sehen gewesen. Roger ging mit ausgestreckter Hand auf ihn zu und dirigierte ihn nach einer förmlichen Begrüßung zu einem Tisch mit mehreren Stühlen. Ihr Informant machte einen unsicheren Eindruck. Als er sich mit dem Rücken zum Eingang gesetzt hatte, blickte er sich weiter verstohlen um, was ziemlich auffällig wirkte, dann winkte Roger die Bedienung heran und redete auf ihn ein. Auch als der Milchkaffee vor ihm stand, wurde der Student nicht ruhiger. Jeder neue Gast, selbst wenn er nur an die Kuchentheke trat, schreckte ihn auf. Dann schüttelte er den Kopf und schickte sich an, aufzustehen, bis Roger ihn am Arm festhielt, was Till geschehen ließ.

Es dauerte weitere fünf Minuten, bis er nickte und Nicolas an den Tisch gewinkt wurde.

»Das ist er, unser Freund Nicolas. Wir haben bislang keinen Schimmer, wer auch ihn aus dem Verkehr ziehen wollte. Das wäre der zweite Mord gewesen.« Roger betonte das, um die Bedeutung des Treffens deutlich zu machen und Nicolas' Anwesenheit zu erklären.

Till Spengler wagte nur einen kurzen Seitenblick. »Find ich schlimm, ganz schlimm, aber mehr weiß ich leider nicht. Ich kann euch wirklich nicht weiterhelfen.« Der jämmerliche Ton ließ ihn nicht sympathischer erscheinen.

Roger versuchte, ihm klarzumachen, dass es nicht um ihn ging, sie wollten lediglich wissen, was sich ereignet hatte und wer Henriette dazu bewogen hatte, nach der offiziellen Feier trotz der vorgerückten Uhrzeit noch auf die Piste zu gehen.

Erst als Roger ausführlich auch von Nicolas' Krankenhausaufenthalt erzählt hatte und dass er ohnmächtig im Krankenwagen abtransportiert worden war, war Till bereit, über jene Nacht zu sprechen.

Henriette gehörte seit der Zeit auf dem Gymnasium zu ihrer Clique. Bereits damals sei man zum Partymachen nach langweiligen Geburtstagsfeiern häufig zusammen nach Dettelbach ins »Last Chance« gefahren.

»Sie war diejenige, die unbedingt hinwollte, wir sind aus Tübingen hergekommen, um mit ihr den Sieg zu feiern. Es war total spontan. Wir wären danach wieder nach Hause gefahren. Aber ihr gingen die Weinleute auf den Keks, die aus dem Dorf, es war für sie, glaube ich, so was wie ein Junggesellenabschied, die letzte Nacht in Freiheit. Danach sah sie nur noch Pflicht. Aber sie hätte den Job gern gemacht.«

»Zweihundert Kilometer von Tübingen bis hierher, nur für einen Abend?«, fragte Roger. Nicolas schwieg und versuchte herauszufinden, ob der Junge die Wahrheit sagte.

»Das ist nichts. Manni, also einer von uns, hat ein schnelles Auto, dann sind das höchstens anderthalb Stunden. Henry, wie wir Henriette nannten, war noch voll drauf, total ausgeflippt, so kannten wir sie nicht. Die meisten von uns haben alle mal gekifft, na ja, und auch sonst, man probiert mal was aus, sie hat es auch mal probiert, aber es war nicht ihr Ding. Außerdem passen Alk und andere Sachen nicht gut zusammen, besonders das neue Zeug wie Crystal. Wir dachten an jenem Abend, dass sie vielleicht was genommen hat, so wie sie drauf war, verstehst du? Wir dachten das bloß. Und weil wir alle geraucht haben … na ja, du weißt schon … Also, mein Vater wird absolut nichts von diesem Gespräch erfahren und auch die Bullen nicht? Versprichst du's?«

Der Vater war ein angesehener Rechtsanwalt im Ort.

Sie würden absolutes Stillschweigen über dieses Treffen bewahren, versprach Roger eindringlich, um Till zu beruhigen. Nicolas' schweigende Zustimmung und sein ernsthaftes Kopfnicken schienen beruhigender zu wirken als Rogers Worte.

»Wir waren natürlich sofort scharf drauf, woanders abzufeiern, so wie früher. Wenn das ›Last Chance‹ dann zugemacht hätte, wollten wir Henriette nach Hause bringen und nach Tübingen zurückfahren, bis irgendeiner dann meinte, als wir sie nicht fanden, sie sei bereits los, nach Hause, mit 'nem Taxi oder 'nem anderen Typen, schließlich war sie Königin – weil keiner sie mehr gesehen hat.«

»Kannst du dich erinnern, ob jemand versucht hat, sie besonders zu ermuntern, oder sie angestachelt hat, noch mal loszuziehen? Ich meine, außer euch«, schob Nicolas nach.

Der Student schüttelte den Kopf. »Im Gegenteil, da war dieser Blonde, der war auch auf unserer Schule, aber drei Klassen höher. Der hat gemeint, ob sie verrückt sei, jetzt noch loszuziehen, sie hätte schließlich am nächsten Tag Termine. Aber Henry hat gesagt, er solle besser zu Bett gehen, niemand brauche seinen Schönheitsschlaf so sehr wie er.«

»Und – hat er den Rat befolgt?«, wollte Nicolas wissen.

»Scheint so, wir haben ihn danach nicht mehr gesehen …«

»Wieder nichts«, meinte Roger enttäuscht und sah den Studenten, der jetzt auf der väterlichen Geburtstagsfeier den braven Sohn spielen würde, zwischen den Häusern verschwinden. »Aber aufzugeben ist nie meine Sache gewesen.«

»Bis auf das eine Mal«, wagte Nicolas einzuwenden.

»Das bei den Bullen, das zählt nicht. Wir suchen weiter.«

Keuper war ein seltenes Gestein. Es trat nur in wenigen Gegenden Deutschlands an die Oberfläche. War der Buntsandstein auf dem kristallinen Grundgebirge die älteste Schicht geologischer Ablagerungen, so war Keuper die jüngste. Als die Meere entstanden und der Buntsandstein überflutet wurde, bildeten sich in Trockenperioden an Riffen riesige Bänke von Muschelkalk, die bald den gesamten Boden bedeckten. Weitere zehn Millionen Jahre später entstand bei erneutem Klimawandel hin zu feucht-tropischem Wetter eine Landschaft wie in einem riesigen Delta. Flache, teils bewaldete und von gewaltigen Farnen überzogene Becken wurden überflutet. Dann starben die Pflanzen, die Rückstände lagerten sich ab, und bei neuer Trockenheit legte sich eine dünne Schicht Muschelkalk darüber. Dieser Prozess wiederholte sich unzählige Male und bildete so den Keuper. Das dauerte wieder zehn Millionen Jahre. Viel später erst falteten sich die Alpen auf, der Oberrheingraben stürzte ein, die drei Schichten des Trias (Buntsandstein, Muschelkalk und Keuper) gerieten in Schräglage. Doch erst vor 2,4 Millionen Jahren begann der Main, sich in diese Schichten hineinzugraben.

Der Steigerwald war neben der Saar, der Eifel und dem Weserbergland eine der Regionen, wo Keuper an die Oberfläche trat. Wie gut der Untergrund dem Wein bekam, hatte Nicolas bereits bei Roth in Wiesenbronn feststellen können. Dieser Boden erwärmte sich nur langsam, aber er speicherte die Wärme dank feiner Tonplättchen länger und strahlte sie bei Nacht auch ab und gab so dem Rebstock ein dauernd warmes Umfeld.

Das Terroir, der Boden und die Ausrichtung nach Süden waren es, denen der Julius-Echter-Berg seinen Ruf verdankte und die Klassifizierung als Erste Lage. Nach unten gewölbt zogen sich die Weingärten vom Osten über den Süden bis hin in den Westen um die äußerste Zunge des Schwanbergs, an dessen nördlichem Teil auch die Castell'schen Weinberge lagen. Die Reben vom Julius-Echter-Berg bekamen ganztägig Sonne, standen an lang auslaufenden Hängen, von denen die Kaltluft gut abrinnen konnte, und waren oben durch den Wald vor kaltem Wind geschützt. Die nur leicht geneigten Weingärten und die flachen Anlagen unterhalb gehörten zum Kronsberg, umschlossen die Lagen darüber wie ein Hufeisen und galten als Klassifizierte Lagen. Diese Einteilung erinnerte Nicolas an die Weinberge am Rio Douro. Dort waren die Weinberge in Kategorien eingeteilt: A galt als beste Lage, für Trauben der Kategorie F erzielte man die geringsten Qualitäten. Seine Parzellen bewegten sich im Spektrum von A bis C, wobei er lediglich Trauben der Kategorie C weiterverkaufte, alle anderen verarbeiteten sie selbst.

Aber Nicolas war auch klar, dass ein guter Winzer auf einem C-Weinberg einen besseren Wein erzeugte als ein nicht so begabter Winzer auf einer A-Parzelle. Das galt für den Julius-Echter-Berg genauso wie für den Kronsberg.

Unterhalb des Waldes, in dem schon die Kelten gehaust hatten, genau nach Süden weisend, befand sich wieder einer jener magischen Punkte, genannt Terroir F. Nicolas gewann einen weiten Blick ins friedlich erscheinende Land, der die Gedanken schweifen ließ, die Fantasie beflügelte, ein Horizont, in dem er sich verlieren konnte. Hier konnte man sitzen und schauen, mit sich und der Welt eins werden. Er fand es schade, dass Rita nicht bei ihm war, bei längeren Ausflügen oder Entdeckungsfahrten musste er auch auf Rebecca verzichten. Sie konnten sich nicht gegenseitig vorschwärmen, wie harmonisch und großzügig sie diese Landschaft fanden, die im blauen Dunst der Ferne entschwand. Der Kontrast zu den ersten grauen Tagen ihres Aufenthaltes konnte kaum größer sein.

Heute empfand er es als Glück, dass sie nicht vorzeitig abgereist waren, obwohl Rita weiter grummelte und mit ihrer Vergangenheit haderte. Es war gut, dass sie viel unterwegs war und Erfolge sammeln konnte, aber wie es der Teufel wollte, war nicht ein einziges fränkisches Reisebüro an ihren Weinreisen interessiert. Sie boten lieber Wochenenden bei einheimischen Weinfesten an. Die gefielen auch den Franken besser.

Nicolas starrte in den blauen Himmel. Ein Flugzeug malte lautlos einen weißen Kondensstreifen hinein, was ihn an den Rückflug erinnerte. Übernächste Woche würde es so weit sein. Heute, am Montag, war Rita nach Köln gefahren, morgen Abend würde sie zurückkommen, am Mittwoch wollte er nach München fahren und bis Donnerstag bleiben. Den Gedanken, Anneliese Fünfinger dort zu treffen, verwarf er schnell, zu schnell, als dass es ehrlich gewesen wäre. Er verdrängte da etwas, doch das gestand er sich nicht ein. Danach stand das Barockfest in der Würzburger Residenz an, einer der Höhepunkte ihrer langen Reise. Ihn interessierte die innere Ausgestaltung des Gebäudes, das Napoleon als »das schönste Pfarrhaus Europas« bezeichnet haben soll. Doch was, bitte, verstanden Krieger und Diktatoren von Architektur? Nichts – sonst hätte Napoleon nicht halb Europa bei seinen Eroberungszügen niederbrennen lassen.

Beim Anblick des barocken Himmels und der aufgeplusterten Wolken über dem weiten Land dachte Nicolas an das bevorstehende Konzert. Er liebte Bach, Monteverdi und Telemann, er liebte Barockmusik, besonders die Bläser. Er fragte sich, was für ein Kleid Rita sich aus Köln mitbringen würde. Sie würde schön sein. Er hatte versprochen, ihr das Abendkleid zu schenken, aber aussuchen musste sie es allein. Er war gespannt auf die Überraschung. Er wollte es nicht vorher sehen, erst an dem festlichen Abend.

Das nahe Iphofen, ein immer noch mittelalterlich anmutendes Städtchen aus dem 8. Jahrhundert, lag zu seinen Füßen, er fuhr hinab und trat durch das dreifach gesicherte Rödelseer Tor ein. Hatte ihm schon Sulzfeld in seiner Geschlossenheit gefallen, so beeindruckte ihn dieser Ort umso mehr, so kompakt und gleichzeitig übersichtlich, wie er sich präsentierte. In keinem der zuvor bereisten Weinbaugebiete war er derart mit Jahreszahlen konfrontiert worden wie in Franken. Eine Übersichtstafel am Stadtgraben klärte ihn auf.

Im Jahr 741 war Iphofen erstmals urkundlich erwähnt worden, dann folgte die Verleihung des Stadtrechts, das von mehreren Herrschern bestätigt wurde. Vier Pestepidemien zogen über den kleinen Ort hinweg. 1525 begannen die Bauern sich aufzulehnen und zu plündern, darin taten es ihnen die Bürger später gleich und räumten das Kloster aus, gemeinsamer Feind war die Kirche – bis dann die Köpfe der Rädelsführer rollten. Einigen Jahren der Ruhe bis zum Dreißigjährigen Krieg sollten vierzehn Plünderungen Iphofens folgen. Ein Jahrhundert des Friedens und der Fronarbeit ging der preußischen Besetzung voraus, und nur mittels Zahlung von zehntausend Gulden an Preußens Gloria ließ sich die Einäscherung abwenden. Dann kamen die Franzosen, mit ihnen die Säkularisierung und die Annexion durch Bayern. Der Einmarsch der Reblaus sollte vorerst der letzte massive Angriff gewesen sein.

Ihr Einfall in Franken war gut dokumentiert. Ein Lokomotivführer soll in Sickershausen am Bahnwärterhäuschen Tafeltrauben gepflanzt haben. Die stammten aus einer Baumschule in Erfurt, waren über London dorthin gekommen, ursprünglich stammten sie aus den Vereinigten Staaten. In Iphofen wurde der Wurzelschädling im Jahr 1904 festgestellt, vierzig Jahre, nachdem er in Frankreich aufgetaucht war. Die Rebläuse zerfraßen das Leitgewebe der Stöcke, die nicht mehr in der Lage waren, Wasser und Nährstoffe in die Pflanze zu leiten, sodass diese langsam abstarb – und ein großes Winzersterben einleitete.

Aber Iphofen, wie das ganze Frankenland, machte auf Nicolas einen wohlhabenden, zufriedenen und selbstgefälligen Eindruck, besonders da er die Armutsdörfer Portugals kannte. Am Markt zeigte sich das in Jahrhunderten entstandene Ensemble diverser Bauwerke mit Fachwerk, barocken Fassaden, mittelalterlichen Durchgängen und Rundbögen und dem spitzen Echterturm der Pfarrkirche St. Veit, dem hiesigen Zeichen des Katholizismus. Den Protestanten war das Gotteshaus mit dem Zwiebelturm zugewiesen. Aneinandergeschmiegt, miteinander verbaut, ineinandergeschachtelt verbanden sich die Wohnhäuser, hinter deren Mauern sich Restaurants, Herbergen und Weingüter verbargen. Die modernsten Bauten waren eine Galerie und die Vinothek des Ortes. Sie erinnerte Nicolas in ihrer Verkleidung durch senkrechte Holzsparren und mit dem großflächigen Lichteinlass einmal mehr an den neuen fränkischen Stil, der mit Glas Offenheit schuf und sie gleichzeitig verbarg. Das Rechteck löste zu häufig die Rundung ab, der Sprung vom Altfränkischen hin zu Le Corbusier war ihm oft zu weit. Würde der Prozess noch weiter getrieben, schlössen sich weitere Weingüter dieser Linie an, das Auge würde gelangweilt, die Individualität, beim Wein mit dem Bezug zum Terroir betont, bliebe auf der Strecke.

Im Weingut von Hans Wirsching hatte man einen Zwischenweg gefunden und den riesigen Innenhof freitragend überglast. Auf der einen Längsseite war das Fachwerk erhalten, auf der anderen war die Fassade durchbrochen. Dadurch gewann der große Innenraum viel Licht und seine Verbindung nach außen. Im Inneren fanden sich alte und neue Elemente, sowohl gerade wie geschwungene Linien, um die Starre aufzulösen und Raum zu gewinnen. Inseln gleich waren die Sitzplätze und Tresen arrangiert, an denen verkostet wurde.

Es war für viele Gäste Platz, ohne dass sie sich gegenseitig bedrängten, der Raum schuf die Distanz als unsichtbare Grenze, und das Licht betonte die Leichtigkeit des Weins. Flaschen waren Ausstellungsstücken gleich in Vitrinen arrangiert, vielleicht war es sogar beabsichtigt, eine Atmosphäre ähnlich wie beim Juwelier entstehen zu lassen.

Auch dieses Weingut war keine direkte Vorlage für ihn, doch die Anregungen zeigten, was möglich war. Inzwischen war er zur Überzeugung gekommen, dass er auf seine Kelterhalle eine zweite Etage aufsetzen und einen Teil des Innenhofs als eine Art Zuschauerraum nutzen könnte, aus dem heraus die Besucher die Arbeiten auf der Quinta verfolgen konnten.

Offen, leicht und licht – das waren die hier vorherrschenden Eigenschaften, und nach Nicolas' Empfinden fanden sie sich auch im Wein. Dazu kam ein hoher Grad an Können, er hasste das Wort »Professionalität«, es suggerierte, dass bislang alle Menschen auf der Welt nur laienhaft herumgefummelt hätten und erst heutzutage richtig gearbeitet würde. Ähnlich waren die »Herausforderungen«, die dauernd im Munde geführt werden, und sogar eine Bankenrettung war »nachhaltig«.

Von Wirschings Weinen gefiel ihm der Silvaner vom Julius-Echter-Berg sehr gut, ein Wein, der acht Jahre gereift war. Das bewies einmal mehr die Langlebigkeit der Silvaner-Traube. Orange meinte er zu riechen, kandierte Früchte und einen Hauch Haselnuss. Dabei hatte der Wein die gleiche Frische vorzuweisen wie ein junger Wein. Dieser Berg brachte wirklich Großartiges hervor. Der erst zwei Jahre alte Kabinettwein war zwar auch weich und geschmeidig, bei aller Mineralität, aber er zeigte weniger Frucht. Beim Großen Gewächs war ein leichter Holzton auffällig, von der Gärung im Holzfass, auch Frucht war zu schmecken, und ein grüner Ton erfreute die Nase, wie vom Apfel. Er war »fränkisch trocken«, das hieß, dass der Restzucker unter vier Gramm Zucker lag. Bei dem Übermaß an Sonne und Hitze im Douro-Tal, dessen war Nicolas sich gewiss, würde er derart trockene Weine nicht hinbekommen. Dazu hätte er früher lesen müssen, doch dann wäre der Extrakt noch zu gering, die physiologische Reife nicht erreicht. Oder er müsste seine Nordhänge bepflanzen.

Ein anderer Wein, der ihm sehr gut gefiel, hieß TriTerra, eine Cuvée aus Weiß- und Grauburgunder sowie Chardonnay. Vielleicht war er deshalb so frisch und klar, weil kein biologischer Säureabbau stattgefunden hatte. Auch bei Wirsching erstaunte die hohe Qualität des Rotweins, dabei war Franken eigentlich Silvaner- und damit Weißweinland. Der Spätburgunder war anscheinend deshalb so gehaltvoll, weil er eine Kaltmazeration hinter sich hatte, bei der die Trauben über mehrere Tage unter Luftabschluss »eingeweicht« wurden. Bei diesem Aufschluss durch Enzyme wurden wichtige Aromavorstufen, Farbpigmente und Gerbsäure sowie Mineralstoffe aus den Schalen und dem Fruchtfleisch herausgelöst. Dieser Wein war Eleganz pur. Ob er bei seinen Rebsorten und der extremen Lichtfülle jemals in die Nähe solcher Weine käme? »Es kommt auf den Versuch an«, wie Otelo immer sagte, der ihm bei jedem neuen Gedanken Mut machte, »probier es aus!«

In der fünfzehnten Generation betrieben die Wirschings Weinbau, eine lange Periode, um ihr Land und ihre Fähigkeiten zu erproben. Dabei war Nicolas durchaus bewusst, dass Weine, die noch vor dreißig Jahren ihre Käufer gefunden hatten, einem modernen Geschmacksbild nie genügen würden. Klima, Trinkgewohnheiten, Geschmack und Technik hatten sich gewandelt, Ländereien waren hinzugekommen, die erst hatten erprobt werden müssen. Eine Flurbereinigung hatte stattgefunden, früher war natürlicher Dünger verwandt worden, dann kam die hohe Zeit des Kunstdüngers und der chemischen Industrie, wie überall in der Landwirtschaft, und heute kehrte man zu bewährten natürlichen

Methoden zurück oder quälte Biosiegel zu Tode. Und war noch in den achtziger Jahren des letzten Jahrhunderts Wert auf übergroße Erntemengen gelegt worden, so verfuhr Wirsching heute nach der Regel: ein Kilo Trauben für einen Bocksbeutel.

Die Zeit drängte, Nicolas wollte noch bei einem anderen Betrieb vorbeischauen – Hans hatte ihm das Weingut empfohlen – und im Restaurant seiner Kandidatin, Claudia Voigt, vielleicht etwas essen, falls die Küche noch geöffnet war. Claudias Sachlichkeit hatte ihm gefallen, ihr bescheidener Auftritt, aber durfte eine Königin bescheiden sein? Souveränität war gefragt, Überzeugungskraft und Glaubwürdigkeit, dazu die Fähigkeit, andere zu begeistern. Charme hatte sie, ohne Zweifel. Hatten ihr dunkles Haar und das Grün ihres Abendkleides seine Wahl beeinflusst? Bescheidenheit und Selbstbewusstsein mussten kein Widerspruch sein. Oder passte Selbstvertrauen besser dazu?

Er ging zum Markt, aber er kam zu spät, das Restaurant war bis zum Abend geschlossen. Mit einem Stadtplan in der Hand machte er sich auf zum Silvanerweingut Seufert. Es war ein Betrieb ganz anderer Art, gelegen in der Langen Gasse, nur wenige Schritte von Wirsching entfernt. Statt achtzig Hektar betrug die Anbaufläche lediglich fünf Hektar, aber die Fülle der verschiedenen Rebsorten reichte ähnlich wie bei Wirsching vom Silvaner über Müller-Thurgau, Scheurebe und Kerner bis zu Bacchus, Rotling und Domina.

Ursprünglich handelte es sich um einen Mischbetrieb mit Landwirtschaft und Metzgerei, und der selbst angebaute Wein war im eigenen Gasthof ausgeschenkt worden. Heute waren ein Hotel Garni, Ferienwohnungen und der Weinbau übrig geblieben. Fünfunddreißig- bis vierzigtausend Flaschen füllte Seufert jährlich, und wie bei Hans Kästner ernährte das eine Familie. Man wurde nicht reich dabei, man arbeitete viel und lieferte sogar an Wochenenden den Wein persönlich nach Norddeutschland und ins Ruhrgebiet.

Nicolas hatte beim Blick vom Schwanberg die Zeit vergessen, sich für den Stadtrundgang in Iphofen zu viel Zeit genommen und bei der letzten Probe den einzelnen Weinen zu viel Aufmerksamkeit gewidmet. So wollte er jetzt nur einen Eindruck gewinnen, und dafür reichten die drei Weine, die er präsentiert bekam. Wenn er auf Messen die Weine von Kollegen probierte, verlangte er stets nach der einfachsten und anschließend nach der besten Qualität, alles andere konnte nur dazwischen liegen.

Einem Wein mit Namen Anarchie war Nicolas bislang nie begegnet. Ein Wein mit diesem Namen hätte zu Friedrich gepasst. Er hatte jede Macht des Menschen über den Menschen abgelehnt, auch Otelo, Gefährte aus revolutionären Zeiten, war erklärter Gegner jeden Staates, »denn der Staat sind nicht die Menschen, vielmehr beherrscht er sie«. Aber Anarchie wurde ausschließlich als Synonym für Chaos und Unordnung benutzt. Eine Flasche Anarchie würde er Happe mitbringen, der dachte ähnlich darüber.

Der Anarchie von Seufert war weder das eine noch das andere, es war ein guter Wein, harmonisch, ausgeglichen zwischen Süße und Säure, reif, mit dem vielschichtigen Duft gelber Früchte und der deutlichen Flintnote: Feuerstein vom Julius-Echter-Berg. Die Silvaner Spätlese war mit der Anarchie in Bezug auf die Flintnote verwandt, bedeutend schlanker, angenehm in der Säure, eine Spätlese eben, und Nicolas erinnerte der Duft an frisches Birnenkompott. Aber bei der Bestimmung der Fruchtnoten war er unsicher.

Die Domina stammte vom Kronsberg, war unterhalb des Julius-Echter-Berges gewachsen und war keineswegs so aufdringlich wie der Name der Rebsorte. Ihre Eltern waren Spätburgunder und Blauer Portugieser, Eleganz mit einem Hang zum Ordinären. Mal kam der Wein mehr auf die Mutter, mal mehr auf den Vater, war mal zu säurelastig, mal zu tanninreich. Nicolas konnte sich im Gegensatz zu den Weißen den Roten nur als Begleiter eines kräftigen Essens vorstellen, wie Mourvèdre und Grenache aus Frankreich, die ihn an Domina erinnerten. Sie passte sicher gut zu Wild oder zum Rinderbraten, auch eine Pizza Salami kam ihm in den Sinn, Spaghetti Bolognese, mit Lorbeer, nach drei Stunden Köcheln. Rotweine waren für ihn sowieso nur Speisenbegleiter.

»Ihr möchtet bitte heute Abend zu den Müllers kommen.« Marion zeigte offen ihre Verwunderung, dass nicht sie und Hans zum Besuch gebeten worden waren, wo sie doch seit vielen Jahren mit der Familie bekannt waren und im selben Ort lebten. »Sie haben nicht gesagt, worum es geht. Als ich erklärt habe, dass Rita verreist ist, meinte Frau Müller, dass ihre Anwesenheit nicht unbedingt erforderlich sei, aber du sollst auf jeden Fall kommen.«

Hans hingegen fühlte sich nicht übergangen. Er hasste Kondolenzbesuche und Beerdigungen, und um Friedhöfe schlug er einen Bogen.

»Da kommen wir noch früh genug hin«, murmelte er, verließ den Raum und widmete sich seinen Geschäften. In dieser Hinsicht war er Nicolas ähnlich.

Den Weg zum Haus der Müllers fand er auch im Dunkeln. Die Reporter hatten sich längst vielversprechenderen Aufgaben und Opfern zugewandt, die Müllers und der angebliche Fehltritt waren aus den Medien verschwunden.

»Es gibt nur wenige, die an der offiziellen Version zweifeln. Zu denen gehören Sie, wie ich erfahren habe.« Henriettes Vater blickte Nicolas nach der Begrüßung an, Schmerz in den Augen, alt im Gesicht. »Wir müssen reden.«

Nicolas hatte keine Vorstellung davon, was sie von ihm wollten, aber der Anstand erforderte den Besuch. Außerdem pflichtete er dem Vater bei. Nicolas war einer der wenigen, die der offiziellen Version offen widersprachen.

»Genau deshalb möchte ich mit Ihnen sprechen.« Der Vater fand sich nicht mit einfachen Erklärungen ab. Die Mutter war mehr verzweifelt, als dass sie zweifelte, sie fiel deutlich in sich zusammen. Es war noch eine alte Dame im Raum, ganz in Schwarz, sehr ernst und gefasst, die Augen, die denen von Henriettes Mutter glichen, voller Trauer.

»Henriettes Großmutter«, sagte Frau Müller, »meine Mutter.«

»Es ist wie ein Fluch, ein Fluch liegt auf uns.« Die Stimme der alten Dame klang brüchig. War es ihr Alter, war es die Trauer um die Enkeltochter?

»Ich war auch mal Weinkönigin von Franken.«

»Das ist lange her, Mutter.« Frau Müller schien es unangenehm zu sein, dass die alte Dame sich einmischte.

»Spielt das eine Rolle? Es mag damals anders gewesen sein, in den fünfziger Jahren, alles sah anders aus, aber es war ähnlich. Es wurde längst nicht so viel Theater gemacht wie heute, mit Radio, Fernsehen und den Zeitungen, es wurden längst nicht so viele Fotos gemacht. Da saßen auch keine tausend Leute im Saal, wir mussten arbeiten, es waren schwere Jahre. Da wurde man gefragt, ob man wollte, und basta. Ich musste mich mit einem Foto und einem Lebenslauf beim Weinbauverband bewerben. Mein Lebenslauf war damals, ich war gerade mal zweiundzwanzig, nicht besonders lang. Es kam immer mehr auf die Eltern an.«

»Mutter!« Es klang wie eine Zurechtweisung, deren Grund Nicolas nicht verstand.

»Lassen Sie Ihre Mutter erzählen«, bat Nicolas und war neugierig, was sie zu sagen hatte.

»Können wir das auf später verschieben?« Herr Müller war seiner Schwiegermutter gegenüber verständnisvoller. »Wir haben heute erfahren, dass … dass wir unsere Tochter bestatten dürfen. Die Untersuchungen sind abgeschlossen.«

»Und was haben die Tests ergeben?« Für Nicolas war das die alles entscheidende Frage.

»Henriette hat niemals vorher Drogen genommen, und

wenn, dann in verschwindend geringer Menge, also nicht nachweisbar. Aber die Behörden schließen nicht aus, dass sie sich vor der Wahl aufgeputscht hat, gegen ihre Nervosität, gegen die Angst, gegen das Versagen …«

»Sie müssen nämlich wissen, dass nicht nur ich Weinkönigin war …«

»Das wissen wir, Mutter.« Ihre Tochter klang jetzt gereizt.

Die Großmutter ließ sich nicht den Mund verbieten. »Und dass meine Tochter auch Weinkönigin war, das wissen Sie? Es wäre für Henriette kaum zu ertragen gewesen, wenn sie es nicht geschafft hätte.«

Nicolas hob überrascht den Kopf, jetzt erinnerte er sich erst, was ihm die Fotografin in Volkach erzählt hatte.

»Du glaubst doch nicht etwa, dass sie deshalb zu einem Aufputschmittel gegriffen hat.«

Das Verhältnis zwischen Mutter und Tochter war manchmal problematisch, das war sogar bei Rebecca und Rita schon zu merken.

»Mein Kind, dem Menschen ist nichts fremd.« Mit dieser Aussage brachte die alte Dame ihre Lebenserfahrung ins Spiel. »Was man so alles liest. Überall, wo die jungen Leute sind, da sind auch Drogen im Spiel. Und ich war nicht immer so alt wie heute.«

»Herr Hollmann ist auch Opfer eines Anschlags geworden«, erklärte Herr Müller, den letzten Satz seiner Schwiegermutter übergehend. »Er ist wohl kaum noch ein junger Mann, und glücklicherweise war der Cocktail für ihn nicht tödlich. Oder haben Sie selbst Drogen genommen? Wir haben durch die Polizei von Ihrem Unglück erfahren«, fügte er hinzu, als er Nicolas' erstaunten Blick wahrnahm. »Mich veranlasst das zu der Annahme, dass die Kriminalpolizei sich bedeckt hält.«

»Weshalb sollte sie das tun?« Frau Müller folgte nicht der Ansicht ihres Mannes. »Bislang wurde nichts Gegenteiliges behauptet.«

Nicolas wollte nicht Zeuge eines Familienstreits werden, er musste sich einmischen. »Alle, mit denen ich gesprochen habe, sind der Ansicht, dass Ihre Tochter clean war, das heißt, keinerlei Kontakt mit irgendwelchen toxischen Substanzen hatte, alle denken so und haben es auch gesagt! Sogar Anneliese Fünfinger bestätigte mir das, obwohl sie vom Tod Ihrer Tochter – verzeihen Sie mir das – profitiert und Weinkönigin geworden ist.«

»Gerade die muss das sagen.«

Nicolas stutzte, er verstand den Einwurf der Großmutter nicht. »Ihre Tochter starb an derselben Mischung, die mich ins Krankenhaus gebracht hat, K.-o.-Tropfen und Cocktails.«

»Haben Sie eine Vorstellung davon, weshalb jemand diesen Anschlag, so sehe ich das, auf Sie unternommen hat?«

Nicolas wusste nicht, wie er die Frage von Herrn Müller beantworten sollte. Er wusste nichts, er hatte niemanden gesehen. »Und ich habe keinerlei Verdacht.«

»Keinen Verdacht?« Es war für Henriettes Vater kaum zu glauben. »Auch keinen Grund?«

»Jeder Verdacht ist vage. Es gibt da den Diskjockey aus dem ›Last Chance‹, der macht unsaubere Geschichten mit Mädchen, wir haben uns die Filme besorgt, die er in der Disko aufnimmt.«

»Etwa, etwa … Pornografie?« Henriettes Mutter riss entsetzt die Augen auf.

»Nein, nein.« Nicolas erzählte vom Besuch im Club und davon, dass weder er noch jemand von den Kästners jemanden auf den Videos erkannt habe. »Vielleicht sollten Sie sich mal die Filme ansehen, wir haben Kopien auf dem Weingut, dann können Sie sehen, ob jemand aus Henriettes Bekanntenkreis dort war.«

Für Henriettes Mutter war Nicolas derjenige, der am wenigsten mit allen zu tun hatte. »Und ausgerechnet auf Sie wird ein Anschlag unternommen! Kann es Zufall sein? Hat jemand die Gläser vertauscht? Wenn es um Sie gegangen wäre, dann hätte jemand doch wissen müssen, dass Sie in jener Nacht ins ›Last Chance‹ gehen wollten.«

»Außer Roger Kästner wusste es niemand, ja, meine Frau natürlich, die Kästners generell und Rogers Freundin.«

»Hat jemand von denen womöglich vorher darüber gesprochen, unbeabsichtigt?«

»Das habe ich sie auch gefragt, aber alle behaupten, dass keiner ein Wort darüber verloren hat.«

»Ich finde das sehr, sehr merkwürdig.« Die alte Dame schüttelte traurig den Kopf.

»Das finden wir alle, Mutter!«

»Es heißt doch immer, dass man nach einem Motiv suchen soll.« Die alte Dame gab nicht auf. »Wer profitiert, wer hat was davon? Diese Fünfinger, die jetzt Weinkönigin ist?«

»Wir wissen, dass sie in der fraglichen Nacht nicht in dieser Diskothek war, Mutter. Lass die alten Geschichten ruhen. Sie kann weder Henriette noch unserem Freund hier«, Herr Müller wies auf Nicolas, »etwas in sein Getränk geschüttet haben.«

»Diese Fünfinger ist doch die Tochter von der, gegen die du die Wahl gewonnen hast, mein Kind?« Die Frage war an Henriettes Mutter gerichtet.

Jetzt erinnerte sich Nicolas wieder an das Gespräch mit Frau Förster. Erstaunt sah er Frau Müller an. »Sie haben gegen Annelieses Mutter kandidiert?«

»Ja, das war vor meiner Ehe und lange vor Henriettes Geburt …«

»Wir sollten die Angelegenheit fürs Erste auf sich beruhen lassen«, sagte Herr Müller, »das nimmt uns alle viel zu sehr mit. Verlassen wir uns auf die Polizei, die macht ihre Arbeit, auch die Beamten glauben inzwischen, nach dem Anschlag auf Herrn Hollmann und den negativen Haarproben, dass jemand Henriette vergiftet hat.«

»Wie kannst du dich damit abfinden!« Die Schwiegermutter war laut geworden, sie war auf einmal mehr als lebendig und der leibhaftige Vorwurf.

Ein Streit war das Letzte, was Nicolas sich jetzt wünschte. Während die Eheleute sich zankten, hakte Nicolas die alte Dame unter und dirigierte sie ganz sachte durch die halb offene Schiebetür nach nebenan ins Esszimmer.

»Erzählen Sie mir mehr von früher«, bat er, »es interessiert mich wirklich. Vielleicht bringt uns das auf eine neue Spur?« Die alte Dame beruhigte sich und setzte sich an einen Tisch.

»Wir hatten damals schon Weinberge, zwei Pferde und zwölf Kühe. Ich war eine Bauers- und Winzertochter, ich habe von Kind an mitgearbeitet, das mussten früher alle, und es war eine Bedingung, um Weinkönigin zu werden. Wir haben 1950 zum ersten Mal nach dem Krieg in Franken wieder eine Weinkönigin gewählt, und ich war die zehnte – oder die elfte? Ach, egal, jedenfalls bin ich morgens mit der Bahn nach Würzburg gefahren, und im ›Hotel Lämmle‹ saßen fünfundzwanzig Herren, die haben mich alles Mögliche gefragt, nach der Arbeit im Weinberg, nach dem Ausbau der Weine und so weiter. Dann gab es ein Mittagessen, die Herren sind einfach aufgestanden, sind weggegangen, und ich bin mit der Bahn nach Hause gefahren. Nach zwei Tagen gab's einen Empfang im Rathaus, die Landjugend hat mich abgeholt. Ich trug eine weiße Bluse, ein schwarzes Mieder und einen roten Rock mit Samtbändern.«

Stolz erzählte sie von dem Foto, auf dem der Landrat sich vor ihr verbeugte, dass der »Ausscheller« ihre Wahl bekannt gemacht hatte, dass sie den Bundespräsidenten Heinrich Lübke kennenlernen durfte und dass der einzige Karrieresprung ein Treffen mit dem späteren Bürgermeister war. »Der hat mich gleich geheiratet.«

Beim Erzählen hatte sie Farbe bekommen, die Trauer war aus ihren Augen verschwunden, der Tod der Enkelin war für einen Moment vergessen.

»Es war nicht wie heute. Ich musste auch als Königin weiter arbeiten. Es gab lediglich einen Kleiderkostenzuschuss fürs zweite Dirndl, aber kein eigenes Auto, so wie heute. Früher, da waren viel mehr Winzer bei den Festen, es waren Winzerfeste. Heute kommen die Leute zum Weinfest«, meinte sie mit Bedauern. »Inzwischen feiert jedes Dorf sein eigenes; da kommt die Jugend und betrinkt sich. Und wenn ich heute irgendwo offiziell eingeladen werde, dann steht auf der Einladung ›Weinkönigin a. D.‹, außer Dienst.« Ihr Lächeln zeigte noch immer einen gewissen Stolz.

Es gab eine Frage, die Nicolas noch nicht hatte beantworten können. »Ich gehe mal davon aus, dass Sie Ihr Enkelkind gut kannten. Haben Sie eine Vorstellung davon, was sie in jener Nacht noch in die Diskothek getrieben hat?«

Die alte Dame stützte die Ellenbogen auf den Tisch und das Kinn auf die Fäuste. Sie schwieg eine Weile, dann sah sie Nicolas an. »Sie war wie ich, unsere Henriette, viel mehr als meine Tochter. Wir ertragen viele Menschen um uns herum nur eine Zeit lang, dann brauchen wir Abstand. Mir ging es damals ähnlich. Wenn der Trubel vorüber war, brauchte ich Ruhe, ich musste aus Nordheim weg, bin dann nach Würzburg gefahren, habe mich so angezogen und geschminkt, dass mich niemand erkannte, und bin durch die Stadt gelaufen. Damals war das Gesicht einer Weinkönigin längst nicht so bekannt wie heute, es gab kein Internet, kein Fernsehen, und Zeitungen lasen nur wenige. Es war auch nicht so wichtig. Vielleicht wollte Henriette allein sein in der Menge? Da ist man doch viel mehr allein. Da brauchte es niemanden, der sie beschwatzte. Ich habe nie damit gerechnet, dass Henriette es schafft, bei der Wahl, eigentlich wollte sie nicht. Vom Kopf her ja, aber nicht vom Gefühl. Und dann müssen auf der Bühne die Pferde mit ihr durchgegangen sein …«

»Sie machten vorhin eine Bemerkung, über …«

»Oh, ja, ich weiß, was Sie meinen. Sie haben gut aufgepasst, junger Mann, und ich habe es bemerkt. Wir sprachen über Anneliese Fünfingers Mutter. Wir haben eine lange Geschichte miteinander. Sie stand ja seinerzeit gegen meine Tochter zur Wahl und hat verloren. Und ich bin damals wiederum gegen deren Mutter angetreten, also gegen die Großmutter der heutigen – und habe gewonnen.« Sie schlug die Augen nieder, und als sie aufblickte, waren sie kalt. »Das hat mir die alte Eisenhardt bis heute nicht verziehen.«

Kapitel 19

In München war Nicolas bei zwei Weinhandlungen vorstellig geworden, die dazu nötigen Proben hatte Lourdes rechtzeitig abgeschickt, so hatte man etwas im Glas, um darüber sprechen zu können. Den Versandplan hatten sie vor der Reise gemeinsam aufgestellt, als das Besuchsprogramm feststand.

Das war noch Anfang Februar geschehen. Jetzt war Mai, der Frühling gerade ausgebrochen, die Wintersachen waren eingemottet. München strahlte und flanierte, am Nachmittag hatten sich anscheinend sämtliche Bewohner der Stadt in den Straßencafés entlang der Leopoldstraße versammelt. Nicolas glaubte, den letzten freien Platz ergattert zu haben, und bis auf die Bedienungen schien niemand in dieser Stadt zu arbeiten.

Morgen stand der letzte Besuch bei einem Weinhändler an, den er in Düsseldorf kennengelernt hatte. Die beiden heutigen Präsentationen waren erfolgreich gewesen, obwohl die Münchner Weinenthusiasten ausschließlich auf Italien fixiert waren. Gegenüber den deutschen Winzern, nach deren Ansicht sich der Handel mit einer Marge von höchstens zwanzig Prozent zufriedengeben musste, bot er weitaus bessere Bedingungen. Auch deshalb hatten europäische Weine beim Verbraucher bessere Chancen als die deutschen – leben und leben lassen. Wenn der Händler mehr verdiente, bot er sie lieber an. Aber das verstanden die deutschen Kollegen anscheinend nicht. Sie verkauften lieber ab Hof und lieferten sogar noch selbst aus.

Bei diesen Gesprächen fühlte sich Nicolas wie der Vertreter seiner Quinta, er musste sich immer wieder vor Augen führen, dass ihm das Weingut gehörte. Es ist dieses fremdartige Gefühl, etwas zu besitzen, das ich mir nicht selbst erarbeitet habe, dachte er auf dem Rückweg mit der U-Bahn zum Hotel und glaubte, nie wieder in der Stadt leben zu können, täglich mit öffentlichen Verkehrsmitteln fahren zu müssen, umgeben von Horden wildfremder drängelnder und gestresster Menschen, die sich anschwiegen und an ihren Telefonen herumfummelten.

Er stieg an die Erdoberfläche und ging zu Fuß weiter, was ihn zur Ruhe kommen ließ. Jetzt jedoch konnte er sich nicht länger vor dem Gedanken verstecken, wie er den Abend in der bayerischen Landeshauptstadt verbringen würde.

War nicht alles ganz einfach? Er verstand überhaupt nicht mehr, wie er sich in ein Problem hatte hineinsteigern können. War es verwerflich, dass er zur Veranstaltung der Fränkischen Winzer ins »Charles Hotel« gehen würde?

Anschließend – falls Anneliese überhaupt abkömmlich war, das crachtete er sowieso als äußerst fraglich – könnten sie beide zusammen eine Kleinigkeit essen gehen. Eine Kleinigkeit höchstens, irgendwo, in einem Bistro, am frühen Abend, nichts weiter ... Danach, ja – ihr Vorschlag war nicht schlecht, in Schwabing ein wenig zu bummeln, ein Glas Wein zu trinken. Es war unwahrscheinlich, dass sie sich jemals wiedersehen würden, außer auf dem Barockfest, da war das Erscheinen für Anneliese Pflicht. Er begriff gar nicht mehr, wieso er sich den Kopf darüber zerbrochen hatte. Die Gefühle, die ihn in Sulzfeld überfallen hatten, waren abgeflaut. Wieso machte er sich Sorgen? Er war Rita immer treu gewesen. Aber er hatte, seit sie sich kannten, auch keine Frau getroffen, die ihn derartig ... ja, was eigentlich? Nein! Er ärgerte sich, dass er die Angelegenheit innerlich derartig aufbauschte. So bedeutsam war sie nicht.

Er traf spät im »Charles Hotel« am alten Botanischen Garten ein und folgte dem Wegweiser in den ersten Stock. Der größte Besucherandrang war vorbei, die Verkostung hatte früh begonnen, und es waren nicht mehr viele Gäste anwesend. Sein Blick strich über die Reihen der Tische und die ausgestellten Flaschen, die Gläser, Spucknäpfe und das Werbematerial. Und dahinter standen die Winzer und erklärten ihren besten Wein stoisch zum zwanzigsten Mal, stets freundlich und hoffend. Wie oft hatte er selbst dort gestanden? Er erinnerte sich an sein Debüt, es war in London gewesen, an seiner Seite glücklicherweise sein Mentor. Für den immer schneller alternden Otelo stand immer ein bequemer Stuhl bereit. Die Momente, wenn Besucher mit Kennerblick – wer von ihnen Weinhändler war, hatte Nicolas bald raus – an seinen Flaschen interesselos vorbeigingen und beim Kollegen am Nebentisch statt bei ihm probierten, waren schrecklich gewesen. Auch hatte es lange gedauert, bis er den Einkäufern im Ausland sprachlich gewachsen war. Der Portwein machte ihn polyglott: Zum Englischen und Französischen war Italienisch hinzugekommen, demnächst würde er sich mit Spanisch beschäftigen, das war dem Portugiesischen ähnlich, und er glaubte, es schnell lernen zu können.

Als er sie sah, fühlte er einen Stich. Ihre Augen trafen sich, sie blieben kurz aneinander hängen. Verflucht. Alle Ausreden lösten sich auf, was er sich gedacht hatte, gab es nicht mehr, war mit diesem einen Blick weggewischt. Als er mehr von ihr sah, zuckte er jedoch zurück: Anneliese trug ein Dirndl. Bitte nicht! Er fand es albern, hausbacken, es machte sie wieder zum kleinen Mädchen, zu einem Püppchen, und es machte sie fremd. Es passte vielleicht zum Oktoberfest, was er bereits auf der Weinmesse so empfunden hatte. Ein Püppchen begehrte er wahrlich nicht, er war enttäuscht und erleichtert zugleich. Sie war keine Frau mehr und damit nicht mehr attraktiv. Kühl und distanziert konnte er ihr gegenübertreten.

Hatte Anneliese die Veränderung bemerkt? Hatte sich die Enttäuschung in seinem Gesicht gezeigt? Sie ging auf ihn zu, ihr prüfender Blick traf ihn kühl, und sie schaute an sich herunter, als hätte er einen Makel entdeckt. Dann lächelte sie auf eine Weise, die er als maliziös empfand, und sie spitzte den Mund.

»Ich gehe mich umziehen, wenn das hier vorbei ist.« Ihre Augen strichen über die in Auflösung befindliche Versammlung. »In spätestens einer Stunde.«

»Musst du nicht mit den Offiziellen essen gehen und für eure Weine werben?« In Nicolas keimte Hoffnung, dass er sich an seinem Hin- und Hergerissensein vorbeidrücken konnte.

»Immer lächeln, mir platte Komplimente anhören oder was und wo die Herren überall schon probiert haben? Was sie von diesem oder jenem Politiker halten? Oder wie toll sie alle sind? Das lass meine Sorge sein. Außerdem gehe ich lieber mit dir essen. Für heute habe ich genug Winzer um mich gehabt. Mir hängt es …«

Die letzten Worte verschluckte sie erschrocken, ein Mittfünfziger sprach sie von der Seite her an, und das fotogene Lächeln sprang ihr im Bruchteil einer Sekunde wieder ins Gesicht, ihre Stimme bekam den Marketingklang, sie säuselte, als hätte sie den Nachmittag über nur auf diesen Mann gewartet.

Kann man Weinkönigin sein, ohne das Amt gern auszufüllen? Oder war sie die perfekte Schauspielerin, machte ihr das Spiel, eine Königin zu sein, Spaß? Diese Rolle jedenfalls hast du gut drauf, dachte er, du beherrschst sie aus dem Effeff. Spielt sie dann auch mir was vor? Na, und wenn schon …

Er schlenderte an den Tischen der Winzer vorbei, probierte hier und dort, traf hier und dort auf ein inzwischen bekanntes Gesicht und lenkte sich mit Fachsimpeln von seiner Unruhe ab. Die Zeit verrann. Um neunzehn Uhr gingen die letzten Gäste, die Winzer räumten ihre Flaschen in die Kartons, die Kellner holten die Spucknäpfe, um sie auszuschütten. Er erschrak, als Anneliese wieder neben ihm stand.

»Im Café gegenüber vom Hotel, in einer Dreiviertelstunde«, flüsterte sie.

Noch hätte Nicolas Nein sagen können, irgendeine Ausrede erfinden, Rebecca habe plötzlich Fieber bekommen oder Brechdurchfall. Als er Luft holen wollte, um etwas zu entgegnen, war sie verschwunden. Die Wartezeit im Café verbrachte er mit Kaffee und überflüssigen Gedanken. Die zählten nicht mehr, als sie vor ihm saß, so wie er sie aus Sulzfeld kannte, aber ohne Perücke. Sie war wieder Frau, nicht mehr Mädchen, diskret geschminkt, Rot war ihre Farbe, auffallend, auffordernd, wie schon bei der Wahl auf der Bühne. Sie sah, dass sie ihm gefiel, er konnte es nicht verbergen. Und er sah, dass sie ihn gut leiden mochte, sehr gut, viel zu gut.

»Lass uns sofort gehen! Ich möchte nicht, dass uns jemand sieht, besonders mich nicht. Ich weiß, in welchem Restaurant sie sich heute Abend treffen, da machen wir einen riesen Bogen drum herum.«

Es hörte sich einmal mehr nach Abgrenzung an. »Wir suchen uns einen Italiener, ich liebe Nudeln und Meeresfrüchte, und wir trinken Chianti. Einverstanden?« So wie sie ihn anstrahlte, konnte er nur zustimmen. »Oder musst du unbedingt ein portugiesisches Restaurant haben?«, fragte sie provokant. »Oder doch Frankenwein?«

Für Nicolas war Chianti gut, wenn er gut war, die Anspielung überging er, aber eine Classico Riserva durfte es schon sein. Im »Il Grano« fanden sie in einer Ecke einen ruhigen Platz, und nach dem zweiten Glas wurde Anneliese richtig gesprächig. Nicolas sah es als Gelegenheit, sie nach der Reaktion des Verbandes auf den Shitstorm bei Facebook anzusprechen, die Schmutzkampagne gegen sie beide.

Glücklicherweise nahm man das Annelieses Meinung nach nicht zu ernst, es werde zwar offiziell dementiert, wie sie sagte, aber anhand ihrer Verpflichtungen sei klar, dass sie sich zu den fraglichen Zeiten niemals mit Nicolas habe treffen können. Und das stärkte ihr den Rücken.

Fast zwangsläufig kam Nicolas, um die Situation nicht zu persönlich werden zu lassen, auf Annelieses familiären Hintergrund zu sprechen, und besonders erkundigte er sich nach ihrer Großmutter.

»Oma? Die ist schwierig. Meine Oma hat Haare auf den Zähnen, und nicht nur dort. In Wirklichkeit leitet sie das Weingut. Günther, mein Cousin, hat gar nicht so viel drauf, der hat nach zwei Semestern das Studium in Geisenheim geschmissen und ist zurückgekommen, angeblich weil Oma ihn hier brauchte. Ich nehme an, er hat es nicht geschafft, aber Oma hat ihn gedeckt. Du hast ihn in Düsseldorf erlebt. Er hat dann den Weinbautechniker in Veitshöchheim gerade mal eben so hingekriegt. Oma sagt ihm, was er zu tun hat, und er flitzt, sie gibt Anweisungen, und er führt sie aus, sie befiehlt, und er gehorcht.« Verachtung lag in Annelieses Stimme. »Er hat wenig eigenen Antrieb, und er hat kein Händchen für den Wein, meine ich. Man muss den Wein lieben, sonst wird er lieblos. Ich glaube, ich verstehe bereits jetzt mehr vom Handwerk und vom Geschäft als er. Eigentlich ist er Omas Angestellter.« Sie kicherte. »Lass ihn das bloß nicht hören. Leute, die nichts draufhaben, regen sich dafür umso schneller auf.«

»Woher kann deine Oma das, das mit dem Weingut und dem Wein? Dazu gehören Wissen und Erfahrung.«

»Sie stammt aus einer alten Häckerfamilie. Nein, keine Daten-Hacker«, erklärte sie lachend. »Häcker nannte man bei uns früher die Weinbauern, weil sie mit der Hacke im Weinberg unterwegs waren. Die hatten nichts, die waren arm wie die Kirchenmäuse. Doch dann hat Oma gut eingeheiratet, meinen Großvater, der früh gestorben ist, da war sogar meine Mutter noch ein Kind. Oma hat das Weingut geerbt, ihre Kinder allein großgezogen und das Weingut geführt. Einmal hat sie so einen Ceratit Nodosus, diese versteinerte Schnecke, bei unserem Wettbewerb Best of Gold gewonnen, da ist sie ungeheuer stolz drauf. Die Schnecke steht in der Vitrine am Eingang und wird angestrahlt. Du fällst fast darüber. Bei anderen Winzern stehen zehn davon! Ich glaube, bei ihr hat sich die Jury geirrt oder war betrunken. Nein, Quatsch, sie hatte damals einen guten Kellermeister, sagt meine Mutter, von dem hat sie alles gelernt und ihn dann rausgeekelt.«

»Du magst sie nicht besonders?«

»Wen? Oma? Würde ich sonst so über sie reden?«

»Und die Sache mit der Weinkönigin und den Müllers?«

Anneliese runzelte die Stirn. »Du weißt davon?« Sie starrte auf ihren inzwischen leeren Teller, sie hatte einen blendenden Appetit und zog den Wein wie Wasser weg.

Nicolas ließ sich anstecken und bestellte eine zweite Flasche, er spürte den Alkohol, er fühlte sich gut und zunehmend freier und genoss die Gesellschaft. Er genoss auch, dass Anneliese ihm gegenübersaß, er schaute sie gern an, wenn sie temperamentvoll erzählte.

»In unserer Familie ist das Thema tabu, auch meine Mutter, mit der ich mich gut verstehe, spricht nicht darüber. Papa schweigt dazu sowieso. Mama hat damals auch kandidiert und muss sich bis heute anhören, dass sie versagt hat, dass sie nicht geschafft hat, was Oma ja auch nicht hingekriegt hat. An ihrer Stelle wurde damals die alte Frau Müller gewählt.«

»Ich weiß«, sagte Nicolas leichthin, was ihm einen misstrauischen Blick einbrachte.

Aber Anneliese sprach weiter. »Dann weißt du auch, dass ihre Tochter gewählt wurde, also die Mutter von Henriette. Damit war die Schande perfekt – und jetzt Henriette! Das setzte allem die Krone auf: drei Königinnen in einer Familie.

Oma war neulich bei der Wahl dabei. Hinterher war sie völlig fertig, so habe ich sie noch nie gesehen, in ihren Augen stand …«, sie zögerte einen Moment, als müsse sie sich bei Nicolas versichern, dass er nicht darüber sprach, »es war der blanke Hass.«

»Drei Generationen von Königinnen bei den Müllers? Das war anscheinend jemandem zu viel.«

»So siehst du das?« Anneliese wirkte erschrocken. »Glaubst du etwa, dass Henriette …?«

»Wovor verschließt du die Augen? Du hast selbst gesagt, dass sie nichts genommen hat. Da bleibt nichts anderes übrig. Und wer hat mir was in den Cocktail geschüttet?« Nicolas erzählte vom Besuch der Kripo und dem negativen Haartest. »Damit ist eigentlich bewiesen, dass sie keine Drogen …«

»Nichts ist bewiesen!«

»Sie kann was eingeworfen haben, um die Wahl zu überstehen. Du hast selbst gesagt, dass sie eigentlich eher ein stiller als ein Bühnentyp war.«

»Ja, doch, stimmt. Ich kann mich erinnern, wie wir uns gewundert haben, wie sie losgelegt hat. Sie ging ab, als sie die Bühne betrat und das Publikum jubelte, vielmehr ihre Fans …«

Für einen Moment wunderte sich Nicolas über den schnellen Meinungsumschwung. Erst sagte sie, nichts sei bewiesen, dann stimmte sie zu?

»Bei Claudia war es andersherum, ihr hat die Menge im Saal glatt die Sprache verschlagen, Henry und ich glaubten vorher sowieso, dass Claudia gewinnt. Eigentlich redet sie sehr gut, und ich finde, sie hat in Sachen Weinbau am meisten drauf.«

»Du hast nicht an deinen Sieg geglaubt? Wenn man so denkt, hat man bereits verloren.«

Anneliese seufzte. »Genau das, mein Lieber, ist mein Problem. Ich habe mich breitschlagen lassen. Von mir aus wäre ich gar nicht angetreten, aber Oma hat mich bekniet, sie hat gebettelt, hat Versprechungen gemacht, und irgendwann hat sie dagesessen und geheult, und ich Idiotin habe mich breitschlagen lassen, für sie. Du kannst dir nicht vorstellen, wie auch Mama mich bekniet hat, Oma den Gefallen zu tun, von wegen Frieden in der Familie und so. Und wenn ich etwas verspreche, dann halte ich es auch!«

»Bis zum bitteren Ende?«

»Wie du siehst, ja, allerdings bis zum guten Ende, mein lieber Nico. Ich finde Nico übrigens viel schöner als Nicolas oder Nic. Wie nennt dich deine Frau eigentlich?«

Nicolas stöhnte. »Müssen wir davon anfangen?«

»Müssen wir nicht.« Sie lachte, als sie seine Verwirrung bemerkte, und griff nach seiner Hand. »War nur so dahingesagt. Ich habe noch nie mit einem verheirateten Mann was angefangen.«

»Ich bin nicht verheiratet …«

»Ich weiß. Ich nenne dich Nico, egal, wie *sie* dich nennt.«

Nicolas durfte das Thema nicht vertiefen, er musste schnell davon ablenken und zog die Hand weg. »Ich habe den Eindruck, dass dir die Position als Königin nicht so viel Freude macht.«

»Musst du wieder *davon* anfangen? Verdirb uns nicht den Abend. Aber du hast recht. Immer lächeln ist fürchterlich anstrengend. Merkt man mir das an?«

»Du kannst es perfekt.«

»Nicht perfekt genug. Willst du mich auf den Arm nehmen?«

»Ja, gern«, hörte er sich sagen und schrieb seinen Mut dem Wein zu.

»Dann tu's doch, später, ja? Auf Dauer kriegt man vom Lächeln 'nen Krampf, oder man muss dazu geboren sein oder darf es nicht ernst nehmen. Oma meinte, ich soll die Zeit unbedingt für meine Karriere nutzen. Ich würde tolle Männer treffen, mit toll meint sie jemanden mit Kohle, wichtig und einflussreich. Bist du wichtig?« Anneliese wartete die Antwort nicht ab. »Sie hat ihren Mann auch auf einem Winzerfest getroffen, damals war sie Weinprinzessin, er hat sie später geheiratet, und dann war er auf einmal tot, ganz jung.«

Der Kellner wusste, wo man tanzen gehen konnte, wo welche Art Musik gespielt wurde, und als sie durch die frühlingshafte Nacht Arm in Arm dorthin schlenderten, erzählte Nicolas ihr die Geschichte, wie er an sein Weingut gekommen war.

»Dich interessiert das Winzerdasein nicht, Wein ist nicht dein Thema?«, fragte er zuletzt.

»Je mehr ich mich damit beschäftige, desto interessanter finde ich es, aber ich werde zu schnell betrunken.« Sie lehnte sich stärker an ihn und küsste ihn auf die Wange, sein Arm glitt von ihrer Schulter zur Hüfte, die Hand blieb dort liegen. »Mich interessiert an der Lebensmittelchemie die Forschung, ich wäre gern Dozentin, mal sehen, vielleicht kriege ich das hin, oder der Verbraucherschutz, den Lebensmittelfälschern auf die Finger sehen und dann draufklopfen. Aber die Politiker in Bayern bremsen jeden Versuch …«

Um elf Uhr betraten sie die Diskothek, um ein Uhr traten sie vom Tanzen durchgeschwitzt wieder vor die Tür.

»Wo wirst du in den nächsten Tagen sein? Vielleicht treffen wir uns noch mal, rein zufällig«, sagte Anneliese.

Das Mainviereck stand als Letztes auf Nicolas' Programm.

»Das ist Frankens Rotweinecke. Zu empfehlen ist das Weingut Hofmannn-Herkert in Klingenberg, die betreiben auch eine Häckerwirtschaft. Stich in Bürgstadt kann ich ebenfalls empfehlen, beide sind gut und bieten bezahlbare Weine an. Geh dort mal vorbei, falls du Zeit hast.«

»Ich dachte mehr an Paul Fürst.«

»Wenn dir siebzig Euro für eine Flasche Wein nicht zu viel sind? Zu Fürst wollen alle, er soll der Beste sein, zumindest was die Rotweine angeht. Aber bei Weißwein wird er unterschätzt, ich hab's probiert. Miltenberg liegt mainabwärts gleich nebenan, auch genau wie Kleinheubach mit dem Weingut Fürst Löwenstein.«

»Woher weißt du das alles? Warst du dort?«

»Du hast wohl vergessen, mein Lieber, wen du vor dir hast. Von der Fränkischen Weinkönigin sollte man einiges erwarten. Gehen wir noch woandershin?«

»Ich brauche unbedingt eine Dusche«, sagte Nicolas leichthin, und seine Bedenken meldeten sich sofort wieder.

Anneliese umarmte ihn und sah ihm in die Augen. »Ich habe eine wunderschöne Dusche, riesig, mit einem großen Duschkopf im Hotel, da passen gut zwei runter. Es ist, als stünde man im warmen Regen. Und dann habe ich gehört, dass ältere Männer angeblich gute Liebhaber sind, und die Minibar ist noch komplett.«

»Ich kann doch nicht mit in dein Hotel …«

»Es ist ein Doppelzimmer, du kannst gern im zweiten Bett schlafen, du Idiot.«

Sie brauchten nur eines. Es wäre zu auffällig, wenn das zweite ebenfalls zerwühlt wäre, meinte Anneliese sarkastisch. »Welchen Eindruck könnte sonst das Zimmermädchen von der Fränkischen Weinkönigin kriegen?«

Beim ersten Schimmer des neuen Tages stand Nicolas auf, sie umarmten sich an der Tür. Keiner hatte es ausgesprochen, doch beiden war klar, dass ihre Wege sich hier trennen würden.

War es wirklich klar? »Wie soll ich dich nur aus dem Kopf kriegen?« Nicolas bekam einen trockenen Mund, als er sich vorstellte, Rita unter die Augen zu treten.

»Mich vergessen?« Anneliese war empört. »Das möchte ich mir verbitten.« Sie schmiegte sich an ihn, noch warm vom Bett, und biss ihn lustvoll in die Unterlippe. »Zumindest war ich deine Königin – wenn auch nur bis zum Morgengrauen.« Sie wandte sich zum Fenster, wo sich der erste

Schimmer des neuen Tages zeigte, und strich ihm zärtlich übers Gesicht.

Als er sich abwandte, wischte sie sich den Schlaf aus den Augen. Oder war es eine Träne? Nicolas schlich sich traurig davon, einen gewaltigen Kloß im Hals und Übelkeit im Magen. Doch irgendwie bereute er die Nacht auch nicht, irgendwie …

Die erste Tageshälfte war mit Gesprächen angefüllt, dann kam die Rückfahrt nach Würzburg, und am Bahnhof in Seligenstadt holte Roger ihn ab. Sieht er mich nun merkwürdig an, oder bilde ich mir das ein, fragte sich Nicolas und meinte, dass ihm jeder sein Abenteuer ansehen würde. Als er Rita gegenübertrat, die mit Rebecca und dem Sohn der Kästners spielte, war alles wie immer. Er umarmte Rita. Nichts war geschehen, alles war gut. Man musste sich das nur selbst eindringlich genug sagen. Sie war seine Frau, hier ging das Leben weiter. Aber dann dachte er doch wieder an Anneliese, zwar nur kurz, aber gern …

Als er die Autobahn hinter sich gelassen hatte, folgte er der Landstraße, die sich am Main in Richtung Miltenberg hinzog. Diese Landschaft, zu Churfranken gehörig, gefiel ihm besser als das Mainviereck. Die Hänge des Odenwaldes auf der linken Seite waren steiler, die Wälder des Spessarts rechts vom Main waren dichter. Mächtige rote Wände, die Schichten des Buntsandsteins deutlich sichtbar, brachen neben dem Fluss durchs Grün der bewaldeten Hänge und zeigten, wo hier der Stein als Baumaterial genutzt worden war. Steinbrüche erinnerten Nicolas stets an offene Wunden, die sich erst schließen würden, wenn Erosion sie vorbereitet und die Natur sie zurückerobert und überwuchert hätte. Das Land schien ihm weniger domestiziert, und obwohl er in Frankfurt geboren und aufgewachsen war, kannte er das Maintal oberhalb der Mainmetropole kaum. Sonntägliche Ausflüge mit der Familie hatte es mangels Familienleben nie gegeben. Ihn und seine Freunde hatte es mehr in den Rheingau gezogen, in den Taunus und zum Vogelsberg.

Landstraße zu fahren machte ihm Freude, er hielt sich an Geschwindigkeitsbegrenzungen, denn sie erlaubten den Blick in die Landschaft und bei Ortsdurchfahrten auf die Bauwerke der Renaissance bis hin zu aufgegebenen Fabrikanlagen der Gründerzeit. Ruinen faszinierten ihn ähnlich wie Schrottplätze.

Beim langsamen Fahren konnte er nachdenken und erinnerte sich, wie er seit der Rückkehr aus München Hans und Roger im Betrieb und im Weinberg beim Ausbrechen junger Triebe geholfen hatte. Gemeinsam hatten sie Wein probiert und abgefüllt und dabei den »Fall Henriette Müller« diskutiert. Sie waren kein Stück vorangekommen.

»Ein Mord ist nur dann einer, wenn er als solcher erkannt wird«, hatte Roger gemeint.

Sie hatten sich erneut die Videos aus dem »Last Chance« angesehen, sogar zusammen mit Henriettes Vater. Er hatte zwei junge Leute aus Nordheim erkannt, einer gehörte zu den Tübingern, der andere war zufällig im »Last Chance«, er war angeblich vor Henriettes Verschwinden gegangen. »Alle haben weggeguckt, und jetzt ducken sie sich weg, schuldbewusst«, wie Herr Müller meinte.

Auf welche Weise die Polizei ermittelte, blieb der Öffentlichkeit verborgen.

Es blieben nur noch wenige Tage bis zum Rückflug, Nicolas hatte das Gefühl, die Zeit nutzen zu müssen, denn in der nächsten Woche würde er wieder am Rio Douro sein – zu Hause, in der Routine seiner Quinta. Zugleich freute er sich auf seine Mitarbeiter, die Verbindung wuchs, je mehr er sich auf sie einließ, sie zu nehmen, zu beurteilen und einzusetzen wusste, und sie verließen sich zunehmend auf ihn und weniger auf Otelo. Dabei war Otelo derjenige, dem er bedingungslos vertraute, mit dem er über alles reden konnte, ohne jede Einschränkung. Er würde mit ihm auch über Anneliese sprechen. Und wenn Otelo eines Tages nicht mehr würde laufen können, würde er ihn auf seinen Armen die Berge hinauftragen. Diese Berge würden ihn auch Anneliese vergessen lassen.

Er dachte bereits nicht mehr an sie, als er nach dem Weingut von Paul Fürst suchte, einem modernen Aussiedlerhof am Rande vom Bürgstadt, hoch über dem Ort. Durch den verglasten Giebel des neuen Kelterhauses genoss er einen weiten Blick über die alte Stadt und die fünfundfünfzig Hektar Rebland der Gemeinde, hauptsächlich mit Spätburgunder bestockt. In alten Zeiten herrschte der gemischte Satz vor, Elbling, Gutedel, Räuschling, Riesling und Silvaner. Da war immer eine Rebsorte reif, eine gerade mal so eben, eine andere wieder fast faulig, und die vierte hätte noch zwei Wochen bis zur Lese gebraucht. Alle diese Trauben kamen gemeinsam zum Vergären in eine Bütte. Wie der Wein später schmeckte, war nicht so sehr von Belang, aber man bekam letztlich Wein, und darauf kam es an.

Paul Fürst sah Qualität als oberstes Ziel. Dass seine Rotweine derart geschmeidig ausfielen, war sicher dem Vergären in der offenen Bütte geschuldet, wie interessanten Versuchen im Beton-Ei, dieser neuen und umstrittenen Methode.

Fürst galt als der Rotwein- beziehungsweise Spätburgunderspezialist, der Buntsandstein war der richtige Boden für ihn, in Verbindung mit Muschelkalk. Sechzig Prozent seiner Weine war Spätburgunder verschiedener Lagen. Fürst war nicht ganz eine Generation von ihm entfernt, aber Menschen, die so waren wie seine Generation, würde es in Zukunft nicht mehr geben. Bereits der Sohn, mit dem er auf dem Weingut zusammenarbeitete, hatte einen anderen Hintergrund, war von anderen Zeiten, Werten und Geschwindigkeiten geprägt.

»Aber in Bezug auf den Stil unserer Weine haben wir die gleichen Vorstellungen.«

Sie wollten frische Weine mit wenig Gerbsäure, sie sollten transparent und nicht undurchsichtig sein, die Auswirkungen des Ausbaus, der Mikrooxidation im Holzfass, sollten schon spürbar sein, aber nicht sein Geschmack. Und doch wollte er, dass die Herkunft seines Weins erkannt wurde, dass sie anders waren als die schweren vom Kaiserstuhl, als die Mineralischen von der Ahr oder aus Assmannshausen. Die sagten Nicolas nichts, er hätte die Weine nebeneinander probieren müssen, um die Unterschiede festzustellen. Spätburgunder, international galt die französische Bezeichnung Pinot Noir, wurde bei ihm nicht angebaut. Ob er gut würde? Mit Sicherheit nicht so wie diese hier. Er würde sowieso mit zu vielen Ideen zurückkommen. Grenzen zu überschreiten war nicht immer richtig, doch oft erweiterte es den persönlichen Raum. Und im Gespräch mit Paul Fürst notierte Nicolas vieles, was er mit Otelo diskutieren müsste.

Paul Fürst war ein Winzer, der Zeiten überschritt, er hatte noch den Mischbetrieb erlebt, hatte mit einem Hektar Wein begonnen und war nun bei zwanzig Hektar in Spitzenlagen angekommen. In Klingenberg, wohin sie gemeinsam einen Abstecher machten, bewirtschaftete er am Schlossberg sehr steile Terrassen. In Bürgstadt gehörten die Lagen Centgrafenberg und Hunsrück zu seinem Besitz. Fürst hatte Grundstücke arrondiert, Flächen aufgebaut und so die Grundlagen für Spitzenweine geschaffen. Der Hof war neu, großzügig und modern, technisch auf der Höhe der Zeit.

»Es war die Konkurrenz, die uns zwang, vorwärtszublicken und vorwärtszugehen.«

Riesling pflanzte er an, Weißburgunder und Chardonnay, bei dem er auf den biologischen Säureabbau verzichtete, um keine laktischen Noten im Wein zu haben, sondern eine die Frische betonende Säure. Den Weißburgunder jedoch baute er im Holz aus, wie im Burgund, da war eine milde Säure gewünscht.

Laut Weinführer Gault Millau war Paul Fürst bereits 2003

zum Winzer des Jahres gekürt worden, fünf Trauben, aktuell stand er ganz vorn in der Rangfolge, hatte etliche Auszeichnungen gewonnen und wurde als der beste Winzer in Franken und einer der besten Deutschlands gehandelt. Nicolas war solchen Urteilen gegenüber stets skeptisch. Er war zu unbedarft, um sich von Namen und Etiketten blenden zu lassen, und er befolgte Otelos Rat, den eigenen Weg nicht zur verlassen. Er hielt es durchaus für möglich, dass Fürst, der mit einundzwanzig Jahren nach dem frühen Tod des Vaters bereits das Weingut übernommen hatte, diesen Rat auch zu hören bekommen hatte. Anders als Horst Sauer, der mit Spannung an seine Arbeit heranging, tat es Fürst mit Gelassenheit, und beide erreichten ihr Ziel.

Ob es der Frühburgunder vom Centgrafenberg war oder der Spätburgunder vom Schlossberg, der Riesling als Ortswein oder das Große Gewächs von der Lage Hunsrück – bei jeder Probe musste Nicolas gegen den Impuls ankämpfen, den Wein zu schlucken. Er war hier, um zu lernen, um zu probieren, und nicht zum Trinken. Aber das hätte er am liebsten getan. Nicht diskutieren, nicht fachsimpeln, sondern nur plaudern und genießen. Das Auto hätte er auch bis morgen stehen lassen und sich von einem Taxi »Zum Riesen« bringen lassen. Besonders schwer fiel ihm der Verzicht beim Spätburgunder, dem Großen Gewächs vom Centgrafenberg, filigran und doch wuchtig, jung und gleichzeitig entwickelt, mit süßen weichen Tanninen und einem langen Finale.

Am Ende des Tages fuhr er nach Miltenberg, das nur durch ein Flüsschen von Bürgstadt getrennt lag. Das Hotel »Zum Riesen« hatte Nicolas sich nicht ausgesucht, weil es die älteste Herberge Deutschlands war, nicht wegen des günstigen Preises oder der antiquierten Einrichtung oder der engen Flure, der Giebel, bleiverglasten Fenster und der Schiefertäfelung oder des Fachwerks wegen. Hier hatten bereits illustre Persönlichkeiten der Weltgeschichte genächtigt: Angeblich hatte sich im Jahr 1314 kurz nach seiner Wahl Ludwig der Bayer im »Riesen« aufgehalten, und Karl IV. soll hier im Februar 1368 acht Tage lang logiert haben. König Gustav II. Adolf von Schweden hatte sich im Dreißigjährigen Krieg hier einquartiert, ebenso Feldmarschall Tilly sowie Kaiserin Maria Theresia und General von Moltke. Auch Richard Strauss hatte im »Riesen« logiert. Von allen illustren Gästen war Nicolas der Komponist am liebsten.

Unten in der Braustube nahm er eine sämige Kartoffelsuppe mit Speck zu sich, danach »Original Miltenberger Rossäpfel«, wie es auf der Speisekarte hieß, und Leberknödel mit Dunkelbiersoße, Speck, Sauerkraut und Bratkartoffeln. Zum Essen trank er Bier, nach der ständigen Weintrinkerei ein Hochgenuss. Dann schlenderte er durch den Ort, der um diese Uhrzeit seinen historischen Charakter offenbarte, ungestört von schrillen Touristen, die mit Geplapper und dem Herumfuchteln mit Handykameras meist jeden Versuch der Einfühlung zunichtemachten. Still und schwarz floss der Main, kein Schiff war unterwegs. Der Himmel hatte sich bezogen, es war wieder empfindlich kalt geworden, und zu allem Übel begann es zu regnen. Einen besseren Ort als ein warmes Bett gab es jetzt nicht. Nicolas' vorletzter Gedanke vor dem Einschlafen galt Henriette Müller. Von ihr wusste er am wenigsten. Dann dachte er an Anneliese Fünfinger und ihre Wandlungskünste. Sicher musste man gebürtiger Bayer sein, um eine Frau im Dirndl attraktiv zu finden.

Es war an der Zeit, sich mehr mit Männern zu umgeben, Frauen verwirrten ihn momentan viel zu sehr. Außerdem war es an der Zeit, heimzukehren, in sein Haus, an seinen Fluss, auf seinen Berg. Sollten die Franken ihre Mörder selbst finden, am Rio Douro herrschte Frieden. Nein, das war zu kurz gedacht, dort wartete seit fünf Jahren ein ungelöster Fall auf ihn, der ihm im Magen und noch schwerer auf der Seele lag.

Nicolas hatte geglaubt, in dem jahrhundertealten Gemäuer Träume zu träumen, die in die Vergangenheit der früheren Gäste führten, aber es war eine traumlose Nacht, die nicht von einem Wecker beendet wurde. Noch beim Frühstück dachte er an die Empfehlung des Weingutes Hofmann-Herkert, wo er sich angemeldet hatte. Ohne Annelieses Empfehlung wäre er nicht ein zweites Mal nach Klingenberg gefahren. Den Weg dorthin kannte er, mit Paul Fürst hatte er auch dem Alten Gewürzamt einen Besuch abgestattet, betrieben von dem ehemaligen Sternekoch Ingo Holland. Bei den Gewürzen war es wie beim Wein, es kam auf die Nase an, auf die Verarbeitung, auf die Mischung und Erfahrung, um gute von weniger guten oder geeigneten Kräutern zu unterscheiden.

Diese Erfahrung besaß auch Herkert, der bei Paul Fürst in die Lehre gegangen war. Das, was im aktuellen Gault Millau über Herkerts Weine geschrieben stand, war hingegen alles andere als einladend.

»Der kleine Betrieb (zwei Hektar) verkauft seine Erzeugnisse vorwiegend über die Häckerwirtschaft, in der das vielleicht akzeptiert wird, was uns nicht gefiel ...« Ein Bacchus wurde als »herzerfrischend« bezeichnet, was auch immer »herzerfrischend« bedeuten mochte. Ein Satz wie »Auch der Portugieser war noch akzeptabel« hätte Nicolas, wäre er nicht selbst von seinem Wein überzeugt, sein Weingut verkaufen lassen.

Die Redakteure des Weinführers hatten sich die Recherche erspart und den Kommentar des Vorjahres ein zweites Mal gedruckt, und auch da muss er falsch gewesen sein, denn die Zeitschrift VINUM hatte Herkerts Weingut als eines der besten in Klingenberg zitiert. Und dann wurden noch »Böckser« erwähnt, von denen Nicolas bei den Proben nicht eine Spur wahrnahm. Der Begriff bezeichnete einen Geruch, der an Ziegenbock erinnert, wenn denn jemand heute noch wusste, wie ein Bock roch. An Knoblauch und faule Eier konnte man sich eher erinnern. Böckser entstanden durch schwefelhaltige Stoffe im Wein.

Der Redakteur hatte sich zwar entschuldigt, doch eine falsche Angabe konnte bei der allgemeinen Buchgläubigkeit vernichtend sein. Ein Weinführer gab zwar eine Orientierung, das eigene Urteil hingegen war durch nichts zu ersetzen, auch bei 95 von 100 Punkten. Nicolas war kein Anhänger der Theorie, dass ein Wein, der einem schmeckte, auch ein guter Wein war. Er kannte grandiose Weine, von Robert Parker mit 95 von 100 Punkten bewertet, aber er hatte sie als breit, marmeladig und ermüdend empfunden, barriquelastig, ohne Lust auf ein zweites Glas zu machen. Aber diese hier waren über jeden Zweifel erhaben: Der Harstell genannte Silvaner war frisch und klar im Geschmack, und die Süße wurde harmonisch von der Säure aufgefangen. Die Frucht brauchte einen Moment, um sich zu zeigen. Zur Reife dieses ernsthaften Weins kam dann noch der für den Weißwein hohe Alkoholgehalt, der ihm Volumen gab.

Jugendstil hieß ein Spätburgunder, ein passender Name, der in die burgundische Richtung führte. Nicolas beschrieb solche Weine als »dunkel«, es war für ihn ein Synonym für Tiefe. Und was andere als bitter ablehnten, empfand er als Würze. Der Spätburgunder Alte Reben war genauso wenig ein Wein für Laien, die den Preis auch nie gezahlt hätten. Man musste schon die Zartheit wahrnehmen und ein Gefühl dafür haben, wie hier trotz des Volumens die Leichtigkeit der Rebsorte erhalten blieb.

Am Nachmittag stand das Weingut Fürst Löwenstein in der Nachbargemeinde Kleinheubach auf dem Plan, das letzte seiner Reise. Es war gut gewesen, sich überall als Winzer aus Portugal anzumelden, daher widmete man ihm bei seinem Besuch Zeit. Hätte ein Winzer aus Deutschland sich bei Nicolas angemeldet, er hätte Gleiches getan. Nur die Verstockten oder die Betrüger hielten ihre Keller geschlossen.

Und die Besuche lenkten ihn ab, sowohl von toten wie von allzu lebendigen Weinköniginnen und jenem unbekannten Verfolger, der ihn doch immer wieder in den Rückspiegel blicken ließ. Ein Versuch, ihn auszuschalten, war gescheitert. Würde es einen zweiten geben?

Auf dem Weingut hatte sogar Dr. Stephanie Erbprinzessin zu Löwenstein Zeit für ihn. Nicolas sah sich einer Frau mit Sachverstand gegenüber, ohne jeden Dünkel, liebenswürdig in ihrer Art und kollegial zu ihren Mitarbeitern. Als Grundlage sah er eine positive Lebenseinstellung. Dabei hatte ihr das Schicksal hart zugesetzt. Ihr Mann, der Prinz zu Löwenstein, war bei einem Rennunfall auf dem Nürburgring vor wenigen Jahren verunglückt, und sie hatte mit dem Schloss, heute auch Tagungshotel, mit Forstwirtschaft und Weinbau von zweiundzwanzig Hektar ein Erbe übernommen, das schlaflose Nächte bereiten konnte, wie er wusste, wenn er sich an seine eigenen Anfänge erinnerte.

Beim Rundgang faszinierten Nicolas besonders die Gärtanks aus Edelstahl zwischen den Säulen unter dem Kreuzgewölbe des ehemaligen Marstalls. Ähnlich ungewöhnlich war die wichtigste Lage des Gutes, der Homburger Kallmuth, wo Buntsandstein auf Muschelkalk traf. Dort würde er auf dem Heimweg vorbeischauen.

Was er an Wein von diesem Steilhang, dem steilsten in Franken, probierte, gereichte sowohl dem Berg wie auch den Menschen, die ihn bearbeiteten, zur Ehre. Nicht-Weinkenner hätten ihn, ohne viel nachzudenken, weggezogen und ihn als »leckeres Tröpfchen« tituliert. Für Nicolas war dort Feinheit und Reife, Schmelz und Mineralität schmeckbar, beim Asphodil roch er Rhododendronblüten heraus, was ihn selbst überraschte. In der Dreiklang-Cuvée von Riesling, Silvaner und Sauvignon Blanc fand er alle typischen Aromen der Rebsorten in einem ausgewogenen Verhältnis.

Auf dem Rückweg zur Autobahn fuhr er noch bei Gerhard Stich vorbei. Annelieses Rat hatte sich als positiv erwiesen. Auch mit ihm hatte Herkert gearbeitet. War Paul Fürst als Künstler anzusehen, so betrachtete Nicolas die beiden anderen Winzer als die Kunsthandwerker. Das entsprach mehr seinem Niveau, obwohl er dort noch nicht angekommen war. Ihre Weine zu trinken machte Freude, man erkannte bei ihnen die sichere Hand und die Fähigkeit zur Beurteilung. Doch es nutzte ihm wenig, die Weine detailgenau zu beurteilen, sie zu zerlegen, die Geschmackskomponenten zu benennen und die Säure- und Restzuckerwerte zu kennen.

Die eigentliche Arbeit müsste jetzt beginnen, er müsste Monate hierbleiben, hier den Jahreszyklus erleben, die Winzer auf Schritt und Tritt begleiten, mit ihnen den Austrieb erleben, die Lese durchstehen und an der Entwicklung des Weins den Winter hindurch teilnehmen. Seine Reise jedoch war hier zu Ende, und ein gewaltiges Problem würde er ungelöst zurücklassen.

Kapitel 20

Wie ein Racheengel saß Rita neben Rebecca. Ihm kam es vor, als wären ihre Augen noch dunkler als sonst – vor Wut. Diesen Blick kannte Nicolas nicht an ihr, dabei schien die Situation zwischen ihr und Rebecca mehr als entspannt: Beide waren dabei, mit Ölkreide auf seinem Zeichenpapier Bilder zu malen. Rebecca rutschte sofort von ihrem Stuhl, rannte auf ihn zu und umarmte ihn. Rita taxierte ihn mit eisigem Blick. Aus und vorbei! Er war nicht vorsichtig genug gewesen, jemand musste sie in München gesehen haben. Sein Leben löste sich in dieser Sekunde auf, er hatte in Sand gegriffen, der ihm jetzt durch die Finger rann.

»Wir haben Post bekommen«, sagte Rita eisig, sie stand auf, ging zum Tisch und holte einen blauen Umschlag.

Hatte Anneliese ihr geschrieben? Wer sonst könnte es getan haben? Der Facebook-Denunziant aus dem Internet?

Dann kam Rita zu ihm zurück und umarmte ihn. Wieso tat sie das? Wenn sie ihn umarmte – dann … dann konnte sie nichts erfahren haben. Erleichtert atmete er auf, aber die Übelkeit im Magen löste sich nicht so schnell.

Sie merkte es. »Was ist los? Ist in Bürgstadt was schiefgelaufen?«

Er schüttelte schweigend den Kopf. Es musste sich um etwas anderes handeln, das war Nicolas in diesem Moment klar, um etwas Böses und nicht etwas Trauriges. Aber war das Böse nicht meistens auch traurig?

Rita hielt ihm den Brief hin. Die Adresse war in einer ungelenken Handschrift abgefasst, der Schreiber griff nicht oft zum Kugelschreiber. Im Umschlag befanden sich zwei Blätter im selben Blau wie der Umschlag. Bereits beim Blick auf den Absender verfinsterte sich Ritas Gesicht. Sie kannte den Inhalt. Als sie dann die Seiten auffaltete und die ersten Zeilen vorlas, zog sie die Brauen zusammen, ihre Stirn kräuselte sich, ihr Mund wurde hart. Dann hielt sie Nicolas die Blätter hin.

»Lies besser selbst, ich kriege gleich wieder Magenschmerzen!«

Nicolas griff vorsichtig nach dem Papier.

Meine liebe Tochter,
dein Vater und ich hatten uns darauf gefreut, dich, deine Tochter und den Mann, mit dem du zusammenlebst, bei uns aufzunehmen. Wir haben großzügig darüber hinweggesehen, dass ihr nicht verheiratet seid und dem lieben Kind einen unehelichen Zustand zumutet und ihm damit die Zukunft verbaut. Wir haben uns sehr auf euch gefreut, aber leider habt ihr uns die Freude verdorben und uns enttäuscht.

Wir haben nie verstanden, weshalb du uns den Rücken zugedreht hast. Schließlich haben wir alles für dich getan, um dir deine ausgefallenen Wünsche zu erfüllen. Deine Dankbarkeit hätte eigentlich eine Selbstverständlichkeit sein sollen, zumal wir mit deiner Schulausbildung die Weichen für dein Fortkommen gestellt haben. Glücklicherweise haben wir noch eine zweite Tochter, der ihre Mutter nicht gleichgültig ist …

Rita nahm ihm den Brief wieder weg. »Spar dir den Rest, Nic, es geht im gleichen Ton weiter, aber es ist grotesk, zu welchen Anschuldigungen sie sich hinreißen lässt.« Ihre Stimme war voller Bitterkeit.

Ich kann mir nur vorstellen, dass dein sogenannter »Lebenspartner« einen schlechten Einfluss auf dich ausübt. Aber Geld ist nicht alles. Deshalb hat es uns nicht erstaunt, dass wir von Dritten erfahren mussten, dass er dich hintergeht – noch dazu mit einer Person, die es sicher auf seinen Besitz abgesehen hat. Bereits die Nachbarn sprechen uns auf die peinliche Liebesaffäre deines »Lebenspartners« an. Alle Welt weiß jetzt davon. Das ist eine Schande auch für uns! Dass wir uns eines Tages wegen dir schämen müssen, haben wir nicht verdient.

Wieder nahm Rita Nicolas den Brief aus der Hand und überflog den Text. Nicolas glaubte, bei den letzten Worten blass geworden zu sein, die Knie wurden ihm weich.

»Der Schluss ist noch gut, den musst du lesen!«

Trotzdem halten wir zu dir, denn du bist und bleibst unsere Tochter, UNSER Fleisch und Blut. Auch wenn du es in den vergangenen Jahren an Respekt hast fehlen lassen, verzeihen wir dir, Eltern sind großzügig. Du kannst jederzeit zu uns zurückkommen, auch deine Tochter ist willkommen. Aber trenne dich umgehend von diesem Mann. Das ist unser Rat. Für dich aber ist in unserem Hause immer Platz.

Deine dich liebenden Eltern

»Immer Platz bei denen? In diesem schrecklichen Zimmer, in dem sie uns einquartiert hatten? Das *ich* vor fünfzehn Jahren zuletzt renoviert habe?« Rita hatte Nicolas den Brief aus der Hand gerissen und wütend zusammengefaltet, als wollte sie das Gesagte ungeschehen machen. Dann schlug sie ihn noch einmal auf und starrte auf den Schluss.

»Etwas Liebloseres als diese miefige Kammer habe ich selten gesehen. Ich kann mich gut an ihre Reaktion am ersten Abend erinnern, als wir ihnen auf deinem Laptop die Bilder von der Quinta gezeigt haben. Erinnerst du dich, wie sie sich angesehen haben? Einerseits rissen sie die Augen auf, andererseits durfte es ihnen gar nicht gefallen, so etwas passt nicht in ihr Weltbild. Und was ich dir noch gar nicht erzählt habe: Meine Mutter fragte mich, wie viel mir davon gehört. ›Und was machst du, wenn er dich vor die Tür setzt?‹ Das war ihre nächste Frage.«

»Wir können gern zum Anwalt gehen und dich als Mitbesitzerin eintragen lassen, wenn du willst.« Kaum hatte Nicolas die Worte ausgesprochen, fragte er sich, ob der Vorschlag ehrlich gemeint war oder seinem schlechten Gewissen entsprang.

»Darum geht es mir nicht.« Rita winkte ab. »Für *meine* Firma und mein momentanes Leben haben sie sich einen Dreck interessiert. Sie haben sich nie für irgendetwas interessiert, das mich betraf.«

»Das geht über ihren Horizont«, sagte Nicolas milde, weil nicht er das Ziel ihres Zorns war. Mit einer anderen Reaktion ihrer Eltern hatte er kaum gerechnet. In erster Linie war er nur maßlos erleichtert. Es ging nicht um ihn, nicht um seinen Seitensprung. Es ging um die falschen Beschuldigungen im Internet. Er hatte Schwein gehabt.

Nein, er war kein Mensch für Eskapaden, er eignete sich nicht für Abenteuer und Heimlichkeiten. Gleichzeitig sagte er sich, dass ihn Selbstvorwürfe nicht weiterbringen würden, Schluss mit den Martern, sich zu quälen führte zu nichts. Ihm kamen die Marterl in den Sinn, die an den Wegrändern standen. Leiden mochte der Anlass für Veränderung sein, aber Wut war der Motor. Für Ritas Wut und Ärger hatte er Verständnis. Aber er durfte nicht davon ausgehen, dass andere so viel Distanz zur Familie, zu den Eltern hatten wie er. Ritas Schwester musste gänzlich anders empfinden, sie hatte sich nicht ein einziges Mal während ihres Aufenthaltes hier gemeldet, wohl aber telefonierte sie mehrmals in der Woche mit den Eltern. Damit war doch eigentlich alles klar – oder etwa nicht? Auch war sie trotz Ritas mehrfacher Einladungen nie zu ihnen gekommen.

»Dass du dich so aufregst, zeigt, dass du mit deinen Leuten noch lange nicht fertig bist. Wirf den Brief weg, heb ihn bloß nicht auf. Willst du Verständnis? Das kriegst du nicht. Manche Eltern begreifen nie, dass ihre Kinder nicht ihnen gehören, dass sie selbstständige Menschen sind. In dem Fall gehen sie und bleiben weg. Verständnis forderst du für dich? Das haben höchstens deine Freundinnen, denk daran, mit welcher Herzlichkeit Marion uns aufgenommen hat …«

»Hans natürlich auch«, warf Rita ein, als suche sie nach positiver Bestätigung, »und Nora, Roger …«

»Sicher, auch die. Freunde kannst du dir aussuchen, die Familie nicht. Aber es geht auch anders. Du hast Sichel erlebt, er hat mich übrigens gestern angerufen. Er hilft uns bei der Finanzierung des Umbaus, ich habe nicht einmal darum gebeten. Und mit seinem Freund in Bordeaux, diesem Bongers, will er uns bekannt machen, der wüsste etwas, das mich sehr interessieren würde, sagte er zumindest am Telefon. Er tat ziemlich geheimnisvoll. Das hätte mit Onkel Friedrich und mit der Quinta zu tun.«

Rita hatte sich bei den letzten Worten so weit beruhigt, dass sie auf das Gesagte eingehen konnte, außerdem war es ihr wichtig. »Hast du diesen Freund in Frankreich angerufen?«

»Sichel meint, dass wir das nur persönlich besprechen dürften, keinesfalls am Telefon. Er könne mir einen Brief zukommen lassen, aber der müsste von einer vertrauenswürdigen Person persönlich übergeben werden. Wir können ja mal nach Frankreich fahren, ich war immer nur zur Messe in Bordeaux, sonst habe ich nichts von der Stadt und von der Gegend gesehen. Nächstes Jahr ist wieder Messe, dann könnten wir ihn gemeinsam aufsuchen.«

»Was könnte so wichtig sein?« Rita war dankbar für die

Ablenkung. Ihr Gesicht entkrampfte sich, sie atmete ruhiger und wandte sich wieder ihrer Tochter zu.

Rebecca hatte inzwischen an ihrem Bild weitergemalt, sie versank in sich, wenn sie einen Stift oder Pinsel in ihren kleinen Händen hielt, und erinnerte Nicolas dabei an seine Art zu zeichnen. Wenn er es richtig tat, dann zeichnete nicht er selbst, dann zeichnete *es*. Er war nur derjenige, der den Stift hielt.

»Ich vermute mal, dass es mit Dr. Veloso zu tun hat, alias de Lima, oder wie er sich sonst noch nennt. Oder es geht um Dona Madalena. Wir werden auf jeden Fall Otelo fragen – wenn wir zu Hause sind.«

»Du kannst dir gar nicht vorstellen, wie ich mich darauf freue.« Rita seufzte laut. »In unseren eigenen vier Wänden.«

»Ich freu mich auch.« Nicolas dachte mit Erleichterung daran, dass dann zweieinhalbtausend Kilometer zwischen ihm und Anneliese lagen. Aber sein schlechtes Gewissen würde er weiter mit sich herumschleppen. »Allerdings haben wir noch das Barockfest vor uns, das wird bestimmt toll.« Insgeheim fürchtete er sich auch davor, denn sicher würde auch Anneliese daran teilnehmen. Schließlich trat der Weinbauverband als Gastgeber auf, und sie war die Weinkönigin.

Der Frühling hatte sich endgültig durchgesetzt, der Wind war warm, die Sonne schien, die Zeit der gefütterten Mäntel und Mützen war vorüber, und Nicolas genoss es, sich frei zu bewegen. Er fuhr am Freitag nach Würzburg, um sich zum Anzug passende Schuhe zu kaufen. Er fuhr allein, er brauchte nach dem Trubel und den vielen Begegnungen wieder Ruhe, die er sonst im Weinberg fand. Bis vor zwei Jahren hatte ihn dabei Perúss begleitet, aber der Hund war plötzlich an Nierenversagen gestorben, den Nachwirkungen einer Vergiftung.

Mit dem Gedanken, was für ein Tier er sich anschaffen sollte, und auf der Suche nach einem Schuhgeschäft schlenderte er durch die Stadt. Der Schuhkauf war schnell erledigt. Nicolas wusste immer, was er wollte, nur die Sache mit dem Hund beschäftigte ihn weiter. Wieso liefen gerade heute so viele Menschen mit Hunden durch die Stadt? Keiner gefiel ihm, bis er irgendwann ein junges Mädchen traf, das einen struppigen schwarzen Köter mit gebogenem Schwanz und rotem Halstuch ausführte. Ohne Halstuch wäre es Perúss in klein gewesen.

Unvermittelt geriet er in eine Menschenmenge, in der er sich bis vors Rathaus treiben ließ. Ein Stück vor ihm auf der Mainbrücke herrschte Gedränge. Der einzige Grund dafür war, dass man sich um diese Zeit hier traf, um im warmen Licht des späten Nachmittags, ans steinerne Geländer der alten Mainbrücke gelehnt, mit Freunden ein Glas Wein zu trinken. Von der Atmosphäre der Sorglosigkeit angesteckt, stellte Nicolas sich am Weinausschank an und studierte die Tafel mit den Angeboten. Mit einem gut gefüllten Glas in der Hand schlenderte er weiter zur Brückenmitte. Die Sonne stand inzwischen niedrig über der Festung, das Licht fiel in die Gesichter der jungen Leute, die ausgelassen den Einstieg ins Wochenende feierten. Der heilige Kilian in Rot, bärbeißig, barock geformt aus Buntsandstein, schaute unter dem Bischofshut zwar finster, drohte mit dem Zeigefinger, das Schwert noch im Arm, doch niemanden kümmerte der irische Missionar. Im Jahre 689 soll seine Ermahnung an einen Herzog, sich von der verwitweten Schwägerin zu trennen, zwar befolgt worden sein, aber die Sitzengelassene verzieh ihm nicht. Sie schickte die Mörder, und Kilian wurde zum Heiligen. War er jetzt auf Annelieses Gnade angewiesen, würde sie in Zukunft schweigen?

Er verdrängte den Gedanken und betrachtete die Menschen um sich herum. Wie würden sie auf die Nachricht reagieren, dass Henriette in Wirklichkeit ermordet worden war? Würde man sie zur Heiligen erklären, nach der allgemeinen Verdammnis?

Ein kurzer Schatten fiel in jenem Moment auf die Gesichter der Feiernden, bis der Akkordeonspieler auf der Brücke wieder die Tasten drückte und der Jazztrompeter die Wolke am Himmel mit einem Blues vertrieb. Ein junges Paar schob glücklich einen Kinderwagen vorüber, Gläser stießen aneinander, Stimmen wogten, und Verliebte schauten sich weltvergessend in die Augen.

Sie benötigten ein Sammeltaxi, um nach Würzburg zu kommen. Am schwierigsten war es, die Abendroben mitsamt den drei sehr unterschiedlich duftenden Damen unzerknittert ins Auto zu bugsieren. Das Einsteigen allein nahm mindestens eine Viertelstunde in Anspruch, inklusive des Anlegens der Sicherheitsgurte. Das Ankleiden der Damen hatte bereits um sechzehn Uhr begonnen, das war für Hans, Roger und Nicolas das Zeichen, die erste Flasche Wein aufzumachen und die Beine von sich zu strecken. Aber auch die Damen forderten ihren Anteil, und so stieg die Stimmung. Hätte Gelächter das Taxi angetrieben, sie hätten von Nordheim nach Würzburg lediglich fünf Minuten benötigt.

Das »schönste Pfarrhaus Europas« war für Nicolas inzwischen ein gewohnter Anblick. Er hätte es lieber bei Nacht betreten, von außen angestrahlt und von unzähligen Fenstern von innen erleuchtet, aber im Mai waren die Tage bereits lang, und der Empfang sollte um zwanzig Uhr beginnen. Auf hohen Hacken, bei ihren Männern eingehakt, stolperten die drei jungen Damen übers Pflaster, über das einst von Hufgeklapper begleitet bei derartigen Anlässen die vierspännigen Kutschen vorgefahren waren. Besonders Nora hatte ihre Last, denn sie trug so gut wie nie hochhackige Schuhe. Doch wie bei den Freundinnen auch baumelte an ihrem Arm neben dem schwarzen Abendtäschchen die übliche Plastiktüte mit den bequemen Tretern – für alle Fälle und den Rückweg.

Nicolas war von Rita begeistert, er hatte sie nie zuvor in einem seidenen, schulterfreien Abendkleid erlebt. Er hatte gar nicht mehr gewusst, wie schön seine Frau sein konnte. Ihre Farbe war Gelb, der weiche Ton passte ausgezeichnet zu ihrer von Natur aus leicht gebräunten Haut. Gegen die Kühle des Abends und um das vielleicht allzu offene Dekolleté zu verdecken, half eine azurblaue Stola. Marion hatte ihr Haar hochgesteckt, das Kleid war so geschnitten, dass nur eine Schulter frei blieb, was an eine vornehme Griechin erinnerte. Was für ein Kontrast zu den Jeans und der fleckigen olivfarbenen Armeejacke, in der sie im Weinberg auftauchte. Und Nora hatte sich vom jungen Mädchen in eine schwarz gekleidete Chansonette verwandelt, ein wenig Boheme, ein wenig Understatement. Der Schmuck, den sie trug, stammte von ihrer Mutter.

»Mir kommt es so vor, als hätten die Frauen Omas Kleiderschrank geplündert«, meinte Roger in einem unbeobachteten Moment. Sein Bruder hatte ihn nur mit Mühe zum Mitkommen bewegen können. Im Grunde kam Roger nur mit, um Nora nicht die Freude zu verderben. Ihm war der gesamte Auftritt zu spießig, der Palast repräsentiere den Klerus, nörgelte er, und eine Epoche der Unterdrückung durch die katholische Kirche, »sicher ist er in Fron- und Kinderarbeit hochgezogen worden«, wofür sich ein Balthasar Neumann als berühmter Architekt und Baumeister »einen Dreck« interessiert habe. Außerdem sei das Fest nur was für alte Leute mit Kohle, bei hundertfünfundachtzig Euro Eintritt, die einer anderen gesellschaftlichen Klasse angehörten, wie Politiker der CSU, denen er lieber aus dem Weg gehe.

»Der Interimsbürgermeister ist zwar in der CSU, aber der nächste wird wieder der SPD angehören, du Knalltüte«, sagte sein Bruder nur, »da bin ich mir sicher.« Hans ließ sich die Laune nicht verderben.

Der Empfang in der hohen, lichten Halle des Hauses war überaus festlich. Links standen die Fränkischen Weinprinzessinnen Spalier, rechts das Begrüßungskomitee. Unter dem Kreuzgewölbe schallten und schwirrten die heiteren Stimmen, Roger traf auf einen alten Freund, mit dem er sofort bei einem Glas Sekt eine angeregte Unterhaltung begann, ähnlich wie Hans und Marion, während Nora und Rita bewundernde, neidische und begehrliche Blicke auf sich zogen. Einer dieser Blicke kam von Anneliese.

Die Weinkönigin stand zur Rechten des Verbandspräsidenten zwischen gewaltigen Säulen und begrüßte mit ihm die VIPs. Nicolas wurde von ihr geflissentlich übersehen, sie sah durch ihn hindurch, er war Luft oder Glas. Er hatte sich vor dem Zusammentreffen gefürchtet, aber er hatte nicht kneifen wollen, und die Entscheidung für Rita stand für ihn außer Frage. Es schmerzte ihn doch ein wenig, so tun zu müssen, als kenne man sich nicht. Zur Linken des Präsidenten stand der Geschäftsführer des Verbandes, seine Begleitung war Claudia Voigt aus Iphofen, seine ursprüngliche Kandidatin.

In einem hatte Roger recht behalten, das Publikum war meist jenseits der fünfzig, was aber nichts zu bedeuten hatte, denn einer der Winzer, die er aufgesucht hatte, stellte ihm einen Kollegen vor, der sich sofort für sein Weingut interessierte, die Runde wuchs an, und einige erkundigten sich nach Besuchsmöglichkeiten. Das herzliche Gespräch unter Kollegen und Weinenthusiasten wurde erst durch die Ankündigung des Konzerts unterbrochen, und gemeinsam stiegen Abendkleider und schwarze Anzüge, wie Nicolas es von unten sah, gemächlichen und vornehmen Schritts die breite Treppe hinauf in den Konzertsaal.

Hüsteln, gedämpfte Stimmen und diskretes Rücken der Stühle mischten sich mit dem üblichen Geräusch beim Stimmen der Instrumente auf dem Podium unter den grandiosen Fresken, vergoldeten Ornamenten, Kronleuchtern und Medaillons. Gebrochen fiel das Licht des ausklingenden Tages durch die vielfach geteilten Fenster, die Konturen des Orchesters verschwammen im Gegenlicht.

Nicolas fühlte in sich eine Spannung, nervös bewegte er die Füße, er wusste nicht, wohin mit den Händen, was sogar auf Rita befremdlich wirkte. Seine Unruhe nahm zu, er glaubte zuerst, dass sie daher rührte, dass Anneliese auf die Bühne trat und die Gäste mit einer gekonnt vorgetragenen Rede begrüßte. Selbst nach Abklingen des Beifalls, als sie sich wieder gesetzt hatte und Rita bei der Ouvertüre von Händels Oper »Rinaldo« nach seiner Hand griff, blieb das Gefühl der Sorge, einer Nervosität, als hätte er Lampenfieber oder als käme etwas Bedrohliches auf ihn zu. Das Konzert für Harfe und Streicher, Concerto Grosso Opus 3 Nr. 4, änderte nichts an diesem Zustand. Draußen verging einer der letzten Tage hier und gleichzeitig einer der ersten Frühlingstage, das Licht wurde schwächer, der Raum voller harmonischer Klänge dunkler und geheimnisvoll. Die Wassermusik-Suite in F-Dur war eines von Nicolas' Lieblingsstücken. Er kannte jeden Ton, er hatte sie oben auf seiner Terrasse unter ihrem unendlichen Sternhimmel gehört, auch Rita erinnerte sich lächelnd daran, sie blickte ihn liebevoll an und drückte seine Hand fester. Schämte er sich? War das der Grund für das bange Gefühl, das immer mehr von ihm Besitz ergriff? Er atmete heftig und konzentrierte sich darauf, nach außen hin entspannt zu wirken, ein Eindruck, der sich bis zum Schlussakkord aufrechterhalten ließ, und dankbar nahm er den Beifall wahr, klatschte begeistert, lächelnd, verwirrt von den eigenen Gefühlen.

Sie und die Kästners ließen die Gastgeber und die Weinkönigin nebst Prinzessin sowie die Gäste der vorderen Reihen passieren, bevor sie in den Mittelgang zwischen den Stuhlreihen traten. Kurz vor ihm ging eine elegante alte Dame, die ihm einen kurzen Blick zuwarf. Hatte er diesen Blick schon einmal auf sich gefühlt? Er kannte diese Augen.

Ja … der junge blonde Mann an ihrer Seite, bei dem sie sich eingehakt hatte, kam ihm auch bekannt vor, doch Nicolas konnte die beiden nirgends unterbringen, außerdem redete Marion auf sie ein, die Begeisterung für die Musik hatte ihre Wangen gerötet, und sogar Roger schien besänftigt und lächelte zufrieden.

Mit Rita am Arm schritt Nicolas über den Teppich die breite, von marmornen Statuen gesäumte Treppe hinab, zögerte kurz auf dem Treppenabsatz, dann gingen sie weiter. Unten hatten sich die Weinprinzessinnen der Weinbaugemeinden im Halbrund aufgebaut und leiteten so den Strom der Gäste zu den Tischen im festlich erleuchteten Speisesaal.

Plötzlich stutzte Rita und fasste sich an den Hals. »Du, ich glaube, ich habe meine Stola oben vergessen, sie muss mir von den Schultern gerutscht sein. Würdest du bitte …?«

Selbstverständlich würde er, er reichte Rita die Karten mit den Tischnummern und lief zurück die Treppe hinauf. Da lag sie, die Stola, unter ihrem Platz, er nahm sie auf – und sah sich noch einmal im Saal um, wo die Musiker ihre Notenständer zusammenklappten. Er winkte ihnen dankbar zu, dann kehrte er um, eilte übers Parkett der leeren Vorhalle auf die Treppe zu und beeilte sich, zu seinen Begleitern zu gelangen. Er wollte nicht mit dem Gesicht zur Wand sitzen müssen.

Am oberen Treppenabsatz stutzte er. Von unten kam ihm ein junger Mann entgegen. Nicolas verharrte in der Bewegung und starrte den Fremden an, dann setzte er zögernd den Fuß auf die nächste Stufe, auf die zweite … und blieb wieder stehen. Der andere verharrte ebenfalls in der Bewegung, erschrocken starrte er hinauf und schien zu überlegen, ob er weitergehen sollte.

Nicolas nahm die nächste Stufe, vorsichtig, als wäre es gefährlich, nicht die Treppe, sondern sein Gegenüber. Schlagartig erinnerte er sich. Es war der Blonde, der mit der alten Dame an ihnen vorbeigegangen war. Verdammt! Woher kannte er ihn? Nicolas ging weiter, verhalten, den unten Stehenden mit seinem Blick erstarren lassend. Und der stierte zurück.

Sie waren sich vielleicht bis auf zwanzig Stufen entgegengekommen, zwischen ihnen lag ein weiterer Treppenabsatz. Jetzt erkannte Nicolas den Mann.

»Du!« Die Erkenntnis traf ihn wie ein Schlag. »Du!«

Der Blonde war stehen geblieben, stocksteif, den Kopf eingezogen, die Augen aufgerissen.

»Du!«, wiederholte Nicolas. »Du warst das«, sagte er so laut, als gäbe es nur diesen Mann und ihn im Palast, er schrie es fast.

Der andere hob die Hände, während Nicolas die nächste Stufe nahm, so langsam, als müsse er vermeiden, dass die steinerne Treppe knarrte.

»Du warst es …« Nicolas stierte ihn an und stieß die Worte heftiger und heiser hervor. »Du warst das im ›Last Chance‹, du, und in Düsseldorf … auf der …«

Aber wieso hatte Annelieses Cousin im »Last Chance« so anders ausgesehen? An das Gesicht erinnerte sich Nicolas jetzt überdeutlich, nur hatte der Mann, dessen Namen er vergessen hatte, auf dem Video schwarzes Haar gehabt. Eine Perücke, verdammt, genau, das war's.

»Eine Perücke!«

Er musste eine Perücke getragen haben, genau wie Anneliese bei ihrem Treffen in Sulzfeld. Deshalb …

»Du warst es! Du hast sie …«

Von unten starrten die Prinzessinnen herauf, in ihre Formation kam Bewegung, Einzelne traten vor, andere Gäste waren stehen geblieben und blickten erschrocken zu ihnen auf, durch die Flügeltür des Festsaals kamen die Ersten zurück, schauten zu den beiden Männern empor und verstanden nichts. Nicolas' Worte hallten durch die weite Halle, das letzte »Du« hatte er voller Verachtung gebrüllt, gepackt vom Schrecken des Erkennens und der Wut über den feigen Mord.

»Du hast sie umgebracht!« Nicolas war weiter auf den Cousin zugegangen und stand jetzt auf dem Treppenabsatz, vornübergebeugt, als wollte er sich auf ihn stürzen. »Und mich wolltest du auch umbringen!«

Günther! Jetzt erinnerte sich Nicolas an seinen Namen. Er hieß Günther, der Jungwinzer mit den Ambitionen. »Du hast auf der Messe gehört, wie ich mich mit Roger im ›Last Chance‹ verabredet habe. Dann bist du gekommen, um auch mich ...«

Günther bog sich zurück, blickte sich hilfesuchend um und wagte doch nicht, die Treppe zu verlassen, als klebten seine Füße an den Stufen. Die Formation der Weinprinzessinnen löste sich auf, Einzelne traten aus der Kette, angezogen von dem makabren Schauspiel und entsetzt zugleich blickten sie zu den beiden Männern hinauf. Die jungen Frauen in Schwarz mit den Krönchen im Haar formten fast eine Wand, die Günther, der mit gehetztem Blick nach einer Lücke suchte, an der Flucht hinderte. Er hätte die Kette leicht durchbrechen können, aber voller Angst streckte er den rechten Arm aus, er wies auf die erleuchtete Flügeltür.

»Sie!«

Alle blickten dorthin, viele sahen sich suchend um, niemand verstand, was er meinte.

»Sie, sie hat ...« Er krächzte, dann blieb ihm die Stimme weg. Er war weiß wie die Wände der Halle geworden, sein Kinn zuckte vor Entsetzen. »Ich wusste nichts von ihrer ... von ihrem Herzen«, stammelte er, »aber sie ...«

»Aber bei mir wusstest du, dass es tödlich sein kann, du wusstest, wie es funktioniert!«

Nicolas stand jetzt zwei Meter von Günther entfernt vorn am Treppenabsatz, als auch Anneliese in der Tür erschien, die Augen in Panik aufgerissen, beide Hände vor dem Mund, dann drehte sie sich um. Neben ihr erschien ihre Großmutter, Frau Eisenhardt, hocherhobenen Hauptes, die Besitzerin des Weingutes Eisenhardt in Escherndorf, eine Grande

Dame in Schwarz. Auf halbem Wege zwischen ihrer Enkelin und Günther blieb sie stehen, als er wieder auf sie zeigte: »Sie!«

Alle anderen wichen zurück.

»Aus Abscheu vor dem Mörder oder peinlich berührt von ihren eigenen Vorurteilen? Das habe ich mich in jenem Moment gefragt«, sagte Roger später.

Als käme von Nicolas die flehentlich ersehnte Hilfe, um ihn aus diesem grauenhaften Traum zu erlösen oder um das Böse abzuwehren, das sich von oben näherte, streckte Günther beide Hände nach ihm aus.

»Sie hat … wenn ich es tue, dann … ich … mir … das Weingut … sie hat sich das alles ausgedacht. Sie hat es geplant, ich war nur … die Hand … auch mit dir, das … im ›Last Chance‹, das war ihre …«

Die Stimme erstarb, die Arme fielen herunter, Günther brach zusammen, löste sich einfach auf, er wurde zum Nichts. Nicht einmal um Gnade bat er. Nur ein Häufchen Angst blieb zurück. Die Anstifterin hingegen hatte den Kopf in den Nacken gelegt, so blickte sie mit noch mehr Verachtung auf ihr Werkzeug und zog angeekelt die Mundwinkel herunter. Dann sah sie die Umstehenden an, die sie schweigend umringten, einen nach dem anderen. Sie gab sich lächelnd den Anschein, dass sie den Preis für diese Rache gern bezahlen würde. Doch es war keine Rache gewesen, es geschah aus purem Neid.

Anneliese hatte, nur von Nicolas bemerkt, ihre Krone abgenommen. Still und gesenkten Hauptes, das Zeichen ihrer Würde wie einen Schrein vor sich hertragend, ging sie auf den Präsidenten des Weinbauverbandes zu, ein Glitzern in den Augen, und reichte ihm die Krone. Dann sagte sie etwas zu ihm, was niemand verstand. Ich habe es nicht gewusst, hätte es heißen können, das glaubte Nicolas von ihren Lippen abzulesen. Der Präsident nickte, drückte ihr die Hand, und Anneliese verschwand in Richtung Garderobe.

Die Menge umringte Frau Eisenhardt und ihren Enkel, die Stimmen schwollen an, der Schrecken löste sich in aufgeregtem Durcheinander auf. Niemand nahm weiter Notiz von Nicolas, als die Polizei eintraf. Er war lediglich der Überbringer der Nachricht gewesen. Er zwängte sich zwischen dem Treppengeländer und der Menge durch und folgte Anneliese. An der Garderobe holte er sie ein, gerade rechtzeitig, um ihr in den Mantel zu helfen.

»Wie kommst du nach Hause?«, fragte er traurig, als sei er schuld an ihrem undramatischen Abgang.

»Wo kann das jetzt noch sein, zu Hause?«, fragte sie, schaute zu ihm auf und strich ihm zärtlich über die Wange. »Ich habe es wirklich nicht gewusst, Nico.«

»Dein Auftritt war richtig scharf, geradezu theaterreif!« Roger schlug Nicolas begeistert auf die Schulter. »Alles ohne Probe? Es hätte nur gefehlt, dass ihr beide die Degen zieht, das hätte ich mir gewünscht. Einen Kampf in dieser Kulisse hätte ich zu gern gesehen, und der Ton erst, der Klang der Klingen – bei dieser grandiosen Akustik.«

Nicolas wandte sich nach Anneliese um, doch sie war verschwunden.

Kapitel 21

Rebecca hörte, wie die Tür am Fuß der Treppe geöffnet wurde, und raste quer durchs Wohnzimmer. Sie liebte Besuch. Auch zu Hause, wenn sie auf der Quinta war und nicht im Kindergarten, musste sie jeden Neuankömmling begrüßen, ob ein Handwerker kam und eine Maschine reparieren wollte, ob es ein Lieferant war oder der Briefträger die Post brachte oder ein LKW Flaschen anlieferte. Sie wollte alles wissen.

»Besuch für euch!« Das war Marions Stimme.

Nicolas lächelte, als sich seine Tochter nach der Türklinke reckte. Es wurde gefährlich, einige Türen konnte sie bereits allein öffnen, diese hier schloss er neuerdings ab, denn dahinter ging es steil die Treppe hinab. Er nahm Rebecca vorsichtshalber an die Hand. Unten standen Marion und hinter ihr – etwas verschämt – die Eltern von Henriette Müller.

»Sie würden dich gern sprechen, Nic! Aber sie wollen dich keinesfalls bei deinen Reisevorbereitungen stören.«

»Kommen Sie herauf! Wie könnten Sie stören?« Er kam den Müllers ein Stück entgegen.

»Wir haben gehört, dass Sie morgen abreisen, Herr Hollmann, da wollten wir uns vorher unbedingt bedanken.« Frau Müller ließ den Blick durch den Raum schweifen, sie sah den offenen Koffer auf dem Wohnzimmertisch und die verstreut liegenden Kleidungsstücke, die Nicolas aus dem Kleiderschrank geholt hatte, um sie zusammenzulegen. Rita, die schon vor zwei Tagen abgereist war, hätte bei ihrem Aufbruch niemanden in die Wohnung gelassen, aber ihm war es egal, bei anderen Leuten sah es in derartigen Momenten genauso aus.

»Ihre Tochter packt schon selbst?« Frau Müller blickte auf den kleinen roten Koffer und suchte nach passenden Worten, der Anfang fiel ihr schwer, sie sah Rebecca an und lächelte verlegen. »Passen Sie gut auf Ihre Tochter auf. Wir haben es versäumt.«

»Wem nutzt es, wenn Sie sich die Schuld geben?« Abwehrend schüttelte Nicolas den Kopf. »Ich glaube nicht, dass man sein Leben so einrichten kann, dass man gefahrlos durchkommt und dass es den anderen gefällt. Henriette stand sozusagen in einer Dynastie von Königinnen; ob man die Verpflichtung für sich annimmt, bestimmt man letztlich selbst. Manche Menschen bewundern das, für andere wieder ist es ein Ansporn, und andere sterben vor Neid.«

Nicolas räumte die beiden Sessel frei, um dem Ehepaar einen Platz anzubieten, und schickte sich an, Tee oder Kaffee zu machen.

»Machen Sie sich bitte keine …«

»Umstände? Nein, es ist mir ein Vergnügen.«

Herr Müller kam mit in die kleine Küche und beugte sich zu ihm, trotzdem sprach er leise.

»Ich fand es hochanständig von Anneliese Fünfinger, dass sie sofort zurückgetreten ist.«

Für Nicolas hatte Anneliese so handeln müssen, eine andere Möglichkeit gab es nicht. »Ich glaube, dass sie gar nicht überlegt hat! Von sich aus hätte sie nie kandidiert, und sie würde auch keine gute Königin abgeben, sondern eine, die unter dem Stress des Amtes leidet.«

»Tut sie das?« Frau Müller stand plötzlich in der Küchentür.

»Ich halte sie für eine junge Frau mit Charakter.« Zur Bestätigung nickte Nicolas versonnen. »Sie hat für mich auch etwas Unschuldiges, gar nicht Berechnendes, etwas von einem Mädchen, glaubwürdig, jugendlich und leicht in ihrer Art, aber auch ernsthaft, ich …«

Ich? Ich muss mich zurückhalten, sagte sich Nicolas, als er merkte, wie er sich weiter in Komplimenten verfing. Herr Müller zeigte ein leichtes Erstaunen, dann wurden seine Augen fragend, und gleichzeitig ging er auf Distanz. Nicolas durfte sich nicht verraten, er musste vorsichtigere Ausdrucksformen wählen.

Caralho, dachte er, so ein Mist. Kaum macht man einen Fehler – wenn es denn einer war –, dann geht das mit der Lügerei los.

»Sie übernimmt das Weingut der Großmutter in Escherndorf.« Was Frau Müller davon hielt, sagte sie nicht.

»Wer sollte es sonst führen, wo ja auch unser Newcomer in U-Haft ist. Sicher wird Günther nach dem Prozess ziemlich lange in irgendeine Strafanstalt umziehen. Ein Geständnis vor zweihundert Leuten hat er ja schon abgelegt.«

Davon, dass er in der Nacht einen Nervenzusammenbruch erlitten hatte, erfuhr Nicolas erst jetzt. »Aber die alte Eisenhardt sicher nicht?«

»Wo denken Sie hin«, sagte Frau Müller mit einem Lächeln, das man als schmerzvoll ansehen konnte. »Bei ihr ist der Name Programm. Die heißt nicht nur Eisenhardt, sie ist es auch. Sie hat nicht einmal mit der Wimper gezuckt. Höhnisch soll sie gewesen sein, wie mir berichtet wurde. Sie hat mir, uns, das Liebste genommen. Und wissen Sie, was das Schlimmste ist? Möglicherweise habe sogar *ich* ihr von Henriettes Herzfehler erzählt, vielleicht war es meine Mutter, früher, als Henriette klein war …« Frau Müller kämpfte um jedes Wort.

»Vielleicht war es auch jemand anders.« Es war der Versuch von Herrn Müller, seine Frau zu beruhigen. »Jedenfalls wird sie es niemals bereuen.«

»Und wir – wir stehen jetzt ganz alleine da.« Frau Müller

kämpfte gegen die Tränen. »Wir haben erfahren, dass auch der Tod ihres Mannes neu aufgerollt wird. Mord verjährt nicht. Meine Schwiegermutter kannte ihn. Jetzt mehren sich die Gerüchte, dass die alte Eisenhardt während der Gärung den Keller abgeschlossen und die Lüftung verstopft haben könnte. Er ist an einer Kohlendioxidvergiftung gestorben.«

»Und weshalb hat sie ihn umgebracht, wenn sie es denn getan hat?«

Herr Müller wusste, dass der Bruder von Frau Eisenhardt in ein großes Weingut in der Pfalz eingeheiratet hatte, wo es keine männlichen Erben gab. »Da war er als Schwiegersohn sozusagen der legitime Nachfolger des Winzers. Da wollte auch Frau Eisenhardt ihr Weingut. Sie war schon immer vom Neid zerfressen, das sagen alle, die noch leben, die mit ihr in dieselbe Schule gegangen sind, meine Mutter war sogar mit ihr in derselben Klasse.«

Der Tee war fertig, sie gingen zurück ins Wohnzimmer, wo Frau Müller und Rebecca deren Kleidung zusammenlegten und im kleinen Koffer verstauten.

»Was ich Sie noch fragen wollte.« Frau Müller strich Rebecca übers Haar, die sich vertrauensvoll anlehnte. »Haben Sie auch Anzeige erstattet?«

»Das war in diesem Fall nicht nötig. Das tut die Staatsanwaltschaft bei Kapitalverbrechen automatisch. Sie wertet es als Mordversuch, da er bei meinem Cocktail wusste, dass man an der Mischung sterben kann. Er kann sich nicht mehr damit herausreden, wie bei Ihrer Tochter, dass er sie in der Öffentlichkeit hat lächerlich machen wollen – und die Schmutzkampagne stammt auch von ihm. Die nächsten fünfzehn Jahre jedenfalls sind wir vor Günther sicher.«

»Werden Sie zum Prozess kommen?«

»Wenn der Wein es mir erlaubt, dann ja. Ich bin Zeuge, aber ich werde auf die Nebenklage verzichten. Wozu? Zur Vernehmung allerdings kann der Staatsanwalt ja zu uns an den Rio Douro kommen.«

»Das wird er gern tun, wenn er portugiesische Weine schätzt.« Endlich gab es mal ein Lächeln auf Herrn Müllers Gesicht. »Die Gelegenheit, auf Staatskosten in eine schöne Gegend zu reisen, lässt sich niemand entgehen.«

Nicolas war froh, dass sie endlich beim Wein angekommen und Henriettes Eltern abgelenkt waren. Aber sie würden nach Hause gehen, dann würden sie am Abend in der Dunkelheit beieinandersitzen, sie würden schweigen, sich ansehen, sie würden sich nie von dem Unglück erholen, niemals.

»Passen Sie auf Ihre Tochter auf!« Am Tor vor dem Weingut ergriff Herr Müller Nicolas' Hand und drückte sie, dabei atmete er heftig. Jetzt, wo es nichts mehr zu sagen gab, kam der Schmerz wieder.

»Ich werde auf sie achtgeben, darauf können Sie sich verlassen.« Nicolas dachte in diesem Augenblick an Sichels Worte und an das, was dieser Freund in Bordeaux angeblich wusste. Es konnte sich nur um Dr. Veloso handeln, de Lima, oder wie er sich zurzeit nannte … Es gab bestimmt jemanden, der wusste, wo der schlimmste Feind seines Lebens sich aufhielt. Nur müsste er den finden …